KB119211

커뮤니케이션학의 확장

경계에서 미디어 읽기

한국언론학회 기획

커뮤니케이션학의 확장

경계에서 미디어 읽기

2016년 10월 15일 발행
2016년 10월 15일 1쇄

지은이   김미경 · 김병선 · 김사승 · 김성재 · 김장현 · 손동영 · 안도현
          이기형 · 이동후 · 이두원 · 이상길 · 이재신 · 정준희
발행자   趙相浩
발행처   (주) 나남
주소   10881 경기도 파주시 회동길 193
전화   (031) 955-4601 (代)
FAX   (031) 955-4555
등록   제 1-71호 (1979.5.12)
홈페이지   http://www.nanam.net
전자우편   post@nanam.net

ISBN 978-89-300-8889-3
ISBN 978-89-300-8001-9 (세트)

책값은 뒤표지에 있습니다.

한국언론학회 기획

커뮤니케이션학의 확장

경계에서 미디어 읽기

김미경 · 김병선 · 김사승 · 김성재 · 김장현 · 손동영 · 안도현
이기형 · 이동후 · 이두원 · 이상길 · 이재신 · 정준희 지음

머리말

토마스 쿤(Thomas Kuhn, 1996)은 〈과학혁명의 구조〉(*The structure of scientific revolutions*)에서 학문활동의 변화과정을 패러다임으로 설명한다. 학문의 진화에 대한 그의 설명을 거칠게 요약하면 다음과 같다: 학문 공동체에 의해 수용된 이론, 지식, 습관, 규범 등을 바탕으로 특정 패러다임의 정립 → 정립된 패러다임 안에서 문제 해결을 통한 지식의 축적과 확장(정상과학 활동) → 변칙 현상으로 인한 기존 패러다임의 위기 발생 → 경쟁적 패러다임의 등장과 기존 패러다임의 전복 → 새로운 패러다임을 바탕으로 한 정상과학 활동의 전개. 쿤의 이러한 설명은 학문활동을 정상과학과 혁명과학 간 경쟁으로 단순화했다고 비판받는다(Lakatos & Musgrave, 1976). 하지만 정상과학하의 지식 축적과 패러다임 간의 대립을 학문활동 변화의 중요한 동인으로 보는 그의 설명은 특정 학문의 변화과정을 거시적으로 이해하는 데 유용하다.

통약 불가능한(*incommensurable*) 여러 패러다임의 존재와 패러다임 간 경쟁을 가장 잘 보여 주는 분야 중 하나는 커뮤니케이션학이다. 커뮤니케이션학은 윌버 슈람(Schramm, 1963)이 지적하였다시피, 심리학적, 사회학적, 언어학적, 수사학적 패러다임이 교차하며 태동하였다. 초기에 학문의 교차로(cross-road) 수준에 머물던 커뮤니케이션학은 불과 수십 년 만에 수많은 학과, 학술지, 국제학회 등의 구조물을 갖춘 '상당한 규모의 도시'(Berger & Chaffee, 1987, p. 15)로 성장하였다.

1987년 버거와 채피는 커뮤니케이션학이 비로소 하나의 학문 분야로서 구색을 갖추고 독자성(disciplinicity)을 획득하였다고 선언하였는데, 이러한 발전은 특정 연구 패러다임의 지배력 강화 과정이기도 하였다. 이 패러다임은 커뮤니케이션 현상에 대한 자연과학적 방법의 적용을 주요 규범으로 하고, 미디어 효과를 주 연구 대상으로 삼았으며(이하 '실증주의적 연구'라 칭함; 김영석, 1991 참조), 1980년대에 미국 대학의 커리큘럼, 학회 조직의 구성 등에서 주류로 자리 잡았다(Delia, 1987). 버거와 채피(Berger & Chaffee, 1987)가 최초의 본격적인 커뮤니케이션 핸드북을 발간할 때 퍼렐(Farrell)을 제외한 모든 장(chapter)들은 자연과학적 패러다임에 기초한 연구들을 정리하였고, 책 제목 또한 〈커뮤니케이션 과학 핸드북〉(Handbook of communication science)로 명명되었다.

커뮤니케이션학에서 미디어 효과를 중심으로 실증주의적 연구가 지속된 것은 쿤의 용어를 빌리자면 정상과학의 단계적 특징이라고 하겠다. 이러한 주류적 연구 경향은 최근까지 확대되었으며, 버거, 롤로프, 로스코스-에올센(Berger, Roloff, & Roskos-Ewoldsen, 2010)은 〈커뮤니케이션 과학 핸드북〉 제2판을 출판하였다. 정상과학의 단점은 지배적 패러다임이 제시한 이론과 모형을 재확인하는 데 머문다는 것이다. 유사한 연구가 반복적으로 수행되는 한편 기존의 틀을 벗어난 새로운 시도는 배제된다. 커뮤니케이션학의 실증주의적 패러다임도 이러한 비판에 직면하였다(이효성, 1991; Nordenstreng, 2004; White, 1983).

국내 커뮤니케이션학의 발전 과정도 미국을 중심으로 한 국제 커뮤니케이션학의 흐름과 크게 다르지 않았다. 미디어 효과를 중심으로 한 실증주의적 연구가 초기부터 학문의 주류로 자리 잡고 지속적으로 성장했다. 한국언론학회는 2015년 한국판 핸드북인 〈커뮤니케이션 과학의 지평〉을 발간하였다. 총 12장으로 구성된 이 책은 우리 학계에서 가장 빈번하게 연구되는 주제들에 대한 연구결과들을 종합하였는데, 이 연구들은 관점, 접근방법, 연구대상 측면에서 위에서 언급한 실증주의적 패러다임을 크게 벗어나지 않는다. 커뮤니케이션학의 또 다른 주요 연구 흐름으로는 대중문화, 수용자, 권력관계, 미디어 등에 대한 비판적 관점을 중심으로 하는 문화연구가 있다. 한국언론학회는 문화연구의 주요 내용과 국내외 연구결과들을 요약하여 2015년 〈경계를 가르는 관점들: 커뮤니케이션 다시 읽기〉라는 제목으로 발간하였다.

최근 국내외 커뮤니케이션학 연구자들은 실증주의적 접근과 문화연구 관점에 완전히 포섭되지 않는 새로운 시도를 간간이 관찰하고 있다. 문화계발(cultivation)이나 의제설정(agenda-setting) 등 전통적 미디어 효과 측정 연구에 속하지 않으며, 문화연구의 흐름에도 속하지 않는 연구들이 이에 해당한다. 이러한 시도는 주로 다른 학문의 이론과 접근방법을 차용해 커뮤니케이션 연구에 적용하는 융합적 관점을 바탕으로 한다. 이러한 연구들은 실증주의적 패러다임과는 다른 새로운 개념(예: 기호 현상학, 코무니콜로기, 체계)으로 커뮤니케이션 현상을 설명하거나, 단순한 인과적 관계와는 다른 관계성에 천착하거나(예: 네트워크 연구, 복잡계), 기존의 연구가 도외시한 개념과 현상(예: 감정, 취향, 공간)에 주목하거나, 커뮤니케이션과 미디어의 발전을 새로운 관점(예: 미디어 생태학, 진화)에서 해석하고 있다.

　이러한 연구들은 기존의 패러다임과 부분적 또는 전체적으로 통약 불가능해 보인다. 자체의 독특한 관점과 방식으로 지식을 생산하지만 아직 본격화하지 않았다는 점에서 잠재적 패러다임이라 볼 수 있을 것이다. 이러한 대안적 연구들이 새로운 패러다임으로 발전할 것인지 현재로는 알 수 없으나 기존 커뮤니케이션학의 경계를 더욱 확장하고 커뮤니케이션학의 생태계를 더 역동적으로 만들 수 있을 것이다.

　제 42대 한국언론학회 도서기획팀은 이러한 문제의식을 바탕으로, 그동안 커뮤니케이션학에서 본격적으로 소개되지 않은 새로운 연구들에 주목하였다. 대안적 연구 주제들을 찾고, 해당 주제별로 전문가를 찾아 집필을 부탁하였다. 이 책에는 모두 13개의 연구 주제가 소개된다. 모든 주제가 특정 패러다임에 묶여 있지 않아 자유분방한 구성을 취할 수밖에 없었다. 다만 해당 주제에 대한 소개와 커뮤니케이션학에 적용할 수 있는 가능성에 대한 논의는 공통적으로 다뤄진다. 이번 기획의 목표는 커뮤니케이션학의 경계를 확장해 보는 데 있다. 하지만 인문-사회-자연과학 등 다양한 분야의 흥미로운 주제들이 전개되므로 커뮤니케이션 연구자뿐 아니라 일반 독자들도 관심을 가질 것으로 기대한다. 각 장들을 간략하게 소개하면 다음과 같다.

제 1장은 뇌 과학을 이용한 커뮤니케이션 연구를 소개한다. 이 장에서는 커뮤니케이션을 기본적으로 연속적인 의사결정의 결과물로 본다. 최근 과학적으로 밝혀진 사실들을 기반으로 인간 뇌의 작동 원리를 살펴보고 이를 통해 인간의 '의사결정'이 어떠한 방법으로 이루어지는가를 살펴본다. 그리고 이러한 지식들이 커뮤니케이션 연구에 어떠한 함의를 주는

가를 몇 가지 사례를 통해 살펴본다. 중앙대학교 이재신 교수가 집필하였다.

제2장은 감정에 주목한 커뮤니케이션 연구를 소개한다. 감정에 대한 체계적 소개를 위해 기본정서 모형(basic emotion model) 등 다양한 설명 모형과 감정의 정의, 기능을 소개한다. 감정을 상황에 대해 우선순위를 정하고 가치를 부여하는 심리작용으로 정의해, 감정의 기능으로서 주의를 기울여야 하는 대상이 무엇인지, 어느 일에 우선순위를 둬야 할지 결정하고, 관련 행동을 하는 데 필요한 준비를 하게 하는 작용을 제시한다. 또한 이러한 감정의 기능을 커뮤니케이션 연구에 적용해, 기분관리 이론(mood management theory)과 기분조정 이론(mood adjustment theory) 등 감정이 미디어의 선택과 이용에 작용하는 심리작용을 탐구한 연구를 소개한다. 제주대학교 안도현 교수가 집필하였다.

제3장은 취향을 '특정 기능이나 유용성과 무관한 대상의 감각적 가치를 발견하는 문제'로 규정하고, 사회 내에서 개인의 취향을 탐구하는 1980년대 이후 문화사회학적 논의를 소개한다. 더불어 이러한 개인의 취향 연구가 디지털 환경에서 더욱 복잡해져 가는 수용자들의 기호와 행태를 체계적으로 이해하는 데에도 유용함을 주장한다. 이러한 관점에서 기존 커뮤니케이션학계의 취향 관련 연구들을 검토하고, 취향사회학의 문제틀과 이론적, 방법론적 성과를 미디어/문화연구의 새로운 의제들에 어떻게 적용 가능한지 논한다. 연세대학교 이상길 교수가 집필하였다.

제4장은 기호 현상학이란 '창'(窓)을 소개하고, 이 '창'을 통하여 인간의 '의식' 세계에 비추어진 커뮤니케이션 현상을 어떻게 통찰할 수 있는가에 대한 논의를 전개한다. 진리는 현상 속에 내재되어 있다고 보는 후

설의 현상학적 관점과, 모든 현상은 기호현상(*phaneroscopy*)이라고 주장하는 퍼스의 기호학적 관점을 융합한 기호 현상학(*semiotic phenomenology*)에 초점을 맞춘다. 기호 현상학의 탄생 배경, 인식론적 관점의 설명, 커뮤니케이션 이론과 연구방법에 대한 적용, 그리고 미디어 읽기의 창으로서 기호 현상학의 적용 가능성을 소개한다. 청주대학교 이두원 교수가 집필하였다.

제 5장은 빌렘 플루서가 창안한 개념인 '코무니콜로기'(인간커뮤니케이션학)를 다룬다. 인간커뮤니케이션은 엔트로피(*Entropie*) 법칙(정보 상실)에 저항하는 부정의 엔트로피(*Negentropie*) 법칙에 따라 코드를 이용해 반자연적인 세계를 창조하고 저장하는 인위적 기교다. 여기서는 담론과 대화로 이루어진 인간커뮤니케이션의 구조, 다양한 코드와 인간의 의식구조, 코드 작동구조로서 미디어 그리고 테크노 코드(기술적 형상)가 시공간을 초월해 자유롭게 교환됨으로써 담론과 대화가 균형을 이루는 '텔레마틱 사회'(*telematische Gesellschaft*)를 논의한다. 특히 21세기 컴퓨터 네트워크를 통해 인류가 처음으로 창조한 이상적인 텔레마틱 사회에 참여하는 네티즌들의 유희적(자아실현적) 미디어 이용 태도는 미래의 인간커뮤니케이션 연구에 유용한 관점을 제시한다. 조선대학교 김성재 교수가 집필하였다.

제 6장은 커뮤니케이션을 복잡계 현상으로 바라보는 접근을 소개한다. 주식시장의 가격 결정, 소문의 확산, 교통질서, 유행과 규범의 형성에 이르기까지 서로 관련 없어 보이는 다양한 상황들을 하나로 묶는 공통점은 이들이 개체들 간 상호의존성(*interdependency*)을 통해 일어난다는 것이다. 상호 의존하는 구성요소 중 일부를 잃거나 추가하면 집합체 자체의 속성과 행동이 근본적으로 달라지는 이러한 시스템을 '복잡계'

(complex system) 라고 한다. 자기조직화(self-organization), 되먹임(feed-back), 창발(emergence), 정보와 엔트로피(entropy) 등 다양한 개념들과 함께 복잡계를 설명한다. 복잡계 연구방법으로 주목받고 있는 컴퓨터 시뮬레이션 기법의 일종인 행위자 기반 모형(Agent-Based Modeling: ABM)도 소개한다. 한양대학교 손동영 교수가 집필하였다.

제 7장은 커뮤니케이션 현상에 대한 네트워크적 접근 연구를 소개한다. 네트워크적 접근은 사회 구성원들 간 관계와 구조를 파악함으로써 복잡한 사회현상의 이면을 이해하는 데 효과적이다. 커뮤니케이션이 사회 구성원 간 관계 형성의 핵심 수단이므로 네트워크로의 커뮤니케이션 영역의 확장은 불가피하다. 수학의 그래프 이론(graph theory), 정보과학의 정보 이론(information theory), 사회과학의 사회 구성 이론에 이르기까지 네트워크 관련 이론의 다양한 발전을 소개한다. 성균관대학교 김장현 교수가 집필하였다.

제 8장은 뉴스생산을 과정(process)적으로 접근한 연구를 소개한다. 뉴스생산과정을 새로운 기술과 플랫폼의 도입 및 시장의 변화에 맞추어 새롭게 고찰한다. 대부분의 미디어 연구가 생산의 정치경제학, 텍스트의 기호학, 미디어 소비의 사회심리학적 효과에 초점을 맞추어 왔다고 비판하고 다양한 요소가 상호작용하는 역동적 뉴스생산과정에 초점을 맞춰야 한다고 주장한다. 뉴스생산을 기자 개인은 물론 조직과 시장 및 기술적 환경 등 다양한 요인들이 복잡하게 얽혀 통합된 하나의 프로세스로 볼 것을 제안한다. 숭실대학교 김사승 교수가 집필하였다.

제 9장은 커뮤니케이션학의 매체 중심적 인식의 틀을 넘어 요동치는 사회현실을 구성하는 (도시) 공간을 이해하려는 목적으로 (도시) 공간의 변화와 기능에 대한 연구들의 갈래와 접근방식을 소개한다. 공간을 이

루는 문화적, 담론적, 제도적 요소들과 이들의 조합을 통해 생성되는 공간의 (재)구조화 과정은 물리적 변화나 사회학적 탐구 이상의 의미를 지닌다. 특히 정보기술과 세계화의 흐름이 공간을 해체하고 재구성하는 현대사회에서 사회적 공간과 가상공간의 변화는 기존의 공간 인식에 충격을 주며, 인지와 감각 그리고 사유와 상상력의 확장을 낳고 있다. 이 장에서는 (도시)공간의 특성과 사회정치적 함의를 공간 분석과 지리학적 탐구의 영역에서 축적된 문제의식과 진단의 방식을 중심으로 다면적으로 소개한다. 경희대학교 이기형 교수가 집필하였다.

제10장은 가상세계의 발전에 따른 가상공동체의 이용자가 상호작용 과정을 통해 상징에 의미를 부여하고 정체성과 자아를 구축하는 과정에 주목한다. 가상공간은 서로 연결된 상상적이면서도 사회적인 그물조직으로 이루어져 있어 여러 사람들의 가상적인 삶에 영향을 미친다. 또한 시간 속에서 관계를 형성하고 신뢰를 구축하여 유대감을 형성한다. 사이버 자아들의 활동공간인 사이버공동체는 가상적이지만 사회적 매트릭스로 짜인다. 이 장은 네트워크가 가속화된 가상세계의 특징을 검토하고, 이용자가 상호작용과정을 통해 상징에 의미를 부여하고 정체성과 자아를 구축하는 과정을 논의한다. 또한 사이버공동체에 대한 다양한 관점을 소개한다. 청운대학교 김미경 교수가 집필하였다.

제11장은 매클루언과 포스트만 등의 북미 미디어 생태학을 중심으로 생태학적 시각이 어떻게 미디어 연구와 접목되었는지를 살펴본다. 이를 위해 생태학적 시각이 투영된 환경으로서의 미디어, 인간 유기체의 확장으로서의 미디어, 종(species)으로서의 미디어, 종 간 상호작용과 공진화 등의 개념을 소개한다. 또한 이러한 미디어 생태학적 시각이 현재 학계에서 어떻게 확장 혹은 공유되는지를 살펴본다. 인천대학교 이동후

교수가 집필하였다.

제12장은 진화의 관점에서 본 미디어 연구를 소개한다. 진화라는 개념에 대한 오해의 근거들을 찾아보면서 생성과 변화라는 진화론의 핵심적인 관점이 철학적으로 어떻게 논의되고 있으며, 미디어 연구에는 어떻게 적용될 수 있는지를 살펴본다. 이를 바탕으로 현재 미디어의 진화 방향과 생태학적 존재로서의 미디어와 인간의 의미에 대해 질문한다. 계명대학교 김병선 교수가 집필하였다.

제13장은 체계라는 개념을 중심으로 한 커뮤니케이션 연구를 소개한다. '체계'는 세상의 모든 체계를 다루는 일반 체계이론(general systems theory)에서 시작하여, 우리가 사회라고 부르는 체계 생성과 변이를 다루는 사회학적 특수 체계이론을 거치며, 그 가운데 대중매체체계(system of mass media)로 개념화되는 사회적 하위체계(societal subsystem)까지 포괄한다. 사회-동물-기계가 새로운 종류의 교호적 체계를 구성하는 포스트휴머니즘적 공존의 가능성에 대하여 논의한다. 정준희 박사가 집필하였다.

1959년 '한국 언론 및 커뮤니케이션에 관한 연구를 통한 관련 학계와의 학술교류'를 목적으로 한국언론학회가 시작되었다. 신생 학문의 새로운 학회가 만들어지면서 관련 학계와 교류하려는 노력은 당연하지만 '학문의 교차로(cross-road)'에 선 우리에게는 숙명과도 같은 것이었다. 그래서 그런지 학제 간(interdisciplinary) 연구를 강요받는 요즘 세태엔 자못 의연하기도 하다.

이 책은 한국언론학회가 기획하고 한국언론진흥재단이 후원해서 출간되었다. 더불어 급한 일정에 출판을 결정해 주신 조상호 대표님과 나남출판에 감사드린다. 무엇보다도 그리 여유롭지 못한 기간에 '커뮤니케이션학의 확장'이라는 숙명의 짐을 나누어 지신 저자들의 노고에 기획팀은 이 자리를 빌려 깊은 감사를 드린다.

2016년 10월

제 42대 언론학회 도서기획팀

(정성은 · 박종민 · 이종혁)

참고문헌

김영석 (1991). 전통적 입장에서 본 언론학 연구의 인식론 및 방법론에 관한 고찰. 한국언론학회 (편), 〈한국언론학의 쟁점과 진로〉(377-402쪽). 서울: 나남.
박흥원 · 김수미 (엮음) (2015). 〈경계를 가르는 관점들: 커뮤니케이션 다시 읽기〉. 서울: 새물결.
이준웅 · 박종민 · 백혜진 (엮음) (2015). 〈커뮤니케이션 과학의 지평〉. 서울: 나남.
이효성 (1991). 커뮤니케이션학의 인식론과 방법론. 한국언론학회 (편), 〈한국언론학의 쟁점과 진로〉(203-444쪽). 서울: 나남.

Berger, C. R., & Chaffee, S. H. (1987). The study of communication as a science. In C. R. Berger & S. H. Chaffee (Eds.), *Handbook of communication science* (pp. 15-19). Newbury Park, CA: Sage.
Berger, C. R., Roloff, M. E., & Roskos-Ewoldsen, D. R. (Eds.) (2010). *The handbook of communication science* (2nd Ed.). Los Angeles, CA: Sage.
Delia, J. G. (1987). Communication research: A history. In C. R. Berger & S. H. Chaffee (Eds.), *Handbook of communication science* (pp. 20-98). Newbury Park, CA: Sage.

Kuhn, T. S. (1996). *The structure of scientific revolutions* (3rd Ed.). Chicago, IL: University of Chicago Press.

Nordenstreng, K. (2004). Ferment in the field: Notes on the evolution of communication studies and its disciplinary nature. *The Public*, *11*, 5-18.

Lakatos, I., & Musgrave, A. (Eds.) (1976). *Criticism and the growth of knowledge*. Cambridge, UK: Cambridge University Press.

Schramm, W. (1963). *The science of human communication*. New York, NY: Basic Books.

White, R. A. (1983). Mass communication and culture: Transition to a new paradigm. *Journal of Communication*, *33*, 279-301.

커뮤니케이션학의 확장

경계에서 미디어 읽기

차 례

15

뇌 과학과 커뮤니케이션*

이재신

1. 왜 뇌 과학인가?

식물과 달리 모든 동물은 신경계(*nerve system*)를 가지고 있으며 이를 연구하는 학문을 신경과학(*neuroscience*)이라고 한다. 신경과학의 주된 관심은 인간의 신경계이며 뇌는 신경계의 일부에 해당하므로, 큰 틀에서 보면 뇌 과학(*brain science*)은 신경과학의 일부라고도 볼 수 있다. 하지만 대중에게 널리 알려진 용어는 '뇌 과학'이며, 신경과학과 뇌 과학의 의미 차이가 크지 않으므로, 여기에서는 '뇌 과학'이라는 용어를 사용하도록 한다.

과학이 진보를 거듭하면서 인간은 우주의 탄생을 포함한 많은 분야에 대해 그 어느 때보다 많은 지식을 얻을 수 있게 되었다. 그러나 인간이

---

* 이 글은 2014년 〈커뮤니케이션 이론〉에 실린 저자의 논문을 보완 · 발전시킨 것임을 밝힙니다.

라는 동물의 모든 활동에서 핵심적 역할을 담당하는 뇌에 대한 연구는 최근까지 만족할 만한 진전을 이루지 못하였다. 그러나 기능성 자기공명이미지(functional Magnetic Resonance Imaging: fMRI) 장치 등이 등장하여 실시간으로 뇌의 활동을 관찰할 수 있게 되면서 뇌에 대한 인간의 지식은 급속도로 늘어 가고 있다.

최근 뇌에 대한 연구가 활발히 진행되는 것은 이제 인간에게 마지막 남은 미지의 영역이 뇌라고 보기 때문이다. 인간의 뇌는 약 1천억 개의 세포로 이루어져 있으며 이들이 서로 복잡하게 연결되어 있다. 이 때문에 흔히 인간의 뇌를 우주에서 가장 복잡한 구조라고도 부른다. 단순히 세포의 개수가 많다는 의미가 아니라, 이들이 복잡하게 상호 연결되어 있어 아직까지 그 기능이나 작동 원리를 거의 파악하기 못했기 때문이다. 다만 앞서 언급한 것과 같이 최신 과학장비들이 등장하며 이제 하나둘씩 뇌의 비밀이 벗겨지고 있는 상황이다.

진화적 관점에서 볼 때 동물의 뇌는 기본적으로 '운동'을 목적으로 등장한 기관이다. 식물과 달리 영양분을 찾아 이동해야 하는 동물은 어디로 어떠한 방법으로 움직여야 하는가에 대해 끊임없이 판단과 결정을 해야 한다. 이러한 운동을 위한 보다 세밀하고 정확한 결정과 실행을 위해 등장한 것이 바로 '뇌'이기 때문이다.

이동에 대한 결정을 위해 등장한 뇌는 인간에 이르러 보다 높은 차원으로 진화하게 되었다. 보다 정교해진 인간의 뇌에 의식이 등장하고 이를 통해 사고(thought)가 가능해진 것이다. 사고란 주어진 감각과 환경정보에 대한 끊임없는 판단을 의미한다(Edelman, 2007). 이동을 위해 사용되던 뇌가 의식이 등장한 이후 사고를 통해 세상에 대한 판단을 하게 되고 상황에 적합한 행동을 위한 '의사결정'(decision making)의 역할까지 하게 된 것이다.

언어는 하나의 고도화된 운동이다(이재신, 2015). 뇌를 통해 성대와 혀를 운동시켜 원하는 소리를 만들어 낸다. 인간은 매 순간 어떤 말과 어떤 행동을 할지를 결정한다. 때로는 의식적으로 때로는 무의식적으로 판단과 결정을 내리고 이를 통해 다른 사람들과 커뮤니케이션을 한다. 커뮤니케이션이란 기본적으로 연속적인 의사결정의 결과물에 해당하는 것이다. 이러한 점을 고려하여 이 장에서는 인간 뇌의 작동 원리를 살펴보고 이를 통해 인간의 '의사결정'이 어떠한 방법으로 이루어지는가를 알아보고자 한다. 그리고 이러한 지식들이 커뮤니케이션 연구에 어떠한 함의를 주는가를 몇 가지 사례를 통해 살펴볼 것이다.

2. 이중처리 이론과 의사결정

인간의 의사결정 과정을 탐구하는 학문적 노력은 오랜 시간 진행되었다. 이에 대한 대표적 심리학 이론인 이중처리 이론(*dual process theory*)은 인간의 의사결정이 서로 다른 두 경로에 의해 이루어진다고 설명한다(Evans, 1984). 사실 이중처리 이론은 한 명의 연구자에 의해 제안된 이론이라기보다는 다양한 학문 분야에서 제안된 유사한 이론들의 종합이라고 할 수 있다. 에반스(Evans, 2012)는 이중처리 이론이 시간의 흐름에 따라 지속적으로 변화했으며 그 결과 현재의 모습을 갖추게 된 것으로 설명한다.

엡스타인(Epstein, 1994)은 다양한 학문 분야에서 제시된 인간의 두 판단 시스템을 각각 경험적 시스템(*experiential system*)과 합리적 시스템(*rational system*)으로 구분했다. 그는 경험적 시스템이 감정을 활용하며 현실을 이미지, 은유 등으로 이해하고 빠르고 즉각적인 판단을 하는 반면, 합리적 시스템은 현실을 언어, 숫자, 기호 등의 추상적 기호로 이해하고 상대적으로 느린 정보처리를 담당한다고 보았다. 하지만 슬로빅 등(Slovic, Finucane, Peters, & MacGregor, 2004)은 경험적 시스템이 합리적 시스템이 아닐 이유는 없다고 반박하며, 합리적 시스템을 분석적 시스템(*analytic system*)으로 보는 것이 더욱 타당하다고 주장했다.

현재 널리 받아들여지는 이중처리 이론은 기본적으로 서로 다른 두 시스템이 인간의 의사결정을 담당한다고 본다. '시스템 1'은 진화적으로 일찍 등장했으며, 무의식적이고 자동적이며 빠른 정보처리를 담당한다. 이와 달리 진화적으로 나중에 등장한 '시스템 2'는 의식적이고 상대적으로 느리며 통제된 정보처리를 담당한다. 이러한 특성 때문에 흔히

표 1-1 **시스템 1과 2의 특징 비교**

구분	시스템 1	시스템 2
추론	무의식적 추론	의식적 추론
특성	자동적 반응	통제된 반응
인지적 노력	작음	큼
용량	큼	작음
반응 구분	기본 반응	통제 반응
추론 방법	맥락적	추상적
진화적 순서	빠름	느림
활용 정보	비언어적 정보	언어 정보 활용
논리성	비논리적	논리적
정보처리 방법	병렬	직렬

'시스템 1'을 암묵적(*implicit*), '시스템 2'를 명시적(*explicit*) 정보처리 과
정이라고 본다. 이는 각각 앞서 설명한 경험적 시스템과 분석적 시스템
에 대응하는 것이다.

커뮤니케이션 분야 이론인 정교화 가능성 모델(*Elaboration Likelihood
Model*: ELM)도 큰 틀에서 보면 이중처리 이론에 해당한다(Petty &
Cacioppo, 1986). 다만 ELM은 주변 통로가 감정을, 중심 통로가 이성
을 활용하는 판단이라고 명시적으로 설명하지는 않는다는 점에서 차이
를 보인다. 〈표 1-1〉에는 최근 카네만(Kahneman, 2011)이 정리한 두
시스템의 특징이 제시되어 있다. 표에서 '병렬'은 정보처리가 여러 통로
로 동시에 전달되어 빠르게 처리됨을, '직렬'은 하나의 정보 통로를 활용
하기에 상대적으로 느리다는 것을 의미한다.

'시스템 1'은 인간이라는 동물이 진화적으로 보다 빨리 획득한 정보처
리 방법인 반면, '시스템 2'는 보다 최근에 등장한 인간 고유의, 그러나
제한된 용량을 지닌 인지적 능력을 활용하는 정보처리 방법에 해당한

다. 인간의 인지적 능력이 제한되어 있다는 사실에 대해서는 과거부터 제한용량 모형(*limited capacity model*)이나(Lang, 2000), 인지적 구두쇠(*cognitive miser*) 등의 개념(Fiske & Taylor, 1991)을 통해 활발히 논의되어 왔다. 인간의 인지적 자원은 한정되어 있기에 필요할 때에만 제한적으로 활용한다는 것이 이들의 공통적 설명이다.

이처럼 이제까지 다양한 분야의 사회과학 연구들에서는 실험이나 설문 등의 방법으로, 그리고 결과에 대한 성찰을 토대로 인간의 판단과정의 특성에 대해 탐구했다. 그러나 지난 1990년대부터 활발하게 진행된 뇌 과학이나 신경과학 분야의 연구들에 의해 이러한 논의의 타당성에 대해 보다 과학적으로 탐구하는 것이 가능해졌다. 특히 앞서 언급한 fMRI 같은 영상장비를 이용하여 뇌의 활동을 실시간으로 기록할 수 있게 되면서 인간의 뇌에 대한 탐구는 급속도로 진행되었다. fMRI는 뇌의 신경세포(*neuron*)가 활동할 때 산소량이 증가한다는 사실에 착안하여 뇌의 각 부분에서 산소가 소비되는 정도를 실시간으로 측정하여 3차원으로 보여주는 장비이다. 이제 학자들은 지난 20여 년간 이러한 방법으로 축적된 연구결과들을 통해 어느 정도 뇌의 활동 원리를 알 수 있게 되었다.

3. 인간 뇌의 구조와 감정

논의를 진행하기에 앞서 간략하게나마 인간 뇌의 구조와 특징을 살펴볼 필요가 있다. 뇌에 대한 상세한 설명은 책의 범위를 넘어서는 것이므로 이 장의 목적을 위해 필요한 정도만 간략하게 소개한다.

맥린(MacLean, 1990)에 의하면 인간을 포함한 영장류의 뇌는 기본적으로 세 가지 층으로 이루어졌고, 이들은 각각 파충류, 포유류, 영장류의 뇌로 구분될 수 있다. 즉, 인간의 뇌는 원시동물부터 파충류에 이르며 만들어진 뇌간(brain stem), 그 이후 포유류까지 진화하며 만들어진 변연계(limbic system), 그리고 영장류부터 발견되는 대뇌 (신) 피질(neocortex)[1]로 구성되어 있다. 대뇌 (신) 피질은 일부 파충류부터 등장하지만 인간에 이르러서 뇌를 완전히 덮어 버릴 정도로 그 양이 대폭 늘었으며, 이를 통해 인간이 다른 동물과 차별된 인지 능력을 지니게 된 것으로 본다. 참고로 피질이란 여러 층으로 이루어진 신경세포층을 의미한다.

〈그림 1-1〉은 이러한 설명에 근거하여 뇌를 두 가지 방법으로 나타낸 것이다. 중요한 점은 인간의 뇌가 크게 진화적으로 다른 시기에 나타난 세 가지 영역으로 구분될 수 있다는 것이다. 물론 이들 세 부분이 서로 독립적으로 작용하는 것은 아니며, 서로 밀접하게 연결되어 있다. 다만 특정 영역에서 특정 기능을 집중적으로 수행하기 때문에 편의상 이렇게 구분한 것이다. 그림에서 알 수 있듯이 인간의 뇌는 뇌간의 위에 변연계, 그리고 그 위에 대뇌 (신) 피질이 위치해 있다.

---

1 대뇌는 새로이 등장한 피질로 이루어졌기에 '신 피질'이라고 부르지만, 흔히 이를 '대뇌 피질'이라고도 부른다.

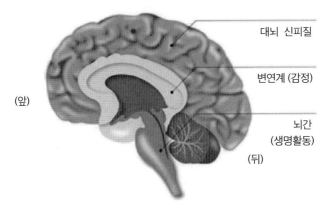

그림 1-1 **인간 뇌의 개략적 구조**

대뇌 신피질

변연계 (감정)

(앞)

뇌간
(생명활동)

(뒤)

'뇌간'은 '뇌줄기'라고도 불리며, 심장 박동이나 내장 운동 같은 생명 유지를 위해 필요한 기본적인 일들을 담당한다. 뇌간의 활동은 무의식적으로 진행되며 우리는 이를 인식할 수 없다.

'변연계'란 무엇인가를 둘러싼 경계지역이란 의미를 지니고 있으며, 이는 실제로 뇌간 위에 있는 공간인 '뇌실'을 둘러싸고 있다. 변연계는 시상(*thalamus*), 해마(*hippocampus*), 편도체(*amygdala*) 등으로 구성되어 있다. 시상은 뇌간에서 올라온 정보와 변연계에서 만들어진 정보를 대뇌에 전달하는 역할을 한다. 해마는 장기기억을 만드는 역할을, 그리고 해마의 끝부분에 달려 있는 편도체는 공포 반응을 포함한 감정[2] 정보를 생성하는 중추에 해당한다.

변연계는 이들이 서로 연결되어 하나의 큰 회로(*circuit*)를 이루는데, 이에 대한 선도적 연구를 진행한 파페즈(Papez, 1937)의 이름을 따서

---

2 학자들에 따라 정서(*affect*)와 감정(*emotion*)을 구분하기도 하지만 여기에서는 이를 모두 감정이라고 부르도록 하겠다.

'파페츠 회로'라고 한다. 파페츠는 변연계의 기본 기능이 감정의 형성이라고 보았다. 즉, 시각, 청각, 후각, 체감각 등의 각종 자극 정보가 일차적으로 시상으로 보내지고, 이후 편도체로 전해지면서 감정이 형성된 후, 감정 정보가 다시 시상을 거쳐 상위 뇌로 전해진다는 것이다.

이후의 연구에 의하면 변연계의 중요한 역할 중 하나가 장기기억의 형성이다(이재신, 2014). 어떤 사건이 발생했을 때 사건의 내용은 해마로 전달된다. 중요한 점은 해마에서 모든 사건을 기억으로 저장하지는 않는다는 것이다. 오로지 감정 반응을 일으키는 편도체가 동시에 활성화되어야만 해마는 사건을 장기기억으로 저장한다. 정리하면, 변연계는 몇 가지 핵심적인 구성물로 이루어진 하나의 거대 회로를 이루고 있으며 감정과 장기기억을 형성한다. 다만 해마는 감정반응이 나타날 때에만 장기기억으로 정보를 보낸다.

이는 진화적으로 왜 '감정'이란 것이 등장했는가를 알 수 있게 해준다. 편도체의 기본 기능은 '공포' 반응이다. 공포야말로 동물이 살아가는 데 핵심적 역할을 한다. 생명의 위협을 느꼈던 공포의 사건을 기억해야만 이후에 유사한 상황을 맞닥뜨렸을 때 재빨리 도망갈 수 있기 때문이다. 감정에 의한 반응의 핵심은 '속도'이다. 위험한 상황에서 재빠르게 대처하지 못하고 한참 생각한 후에야 '아 그때 내가 위험했었지'라는 기억을 떠올린다면 이미 늦어도 한참 늦을 수 있기 때문이다.

이러한 이유로 감정은 두 가지 경로를 통해 만들어진다. 하나는 자극이 말 그대로 초고속으로 편도체로 전달되어 나타나는 무의식적 감정반응이지만, 처리되는 정보의 양이 적다. 보다 정확하고 많은 정보는 상대적으로 조금 느리지만 충분한 양의 정보가 처리될 수 있는 경로를 통해 전달된다. 이 경우 감각정보는 대뇌를 거쳐 다시 편도체로 간다. 따라서 앞서의 경우보다 속도가 느리지만 대뇌를 경유하기 때문에 의식의 개입이 가능해진다.

예를 들어 보자. 우리가 예전에 자라를 보고 놀랐다고 하자. 이후에 우리가 무언가 비슷한 것을 보게 된다면 이 정보는 즉각적으로 편도체로 전해져 우리를 소스라치게 만든다. 이 반응은 매우 빠르며 유전적으로 결정된 반응이기에 우리가 통제할 수 없다. 이후 입력된 감각 정보를 대뇌의 감각 피질에서 보다 정교하게 판단한 결과 그것이 자라가 아니라 솥뚜껑이라는 것을 알게 되면 우리는 안도의 한숨을 쉬게 된다. 이때 일차 경로를 통해 만들어진 감정을 일차 감정, 이후에 만들어진 감정을 이차 감정이라고 한다. 그리고 이렇게 만들어진 이차 감정을 스스로 인식하게 되는 상태를 '느낌'(*feeling*) 이라고 한다(Damasio, 1994). 이처럼 감정 정보는 빠르고 즉각적이며 병렬적으로 처리된다.

4. 인간의 판단과정

이제까지 인간의 뇌에서 이루어지는 감정의 형성 및 이에 대한 반응에 대해 살펴보았다. 그렇다면 감정이 형성된 이후에는 어떠한 일이 일어날까? 이를 논하기 위해서는 먼저 다시 한 번 뇌의 구조를 살펴볼 필요가 있다. 〈그림 1-2〉에는 몇 가지 영역으로 구분된 대뇌 (신) 피질이 제시되어 있다. 즉, 대뇌는 크게 앞쪽에서부터 전두엽 (앞), 두정엽 (위), 측두엽 (옆), 그리고 후두엽 (뒤) 으로 구분된다.

전두엽 (*frontal cortex*) 의 앞부분을 전전두엽 (*prefrontal cortex*) 이라고 하는데, 전전두엽은 뇌에서 가장 중요한 판단 기능을 수행하며 일종의 통제본부에 해당한다 (Carlson, 2013).

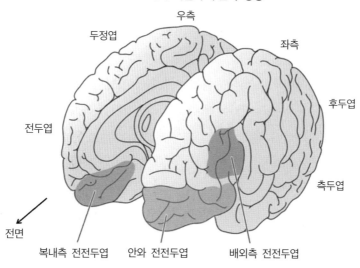

그림 1-2 대뇌 피질의 구분과 명칭

* 그림에는 각 전전두엽의 한쪽 부분만 표시되었지만 좌우 양쪽에 모두 존재한다.

전전두엽은 다시 그 위치에 따라 세분화되어 뇌 안쪽 전전두엽의 앞부분을 복내측 전전두엽, 앞쪽 아랫부분을 안와 전전두엽, 바깥쪽 뒷부분을 배외측 전전두엽이라고 한다. 연구에 의하면 복내측 전전두엽과 안와 전전두엽은 감정 정보를, 배외측 전전두엽은 인지적 정보를 처리한다. 가령 변연계에서 만들어진 감정 정보는 이후 대뇌로 전달되는데, 그 종착지가 복내측 전전두엽과 안와 전전두엽이 되는 것이다. 이와 달리 우리의 인지적 사고에 의한 정보는 배외측 전전두엽에서 담당한다.

이제까지의 논의는 대뇌에서 감정을 담당하는 부분과 이성을 담당하는 부분이 별도로 존재한다는 것을 보여 주며, 이는 앞서 이중처리 이론에서의 '시스템 1'과 '시스템 2'에 대응한다는 것을 시사한다. '시스템 1'은 진화적으로 먼저 나타났으며 빠른 정보처리가 가능한데, 이는 감정에 의존하는 반응이기 때문이다. '시스템 2'가 상대적으로 느린 판단을 하는 것은 감정이 형성된 이후에 뇌의 추상적이고 인지적 사고에 의존하는 이성 시스템에 해당하기 때문이다.

앞서 〈표 1-1〉에서 '시스템 1'은 기본 반응에 해당하며, '시스템 2'는 통제 반응이라고 설명했다. 감정 반응은 유전자에 의해, 그리고 과거의 경험에 의해 즉각적으로 이루어지는 반응에 해당한다. 하지만 이성은 이러한 감정 반응을 통제하는 역할을 한다. 가령 우리가 '자라'인 줄 알고 놀라서 도망가려 했다가 이후에 '솥뚜껑'이라는 것을 인식한다면 우리의 이성은 감정반응을 억제하며 놀라지 말고 하던 일을 계속하라고 지시하는 것이다.

5. 감정의 역할

우리는 모든 것을 기억할 수 없다. 따라서 감정은 과거의 위험했던 사건을 기억하기 위해, 즉 반드시 기억해야 할 사건을 선별하기 위해 등장했다. 이에 따라 감정 자극에 대한 반응은 빠르고 신속하게 이루어진다. 특히 일차 감정에 대한 반응은 자동적으로 이루어지며 우리가 의식적으로 통제할 수 있는 대상이 아니다. 아울러 인간의 기본 반응이 감정 반응이라는 사실은 진화적으로 볼 때 현재의 뇌는 감정이 우위를 점한 장치라는 것을 의미한다. 보다 늦게 등장한 이성 시스템이 대부분의 경우 결정을 감정 시스템에 맡기고 있는 것이다.

이러한 논의는 의사결정 과정에서 감정을 위주로 판단이 이루어지며 이로 인해 인간의 의사결정이나 판단이 합리적이지 못하다는 것임을 의미한다고 해석할 수 있다. 하지만 정말 그러할까? 만약 감정 위주의 판단이 비합리적이기만 한 것이라면 이러한 시스템에 의존하는 인간은 생존 가능성이 높기 어렵다. 대부분의 경우에 내리는 감정에 의존하는 결정이 비합리적이라면 이는 생존에 도움이 되지 않을 수 있기 때문이다.

이에 대한 의문은 1848년에 미국에서 발생한 하나의 비극적인 사건에 의해 알 수 있게 되었다. 공사현장을 지휘하던 피니어스 게이지(Phineas Gage)는 폭발 사고로 인해 뇌를 강철 막대가 관통하는 사고를 당했다. 당시의 기록에 의하면 죽을 줄만 알았던 게이지가 극적으로 살아나 비록 왼쪽 눈을 잃었지만 정상적인 생활을 했다고 한다.

문제는 사건 이후에 게이지는 완전히 다른 사람이 되었다는 것이다. 사건 이전에는 성실하고 사회적으로 아무런 문제가 없었지만 사고 이후 폭력적이 되었으며 위험한 일도 서슴없이 저지르곤 했다. 결국 이웃이

그림 1-3 피니어스 게이지 뇌 사고의 삼차원 복원 이미지

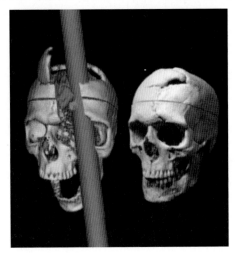

출처: Ratiu et al.(2004).

나 친구들과의 사회적 관계를 유지할 수 없을 지경이 된 게이지는 회사에서도 쫓겨났으며 1860년에 쓸쓸히 사망했다.

그로부터 100여 년이 지난 뒤 학자들은 기증된 게이지의 뇌를 첨단 기술로 복원하고 분석하여 게이지가 보인 이상 행동의 원인을 알아낼 수 있었다(Damasio, Grabowski, Frank, Garaburda, & Damasio, 1994; Ratiu, Talos, Haker, Liberman, & Everett, 2004). 〈그림 1-3〉과 같이 복원된 게이지의 뇌를 통해 손상된 부분이 복내측 전전두엽이었음을 알 수 있었다.

또한 다마지오(Damasio, 1985)는 안와 전전두엽이 손상된 또 다른 환자가 게이지와 유사한 행동을 보인다는 것을 발견했다. 이 환자 역시 논리적 결정에는 별다른 문제가 없었지만 실생활에서 보이는 많은 결정들이 무책임하고 위험한 것이었다.

다마지오(Damasio, 1994)는 이러한 일련의 연구결과들을 토대로 감정적 판단을 담당하는 복내측 전전두엽이나 안와 전전두엽에 이상이 생기는 경우 인간은 올바르고 합리적인 결정을 내릴 수 없게 된다고 결론 내렸다. 이는 언뜻 상식과 배치되는 결론처럼 보일 수 있다. 감정 시스템이 파괴된 이후 오로지 이성 시스템만 작동하게 된다면 이는 오히려 합리적 판단을 촉진하는 결과로 나타나야 하기 때문이다. 그렇다면 왜 감정 시스템이 파괴된 사람이 오히려 더욱 비합리적인 판단을 내리게 되는 것일까?

그에 대한 답은 감정적 판단이 과거의 경험에 의존하는 판단이라는 사실에 있다. 감정은 과거의 유사한 기억을 불러일으킨다. 그리고 자신이 과거 비슷한 상황에서 내렸던 결정들을 기반으로 빠르고 신속하게 의사결정을 하게 된다. 물론 과거의 결정이 옳지 않은 결정일 수는 있다. 하지만 중요한 점은 과거의 결정이 어느 정도 성공적이었기에 이제까지 생명을 유지할 수 있었다는 사실이다. 자라를 보고 놀랐다면 비슷한 솥뚜껑을 보고도 일단 피하는 것이 상책이다. 그것이 정말 자라일까를 고민하며 시간을 낭비할 수는 없는 것이다. 이처럼 감정 기반 판단의 핵심은 외부 환경에 대한 과거의 경험에 의존하는 빠르고 신속한 대응이다.

합리론적 관점에서 본다면 이성에 의존하지 않고 감정의 의존하여 내리는 판단이 비합리적이라고 볼 수 있다. 하지만 이는 판단 '과정'의 합리성을 강조하는 관점이다. 흔히 말하는 논리적(logical) 사고와 의사결정이라는 것은 판단과정이 얼마나 바르고 정확한가에 대한 것이다. 그러나 주어진 상황에서 가용한 시간과 인지적 자원을 활용하여 최적의 판단을 내리는 것 역시 합리성을 지닌다. 학자들은 이를 '목적적 합리성'이라고 부르며, 이를 '과정적 합리성'과 구분해야 한다고 강조한다(Slovic et al. , 2004).

목적적 합리성의 핵심은 목적을 효율적으로 달성하는 것에 있으며 그 과정이 얼마나 논리적인가 혹은 과학적인가는 크게 중요하지 않다. 가령 소형 전자제품을 구매할 때 모든 제품의 기능과 가격, 그리고 사후 서비스 등을 고려하여 구매하는 것이 효과적인가, 아니면 과거에 유사한 제품을 별다른 문제없이 사용했던 회사의 제품을 사용하는 것이 효과적인가? 물론 시간이 충분한 경우라면 전자의 경우가 좋을지 모르지만 바쁜 일상 속에서 조그마한 제품 하나를 사기 위해 무한정의 시간을 투자할 수는 없다. 이러한 경우 경험에 의존한 판단이 더욱 효과적일 수 있는 것이다.

또한 감정에 의한 판단은 '윤리'와도 밀접한 관계가 있는 것으로 보인다. 윤리의 사전적 정의는 '사람으로서 마땅히 행하거나 지켜야 할 도리'이다. 학자들은 사람들이 윤리적 결정을 내려야 할 때에 뇌에서 이성이 아닌 감정을 담당하는 부분이 활성화되는 것을 발견했다(Heekeren, Wartenburger, Schmidt, Schwintowski, & Villringer, 2003). 가령 무게를 이기지 못하고 침몰하는 배 위에서 누가 다른 사람들을 위해 바다에 뛰어들어야 하는가를 결정하는 문제를 생각할 때 뇌는 이성이 아닌 감정적 판단영역이 활성화된다. 이성적으로는 가장 무게가 많이 나가는 사람이 선택되어야 하지만 감정적으로는 어린이, 여성, 노약자 등에 대한 배려가 우선되기 때문이다.

앞서 복내측 전전두엽이나 안와 전전두엽에 이상이 생긴 환자들은 정상적 사회생활이 어렵다는 사실을 언급했다. 이들은 이성적이며 논리적인 판단을 내리는 데에는 별다른 문제가 없었다. 하지만 일상생활 중 다른 사람들과의 상호작용에서 비윤리적이고 비상식적인, 그리고 위험스러운 결정을 내리곤 했다(Damasio, 1994). 이러한 사실은 이성적이며 논리적인 판단만으로는 올바르게 사회생활을 할 수 없다는 것을 의미한다. 이성적 결정은 상대의 감정이나 의사와는 상관없이 주어진 상황에서 가장 합리적인 결정을 내리는 것을 의미한다. 하지만 이러한 결정은 상대의 감정을 고려하지 않기 때문에 원만한 관계 유지에 심각한 걸림돌이 될 수 있다. 이와 달리 감정 기반의 결정은 때로는 비이성적이고 비논리적일 수 있어도 상대의 감정을 존중하고 이해하는 결정이 된다.

이처럼 인간은 일상생활에서 대부분의 경우 과거의 경험과 기억에 근거한 감정을 기반으로 판단하는데, 이를 '감정 편의적 판단'(affect heuristic)이라고 부른다(Slovic et al., 2004). 감정 편의적 판단은 과거의 경험과 그에 대한 긍정 혹은 부정의 기억을 기준으로 빠르게 내리는 판단을 의미한다. 감정 편의적 판단은 주어진 시간과 자원을 효율적으로 사용하는 목적적 합리성의 달성에, 그리고 다른 사람들과의 원활한 관계 유지에 긍정적 역할을 한다.

6. 감정의 전달과 거울 뉴런

감정 편의적 판단이 인간의 주된 판단 방법이라면, 감정 편의적 판단의 효율성을 높이기 위한 한 가지 방법은 상대의 감정을 이해하고 이를 의사결정에 활용하는 것이다. 상대방 역시 감정에 의존하는 판단을 한다면 상대의 감정을 이해한다는 것은 상대가 어떤 결정을 내릴 것인가를 예측하는 데 도움이 되기 때문이다.

진화적으로 볼 때 감정은 이성보다 먼저 등장했으며 따라서 언어를 통해 감정을 교류한다고 보기는 어렵다. 실제로, 언어를 사용하지 않는 동물들도 감정적 교류를 한다(이재신, 2015). 이것이 가능한 이유 중 하나는 바로 비언어적(*non-verbal*) 커뮤니케이션이다. 인간을 포함한 동물은 손짓, 몸짓, 발짓, 표정, 소리 등을 이용하여 서로의 의사를 교류하는데, 이러한 방법은 특히 감정의 전달에 효과적이다.

연구자들은 원숭이가 사람의 행동을 관찰할 때(B)와 그 행동을 스스로 할 때(C)〈그림 1-4〉에서 알 수 있는 것처럼 활성화되는 뇌 영역(A의 F5)이 매우 유사하다는 것을 발견했다(Di Pellegrino, Fadiga, Fogassi, Gallese, & Rizzolatti, 1992). 이후의 연구들에서 밝혀진 사실은 상대의 행동을 관찰하는 것만으로도 상대가 무엇을(*what*), 왜(*why*), 어떻게(*how*) 하는가를 이해하게 해주는 신경세포(*neuron*)가 존재한다는 것이다. 학자들은 이러한 세포를 '거울 뉴런'(*mirror neuron*)이라고 부른다.

동물의 뇌는 신체의 각 부위에 해당하는 감각과 운동 영역을 지니고 있다. 가령 손가락, 혀, 입 등의 자극을 전달받는 기능과 이를 움직이도록 하는 기능을 담당하는 고유한 영역들이 뇌에 존재한다. 거울 뉴런은 남이 행동하는 것을 관찰할 때 마치 스스로 그 행동을 하는 것처럼 해당

뇌 영역을 자극해 준다. 이를 통해 다음에 그 행동을 할 때 신체의 어느 부분을 움직여야 하는가를 배울 수 있도록 해주는 것이다. 이처럼 거울 뉴런은 관찰하여 학습한 것을 스스로 행할 수 있도록 하는 데 핵심적인 역할을 담당한다.

거울 뉴런의 또 다른 기능 중 하나는 상대의 감정을 이해할 수 있게 해준다는 것이다. 이른바 공감(empathy)을 가능하게 해주는 것이다. 거울

그림 1-4 원숭이의 거울 뉴런 활동

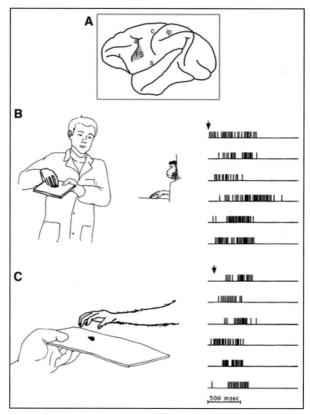

출처: Di Pellegrino et al. (1992).

뉴런은 상대의 얼굴 표정이나 몸짓을 보고 나 역시 그러한 표정이나 행동이 가능하게 되도록 뇌의 특정 부분을 자극한다. 그러면 나의 몸은 상대와 유사한 상태가 되고 이를 통해 상대와 유사한 감정이 형성된다. 가령 상대가 고통스러워하는 모습을 보면 나의 내장이나 특정 부분을 '찌릿찌릿' 하도록 만들며, 상대가 지금 이러한 감정을 지니고 있다는 것을 알게 해준다. 이러한 공감 능력은 원숭이를 포함한 다수의 포유동물들도 지닌 것으로 여겨진다.

그렇다면 이러한 기능에 진화적으로 어떠한 장점이 있기에 거울 뉴런이 등장한 것일까? 그것은 상대의 감정을 이해해야만 생존 가능성이 높아지기 때문이다. 성난 사자나 호랑이 같은 포식자의 기분을 이해하지 못하고 그 주변에서 어슬렁거리다가는 잡아먹히기 십상인 것이다.

거울 뉴런은 인간의 도덕이나 윤리와도 관련이 있다(장대익, 2012). 자신의 행동으로 인해 발생하는 상대의 고통 감정을 이해하지 못한다면 그러한 행동에 대한 미안함이나 후회가 나타나기 어렵기 때문이다. 심지어 인간은 고통받는 상대를 직접 관찰하지 않고 상대가 그러한 상태에 있다는 정보를 얻기만 해도 상대의 감정을 느낄 수 있다. 가령 직접 관찰하지는 못해도 상대에게 고통의 자극이 주어졌다는 정보를 받은 것만으로도 그 사람과 동일한 부위에서 감정 반응이 나타난다(Singer et al., 2004).

7. 감정적 판단과 커뮤니케이션 연구

이제까지의 내용을 정리하면, 인간의 의사결정은 대부분 감정을 이용하는 편의적 판단을 통해 이루어지며 필요한 때에만 이성의 개입이 동반된다. 감정 기반의 판단 시스템은 진화적으로 먼저 나타났으며 인간의 뇌에는 감정과 이성 정보를 담당하는 부분이 따로 존재한다. 진화적으로 감정은 공포 감정으로부터 출발했으며, 감정이 동반된 사건만 장기적으로 저장된다. 이러한 이유로 감정은 과거의 경험과 기억을 활용할 수 있게 해주며, 이에 따라 감정 편의적 판단은 빠르고 순식간에 이루어진다는 특징을 지닌다.

동물들은 비언어적 커뮤니케이션을 통해 의사소통을 하는데, 이때 거울 뉴런은 상대의 감정을 이해할 수 있게 해준다. 특히 인간은 상대의 감정 상태를 관찰하거나 상대가 어떠한 상태라는 정보를 접하는 것만으로도 신체의 관련 부분에 자극이 주어져 상대와 유사한 감정 상태를 경험하게 된다. 거울 뉴런은 감정의 이해뿐만 아니라 관찰학습을 가능하게 해준다. 이는 미디어를 통한 사회학습(Bandura, 1977)이 왜 가능한가를 생물학적으로 설명해 주기도 한다. 감정적 판단은 도덕이나 윤리의 실행과도 관련이 있는데, 특히 거울 뉴런은 상대의 슬픔이나 고통을 이해할 수 있도록 해준다는 점에서 더욱 밀접한 관련을 보인다. 그렇다면 이러한 논의가 커뮤니케이션 연구에 어떠한 시사점을 제공해 주는지를 몇 가지를 사례를 통해 살펴보자.

1) 정교화 가능성 모형의 적용

앞서 언급한 것처럼 커뮤니케이션 분야에서 인간의 감정적 판단 경향은 '정교화 가능성 모형'(ELM) 을 중심으로 탐구되었다. 비록 ELM이 감정이나 이성 판단 시스템에 대해 명확한 언급을 하고 있지는 않지만 메시지에 대한 인간의 판단이 두 판단 시스템을 통해 이루어진다고 본다는 점에서는 ELM 역시 기본적으로 이중처리 이론에 해당한다. 하지만 ELM은 두 통로(중심 · 주변 통로)를 독립적인 것으로 취급하며, 메시지 정교화가 일어나는 조건과 그렇지 않은 조건을 설명하는 데 중점을 둔다 (Petty & Cacioppo, 1986).

가령 ELM은 메시지 내용에 대한 관여도가 높은 상황에서 메시지 해석을 위한 동기와 능력이 뒷받침되어야만 정교화가 일어난다고 설명한다. 그 외의 상황에서는 주변통로를 통해 판단이 일어나며, 이 경우 정보원 신뢰도(*source credibility*) 같은 메시지 이외의 주변 단서들이 판단에 중요한 역할을 한다고 본다. 또한 중심통로를 통한 메시지 해석은 강하고 오랜 설득효과를 보이며, 주변통로를 통한 해석은 약하고 일시적인 설득효과를 보인다고 설명한다.

하지만 ELM의 이러한 설명은 몇 가지 논란의 여지를 지닌다. 먼저, 이중처리 이론은 반드시 메시지 해석에만 관련되는 것이 아니다. 기본적으로, 외부 환경 자극에 대한 모든 결정에 대한 설명을 제공한다. 가령 길을 가다가 갈림길을 마주쳤을 때 어느 길을 택할 것인가를 결정할 때에도 인간의 판단 시스템은 가동된다. 그리고 이러한 경우 신뢰할 만한 정보원은 존재하지 않는다. 이러한 점에서 볼 때, ELM은 인간의 판단에 대한 설명을 '메시지 해석과 설득효과' 분야로 한정하여 적용한다고 할 수 있다.

이러한 이유로 이제까지 ELM 관점의 연구들은 주로 서로 다른 방법으로 구성된 광고 혹은 관여도가 다른 상품들에 대한 광고를 피험자에게 보여 주고 태도나 구매의도를 살피곤 해왔다(김윤식 · 박종민, 2013). 대부분의 ELM 연구들은 주어진 메시지 자극의 설득효과를 탐구하는 것에 한정되어 온 것이다. 또한 이들 연구는 주로 실험의 형태로 진행되었으며 관여도나 정보원 신뢰도는 실험조건으로 처치된 불연속 변인으로 취급되어 왔다.

그러나 이제까지 살펴본 것처럼 인간의 감정적 판단은 일상생활에서 대부분의 경우에 발생하는 것이며, 따라서 이를 굳이 실험적 환경에 국한하여 탐구할 필요는 없을 것이다. 가령 관여도나 정보원 신뢰도를 연속 변인으로 취급하고 메시지 해석 이외에 환경에 적용하는 것도 가능하다. 가령 드라마 선택에 영향을 미치는 요인을 탐구하는 경우, 드라마에 대한 이성적 요인과 감정적 판단 요인들을 제시하고 응답자의 관여도 등을 함께 측정하여 이들 변인의 효과를 탐구하는 것도 가능하다. 이때 감정적 판단 요인이 반드시 정보원 신뢰도에 국한될 필요는 없다. 애초에 ELM에서도 '주변 단서'로서 정보원 신뢰도를 제시한 것뿐이다. 따라서 각 상황에 따라 주변 단서로서 작용할 수 있는 다양한 변인들을 발굴하는 것도 의미 있는 작업이라고 본다.

아울러, 한 가지 강조하고 싶은 것은 ELM에서는 중심통로와 주변통로의 상호작용에 대해서는 별다른 언급이 없다는 점이다. 하지만 이제까지 의학적으로 밝혀진 바에 따르면, 인간은 이성이나 감정 하나만을 취사선택하여 판단하는 것이 불가능한 것으로 보인다(Pessoa, 2008). 즉, 경우에 따라 가중치가 달라지는 것뿐이며, 두 판단 시스템은 항상 서로 협조하며 하나의 결정을 내리는 것이다. 가령, 생물학적으로 볼 때 이성이 감정을 통제할 수는 있어도 감정이 이성을 통제하는 것은 불가능하다(Price, 1999).

아마도 감정이 없는 상태는 앞서 언급한 피니어스 게이지의 상황에 대응될 것이다. 이성이 마비된 상태는 술이나 마약에 취하여 이성적 사고가 불가능한 상황에 해당할 것이다. 만약 ELM에서 설명하는 것처럼 메시지 해석에서 오로지 하나의 통로만이 활성화되는 것이라면 이는 메시지 해석을 위해 피니어스 게이지와 알콜 중독자 중 하나를 택해야 한다고 보는 것과 유사하다. 따라서 현실에서는 이성과 감정이 서로 상호작용하여 하나의 결정을 내리는 것으로 보아야 할 것이다(Hutcherson, Plassmann, Gross, & Rangel, 2012).

실제로 트럼보(Trumbo, 1999, 2002)는 암에 대한 위험인식이 어떠한 판단과정을 거쳐 형성되는가를 살피는 연구를 진행했다. 연구에서는 두 경로의 판단이 동시에 일어난다는 것을 가정한 모델을 세우고 관여도에 해당하는 동기(motivation)를 연속 변인으로 사용하여 구조방정식을 이용해 분석했다. 그 결과 두 판단 경로가 가중치를 달리하며 동시에 활성화된다는 것을 가정한 모형이 위험인식 변량의 75% 정도까지 설명해 주는 것을 발견했다. 이러한 결과는 앞서 언급한 것처럼 ELM을 보다 확장된 방식으로 활용하는 것이 타당하다는 것을 보여 준다. 앞으로의 연구에서는 이처럼 이성과 감정의 판단 요인들을 측정하고 이들의 상호작용 효과를 살피는 노력도 필요하다고 본다.

2) 감정 전달과 커뮤니케이션

이제까지 커뮤니케이션 연구에서 감정은 다른 요인들에 비해 상대적으로 많은 관심을 받지 못했다. 이에는 아마도 다양한 이유들이 존재하겠지만 기본적으로 S(*Sender*) - M(*Message*) - C(*Channel*) - R(*Receiver*) - E(*Effect*)로 대변되는 커뮤니케이션 모델(Lasswell, 1948)의 영향이 크다고 본다. 이러한 접근법은 기본적으로 인간의 커뮤니케이션이 아닌 미디어를 통한 정보전달의 관점에서 제안된 것이라는 점이 가장 큰 한계로 지적되어 온 것이 사실이다. 새넌과 위버(Shannon & Weaver, 1949), 슈람(Schramm, 1954) 등의 모델도 이러한 비판으로부터 자유롭지 못하다고 할 수 있다.

일상의 커뮤니케이션에서 핵심적 역할을 하는 것은 감정이다. 그리고 감정은 커뮤니케이션 당사자들이 의도하건 의도하지 않건 비언어적 커뮤니케이션을 통해, 혹은 거울 뉴런의 도움을 통해 무의식적 수준에서 상호 전달된다. 감정은 상대에게 전파되는데, 공감은 이러한 감정의 전파과정으로 인해 나타나는 하나의 산물에 해당한다. 아울러 감정은 의사결정 과정에서 핵심적 역할을 하기도 한다.

이러한 사실이 의미하는 바는 '메시지'에 집중하는 커뮤니케이션 모델은 인간의 커뮤니케이션을 올바르게 대변하지 못한다는 것이다. 하지만 이제까지 커뮤니케이션 연구에서 비언어적 커뮤니케이션과 감정의 역할은 그 중요성에 비해 상대적으로 많은 관심을 받지 못했다(이재신, 2015). 특히 국내의 경우 인터넷의 등장 이전에는 커뮤니케이션 연구가 주로 매스 커뮤니케이션을 중심으로 이루어졌다. 매스 커뮤니케이션 상황에서 비언어적 정보나 감정이 중요한 역할을 한다고 보기 어려웠던 것이다.

인터넷의 등장 이후에도 상황은 크게 변하지 않았다. 문자를 중심으로 하는 온라인 커뮤니케이션의 특성상 비언어적 요소나 감정을 중요하게 취급하지 못했다. 하지만 이모티콘의 역할이나 페이스북(Facebook)의 '좋아요' 기능 등에 대한 연구결과는 적어도 온라인 대인 커뮤니케이션 분야에서는 감정의 전달이 중요한 역할을 하고 있음을 알게 해준다(김현주·이주환, 2016). 지속적으로 늘어 가는 공감에 대한 학문적 관심역시 커뮤니케이션 과정에서 감정의 중요성을 대변한다(강민정, 2016).

사실 많은 연구들에서 감정적 요소나 공감이 설득에 중요한 영향을 준다고 보고되었다. 대표적으로, 감정적 서술이 용이한 내러티브 프레임(Iyengar, 1991), 감정 소구의 캠페인(Chang, 2011), 감정이 표출된 보도사진(이재신·김지은·최문훈, 2011) 등이 설득에 더욱 효과적인 것으로 보고되었다. 이 외에도 다양한 분야에서 감정의 전달이 커뮤니케이션의 목적 달성을 위해 효과적이라고 보고하는 연구들을 쉽게 발견할수 있다.

하지만 이제까지 많은 연구들은 커뮤니케이션 효과에 영향을 주는 요인들을 탐구할 때 메시지나 미디어 관련 요인들을 중심으로 연구를 진행했다. 가령 메시지 품질(김경모·송현진, 2011)이나 미디어의 실재감을 높이는 방안(박노일, 2008) 등에 대한 탐구가 이루어진 것이다. 현대 사회는 그 어느 때보다 매개된 커뮤니케이션이 활용되는 시대이다. 면 대면 만남은 더욱 감소하지만 매개된 커뮤니케이션은 지속적으로 증가하고 있다. 이러한 상황에서, 만약 감정이 커뮤니케이션 목적 달성에 중요한 영향을 준다면 어떠한 방법으로 감정을 전달하는 것이 더욱 효과적인가를 탐구하는 등의 연구가 진행될 필요가 있다고 본다.

특히 시각적 정보가 제한된 온라인 커뮤니케이션 같은 상황에서 감정을 올바르게 전달하는 방법을 탐구하는 것은 학문적으로나 실제적으로 의미 있는 작업이라고 본다. 가령 이모티콘이나 프로필 사진 이외에 어떠한 방법으로 감정을 표현하는 것이 가능하며 또한 효과적인가를 탐구하는 것도 의미가 있을 것이다. 아울러, 개인의 감정 이해 능력이나 공감 능력에 따라 이러한 효과가 어떻게 달라지는가를 탐구하는 것도 필요할 것이다.

3) 감정과 커뮤니케이션 효과

ELM에 의하면 중심 통로를 통한 판단의 설득 효과는 강하며 오래 지속되지만 주변통로를 통한 판단의 경우 설득 효과는 약하며 오래가지 못한다(Petty & Cacioppo, 1986). 아울러, 관여도가 높고 그에 상응하는 동기가 있을 경우에만 중심 통로를 통한 판단이 이루어진다. 이는 관여도가 낮은 경우에는 감정적 판단이 이루어지며 그 효과는 일시적임을 의미한다.

하지만 우리는 경험상 이와 상반되는 일을 자주 겪곤 한다. 가령 낯선 사람에 대한 첫인상은 감정적 판단에 의존하는 대표적 사례이다. 상대에 대한 별다른 사전 정보가 없다면 대부분의 경우 첫인상은 상대의 외모나 표정, 말투, 옷 등을 기준으로 형성된다(Mackie & Smith, 2007). 그리고 이러한 첫인상은 여간해서는 바뀌지 않으며 오히려 더욱 강화된다. 또한 슬로빅 등(Slovic et al., 2004)은 인간의 위험에 대한 판단과 인식이 주로 감정 편의적 방법으로 이루어짐을 밝히고 이를 '느낌으로서의 위험'(*risk as feelings*)으로 개념화했다.

일반적으로 관여도가 높게 마련인 '위험'이라는 대상에 대해 항상 감정을 이용한 판단을 한다는 것도 ELM의 설명과 다르다. 많은 경우 사람들은 위험에 대해 감정에 의존하는 판단 성향을 보인다(이재신, 2012). 사실 인간의 위험에 대한 판단은 합리적이라기보다는 비합리적인 경우가 많다(이재신·최지영, 2014). 가령 2008년에 있었던 광우병 위험에 대한 반응, 흡연 등의 많은 위험에 대해 자신은 안전할 것이라고 보는 근거 없는 낙관적 편향 등이 이러한 예에 해당한다(이민영·이재신, 2009).

이러한 사실들은 감정적 판단의 효과가 약하거나 일시적이지 않다는 점에서 ELM의 설명과 배치된다. 광우병 사태는 '위험의 사회적 증폭'(social amplification of risk)의 대표적 사례로 설명되는데, 이는 위험 정보의 전달 과정에서 객관적 위험성보다 그 심각성이 더욱 크게 증폭되는 현상을 의미한다(노진철, 2009). 광우병 사태는 전국적인 촛불집회로까지 이어졌으며 장기간 지속되었다. 만약 감정적 판단의 효과가 작고 일시적이라면 이러한 사태가 왜 일어나게 되었는가를 이해하기 어렵다.

이에 대한 한 가지 가능한 설명은 감정적 판단의 효과가 작은 것은 메시지 해석의 경우에 국한될 수 있다는 것이다. 즉, ELM이 주로 적용되어 온 '메시지' 설득효과의 경우 감정적 판단의 효과는 작고 일시적일 수 있다. 하지만 앞서 설명한 것처럼 인간의 감정적 판단은 단지 메시지 해석에만 활용되는 것이 아니라 일상생활에서 폭넓게 활용된다. 이러한 경우 감정적 판단의 효과는 메시지 해석의 경우와는 다르게 나타날 수 있는 것이다.

실제로 이제까지 이중처리 이론의 관점에서 진행된 몇몇 연구결과들은 감정적 판단의 결과가 일시적이지 않으며 오랫동안 지속된다는 것을 보여 주기도 한다(Slovic et al., 2004; Trumbo, 1999, 2002). 하지만 이러한 논의의 타당성을 보다 정확히 검증하기 위해서는 앞으로 메시지 해석과 관련되지 않은 다양한 분야에 ELM 혹은 감정적 판단의 관점을 적용하여 그 효과가 어떠한 특성을 보이는가를 살피는 것이 필요하다고 본다. 즉, 상황에 따라 감정적 판단의 효과가 어떠한 차이를 보이는가를 탐구하는 것이다.

4) 감정과 학제 간 연구

기술이 빠르게 진보하면서 인터페이스(*interface*)에 대한 관심과 논의 역시 빠르게 증가했다. 간단히 말해, 인터페이스란 사람과 기술이 만나는 접점, 즉 사람과 인간이 상호작용하는 지점으로 정의할 수 있다. 미국의 애플(Apple) 사가 유명해진 것은 다른 회사들에 비해 더욱 인간을 배려하는 인터페이스를 구축한 덕분이라는 점은 이미 널리 알려진 사실이다(이성동, 2012). 이에 다른 회사들도 보다 사용하기 쉽고 직관적인 인터페이스를 제공하기 위해 제품 개발 단계에서부터 많은 고민과 노력을 쏟아붓고 있다.

여기서 강조하고 싶은 것은 앞으로 미디어 기기가 인간의 감정을 이해하고 이에 맞는 인터페이스를 제공하는 것이 필요하다는 점이다. 이제까지 인간의 감정을 미디어 이용 과정에 활용하려는 시도가 조금씩 이루어졌지만 아직까지 그 기술적 완성도는 미미한 것이 사실이다(이은정 · 김규완 · 김우빈, 2015). 앞으로 다가올 모바일 상황인식 컴퓨팅(*mobile context-aware computing*) 서비스는 인간의 감정을 인식할 수 있어야만 가능하다(김기훈 · 조성배, 2016).

최근의 연구들에서는 로봇이 인간의 감정을 이해하고 이에 맞는 서비스를 제공할 수 있도록 노력하며, 이를 위해 거울 뉴런의 작동원리를 활용하려고 시도하고 있다(채유정·조성배, 2015). 즉, 로봇이 인간의 행동을 관찰하고 이로부터 '무엇을, 왜, 어떻게' 하는가를 이해하여 그에 적절한 행동을 하도록 설계하는 것이다. 아직은 인간의 '의도'를 파악하는 수준에 머물고 있지만 앞으로 기술적 진보가 일어난다면 머지않아 인간의 마음을 이해하는 로봇이 등장할 것으로 여겨진다.

문제는 이러한 사안들에 대한 학문적 논의에서 정작 커뮤니케이션을 연구하는 학자들은 배제되어 있다는 것이다. 커뮤니케이션 학자들이 감정의 중요성을 역설하고 어떠한 방법으로 감정을 구현하는 것이 효과적인가에 대한 아이디어를 제공하는 것이 필요함에도 이러한 논의들은 철저히 과학과 기술의 영역에서 시도되고 있다. 이제까지 살펴본 감정적 판단에 대한 많은 연구결과들은 뇌 과학, 신경과학, 신경생리학 등 의학과 생물학 분야에서 얻은 것들이다.

물론 이러한 상황을 부정적으로만 보기는 어렵다. 사회과학적으로 탐구할 수 있는 영역과 과학기술적으로 탐구할 수 있는 영역은 분명히 따로 존재하기 때문이다. 하지만 이제 어느 정도의 지식이 축적된 상황에서 앞으로의 연구들에서는 전공을 달리하는 학자들이 모여 융합적 관점에서 인간의 감정, 생각, 판단, 커뮤니케이션 등에 대한 탐구를 함께 진행하려는 시도가 필요하다고 본다.

SNS(*Social Network Service*)가 인기를 끌면서 빅데이터를 분석하여 SNS에서 언급되는 단어들을 분석하는 연구들이 활발히 진행되고 있다. 이들 연구의 특징은 대규모 데이터를 분석하는 것이었으며, 따라서 이는 대부분 물리학이나 컴퓨터 관련 학문 분야에서 진행되었다(Park, Barash, Finck, & Cha, 2013). 사회과학을 전공한 학자들이 다양한 형태의 거대 규모 데이터를 분석하는 것은 쉽지 않기 때문이다. 하지만 이러한 연구들은 대부분 현상적 분석에 머물게 되며, 이론에 근거한 보다 심도 있는 연구 설계나 해석이 이루어지기 어렵다는 단점을 지니게 된다. 가령 '트위터에서 많이 언급된 단어들과 관련된 회사의 주가가 며칠 뒤에 상승한다'는 분석 결과(Mao, Wei, Wang, & Liu, 2012)가 학문적으로 의미하는 바는 과연 무엇일까?

최근 과학적 연구결과들이 누적되어 감에 따라 감정의 중요성과 그 역할에 대한 탐구는 이제 새로운 국면에 접어들고 있다. 하지만 안타깝게도 커뮤니케이션 과정에서 감정이 하는 역할에 대한 탐구에 정작 커뮤니케이션 학자들이 배제되는 것이 현실이다. 이는 어쩌면 감정의 역할에 대한 탐구에 소홀한 결과일 수도 있다. 하지만 이제라도 이러한 시도에 동참하고 사회과학적 이론과 그동안의 연구결과들을 접목하여 학제 간 융합 관점에서 감정에 대한 탐구를 시도할 필요가 있다고 본다. 그러할 때에야 감정에 대한 보다 다양한 관점의 이해와 궁극적으로 인간의 커뮤니케이션에 대한 이해가 가능할 것이기 때문이다.

8. 미래 커뮤니케이션 연구에 대한 기대

이 장에서는 인간의 판단과정이 어떠한 방법으로 이루어지는가를 뇌 과학 연구결과들을 토대로 살펴보았으며, 이러한 결과들이 커뮤니케이션 연구에 의미하는 바는 무엇인가에 대한 논의를 몇 가지 사례를 들어 제공했다. 하지만 과학적 연구결과들을 적용하는 것을 이들 몇 가지 사례로만 국한할 필요는 없다. 중요한 점은 하나하나의 사례를 들어 설명하는 것보다 이제까지 커뮤니케이션 분야에서 제시된 연구결과들을 이전과는 다른 관점에서 살펴보는 것이 필요하다는 것이다.

어쩌면 이 장에서 언급된 내용들이 기존의 연구결과들이 제시한 것들을 재확인하는 수준에 머물 수도 있다. 가령 이중처리 이론이나 감정의 중요성은 과거부터 커뮤니케이션 분야에서도 꾸준히 연구된 내용이며, 최근의 과학적 연구결과들은 이러한 내용을 재확인해 준 것에 불과하다고 볼 수도 있다. 그럼에도 불구하고 이 장에서 이러한 논의를 제공한 것은 기존의 결과를 살피거나 앞으로 연구를 진행할 때 이전과는 새로운 관점에서 접근할 필요가 있다고 보았기 때문이다. 커뮤니케이션 분야의 연구결과들과 과학적 결과들이 큰 틀에서는 유사할지라도 보다 세부적으로 들어가면 서로 충돌하는 내용이 발견될 수도 있는 것이다.

사회과학 분야에서 축적된 인간의 사고과정에 대한 탐구는 그 특성상 어느 정도 한계를 갖고 있다. 대부분의 경우 사회과학적 접근법은 간접적 방법으로 인간의 사고과정을 측정하고 그 결과로부터 추론을 통해 인간이 사고하는 방법을 탐구해야 하기 때문이다. 하지만 이제 과학적 연구결과의 도움을 받아 기존의 연구결과들을 재검토하고 재해석한다면 보다 정확하고 체계적인 지식을 얻을 수 있을 것이라고 본다. 앞으로 이러한 노력이 학제 간 융합적 관점에서 활발히 이루어지기를 기대한다.

　기본적으로 인간의 모든 사고와 활동은 매순간의 판단과 결정에 의해 이루어진다. 커뮤니케이션 역시 끊임없는 정보처리와 판단을 통해 나타나는 현상이다. 최근의 뇌 과학 연구들은 이제 우리가 뇌의 어느 부위를 활용하여 어떠한 방법으로 사고하고 의사결정을 하는가를 설명해 주기 시작했다. 특히 이들 연구는 감정적 판단이나 공감이 우리의 일상에서 날마다 활용되는 핵심적인 판단도구이자 결과물임을 암시하고 있다. 앞으로 이와 관련한 커뮤니케이션 연구들이 보다 활발히 진행되기를 기대해 본다.

참고문헌

강민정 (2016). SNS에서 30/40대 여성들의 공감 표현에 영향을 미치는 요인 분석: 카카오스토리 중심으로. 〈한국콘텐츠학회논문지〉, 16권 3호, 125-136.

김경모 · 송현진 (2011). 메시지 품질과 토론 연결망의 구조적 위치, 그리고 여론지도력: 서울시 '무상급식 논란'의 온라인 정치토론 사례 분석. 〈한국언론정보학보〉, 56호, 194-218.

김기훈 · 조성배 (2016). 모바일 및 웨어러블 센서 데이터를 이용한 다양한 식사상황 인식 시스템. 〈정보과학회논문지〉, 43권 5호, 531-540.

김윤식 · 박종민 (2013). 과연 독자는 기사와 기사형 광고의 차이를 중요하게 생각하는가?: 정교화 가능성 모델의 중심단서로서 신문의 기사형 광고 표식. 〈한국언론학보〉, 57권 3호, 324-346.

김현주 · 이주환 (2016). 이모티콘 커뮤니케이션의 감정표현에서 표정과 색상의 상호작용 특성. 〈한국HCI학회 학술대회 자료집〉, 602-604.

노진철 (2009). 2008년 촛불집회를 통해 본 광우병 공포와 무지의 위험소통. 〈경제와사회〉, 84호, 158-182.

박노일 (2008). 인스턴트 메신저 이용과 사회적 실재감에 관한 연구: 대인 커뮤니케이션 능력의 매개효과 및 남녀집단 차이를 중심으로. 〈미디어 경제와 문화〉, 6권 3호, 51-78.

이민영·이재신 (2009). 위험인식의 낙관적 편견에 대한 프레임과 관여도의 역할. 〈한국언론정보학보〉, 통권 48호, 191-210.

이성동 (2012). 애플엔 왜 애플빠가 많을까?. 〈마케팅〉, 46권 3호, 29-35.

이은정·김규완·김우빈 (2015). 모바일 어플리케이션의 감정 적응형 사용자 인터페이스 저작 프레임워크. 〈멀티미디어학회논문지〉, 18권 3호, 376-386.

이재신 (2012). 미디어 형식과 위험 메시지 구성이 감정적 위험인식과 행위의도에 미치는 영향. 〈인지과학〉, 23권 4호, 457-485.

이재신 (2014). 이성과 감정: 인간의 판단과정에 대한 뇌과학과 생물학적 접근. 〈커뮤니케이션 이론〉, 10권 3호, 161-194.

이재신 (2015). 〈뇌과학과 커뮤니케이션〉. 서울: 커뮤니케이션북스.

이재신·김지은·최문훈 (2011). 보도사진 속 감정과 댓글이 공감을 통해 태도와 의도에 미치는 영향. 〈미디어 경제와 문화〉, 9권 1호, 136-171.

이재신·최지영 (2014). 위험판단의 비합리적 성향: 뉴스 기사의 피해자 규모 제시 방법과 대처 효능감이 낙관적 편향에 미치는 영향. 〈한국언론학보〉, 58권 6호, 435-458.

장대익 (2012). 거울 뉴런에 대한 최근 연구들: 모방과 공감을 중심으로. 〈정보과학회지〉, 30권 12호, 43-51.

채유정·조성배 (2015). 모듈형 행동선택네트워크를 이용한 거울 뉴런과 마음이론 기반의 의도대응 모델. 〈정보과학회논문지〉, 42권 3호, 320-327.

Bandura, A. (1977). *Social learning theory*. Oxford, England: Prentice-Hall.

Carlson, N. R. (2013). *Physiology of behavior* (11th Ed.). Boston, MA: Pearson.

Chang, C. (2011). Guilt appeals in cause-related marketing: the subversive roles of product type and donation magnitude. *International Journal of Advertising*, *30*, 587-616.

Damasio, A. R. (1985). The frontal lobes. In K. M. Heilman & E. Valenstein (Eds.), *Clinical neuropsychology* (pp. 339-375). New York, Oxford University Press.

Damasio, A. R. (1994). *DeCartes' error: Emotion, reason, and the human brain.* New York: Avon.

Damasio, H., Grabowski, T., Frank, R., Garaburda, A. M., & Damasio, A. R. (1994). The return of Phineas Gage: Clues about the brain from the skull of a famous patient. *Science, New Series, 264,* 1102-1105.

Di Pellegrino, G., Fadiga, L., Fogassi, L., Gallese, V., & Rizzolatti, G. (1992). Understanding motor events: A neurophysiological study. *Experimental Brain Research, 91,* 176-180.

Edelman, G. (2007). *Second nature: Brain science and human knowledge.* New Haven: Yale University Press.

Epstein, S. (1994). Integration of the cognitive and the psychodynamic unconscious. *American Psychologist, 49,* 709-724.

Evans, J. (1984). Heuristic and analytic processes in reasoning. *British Journal of Psychology, 75,* 451-468.

Evans, J. (2012). Questions and challenges for the new psychology of reasoning. *Thinking & Reasoning, 18,* 5-31.

Fiske, S. T., & Taylor, S. E. (1991). *Social cognition* (2nd Ed.). New York: McGraw-Hill.

Heekeren, H. R., Wartenburger, I., Schmidt, H., Schwintowski, H., & Villringer, A. (2003). An fMRI study of simple ethical decision-making. *Neuroreport, 14,* 1215-1219.

Hutcherson, C. A., Plassmann, H., Gross, J. J., & Rangel, A. (2012). Cognitive regulation during decision making shifts behavioral control between ventromedial and dorsolateral prefrontal value systems. *The Journal of Neuroscience, 32,* 13543-13554.

Iyengar, S. (1991). *Is anyone responsible?: How television frames political issues.* Chicago: University of Chicago Press.

Kahneman, D. (2011). *Thinking, fast and slow* (1st Ed.). New York: Farrar, Straus and Giroux.

Lang, A. (2000). The information processing of mediated messages: A framework for communication research. *Journal of Communication, 50,* 46-70.

Lasswell, H. D. (1948). The structure and function of communication in society. In L. Bryson (Ed.), *The communication of ideas* (pp. 37-51). New York: Institute for Religious and Social Studies.

Mackie, E. R., & Smith, D. M. (2007). *Social psychology* (3rd Ed.). Hove: Psychology Press.

MacLean, P. D. (1990). *The triune brain in evolution: Role in paleocerebral functions.* New York: Plenum.

Mao, Y., Wei, W., Wang, B., & Liu, B. (2012). Correlating S&P 500 stocks with Twitter data. *HotSocial '12 Proceedings of the First ACM International Workshop on Hot Topics on Interdisciplinary Social Networks Research,* 69-72.

Papez, J. W. (1937). A proposed mechanism of emotion. *Archives of Clinical Neuropsychology, 38* (4), 725-743.

Park, J., Barash, V., Finck, C., & Cha, M. (2013). Emoticon style: Interpreting differences in emoticons across cultures. *Proceedings of the Seventh International AAAI Conference on Weblogs and Social Media,* 466-475.

Pessoa, L. (2008). On the relationship between emotion and cognition. *Nature Reviews Neuroscience, 9,* 148-158.

Petty, R. E., & Cacioppo, J. T. (1986). *Communication and persuasion: Central and peripheral routes to attitude change.* New York: Springer.

Price, J. L. (1999). Prefrontal cortical networks related to visceral function and mood. *Annals of the New York Academy of Sciences, 877,* 383-396.

Ratiu, P., Talos, I. F., Haker, S., Liberman, D., & Everett, P. (2004). The tale of Phineas Gage, digitally remastered. *Journal of Neurotrauma, 21,* 637-643.

Schramm, W. (1954). How communication works. In W. Schramm (Ed.), *The process and effects of communication* (pp. 3-26). Urbana, Illinois: University of Illinois Press.

Shannon, C. E., & Weaver, W. (1949). *The mathematical theory of communication.* Urbana, Illinois: University of Illinois Press.

Singer, T., Seymour, B., O'Doherty, J., Kaube, H., Dolan, R. J., & Frith, C. (2004). Empathy for pain involves the affective but not sensory components of pain. *Science, 303,* 1157-1162.

Slovic, P. , Finucane, M. L. , Peters, E. , & MacGregor, D. G. (2004). Risk
as analysis and risk as feelings: Some thoughts about affect, reason,
risk, and rationality. *Risk analysis*, *24* (2) , 311-322.

Trumbo, C. W. (1999). Heuristic-systematic information processing and risk
judgment. *Risk analysis*, *19* (3) , 391-400.

Trumbo, C. W. (2002). Information processing and risk perception: An adap-
tation of the heuristic-systematic model. *Journal of Communication*, *2*,
367-382.

감정에 대한 기능적 접근과
커뮤니케이션 연구

안도현

1. 감정에 대한 관심

인간에게 감정은 너무나 자연스럽다. 너무나 자연스러워 감정이 무엇인지 굳이 말할 필요가 없을 정도다. 그러나 자연스럽다고 해서 감정이 단순한 것을 의미하지는 않는다. 오히려 대단히 복잡하다. 또한 "감정적이다"라는 표현에는 감정에 대한 부정적 인식이 배어 있다. 감정은 '합리적' 판단을 하지 못하게 하므로 가급적 억제해야 한다는 것이 통상적인 관념이다. 감정은 우리에게 너무나 자연스러워 굳이 말로 표현할 필요도 없을 정도인데, 그 감정이 부정적이라면 인간의 삶은 너무나 불운해 보인다. 혹시 감정을 없애는 것이 가능할까 생각해 봄직도 하다. 만일 감정을 제거할 수 있는 알약이 있다면, 과연 그 알약을 삼킬 것인가? 그러나 그 알약을 삼키는 결정은 잠시 미루기로 하자. 우리는 감정이 무엇인지 잘 모르고 있지 않은가.

우리는 감정이 무엇인지 말로 제대로 표현하지도 못할 정도로 감정에 대해 잘 모른다. 잘 모른다는 것은 감정이 유익한지 아닌지도 구분하지 못한다는 것이다. 그렇다면 어떻게 감정에 대해 알 수 있을까? 우리에겐 과학이라는 인식의 방법이 있다. 과학을 통해, 즉 체계적 논리와 체계적 경험을 통합해 이 세상을 보다 실체에 가깝게 이해할 수 있다. 이 글에서는 감정에 대한 과학적 접근을 소개한다. 과학적 탐구에 기반한 감정의 정의와 기능을 제시하고, 감정에 대한 다양한 과학적 연구모형을 소개한다.

감정에 대한 과학적 접근은 크게 진화적 접근과 문화적 접근으로 구분할 수 있다. 진화적 접근은 감정을 인간의 일반적 특성으로 파악하는 접근이고, 문화적 접근은 감정을 특수한 사회구성물로 파악하는 접근이다. 진화적 접근과 문화적 접근이 서로 대립적인 것은 아니나, 감정경험의 서로 다른 측면을 조명한다. 진화적 접근에 따르면 감정은 모든 인간이라면 동일하게 경험하는 보편적 심리작용이고, 문화적 접근에 따르면 감정은 각 문화권 고유체계가 있는 심리작용이다.

이 글에서는 감정의 보편적 특성에 대해 살피고자 한다. 어떤 현상에 대해 접근할 때는 먼저 일반성을 파악한 다음 그 일반성이 어떻게 각 상황별 특수성으로 이어지는가를 따지는 것이 대체적 방법이기 때문이다.

진화적 접근은 달리 표현하면 기능적 접근이다. 환경에 적응하는 기능을 중심으로 진화하기 때문이다. 인간이라면 누구에게나 다양한 감정을 경험할 수 있다는 것은 감정이 우리의 삶에 무엇인가 중요한 기능을 하기 때문이다. 과연 감정은 우리의 삶에서 어떤 중요한 기능을 하기에 우리의 삶에 자연스럽게 녹아 있는 것일까?

2. 감정에 대한 과학적 접근

감정(*affect*)은 포괄적인 용어다. 정서(*emotion*)와 기분(*mood*)을 포함하는 심리상태다. 개념적으로 감정을 정서나 기분 등으로 구분하지만 실생활에서는 그 구분이 명확하지 않은 경우가 많고 연구자들도 용어를 혼용해서 쓰는 경우가 많다. 이 글에서도 감정을 정서나 기분과 개념적으로 구분해야 할 때를 제외하고는 구분하지 않고 사용한다.

1) 감정의 정의

감정에 대해서는 다양한 견해가 있으나 감정이 인간의 삶을 가능하게 하는 방향으로 기능한다는 점에는 대부분 동의하고 있다(Izard, 2010). 이는 통상적으로 감정을 비이성적이고 불합리하며 의사결정에 걸림돌이 되기 때문에 억제의 대상으로 파악하는 일반인들의 관념과는 반대이다. 감정은 우리의 일상에서 일어나는 일이나 주변 사람 등 외적 요소와 목적 등 우리 자신이 고려하는 여러 내적 요소를 이어 주는 역할을 한다. 감정을 통해 무엇에 주의를 기울여야 하는지, 무엇에 대해 우선순위를 둬야 할지를 결정하고, 행동을 하는 데 필요한 준비를 할 수 있다(Izard, 2010). 감정은 주어진 환경과 상호작용하며 그 상황에 관여하거나 혹은 관여하지 않을 준비상태라 할 수 있다. 정의하자면, 감정은 환경과 관계하는 양식이라 할 수 있다(Frijda & Mesquita, 1994).

　보다 쉽게 풀어 설명하면, 감정은 상황에 대해 우선순위를 정하고 가치를 부여하는 심리작용이라 할 수 있다(Keltner, Oatley, & Jenkins, 2014). 도로에서 횡단보도를 건너려는데 어떤 차량이 속도를 줄이지 않고 돌진한다면 그 상황에서의 최우선 순위는 횡단보도에 진입하지 않는 것이다. 이 상황에 대해 '차량이 속도를 줄이지 않고 있으므로 위험하다'고 논리적으로 추론하는 것이 아니라, 단순하게 공포를 통해 다른 모든 것에 대한 고려는 보류하고 더 이상 횡단보도로 진입하지 않게 되는 것이다.

부모가 자식을 위해 많은 것을 희생할 때에도 감정이 주된 역할을 한다. 영아기의 부모는 거의 매일 잠을 제대로 자지 않고 아이를 돌본다. 재정적인 투입도 상당하다. '이 아이가 나의 유전자를 물려받았으니 종의 재생산에 필요한 것이야'라거나, '잘 키워 놔야 내가 늙었을 때 잘 봉양하지'라는 논리적 계산이 아이에 대한 헌신으로 이어지지 않는다. 아이에 대한 사랑이라는 감정을 통해 아이에 대한 가치가 이 세상 무엇보다 더 중요하다고 여기게 되는 것이다.

감정, 특히 긍정감정은 공동통화(*common currency*)라고 할 수 있다 (Cabanac, 1992; Peters, 2006). 공동통화는 어디서든 사용할 수 있는 돈이다. 돈의 주된 역할은 특정 대상의 가치를 나타내는 데 있다. 특정 지역에서 특정 용도로만 사용할 수 있지 않고, 어디서든 사용할 수 있는 돈이 공동통화다. 감정은 돈보다 범용성이 훨씬 크다. 인간의 삶의 모든 영역에서 모든 대상의 가치를 나타낸다. 물론 삶의 모든 상황에서 감정으로 결정하고 판단하지는 않는다. 숙고하는 상황이 있다. 그러나 숙고해야 하는 상황이라도 결국에는 감정이 작용한다. 2개 이상의 상반된 감정이 복합적으로 작용하는 경우는 있어도 감정이 완전히 배제되는 경우는 없다.

감정을 배제하고 순수하게 논리적으로만 판단할 수 있을까? 예를 들어 새로운 스마트폰을 구매하는 상황을 들어 보자. 성능, 디자인, 가격 등 스마트폰 구매에 영향을 미치는 요소는 다양하다. 이 모든 요소의 비용과 편익 등을 순수하게 논리적으로 계산하려 할 경우, 최종 의사결정을 내리기는 거의 불가능하다. 아무리 이것저것 논리적으로 따져도 결국에는 좋아하거나 만족하는 감정이 뒷받침돼야 실질적 의사결정으로 이어질 수 있다. 실제로 감정작용을 처리하는 뇌의 영역은 눈 바로 위에 있는 OFC(*Orbital Frontal Cortex*)와 vmPFC(*ventro-medial PreFrontal Cortex*)인데, 이 부분이 사고나 암 등으로 제 기능을 하지 못하는 사람들은 의사결정에 장애가 있다(Damasio, 1996; Kringelbach & Berridge, 2010).

2) 감정의 주요 이론적 모형

감정이 무엇인지, 어떻게 작용하는지에 대해서 다양한 감정 이론과 이를 뒷받침하는 연구가 각각 상당하게 축적돼 있다. 기존 연구를 분류하는 다양한 방법 중 유용한 접근방식이 본성(*nature*)과 양육(*nurture*)에 따른 구분이다. 본성 접근에 따르면, 인간이 경험하는 감정은 일종의 본성이다. 양육 접근에 따르면, 감정은 사회적 구성(*social construction*)으로서, 각 사회문화권의 특수한 사회적 작용을 통해 형성된 사회적 가공물이다.

본성과 양육을 강조하는 정도에 따라 감정, 특히 정서를 연구하는 모형은 기본정서 모형(*basic emotion model*), 평가 모형(*appraisal model*), 심리구성 모형(*psychological construction model*), 그리고 사회구성 모형(*social construction model*) 등으로 구분할 수 있다. 기본정서 모형은 타고난 특질(본성: *nature*)을 강조하는 진화적 접근이고, 사회구성 모형은 사회의 영향(양육: *nurture*)을 강조하는 문화적 접근이다. 평가 모형과 심리구성 모형은 본성과 양육의 요소가 혼합된 모형이다. 특정 모형이 맞고 틀린 것이 아니라 각 모형별로 감정을 이해하는 데 있어 장단점이 있다(Gross & Barrett, 2011).

(1) 진화적 접근

기본정서 모형은 진화론에 기반한 접근이다. 찰스 다윈(1859)은 〈종의 기원〉에서 진화를 변이(*variation*)와 선택(*selection*)을 통해 설명한다. 생물은 단순히 자기복제에 그치지 않고 보다 많은 자손(*offspring*)을 남긴다. 그 자손들은 모두 동일하지 않고 서로 조금씩 다르게 변이(*variation*)가 생긴다. 이 변이는 유전된다. 이 변이와 선택압력(*selection pressure*)이 함께 작용해 진화가 일어난다. 선택압력이란 생명체가 특정 방향으로 진화하게끔 작용하는 힘을 말한다. 식량의 가용성, 포식자의 존재, 환경이 주는 스트레스(기후 등), 다른 종과의 경쟁, 다른 사회구성원과의 관계 등이 선택압력으로 작용한다.

같은 종류의 선택압력이 반복적으로 지속되는 환경을 진화적 적응환경(*Environment of Evolutionary Adaptedness*: EEA)이라고 한다. 예를 들어, 인류가 아프리카 사바나에서 호모사피엔스로 진화하던 시기가 하나의 EEA가 된다. EEA에서는 오랜 시간에 걸쳐 동일한 상황(육식동물과의 포식-피식 경쟁, 외집단과의 갈등, 내집단에서의 협력과 경쟁 등)이 반복된다. 같은 종류의 문제를 반복해서 해결하는 과정에서 선택압력에 대한 적합도(*fitness*)가 높은 변이, 즉 적응(*adaptation*)하는 데 유리한 변이가 지속적으로 유전돼 종(*species*)의 특질(*trait*)이 된다. 이런 과정을 다윈은 자연선택(*natural selection*)이라고 했다(Tooby & Cosmides, 1990).

여기서 주의할 것은 환경에 적응하는 단위가 개체가 아니라 유전자라는 점이다. 즉, 환경에 적응한 유전적 특질이 후대로 이어지는 것이지, 환경에 적응한 개인이 살아남는다는 것이 아니다. 이런 오류의 대표적인 사례가 사회진화론이다. 사회진화론은 우월한 개인이 열등한 개인과의 경쟁에서 살아남는다고 주장했으나, 이는 진화의 원리를 잘못 이해한 접근이다. 이에 대해서는 근접인(*proximate cause*)과 궁극인(*ultimate cause*)에 대한 이해가 필요하다.

근접인은 어떤 현상에 대해 단기간에 걸쳐 직접적으로 영향을 미치는 변인이다. 궁극인은 장기간에 걸쳐 간접적으로 영향을 미치는 변인이다. 예를 들어, 인류는 좌우대칭인 얼굴을 매력적으로 여기는 경향이 있다. 좌우비대칭인 얼굴은 기생충이나 병균 등의 감염으로 건강상태가 좋지 않을 가능성이 좌우대칭인 경우보다 높다. 물론 좌우비대칭인 얼굴이라고 해서 반드시 감염됐다는 것은 아니다. 평균적으로 그러한 경향성이 있다는 것이다. 그러나 평균 이상의 경향성이 있을 경우, 오랜 세월에 걸쳐 많은 사람이 관여하게 되면 그 영향은 상당히 크다.

얼굴이 좌우대칭인 사람이 건강에 대한 지표라면, 좌우대칭 얼굴인 사람의 사회적 성공 가능성은 평균 이상이다. 특히 이성으로부터 선택될 가능성이 높아진다. 이런 과정이 수백, 수천 세대 동안 반복되는 과정을 통해 좌우대칭인 얼굴을 결정하는 유전적 특질이 그 종의 특징이 된다. 즉, 좌우대칭인 얼굴을 (무의식적으로) 매력적으로 여기는 성향이 본성으로서 생기게 된다. 여기서 병원균의 감염은 좌우대칭인 얼굴의 매력도에 직접적 원인으로 작용하지는 않는다. 즉, 근접인은 아니다. 그러나 원인으로 작용한 것은 틀림없다. 병원균의 감염으로부터의 회피는 좌우대칭인 얼굴의 매력도에 대한 궁극인으로 작용한 것이다.

기본정서 모형에서 제시한 몇 가지 특정한 감정(공포, 분노, 슬픔, 역겨움 등)은 선택압력에 적응하는 과정에서 형성된 타고난 특질이다. 다양한 위험 환경에 처한 상황에서 위협적 요소에 공포를 통해 민감하게 반응하는 사람이 생존했을 가능성이 높다. 이런 과정이 수천 세대에 걸쳐 반복되면, 공포를 통해 위험을 감지해 위험을 회피하는 기제가 형성된다. 같은 원리로 권리 침해에 분노를 통해 대응하고, 오염된 식품을 역겨움으로써 회피하고, 소중한 것의 상실에 대해 슬픔으로 대처하는 과정이 오랜 기간 반복되면서 공포, 분노, 역겨움, 슬픔 등 감정 각각의 고유한 심리적 틀이 만들어진다.

기본정서 모형에 따르면 기본감정으로 분류된 개별 감정은 선택압력에 적응한 결과이기 때문에, 해당 감정에 대한 고유의 유전체계가 존재하며, 각각의 개별 감정에 관여하는 고유의 신경계가 존재한다.

(2) 문화적 접근

문화는 무엇이 진실되고, 아름답고, 효율적인지 등에 대한 다양한 관념으로서 언어, 법, 관습 등으로 나타나는데, 문화권마다 고유한 특색을 지닌다. 사회구성 모형은 감정에 대한 각 문화권의 고유한 문화환경의 영향을 강조하는 접근이다. 인간이라면 누구나 갖는 보편적 감정이 있지만, 그런 감정을 경험하는 방식과 감정경험에 대해 부여하는 가치는 문화마다 다르다. 예를 들어, 사회적 동물인 인간에게는 자부심과 수치심 등과 같은 사회적 감정이 풍부하다. 그런데 자부심과 수치심 같은 사회적 감정은 문화권에 따라 경험하는 방식이나 부여하는 가치가 다르다. 예를 들어, 아시아나 동유럽, 아프리카 등 집단주의 문화권에서는 상호의존적 자아가, 서유럽이나 북미 등 개인주의 문화권에서는 독립적 자아가 보다 더 강하게 형성된다. 상호의존적 자아를 가진 사람들은 존경, 수치처럼 사회적 상호작용이 큰 감정을 더 강하게 경험하는 반면, 독립적 자아를 가진 사람들은 자부심이나 분노처럼 사회적 상호작용이 적은 감정을 더 강하게 경험하는 경향이 있다(Keltner, Oatley, & Jenkins, 2014).

(3) 진화적 접근과 문화적 접근의 통합

진화적 접근과 문화적 접근은 감정에 대해 상반된 방식으로 접근하지만, 공통점도 있다. 우선, 두 접근 모두 감정이 생존 혹은 사회유지 등 중요한 기능을 한다고 파악한다. 진화적 접근과 문화적 접근의 차이점은 해결하려는 문제의 종류에서 온다. 진화적 접근은 인간이 종(species)으로서의 생존(survival)과 재생산(reproduction)에 관련된 문제를 해결하는 기능에 초점을 두고 있고, 문화적 접근은 특정한 문화의 사회유지와 관련된 문제를 해결하는 기능에 초점을 두고 있다(Keltner, Oatley, & Jenkins, 2014).

감정이 종으로서의 문제를 해결하기 위한 기능이라면, 이는 생물적인 작용이고 보편적이다. 또한 감정은 개인 차원에서는 생존과 재생산 문제를 해결하기 위한 행동을 하도록 하는 기능이 있고, 사회를 구성하는 데 필요한 커뮤니케이션 기능이 있다. 반면 감정이 문화 단위의 문제를 해결하기 위한 기능이라면, 이는 해석적이고, 문화권 고유의 감정경험이 존재한다. 감정은 사회적 가치, 역할, 정체성 등을 구체화하는 기능이 있다.

(4) 인지적 접근

평가 모형과 심리구성 모형을 인지적 접근이라고 한다(Oatley & Johnson-Laird, 2014). 상황에 대한 인지적 평가를 통해 감정을 경험하기 때문이다. 평가 모형은 공포, 분노, 슬픔 등 각각의 감정을 고유한 심리상태로 본다는 점에서 기본정서 모형과 유사하나, 개별 감정별로 고유의 신경계가 있다고 보지 않는다. 개별적 감정경험은 극성(쾌-불쾌),[1] 새로움, 책임성, 확실성, 통제성 등의 환경 및 자아에 대한 다양한 인지적 평가(*appraisal*)의 복합적인 작용결과다. 예를 들어, 공포는 불확실하면서 통제할 수 있는 상황이 아니라는 평가를 통해 유발되고, 분노는 반대로 확실하면서 통제할 수 있는 상황이라는 평가를 통해 유발된다.

평가 모형에서 평가작용은 1차 평가와 2차 평가로 구분된다. 1차 평가는 감정의 긍정 및 부정 등 극성에 대한 평가이며, 자동적이고 매우 신속하게 일어난다. 1차 평가에 대한 의식은 사후적이다. 즉, 1차 평가는 매우 빠르게 일어나기 때문에 평가가 이뤄지는 과정에 대해서는 의식하지 못하고, 이미 긍정-부정에 대한 평가가 이뤄지고 난 다음에 사후적으로 의식을 통해 인지할 뿐이다. 2차 평가 단계는 의식적 단계다. 감정을 유발하는 상황에 대해 인식하고, 인지적으로 다양한 기준(확실성, 통제성 등)을 이용해 평가한다.

2차 평가 단계의 감정 연구는 개별(*discrete*) 접근과 차원(*dimensional*) 접근으로 구분할 수 있다. 개별 접근은 2차 평가를 통해 경험하는 감정

---

1 긍정-부정을 구분하는 용어로서 극성(*valence*)이라고 한다. Valence를 '유인가'라고 번역하기도 하지만, 긍정과 부정의 양극을 가리키기 때문에 '유인가'보다는 '극성'이란 표현이 더 적절하다.

을 행복, 분노, 자부심, 분노, 사랑, 슬픔 등 개별적 감정으로 설명하는 접근이다(Lazarus, 1991). 개별감정 접근이 개별 감정들 사이의 차이에 초점을 맞춘 접근이라고 한다면, 차원감정 접근은 여러 감정들의 공통점에 주목한 접근이라 할 수 있다. 예를 들어, 공포, 분노, 불안감 등은 각성의 정도가 높다는 공통점이 있다. 학자마다 다양한 견해가 있지만, 대체로 상황에 대해 누가 책임이 있는지(책임성), 앞으로 일어날 일이 확실한지(확실성), 그 상황을 자신이 통제할 수 있는지(통제성) 등의 차원을 통해 인지적 평가가 이뤄진다고 본다.

심리구성 모형은 평가 모형의 차원 접근과 유사하나, 단 2개의 차원(극성, 각성)만을 이용해 감정을 설명한다는 점에서 차이가 있다. 또한 감정을 형성하는 차원에 대해서도 평가 모형은 상황에 대한 의식적인 인지적 평가로서 파악하지만, 심리구성 모형은 무의식적인 심리적 작용으로 본다. 심리구성 모형은 긍정-부정(극성) 등의 핵심 감정(core affect)을 핵심 축으로 해서, 이 핵심 축의 활성화-비활성화(각성) 등의 정도에 따라 다양한 감정이 유발된다고 파악한다(Russell, 2003).

3) 감정의 기능

인류가 현존해 있는 것은 인류의 조상이 개체의 생존과 종의 재생산 문제를 성공적으로 해결했기 때문이다. 개체 생존의 문제를 성공적으로 해결했다는 것은 신체 유지에 필요한 수면과 영양을 취하고, 위협으로부터 자신을 성공적으로 보호했다는 것이다. 종의 재생산 문제를 성공적으로 해결했다는 것은 믿고 의지할 수 있는 짝을 찾아 자식을 낳고, 그 자식이 성공적으로 대를 이을 수 있는 능력이 생길 때까지 양육했다는 것이다.

생존과 재생산에 관련된 문제의 특징은 같은 상황이 오랜 세월을 거쳐 반복적으로 발생한다는 데 있다. 반복적으로 발생하는 동일한 문제에 대해 효과적이고도 효율적으로 대처하는 방법은 유사한 문제를 하나의 영역으로 묶어, 그 영역 고유의 심리적 문제해결 단위(module)를 구성하는 것이다. 예를 들어, 맹수 등에 의한 포식 위험, 험지에서의 부상 위험 등 문제를 하나로 묶어 안전영역으로 구성해, 안전에 관련된 문제를 처리하는 전문적 정보처리 단위를 형성한다면, 그렇지 않은 경우보다 자신을 위험으로부터 더 효율적으로 보호할 수 있다. 물론 심리적 문제해결 단위를 구성한다는 것이 의식적 혹은 의도적으로 이뤄지는 것을 의미하지는 않는다. 환경의 선택압력은 근접인(proximate cause)이 아니라 궁극인(ultimate cause)으로 작용한다.

감정의 주된 기능 중 하나가 다양한 심리적 문제해결 단위를 실질적으로 작동하도록 하는 동기(motive) 기능이다. 동기는 말 그대로 움직이고 행동하도록 하는 작용이다. 감정에 동기 기능이 있다는 것은 감정을 통해 특정한 행동을 한다는 의미다. 예를 들어, 무서우면 꼼짝하지 않고 얼어붙거나 그 상황을 회피한다. 화가 나면 자신의 영역 침입자와 맞서 싸운다.

감정은 눈에 보이는 행동만 유발하지 않는다. 눈에 보이지 않는 생리적 수준에서 행동에 적합하도록 신체작용이 바뀐다. 공포와 분노는 같은 부정감정이나 신체적 반응은 상이하다. 공포의 경우 피부가 창백해지는 반면, 분노의 경우에는 피부가 벌겋게 달아오른다. 공포의 경우 위협적 상황에서는 피해를 최소화해야 하기 때문에 피가 피부에 적게 남아 있는 것이 생존에 유리하다. 신체적 타격을 입었을 때 출혈을 최소화하기 위해서다. 반대로 분노의 경우 상대와 맞서야 하기 때문에 피부에 에너지를 모으는 것이 생존에 유리하다. 대결상황에서는 출혈을 감수할 필요가 있기 때문이다.

감정의 또 다른 주요 기능은 인지 기능이다. 인지는 말 그대로 대상이나 상황에 대해 이해하는 심리작용이다. 오랜 기간 감정은 인지작용을 방해하는 요소로 여겨졌다. 과도한 분노나 질투 등 극단적인 감정 상태가 정상적인 인지를 방해하는 경우가 있지만, 최근 연구 성과에 따르면, 지각, 주의, 기억, 판단 등 다양한 인지작용은 근본적으로 감정을 통해 작동한다. 인지, 즉 세상을 이해하는 가장 근본적인 심리작용은 느끼는 감정이다. 감정의 동기 기능과 인지 기능은 서로 긴밀한 관계가 있다. 인지를 통해 행동하고, 행동을 통해 인지하기 때문이다.

4) 욕구의 위계 구조와 감정

기본감정 모형에서는 개별 감정을 그 기능과 함께 나열했지만, 모든 개별 감정이 생존과 재생산에 동일한 수준의 역할을 하는 것은 아니다. 즐거움과 공포처럼 생존에 직접적으로 영향을 미치는 감정이 있지만, 분노나 슬픔처럼 생존에 도움은 되지만 생존과 직결되지 않는 감정도 있다. 따라서 감정은 생존에 필수적으로 작용하는 기능적 순서에 따라 위계구조로 파악할 수 있다. 감정의 기능적 위계구조는 욕구체계를 통해 검토할 필요가 있다. 욕구(needs)란 인간의 삶이 가능하도록 개인을 특정한 방향으로 행동하도록 이끄는 동인이다. 욕구가 위계구조를 이루듯 감정도 각각의 욕구에 상응하는 위계적 구조를 이루고 있다.

욕구의 종류는 다양하나 널리 받아들여지는 견해는 욕구 피라미드로 유명한 마슬로(Maslow, 1943)의 계층적 욕구론이다. 마슬로의 계층적 욕구론의 핵심은 두 가지다. 첫째, 인간의 동기체계는 다중적이며 독립적이다. 즉, 인간에게는 생리적 욕구, 안전의 욕구, 애정의 욕구, 존중의 욕구 및 자아실현의 욕구 등 최소한 5개의 근본적 욕구가 있다. 둘째, 다중적 동기체계는 하나가 다른 하나에 우선하는 위계적 구조를 갖고 있다. 생리적 욕구가 가장 근저에 있으며, 생리 영역의 욕구를 충족한 다음에 보다 높은 수준의 욕구를 충족하게 된다.

인간에게 단일한 일반적 욕구체계가 형성되지 않고 다중적인 이유는 생존과 재생산을 위해 해결해야 하는 과제가 단일한 성격이 아니기 때문이다. 예를 들어, 영양 섭취와 관련된 영역의 문제와 사회적 관계 형성 영역의 문제는 단일한 욕구체계로는 해결할 수 없다.

이를 극적으로 입증한 연구가 해리 할로(Harry Harlow)의 히말라야 원숭이 실험(Harlow & Zimmerman, 1959)이다. 할로는 고아 상태인 아기 원숭이에게 철사 엄마와 헝겊 엄마 등 두 종류의 조건을 제공했다. 철사 엄마는 철사 구조물에 우유병을 달아 놓았고 머리로는 일반적인 박스를 달아 놓았다. 헝겊 엄마는 구조물에 부드러운 헝겊을 감싸고 머리는 원숭이와 비슷한 모양으로 했다. 철사 엄마는 아기 원숭이에게 영양 섭취의 문제를 해결해 주는 반면, 애착의 문제는 해결해 주지 않는다. 반면 헝겊 엄마는 애착의 문제를 해결해 줄 수 있지만 영양 섭취의 문제는 해결해 주지 않는다. 아기 원숭이는 대부분의 시간을 헝겊 엄마와 보내다 배고플 때에만 철사 엄마에게 접근했다. 맹수인형 등 공포 자극을 제시했을 때 아기 원숭이는 헝겊 엄마의 품에 바짝 안겼다. 인간 아기와 원숭이 아기가 동일하지는 않지만, 인간이 원숭이보다 고등하고 더욱 복합적인 욕구를 지닌 존재라는 점을 고려하면, 원숭이의 영양 섭취와 애착 욕구의 다중성은 인간에게도 적용할 수 있다.

마슬로는 그의 지도교수였던 할로의 연구에 영감을 받아 욕구는 단일 체계가 아닌 다중적인 체계이며, 각 욕구는 서로 독립적이어서 하나의 욕구체계를 이해한다고 해서 다른 욕구체계를 알 수 있는 것은 아니라고 했다(Maslow, 1970). 할로와 마슬로 이후 수많은 연구가 욕구체계의 다중적 독립성을 지지하고 있다(예: Barrat & Kurzban, 2006).

켄릭 등(Kenrick et al., 2010)은 마슬로가 욕구를 독립적 다중개념으로 파악해 위계를 부여한 기본적 틀을 바탕으로 수정된 위계적 욕구론을 제시했다. 우선, 위계적 욕구론의 위계구조의 순차성에 유연성을 부여했다. 마슬로가 영양 섭취나 수면 등 생존에 직접적으로 영향을 미치는 생리적 욕구를 고차원적인 사회적 욕구보다 근본적 욕구로 파악한 것은 정확한 접근이다. 그러나 이 욕구 충족의 위계가 엄격하게 순차적일 필요는 없다. 즉, 원칙적으로는 생리적 욕구의 충족이 이뤄지고 나서 자기보호의 동기가 작용하고, 그 다음에 사회적 존중을 추구한다. 그러나 상황에 따라서는 보다 높은 수준의 욕구를 충족하기 위해 보다 근저에 있는 욕구 충족을 유보하기도 한다. 예를 들어, 시험이 임박했다면 성취욕을 충족하기 위해 보다 근저에 있는 수면욕구의 충족을 유보하기도 한다.

둘째, 욕구의 영역을 크게 생존과 재생산의 영역으로 구분했다. 마슬로는 생리적 욕구를 가장 근본적인 욕구로 분류하면서 영양 섭취나 수면, 갈증 등 개체의 직접적 생존에 필요한 요인뿐 아니라, 성에 대한 욕구도 포함시켰다. 성에 대한 욕구에 생리적 측면이 있는 것은 분명하지만, 성에 대한 욕구는 종의 재생산 영역의 욕구로서, 개체의 생존 영역에 있는 다른 생리적 욕구(수면, 영양 섭취 등)와는 근본적으로 다른 영역의 욕구다. 밥을 먹지 않으면 죽지만, 성행위는 하지 않아도 생명에 전혀 지장이 없다.

생존과 재생산의 영역이 구분되는 이유는 인류가 해결해야 하는 과제의 성격이 근본적으로 다르기 때문이다. 생존은 개체가 살아가는 문제이나, 재생산은 개체가 아닌 종(species)이 살아남는 문제이다. 물론 개체가 살아야 재생산이 가능하나, 일단 재생산이 이뤄지면 개체의 생존이 반드시 필요하지 않다. 실제로 재생산을 위한 행동 중에는 개체의 생존을 희생하는 경우가 많다. 예를 들어, 재생산의 핵심인 성행위의 경우 개체의 생존 관점에서 보면 자원의 낭비에 불과하다. 실제로 재생산 영역인 양육을 위해서 욕구 피라미드의 하단에 있는 모든 욕구의 충족을 보류하는 경우가 많다. 새벽에 우는 아기를 위해 주요 생리적 욕구인 수면을 보류하고, 아이와 함께 보다 많은 시간을 보내기 위해 소속 욕구인 친구들과의 어울림을 미룬다. 여성의 경우 아이를 위해 직장생활을 포기해 자아존중의 욕구를 희생한다. 교육비를 충당하기 위해 재산의 상당 부분을 사용하는 일은 흔하다. 모두 개체 생존 영역의 욕구를 희생하는 행동이다.

켄릭 등은 마슬로의 위계적 욕구 피라미드를 크게 생존 영역의 욕구와 재생산 영역의 욕구로 구분한 뒤, 생존 영역의 욕구는 생리 동기, 자기보호 및 안전 동기, 연대 및 소속 동기, 지위 및 존중 동기 등 4개 영역으로 구분했다. 당초 마슬로가 최상위 욕구로 분류한 자아실현은 별개의 독립적인 영역의 욕구라기보다는 지위 및 존중 동기의 일부로 분류했다. 그 이유는 다음과 같다.

마슬로가 정의한 자아실현이란 한 개인이 가진 잠재적 역량을 모두 실현하는 것이다. 이러한 자아실현에 대해 마슬로는 생물적 욕구나 사

회적 욕구와는 구분된다고 봤다. 물론 자아실현과 같은 고차원적 욕구
는 영양 섭취나 수면 등의 생리적 욕구와 구분되는 것은 분명하나, 인간
의 어떤 심리작용도 생물적 수준의 작용과 확연하게 분리될 수는 없다.
또한 자아실현을 사회적 욕구와 별개로 구분할 만큼 자아실현에 사회적
측면이 없는 것이 아니다.

마슬로가 자아실현의 전형적인 예로 든 음악가, 미술가 등 예술가의
작품활동을 보자. 마슬로는 자아실현을 설명하면서 "자기 자신이 궁극
적으로 행복하다면, 음악가는 음악을 만들어야 하고, 미술가는 그림을
그려야 하며, 시인은 시를 써야 한다"(p. 382)고 했다. 즉, 다른 사람의
평가나 시선에 관계없이 작품활동 그 자체를 통해 자신의 역량을 발휘하
면 그것으로 욕구가 충족된다는 것이다.

물론 마슬로의 자아실현에 대한 이런 접근이 전적으로 오류라고 할
수는 없다. 인간은 일 그 자체에 몰입하고, 다른 사람의 평가나 시선에
관계없이 그 몰입활동 자체를 즐길 수 있기 때문이다(Csikszentmihaalyi,
1997). 그러나 이는 어디까지나 근접인의 설명이지 궁극인에 대한 설명
은 아니다.

근본적 욕구체계의 형성은 환경의 선택압력에 의해 형성되는 궁극인
을 통해 설명해야 한다. 이를 위해서는 자아실현이 어느 영역의 적합도
(fitness)가 있는지 살펴볼 필요가 있다. 즉, 자아실현이 한 개인의 의도
(예: 성취와 자기만족)와는 관계없이 실질적으로 작동하는 기능이 무엇
일까? 바로 사회적 존재감의 강화다.

피카소나 카라얀 같은 예술계의 거장은 모두 사회적으로 존경받고 그
에 상응하는 보상을 받는다. 고흐나 이중섭처럼 탁월한 성취를 이뤄 냈
음에도 불구하고 불우한 삶을 보낸 경우도 있지만, 이는 한 개인이 처한

상황의 문제이지 자아실현에 사회적 기능이 없는 것은 아니다. 비록 고흐나 이중섭이 살아서는 인정을 받지 못했지만, 그들의 이름에 대한 오늘날의 사회적 평판은 대단히 높다. 따라서 자아실현은 비사회적인 독립적 영역의 욕구라기보다는 사회적인 존중 영역의 한 부분으로 파악하는 것이 적절하다(Kenrick et al., 2010).

당초 마슬로는 재생산 영역의 욕구로 성에 대한 욕구 하나만 포함시켰지만, 켄릭 등(Kenrick et al., 2010)은 이를 남녀 관계의 형성, 남녀 관계 유지 및 양육 등 3개 영역으로 구분했다. 종의 재생산이 성공적으로 이뤄지려면 성행위만 필요한 게 아니기 때문이다. 우선, 서로 모르는 상태에서 믿고 의지할 수 있는 상대를 찾아 친밀한 관계를 형성해야 하며, 관계 형성 후에는 그 관계를 유지해야 한다. 이렇게 지속적인 관계를 통해 자식이 태어나면, 그 자식이 독립할 수 있게끔 잘 양육해야 한다. 이 세 가지 영역은 서로 상이한 동기가 작동한다.

5) 영역별 주요 감정

(1) 즐거움

가장 포괄적인 감정이자, 가장 근본적인 감정이다. 즐거움이 무엇인지는 너무나 명백하기 때문에 누구나 알고는 있지만, 막상 "즐거움이 무엇이냐?"는 질문에 답하기는 가장 어려운 감정이다. 인간의 모든 생각과 행동이 즐거움에 기반하고 있어, 즐거움을 출발점으로 삼아 모든 경험을 이해하고 설명하기 때문이다. 게다가 즐거움이 나타나는 양상 또한 다양하다(Frijda, 2009).

즐거움은 모든 긍정경험을 포괄하는 주관적 심리상태다. '긍정'이라는 포괄적 용어 아래 포함되는 감정경험은 다양하다. 무엇인가 새로운 것에 대해 느끼는 흥미에서 이미 달성한 이후의 만족까지 포괄한다. 흥미와 만족은 모두 긍정감정으로서 즐거움으로 분류할 수 있지만, 흥미와 만족에 작용하는 심리과정은 대조적이다(Ahn & Shin, 2015).

즐거움을 정의하자면 "우리가 추구하고 우리가 유지 혹은 향상시키는 긍정적 경험상태"(Rozin, 1999, p. 112)라고 할 수 있다. 결국 즐거움은 개인으로 하여금 유용한 행위를 하게 하는 근본적 동인이라 할 수 있다. 따라서 즐거움은 감각적 즐거움뿐 아니라 고차원적 즐거움(이타적 행위, 성취, 미의 감상 등)까지 포괄하는 개념이다(Kringelbach & Berridge, 2009).

즐거움이 포괄적 개념이지만, 즐거움의 심리의 기본 틀은 음식에 대한 즐거움이다(Rozin, 1999). 열량 섭취는 개체 생존의 필수적이자 가장 근저에 있는 욕구로서 다른 모든 욕구에 우선하며, 생존에 가장 직접적으로 작용한다. 열량 등 보상(특히 단맛)을 탐지해 유익한 상황과 대상에 접근하도록 한다. 즐거움은 인간이 원시적 동물 단계에서부터 신체적, 심리적 특질을 형성해 온 감정이기 때문에 무의식적 측면이 대단히 강하다.

실제로 즐거움의 심리작용은 의식에 우선한다. 실질적 결정은 즐거움을 통해 이뤄지고, 의식은 그 이후의 사후적 설명 혹은 정당화에 불과하다. 의식적으로는 그 반대 방향(즐거움 이전에 의식적 판단이 작용)으로 작용한다고 착각할 뿐이다. 실제로 즐거움에 관여하는 뇌 신경회로는 의식과 무관한 안와 전두엽(*Orbital Frontal Cortex*), 측핵(*Nucleus Accumbens*), 뇌섬(*Insula*) 및 보다 원시적 뇌 회로인 뇌간 등에 걸쳐 형성돼 있다(Kringelbach & Berridge, 2010).

즐거움을 감각적 쾌락만을 의미하는 용어로 사용하는 경우도 있지만 이는 즐거움의 포괄적 속성을 간과한 용법이다. 또한 쾌락 그 자체를 추구하는 쾌락주의와 즐거움(쾌락)도 구분된다. 즐거움을 포함한 모든 감정은 그 자체가 목표가 아니다. 목표를 성취하는 동기다. 생명체의 근본적 목표는 생존과 재생산이며, 각 영역별로 신체보존, 안전, 소속, 존중 등 다양한 목표가 있다. 이러한 목표를 달성하는 데 필요한 행동을 할 수 있도록 동기부여하는 것이 즐거움과 같은 감정이다. 쾌락주의는 목표와 동기를 혼돈한 접근이다. 앞서 논의했듯 즐거움은 공동통화이다. 즐거움을 통해 실질적 가치를 지니고 있는 것을 획득해야지, 즐거움 그 자체가 추구의 대상은 아니다.

(2) 공포

공포는 즐거움 다음으로 생존에 직접적으로 작용하는 감정으로서, 위협을 탐지해 위험한 상황으로부터 회피하고 탈주하도록 한다(Ohman & Mineak, 2001). 포유류로서의 인간이 신체적, 심리적 특질을 형성하며 진화하는 과정에서 공포는 즐거움과 함께 가장 핵심적 역할을 하는 감정이다. 계층적 욕구론의 자기 보호 및 안전 영역에서 작동하는 감정으로서, 기본적인 생리적 욕구의 충족 이외의 모든 영역에 우선한다.

공포 심리를 이해하기 위해서는 인간이 포유류로서 생존했던 진화적 적응환경(EEA)을 고려해야 한다(Tooby & Cosmides, 1990). 생존과 재생산에 영향을 미치는 유사한 요소가 반복적으로 지속되는 환경을 EEA라고 한다. 인류가 포유류로서 형성되던 시기에 생존에 치명적 영향을 주는 재난은 사전 경고 없이 순식간에 닥쳤다. 주된 위협은 거대 육식동물의 포식행위, 같은 종 내의 약탈행위와 같은 사회적 위협, 그리고 홍수와 같은 자연적 위협 등 크게 3종류이다.

반복적으로 발생하는 상황은 진화과정에서 선택압력으로 작용해 특정한 심리적 문제해결 단위가 형성되도록 한다. 긴급한 위협상황은 다양하지만, 자기보호와 안전을 위한 공통적 대응방법은 회피와 탈주다. 위협적 요소를 파악하면 의식의 개입 없이 신속하게 반사적으로 몸을 움직여 회피와 탈주로 이어진다. 공포는 의식 개입 없는 자동적이고도 매우 신속한 심리작용이지만 공포 반응이 천편일률적으로 회피와 탈주로 이어지지는 않는다. 상황의 종류에 따라 회피, 탈주뿐 아니라 숨을 죽이며 꼼짝하지 않는 동결(freeze) 전략을 취하기도 하고, 대안이 없을 경우 위협의 원천에 대한 공격 전략으로 이어지기도 한다(Ohman & Mineak, 2001).

심리적 문제해결 단위로서 공포의 특징은 선택성(selectivity), 자동성(automaticity), 캡슐성(encapsulation) 및 신경고유성(specific neural circuit)이다(Ohman & Mineak, 2001).

선택성이란 선택적 주의의 작용으로서, 생존에 직접적으로 위협을 가하는 요소에 특별히 민감하게 반응하는 것을 말한다. 공포는 모든 외부 자극에 민감하게 반응하기보다는 진화적 적응환경에서 위협적으로 작용했던 대상이나 상황에 선택적으로 민감하게 반응하도록 한다. 위협적 상황은 너무나 신속하게 전개되기 때문에, 그에 대한 반응 역시 신속하게 이뤄져야 하기 때문이다. 이를 위해서는 최소한의 신경심리 자원만으로도 위협적 자극에 반응할 수 있어야 한다. 이는 역으로 진화적 적응환경에서 위협적 요소로 작용하지 않았던 자극에 대해서는 선택적 공포 반응이 상대적으로 미약하게 이뤄질 수 있음을 의미한다. 현대인에게는 맹수보다 자동차가 실질적 위협요소임에도 불구하고 자동차에 대한 공포감이 맹수에 대한 공포감보다 훨씬 덜한 이유다.

자동성은 위협에 대해 의식의 개입 없이 신속하게 식별하는 작용이다. 공포는 그 기능상 즉각적이고도 신속하게 작동해야 하기 때문에 인지작용을 최소화할 필요가 있다. 의식과 같은 고차원적 인지가 작용하게 되면 정보를 처리하는 시간이 길어질 수밖에 없다. 게다가 진화적으로 공포의 심리단위가 형성된 시기는 포유류로서 의식이 형성되기 이전이다. 위협적 자극에 대해서는 그 자극물의 존재 자체를 의식하지 못하는 상태에서도 식별이 자동적으로 이뤄진다.

캡슐성은 공포의 심리작용에 대해 다른 인지작용의 영향이 대단히 제한적이라는 의미다. 캡슐은 내용물을 감싸 보호하는 역할을 한다. 공포의 심리작용은 마치 캡슐 안에 들어 있는 내용물과 유사하다. 일단 공포의 심리단위가 작동하면 다른 인지작용이 개입할 여지 없이 공포 심리작용의 원리대로 작동한다. 자동성과 캡슐성은 의식적, 인지적 개입이 없는 심리작용이란 점에서는 유사하지만, 자동성은 위협적 자극에 대한 식별작용이고, 캡슐성은 식별 이후의 위협적 자극에 대한 반응이라는 점이 다르다.

신경고유성은 공포를 처리하는 고유의 신경계가 존재한다는 것이다. 공포는 진화적으로 원시 뇌에 뿌리를 두고 있기 때문에 공포를 처리하는 뇌 신경회로는 피질(cortex)처럼 최근에 형성된 신경계가 아니라 그 이전에 형성된 편도체 등 하위피질(subcortex)이나 보다 원시적 뇌간 등에 걸쳐 형성돼 있다. 따라서 공포와 관련된 뇌 회로는 인류뿐 아니라 다른 포유류의 뇌와 유사한 구조를 지니고 있다. 이처럼 공포를 처리하는 심리작용이 원시적인 뇌에서 처리되기 때문에 공포심리는 자동적이고 캡슐적인 특징을 지니는 것이다. 물론 공포 경험 자체를 의식할 수 있지만, 공포를 유발하고 자극에 대해 공포로서 평가하는 뇌의 작용기제는 무의식적이며 자동적이다(Ohman & Mineka, 2001).

(3) 우애와 슬픔: 연대와 소속

인류는 환경에 적응하는 생존방식으로 사회를 구성하는 전략을 구사했다. 사회구성 전략은 대단히 효율적이어서 인류는 지구상에서 번성하는 대표적인 종이 됐다. 인류 외에도 사회구성을 생존전략으로 구사하는 사회적 동물이 있지만 인류와 다른 사회적 동물 사이에는 중요한 차이가 있다. 개미 등 다른 사회적 동물은 혈연적 관계를 통해 사회를 구성하는 반면, 오직 인류만이 혈연과 무관하게 사회를 구성한다.

인간만이 혈연과 무관하게 사회를 구성할 수 있는 이유는 사회감정이 있기 때문이다. 대표적인 사회감정이 우애와 슬픔으로, 이는 계층적 욕구론의 연대와 소속 영역에서 작동하는 감정이다. 연대와 소속 동기는 생리적 동기 및 자기보호·안전 동기와는 구분된다. 생리적 동기와 자기보호·안전 동기는 개인 차원의 생존 영역인 반면, 연대와 소속 동기는 사회 차원의 생존 영역이다.

연대와 소속 영역에서의 우애는 이성 간의 사랑이나 가족구성원과의 애착(attachment)과는 구분된다. 이성 간의 사랑은 성적 흥분이나 성적 질시가 동반되고, 가족구성원 간의 애착은 혈연관계로서 일방적으로 보살피는 관계다. 반면 우애는 상호적으로 주고받는 관계다. 비혈연적인 다른 사회구성원과 수평적으로 협력하는 관계를 형성하는 감정이다. 수평적 관계라는 것은 사회적 지위의 높고 낮음의 위계적 구조가 없는 사회관계를 의미한다.

슬픔은 소중한 것에 대한 돌이킬 수 없는 상실을 통해 경험하는 감정이다. 초사회적 동물인 인간에게 소중한 것은, 물론 비사회적인 것도 없지는 않지만, 사회관계인 경우가 대부분이다. 슬픔을 유발하는 주된 상황은 사회관계의 상실이다. 슬픔과 공포는 모두 극성으로는 부정감정이지만, 공포는 앞으로 발생할 사건에 대한 감정인 반면, 슬픔은 이미 발생한 일에 대한 감정이다. 또한 공포는 개인의 생존에 직접적 영향을 미치지만, 슬픔은 직접적 영향을 미치지는 않는다. 슬픔은 오히려 개인의 생존이란 관점에서 본다면 역기능을 하는 측면이 있다. 그럼에도 슬픔이 인간의 생존에 중요한 기능을 하는 이유는 사회관계를 유지하도록 하기 때문이다. 슬픔이 없다면 소중한 관계의 상실을 어려워하지 않을 것이고, 관계의 상실을 쉽게 여긴다면 사회관계가 지속되기 힘들다.

(4) 자부심과 분노: 지위와 존중

지위와 존중 영역은 사회적 차원의 생존이라는 점에서는 연대와 소속 영역과 동일하나, 전자와 후자에 관여하는 감정의 작용은 크게 다르다. 연대와 소속 영역의 사회관계는 수평적 관계인 반면, 지위와 존중 영역의 사회관계는 수직적이다. 사회적 지위의 높고 낮음이 분명한 위계적 관계다.

자부심은 지위와 존중 영역의 대표적인 감정으로, 사회적으로 가치 있는 일에 성공해 사회적 지위가 향상될 때 느끼는 감정이다(Tracy & Robins, 2007). 이 과정에서 자아존중감(*self-esteem*)이 중요한 역할을 한다. 사회계측 이론에 따르면, 자아존중감은 한 개인이 사회적으로 얼마나 가치 있는지를 가늠할 수 있도록 하는 일종의 사회적 측정지표(*social meter*)다(Leary et al., 1995). 성공을 통해 자부심을 느끼고, 이는 자신에 대한 전반적인 긍정적 평가, 즉 자아존중감의 향상으로 이어진다.

가슴을 내밀고 턱을 드는 행동이 전형적인 자부심의 표현이다. 4세 이후의 발달단계에 있으면 대부분의 문화권에서 자부심의 표현을 다른 긍정감정의 표현과 구분한다.

분노는 자부심과 함께 지위와 존중 영역의 대표적인 사회적 감정이다. 공포와 더불어 전형적인 부정감정으로 분류되나, 공포와는 명백하게 구분된다. 인간의 행동의 경향성을 크게 접근과 회피동기 체계로 구분하는데, 분노는 접근동기와 관련된 감정이고, 공포는 회피동기와 관련된 감정이다. 접근동기란 보상 등 무엇인가 바람직한 유인에 대해 접근하는 동기이고, 회피동기란 반대로 위협적인 대상이나 상황으로부터 회피하는 동기이다.

보상에 접근하려는 동기는 통상적으로 긍정감정의 영역이다. 분노는 명백하게 부정감정인데, 접근동기 체계의 감정이라는 주장은 통념과는 거리가 멀다. 그러나 분노가 접근동기와 관련된 감정이라는 경험적 근거는 풍부하다(Carver & Harmon-Jones, 2009). 접근동기의 활성화를 측정하는 방법은 뇌의 활성화 영역을 파악하는 것이다.

인간의 뇌는 오른쪽과 왼쪽 부분으로 구분돼 있다. 오른쪽 부분과 왼쪽 부분은 당초에는 동일한 기능을 했지만, 인간이 고등한 지적 존재로 진화하는 과정에서 정보처리에 부하가 과도하게 발생했고, 이 과정에서 오른쪽 전두(뇌의 앞쪽)와 왼쪽 전두가 담당하는 역할을 구분해 보다 많은 정보를 효율적으로 처리할 수 있게 됐다.

감정과 동기에 관한 정보처리 방식 역시 오른쪽 전두와 왼쪽 전두의 역할이 다르다. 오른쪽 전두는 회피동기, 왼쪽 전두는 접근동기의 심리작용에 관여한다. 따라서 뇌영상 장치나 뇌전도 등으로 두뇌의 작용을 측정할 때, 오른쪽 전두가 활성화한다면 회피동기가 작동했다고 추론할 수 있다. 반면, 왼쪽 전두가 활성화하면 접근동기가 작동했다고 추론할 수 있다.

분노가 접근동기와 관련된 감정이라는 가장 직접적인 근거는 반복적 경두개 자기자극(repetitive Transcranial Magnetic Stimulation: rTMS)을 이용한 실험연구를 통해 제시됐다. rTMS는 강한 전자기장을 발생시켜 특정 뇌 부위의 작용을 일시적으로 둔화한다. 오른쪽 전두엽에 rTMS를 적용하면 오른쪽 전두엽의 작용이 둔화해 왼쪽 전두엽이 상대적으로 더 활성화하고(접근동기가 우월한 상태), 반대로 왼쪽 전두엽에 rTMS를 적용하면 왼쪽 전두엽의 작용이 둔화해 오른쪽 전두엽이 상대적으로 더 활성화한다(회피동기가 우월한 상태).

실험 참가자를 2개 집단으로 구분해 rTMS로 접근동기와 회피동기의 정도를 조작한 다음, 실험 참가자들에게 화난 표정의 사진을 보여 주고 그들이 사진에 주의를 기울이는 정도를 측정했다. 실험 결과, 왼쪽 전두엽의 활성화로 접근동기가 작동한 집단은 분노한 사진에 주의를 더 많이 기울였다. 즉, 화난 상대와 공격적으로 대결하는 반응을 보였다. 반면, 오른쪽 전두엽의 활성화로 회피동기가 작동한 집단은 공포반응과 유사하게 분노한 사진에 대해서 주의를 다른 방향으로 돌렸다(d'Alfonso et al., 2000).

분노의 정도를 조작하고 오른쪽 전두 혹은 왼쪽 전두의 활성화 여부를 측정한 실험연구도 꽤 있다. 실험 참가자들에게 화가 난 과거 기억을 떠올리게 하거나 분노한 얼굴표정 사진을 제시함으로써 분노의 상태를 유발한 다음, 분노한 집단과 그렇지 않은 집단 사이의 좌우 전두엽 활성화 정도를 뇌영상 장치를 이용해 측정했다. 모두 일관되게 분노집단은 왼쪽 전두의 활성화와 관련이 있는 것으로 나타났다(Murphy, Nimmo-

Smith, & Lawrence, 2003).

부정감정인 분노가 어떻게 접근동기 체계의 감정일까? 접근동기는 보상에 접근하려는 동기인데 말이다. 이 문제는 분노의 발생 이유를 살펴보면 풀린다. 분노는 목표를 추구하는 과정에서 방해를 받을 때 겪는 감정이다. 목표를 추구하지 않는다면 어떤 장애가 발생해도 개인에게 아무런 문제가 되지 않으며 그 장애로 인한 분노도 겪지 않는다. 목표에 대한 추구는 접근동기가 활성화된 상태다. 따라서 접근동기가 활성화하지 않는다면 분노할 원인 자체가 없다고 할 수 있다(Carver & Harmon-Jones, 2009).

표면적으로 목표에 대한 추구가 없는 상황에서 분노하는 경우를 상정할 수 있기는 하다. 예를 들어, 가만히 있는데 누군가 갑자기 면전에 대고 모욕적인 언사를 하는 경우다. 이런 경우 통념적으로 분노할 것이라고 여긴다. 가만히 있다는 것은 목표를 추구하는 상태가 아니므로 접근동기가 활성화됐다고 하기 힘들다. 그러나 상황을 보다 구체적으로 제시한다면 다양한 경우가 생긴다. 만일 모욕적 언사를 한 사람이 사회적 지위가 높은 사람이라면 그 상황에서 화가 나기보다는 오히려 무서움이 들 것이다.

상황에 변수를 하나 더 추가해 보자. 만일 가만히 있는 사람의 접근동기가 만성적으로 활성화된 경우에는 어떨까? 예를 들어, 가만히 있던 사람의 사회적 지위가 더 높은 경우다. 이때는 분노를 경험한다. 높은 사회적 지위에 있다는 것은 사회적으로 가치 있는 일에 성공했다는 것이다. 목표에 대한 추구의 정도가 사회적 지위가 낮은 사람보다 훨씬 강하다. 분노는 지위와 존중 영역의 감정으로서, 권력과 지위가 있는 사람들의 감정이다(Tiedens, 2001).

3. 커뮤니케이션 연구로의 적용

감정은 주의를 기울여야 하는 대상이 무엇인지, 어떤 일에 우선순위를 둬야 할지를 결정하고, 관련 행동을 하는 데 필요한 준비를 하게 한다 (Izard, 2010). 이 원리는 커뮤니케이션 연구에도 적용된다. 대표적인 접근이 감정과 미디어 선택의 관계를 탐구한 연구다.

1) 기분관리 이론: 흥분항상성에 따른 미디어 선택

기분관리 이론(*mood management theory*)의 핵심 원리는 흥분항상성(*excitatory homeostasis*)이다. 항상성은 균형을 유지하려는 경향을 말한다. 예를 들어, 생리적 욕구 충족은 더해도 안 되고 덜해도 안 된다. 갈증이 있으면 물을 마셔야 하지만, 지나치게 많은 물을 마시면 탈이 난다. 수면이나 음식의 섭취도 마찬가지다. 흥분항상성은 흥분과 이완 사이에서 균형을 유지하려는 경향을 말한다. 지루한 상태에서는 무엇인가 자극적인 것을 통해 흥분의 정도를 끌어올릴 필요가 있고, 반대로 흥분된 상태에서는 무엇인가 안정적인 것을 통해 이완시켜 몸의 균형을 유지할 필요가 있다.

흥분항상성의 원리를 미디어의 선택에 적용한 이론이 기분관리 이론이다. 기분관리 이론의 요지는, 미디어 이용자는 미디어의 선택을 통해 흥분 수준의 균형을 유지할 수 있기 때문에 흥분 수준에 따라 선택적으로 스스로를 미디어에 노출시킨다는 것이다. 과도한 자극을 받아 흥분 상태에 놓인 미디어 이용자는 기분을 가라앉힐 수 있는 미디어를 선택하고, 반대로 자극이 없어 지루한 상태의 미디어 이용자는 기분을 올릴 수 있는 미디어를 선택한다(Bryant & Davis, 2006).

흥분 수준에 따라 미디어를 선택적으로 이용한다는 기분관리 이론은 정교한 실험을 통해 입증됐다. 브라이언트와 질만(Bryant & Zillmann, 1984)은 4단계에 걸쳐 실험을 진행했다. 1단계에서는 사전 연구로서 미디어 콘텐츠 6종을 마련했다. 3종은 수중 생물 다큐멘터리, 교향악단의 자장가 연주, 휴양지에서 휴가를 보낸 여행담 등 차분하면서 긴장을 풀 수 있는 내용이었다. 다른 3종은 긴장감 가득한 액션, 프로축구 게임, 퀴즈쇼 본선 등 자극적이고 흥분하도록 하는 내용이었다.

2단계는 실험 참가자들에 대한 흥분 혹은 이완상태 유발이었다. 먼저 실험 참가자들을 2개 집단으로 구분했다. 한 집단은 20분간 단순 작업을 반복해 지루함을 느끼도록 했다. 다른 한 집단은 20분간 어려운 퀴즈 문제를 풀도록 해 스트레스를 유발했다.

3단계는 미디어 선택이다. 실험 참가자들에게 리모컨으로 사전에 준비해 둔 6종의 미디어 콘텐츠를 자유롭게 선택해 시청하도록 하면서, 각각의 미디어 콘텐츠 이용시간을 실험 참가자들이 모르게 측정했다. 실험 결과, 흥분집단의 참가자들은 축구와 같은 자극적 내용보다는 자장가 등 이완시키는 내용에 보다 많은 시간을 사용했다. 이완집단의 참가자들은 흥분집단과는 반대로 선택했다. 자장가 등 이완시키는 내용보다는 축구와 같은 자극적 내용에 보다 많은 시간을 사용했다.

4단계는 실험 참가자들에게 주로 이용한 미디어를 선택한 이유에 대해 답하도록 했다. 실험 참가자들이 댄 이유는 다양했지만, 흥분이나 이완과 관련된 내용을 언급한 참가자는 한 명도 없었다. 이는 흥분 수준에 따른 미디어의 선택적 이용이 의식의 통제가 아닌 무의식적 작용임을 말해 준다.

2) 기분조정 이론

기분관리 이론의 원리인 흥분항상성을 긍정-부정 감정의 항상성, 즉 극
성항상성2에도 적용할 수 있을까? 돌프 질만과 그가 배출한 많은 연구자
들은 흥분 수준뿐 아니라 극성항상성의 원리를 긍정감정과 부정감정의
상태에 따른 미디어의 선택에도 적용하려고 했다(Knobloch, 2006). 감
정의 2개 차원을 각성(흥분-이완)과 극성(긍정-부정)으로 구분할 수 있
다면, 흥분항상성의 원리를 극성항상성에 적용하려는 시도는 자연스러
운 귀결이다. 긍정기분 상태일 때는 부정적 내용의 미디어 콘텐츠를 이
용함으로써 기분이 나빠지는 것을 굳이 피할 필요는 없겠지만, 기분이
이미 부정적 상태라면 긍정적 내용의 미디어 콘텐츠를 이용해 기분을 보
다 좋게 만들 필요가 있다고 예측할 수 있다. 결과는 성에 따라 달랐다.
여성은 기분이 나쁜 경우 긍정적 내용의 미디어 콘텐츠를 선택하는 경향
이 높았지만, 남성은 늘 그렇지만은 않았다(Biswas, Riffe, & Zillmann,
1994).

비스와스 등(Biswas, Riffe, & Zillmann, 1994)은 기존의 기분관리 이
론 연구절차를 따라 1단계로 사전 연구를 통해 12종의 뉴스기사를 각각
긍정적 내용과 부정적 내용으로 구분했다. 2단계에서는 실험 참가자들
을 2개 집단으로 나눠 긍정감정과 부정감정을 유발했다. 실험 참가자들
에는 감정식별 검사라고 하며 20장의 얼굴사진을 통해 나타난 감정을
맞추라고 했다. 긍정감정 집단에게는 검사결과에 대해 "정말 잘했어요,

---

2 흥분항상성에 대비되는 용어로서 극성항상성(*valence homeostasis*)이라는 용어를 사용
하기로 하자. 학계에서 통용되는 용어는 아니지만, 논의의 편의를 위해 사용한다.

훌륭해요!"라고 평가했다. 반면 부정감정 집단에게는 검사결과에 대해 "정말 못하네요. 끔찍해요!"라고 평가했다. 3단계에서는 미리 준비한 뉴스를 각각 한 페이지 분량의 기사로 만들어 실험 참가자들이 자유롭게 골라서 읽게 했다. 읽는 시간은 실험 참가자들이 모르게 측정했다. 실험 결과, 부정감정 집단의 여성참가자들의 경우 긍정적 뉴스에 보다 많은 시간을 사용한 반면, 부정감정 집단의 남성참가자들의 경우 예측과는 반대로 부정적 뉴스에 보다 많은 시간을 사용했다.

노블락(Knobloch, 2003)은 미디어를 이용한 감정의 항상성 유지에는 감정의 긍정과 부정 상태뿐 아니라 상황적 요인도 고려해야 한다고 지적하며, 기분관리 이론을 보완한 기분조정 이론(mood adjustment theory)을 제시했다. 기분조정 이론에 따르면 사람들은 감정을 항상 가장 좋은 상태로 유지하지는 않는다. 주어진 상황의 목적에 따라, 문제를 해결하는 데 도움이 되도록 감정 상태를 조정하려 한다.

노블락-웨스터윅과 알터(Knobloch-Westerwick & Alter, 2006)는 기존 기분관리 이론 연구의 실험절차에 목적조건을 추가했다. 1단계로 사전연구를 통해 미디어 콘텐츠(온라인 뉴스)를 긍정과 부정적인 내용으로 나눈 뒤, 2단계로 연구 참여자들을 2개 집단으로 구분해, 칭찬을 통한 긍정감정과 모욕을 통한 부정감정을 유발했다. 3단계에서는 연구 참여자를 추가로 보복과 비보복 등 2개 집단으로 구분해, 보복집단에는 자신을 모욕한 연구조교에 대해 보복할 기회를 주었고, 비보복집단에는 보복 기회를 주지 않았다. 4단계에서는 연구 참여자들이 자유롭게 온라인 뉴스를 읽었고, 뉴스를 읽는 시간은 로그분석을 통해 수집했다. 실험 결과, 보복할 기회가 없던 집단의 경우 남자와 여자 모두 긍정적 뉴스를 오래 읽었다. 반면, 보복할 기회가 있는 집단의 경우, 여성은 긍정적 뉴스를 보다 오래 읽은 반면, 남성은 부정적 뉴스를 보다 오래 읽었다.

기분관리 이론이 감정의 일반적 기능(우선순위 결정과 가치 부여)에 흥분항상성의 원리를 적용한 이론이라면, 기분조정 이론은 특정 감정(분노)의 기능을 고려해 감정의 기능을 보다 정밀하게 적용한 이론이라 할 수 있다.

3) 긍정감정과 신기술 채택

감정의 주된 기능이 가치를 판단하는 것이라면 신기술의 채택에도 감정이 중요한 역할을 할 것이라고 예측할 수 있다. 대부분의 연구는 감정을 극성으로 구분해 긍정감정과 신기술 채택 사이와 관계를 밝히고 있다. 감정을 단지 극성으로만 구분하는 접근은 앞서 논의한 기분관리 이론과 기분조정 이론의 예처럼 개별 감정의 다양한 기능의 작용을 제대로 파악하기 어렵다. 따라서 개별 감정의 기능에 주목해, 긍정감정을 기능에 따라 구분할 필요가 있다.

최근 사례는 긍정감정을 흥미와 만족으로 구분해, 동일한 극성의 감정임에도 불구하고 스마트폰과 같은 신기술 채택과는 상이한 관계가 있음을 밝힌 연구다(Ahn & Shin, 2015). 연구 참여자들에게 온라인 서베이를 통해 새로운 스마트폰 채택 의도, 스마트폰 이용에 따른 흥미, 스마트폰 이용 만족도, 스마트폰 이용에 대한 전반적 즐거움 등을 측정했다. 연구 결과, 즐거움은 흥미와 만족과의 상관관계 분석에서 모두 높은 정의 상관성이 나타났다. 그러나 스마트폰 채택 의도와의 관계에서는 반대 방향의 상관성이 관측됐다. 즐거움과 흥미는 새로운 스마트폰 채택 의도와 정의 상관관계가 나타났지만, 만족은 스마트폰 채택 의도와 부의 상관관계가 나타났다. 즐거움과 만족은 정의 상관관계, 즐거움과 스마트폰 채택 의도도 정의 상관관계다. 그런데 만족과 스마트폰 채택 의도 사이에는 부의 상관관계가 나타난 것이다.

이처럼 흥분과 만족이 즐거움과는 동일하게 정의 관계를 보이면서도, 반대로 스마트폰 채택과는 상반된 관계를 나타내는 이유는 흥분과 만족이 서로 상이한 기능의 감정이기 때문이다. 또한 즐거움은 흥미와 만족의 요소를 모두 가진 포괄적 감정이기 때문이다. 즐거움은 스마트폰 채택과 직접적 관계라기보다는 흥미를 통해 간접적으로 영향을 준다고 할 수 있다. 매개분석을 통해 즐거움의 스마트폰에 대한 간접적인 매개적 영향이 나타났다.

4. 감정 사용에 대한 제언

감정에 대한 이론적 접근은 감정의 보편성을 강조하는 기본정서 모형부터 문화권에 따른 특수성을 강조하는 사회구성 모형까지 다양하다. 개별 감정 사이의 차이를 강조하는 개별감정 접근과 다양한 감정경험 속에서 공통성을 강조하는 차원감정 접근도 있다. 기본정서 모형을 제시한 학자들 사이에서도 기본감정의 종류가 무엇인지에 대해서 다양한 의견이 제시돼 있다. 차원감정 접근도 마찬가지다. 감정경험을 이루는 차원에 대한 다양한 의견이 제시돼 있다. 감정에 대해 다양한 접근이 시도된다는 것은 그만큼 감정에는 다양한 측면이 있다는 것을 의미한다.

감정 연구에서 주의할 점은 장님 코끼리 만지기 식의 연구다. 코끼리의 특정 부위만을 만지고 마치 그것이 코끼리의 모든 것인 양 착각하는 것처럼, 특정 모형의 감정을 감정의 모든 것인 양 착각하기 쉽다. 물론 감정연구를 하면서 모든 감정모형을 동시에 적용해야 하는 것은 아니다. 모든 연구가 그렇듯, 감정 연구에서도 특정 모형을 선택해 적용하기 마련이다. 그러나 감정 연구에서 반드시 고려해야 하는 요소가 있다. 감정의 정의와 기능이다. 우리는 가격을 통해 상품의 가치를 판단하듯, 감정을 통해 상황과 대상의 가치를 판단한다. 감정은 우리가 무엇에 주의를 기울여야 하는지, 무엇에 대해 우선순위를 둬야 할지, 어떤 행동을 해야 할지 결정하고 실행하도록 한다.

감정이 인간의 삶에 이토록 긴요한 것이라면 왜 '감정적'이라는 표현에 부정적 의미가 들어 있는 것일까? 이는 감정 기능의 한계 때문이다. 감정의 기본 틀이 완성된 환경은 수십만 년 전 아프리카 사바나이다 (Tooby & Cosmides, 1990). 수많은 사람들이 한곳에 몰려 살며 전자통신 기기로 연결된 상황이 아니었다. 단기적 선택과 결정이 삶과 죽음을 가르는 환경이었다. 10년, 20년 앞을 내다보고 준비하는 상황이 아니었다. 즉, 감정 기능은 주로 단기적 문제해결을 통해 형성됐지, 장기적 문제해결 과정에서 형성되지 않았다. 인류가 문자를 발명하고, 도시에 살기 시작한 것은 수천 년이 채 되지 않는다. 수천 년은 결코 짧지 않은 세월이나, 진화의 시계로는 한순간에 불과하다. 인류는 21세기 첨단을 살고 있지만, 뇌는 여전히 구석기 시대의 환경에 맞춰져 있다. 즉, 감정은 구석기 환경에 최적화한 정보처리 체계라 할 수 있다.

감정 말고 더 나은 정보처리 체계는 없을까? 없다. 다만 잘 쓰는 방법은 있다. 도덕심리학의 새로운 장을 연 사회심리학자 조너선 하이트(Haidt, 2006)는 기수(rider)와 코끼리의 비유를 들었다. 코끼리가 감정이라면, 기수는 의식이다. 벼랑 위 오솔길이건 장애물이 있건 코끼리는 알아서 잘 간다. 기수가 코끼리를 굳이 조정할 필요가 없다. 그러나 기수는 코끼리를 잘 훈련시켜 보다 정밀하게 다룰 수 있다. 감정도 마찬가지다. 의식이 감정을 잘 훈련시킨다면, 구석기의 감정을 21세기 감정으로 잘 사용할 수 있다.

다시 알약으로 돌아가 보자. 감정을 제거할 수 있는 알약을 삼킬 필요가 있을까?

참고문헌

Ahn, D., & Shin, D. H. (2015). Differential effect of excitement versus contentment, and excitement versus relaxation: Examining the influence of positive affects on adoption of new technology with a Korean sample. *Computers in Human Behavior*, *50*, 283-290.

Barrett, H. C., & Kurzban, R. (2006). Modularity in cognition: Framing the debate. *Psychological Review*, *113*, 628-647.

Biswas, R., Riffe, D., & Zillmann, D. (1994). Mood influence on the appeal of bad news. *Journalism Quarterly*, *71*(3), 689-696.

Bryant, J., & Davies, J. (2006) Selective exposure processes. In J. Bryant & P. Vorder, *Psychology of entertainment* (pp. 19-34). Mahwah, NJ: Erlbaum.

Bryant, J., & Zillmann, D. (1984). Using television to alleviate boredom and stress: Selective exposure as a function of induced excitational states. *Journal of Broadcast & Electronic Media*, *28*, 1-20.

Cabanac, M. (1992). Pleasure: The common currency. *Journal of Theoretical Biology*, *155*(2), 173-200.

Carver, C. S., & Harmon-Jones, E. (2009). Anger is an approach-related affect: Evidence and implications. *Psychological Bulletin*, *135*(2), 183-204.

Csikszentmihalyi, M. (1997). *Finding flow: The psychology of engagement with everyday life*. New York: Basic Books.

d'Alfonso, A. A., van Honk, J., Hermans, E., Postma, A., & de Haan, E. H. (2000). Laterality effects in selective attention to threat after repetitive transcranial magnetic stimulation at the prefrontal cortex in female subjects. *Neuroscience Letters*, *280*(3), 195-198.

Damasio, A. R. (1996). The somatic marker hypothesis and the possible functions of the prefrontal cortex. *Philosophical Transactions of the Royal Society of London B: Biological Sciences*, *351*(1346), 1413-1420.

Frijda, N. H. (2009). On the nature and function of pleasure. In M. L. Kringelbach & K. C. Berridge (Eds.), *Pleasures of the brain* (pp. 99-112). New York: Oxford University Press.

Gross, J. J., & Barrett, L. F. (2011). Emotion generation and emotion regulation: One or two depends on your point of view. *Emotion Review*, *3*(1), 8-16.

Harlow, H. F., & Zimmerman, R. R. (1959). Affectional Response in the Infant Monkey. *Science*, *130*(3373), 421-431.

Haidt, J. (2006). *The happiness hypothesis: Finding modern truth in ancient wisdom.* New York: Basic Books.

Keltner, D., Oatley, K., & Jenkins, J. M. (2014) *Understanding emotions* (3rd Ed.). Hoboken, NJ: Wiley.

Kenrick, D. T., Griskevicius, V., Neuberg, S. L., & Schaller, M. (2010). Renovating the pyramid of needs contemporary extensions built upon ancient foundations. *Perspectives on Psychological Science*, *5*(3), 292-314.

Knobloch, S. (2003). Mood adjustment via mass communication. *Journal of Communication*, *53*(2), 233-250.

Knobloch, S. (2006). Mood management: Theory, evidence, and advancement. In J. Bryant & P. Vorder, *Psychology of entertainment* (pp. 239-254). Mahwah, NJ: Erlbaum

Knobloch, S., & Zillmann, D. (2002). Mood management via the digital jukebox. *Journal of Communication*, *52*(2), 351-366.

Kringelbach, M. L., & Berridge, K. C. (2009). Towards a functional neuroanatomy ofpleasure and happiness. *Trends in Cognitive Sciences*, *13*(11), 497-487.

Kringelbach, M. L., & Berridge, K. C. (2010). *Pleasures of the brain.* Oxford University Press, USA.

Leary, M. R., Tambor, E. S., Terdal, S. K., & Downs, D. L. (1995). Self-esteem as an interpersonal monitor: The sociometer hypothesis. *Journal of Personality and Social Psychology*, *68*(3), 518-530.

Maslow, A. H. (1943). A theory of human motivation. *Psychological Review*, *50*(4), 370-396.

Maslow, A. H. (1970). *Motivation and personality* (2nd Ed.). New York: Harper & Row.

Murphy, F. C., Nimmo-Smith, I. A. N., & Lawrence, A. D. (2003). Functional neuroanatomy of emotions: A meta-analysis. *Cognitive, Affective, & Behavioral Neuroscience, 3*(3), 207-233.

Öhman, A., & Mineka, S. (2001). Fears, phobias, and preparedness: Toward an evolved module of fear and fear learning. *Psychological Review, 108*(3), 483-522.

Peters, E. (2006). The functions of affect in the construction of preferences. In S. Lichtenstein & P. Slovic (Eds.), *The construction of preference* (pp. 454-463). New York: Cambridge University Press.

Rozin, P. (1999). Preadaptation and the puzzles and properties of pleasure. In D. Kahneman, E. Diener, & N. Schwarz (Eds.), *Well-being: The foundations of hedonic psychology* (pp. 109-133). New York: Russell Sage Foundation Publications.

Russell, J. A. (2003). Core affect and the psychological construction of emotion. *Psychological Review, 110*(1), 145-172.

Tiedens, L. Z. (2001). Anger and advancement versus sadness and subjugation: The effect of negative emotion expressions on social status conferral. *Journal of Personality and Social Psychology, 80*(1), 86-94.

Tooby, J., & Cosmides, L. (1990). The past explains the present: Emotional adaptations and the structure of ancestral environments. *Ethology and Sociobiology, 11*(4-5), 375-424.

Tracy, J. L., & Robins, R. W. (2007). Emerging insights into the nature and function of pride. *Current Directions in Psychological Science, 16*(3), 147-150.

3

취향사회학과 미디어/문화연구 이상길

1. 취향을 문제화하기

"당신이 무엇을 먹었는지 말해 달라. 그러면 당신이 어떤 사람인지 알려 주겠다. " 19세기 프랑스의 판사이자 미식가였던 브리야-사바랭 (J. A. Brillat-Savarin) 이 저서 〈미식예찬〉에 쓴 잠언이다. 이 말은 취향사회학 의 문제의식을 선명하게 요약한다. 취향이란 무엇인가? 취향이라는 동 전의 양면은 무엇이 아름답고 좋은 것인지를 판단하고 평가하는 능력 (ability), 그리고 그와 같은 특성을 구현하는 대상 — 예컨대, 예술작품 — 을 생산하거나 소비하는 기질 (propensity) 로 이루어진다 (Wacquant, 1993, p. 662).

유의해야 할 것은 근대 이후 취향이 개인의 정체성을 규정하는 핵심 요소로 떠올랐다는 사실이다. 사회학자 짐멜 (G. Simmel) 이 복식 (服飾) 의 역사적 변화를 사례로 예리하게 관찰한 것처럼, 서구의 개인주의는 취향의 분화와 궤를 같이하며 발전하였다. 그러한 경향은 산업 발달과 경제적 풍요에 따른 '소비사회'의 성장과 함께 더욱 심화되는 것처럼 보인다.

우리 사회에서도 취향은 점점 더 개인의 정체성을 정의하는 주 요인으로 받아들여지고 있다. 음식에서부터 패션, 소지품, 나아가 영화 관람이나 미술관 방문에 이르기까지 다양한 상품이나 서비스의 소비를 통해 자신의 취향을, 그리고 궁극적으로는 '자기 자신'을 표현하는 일이 누구에게나 자연스러운 일상으로 자리 잡았다. SNS 같은 온라인 공간은 이용자들이 각자 취향과 개성을 전시하는 수많은 이미지와 텍스트로 채워지고 있다.

한때 인터넷상의 유행어였던 "개취존"(개인의 취향을 존중해 주세요)이라는 말은 취향의 개인성에 대한 인정의 요구를 직접적으로 드러낸다. 그것은 특정한 취향에 대한 비판은 그러한 취향을 가진 개인의 정체성 자체에 대한 공격으로 여겨질 수 있으니 조심하라는 경고의 뉘앙스 또한 담고 있다. 도덕철학자 라 로슈푸코(La Rochefoucault)의 유명한 금언이 알려 주듯, 이제 "우리의 자존심은 의견에 대한 비판보다 취향에 대한 비판에서 더 큰 상처를 입는다".

이처럼 개인의 정체성을 규정하는 중요한 속성으로 여겨지는 취향이 사회과학적인 관심의 대상이 된 것은 그리 오랜 일이 아니다. 일찍이 중세 스콜라 철학자들은 "취향과 색깔에 대해서라면 논쟁하지 않는다"(gustibus et coloribus non est disputandum)고 말했다. 색깔의 존재에 어떤 이유가 없듯이, 개인의 취향 역시 정확한 의의나 합리적 근거를 찾을 수 없고, 그럴 필요도 없다는 뜻일 터이다. 물론 그렇다고 해서 실제로 취향에 관한 성찰의 전통이 없는 것은 아니다. 하지만 그것은 주로 철학과 미학, 문예비평의 맥락에서 나타났다.

서구 사상에서 플라톤 이래 흄, 칸트 등으로 이어지는 취향 논의의 유구한 역사에 견주면, 사회과학은 취향의 문제를 거의 무시했다고 해도 과언이 아니다. 신고전파 경제학이 소비행위를 결정하는 의미 있는 독립변인의 하나로 '선호'(preferences)를 고려하긴 했지만, 그것에 외생변수로서의 지위를 부여했을 뿐, 그 사회적 발생이나 구조, 변화를 연구해야 할 필요성은 제거했다(Wacquant, 1993, p. 632).

철학이나 미학, 문예비평, 신고전파 경제학과 같은 학문 전통은 취향을 순전히 개인적이고 내면적인 요소로 간주했다는 특징을 지닌다. 그런데 취향을 이처럼 자생적이며 본원적인 개인성의 표현으로 보지 않고 사회문화적 관점에서 파악하려는 시도가 1970년대 이후 사회학에 의해 본격적으로 이루어졌다. 취향 논의에서 철학과 문예비평의 독점을 깬 사회학은 취향에 대한 존재론적이고 본질주의적인 개념을 역사적이고 관계중심적인 개념으로 대체하였다. 그러한 시각에 따르면, 문명과 야만, 교양과 무교양, 좋은 취향과 나쁜 취향을 가르는 기준은 절대적인 것이 아니며, 사회집단들 간의 세력관계 속에서 상이한 형식 아래 출현하는 상대적이고 가변적인 것이다.

사회학은 또한 취향을 더 이상 개인성의 고유한 발현으로 보지 않고, 사회적 출신과 계급적 배경에 의해 결정되는 요인으로 다룬다. 말하자면, 취향은 개개인에게 체화된 집단 문화이자 미세한 차별의 권력이 작용하는 지점으로 여겨지는 것이다. 무엇보다도 사회학은 취향을 사회계층화(social stratification)의 역학과 연결 짓는 문제들을 발전시켰다. 특히 1980년대 이후 서구에서 본격적으로 성장한 문화사회학에서의 취향연구는 그러한 문제들을 정교화하는 데 크게 기여했다. 이 장에서는 그러한 취향사회학의 발전 과정과 학문적 성과를 검토하고, 그것이 미디어/문화연구에 어떤 함의를 지니는지 논의하고자 한다.

국내에서도 2000년대 이후 문화사회학의 발전과 더불어 취향연구가 활발해졌다. 음악과 공연, 영화 등을 중심으로 한 대중문화 소비가 그 대표적 연구대상 분야이다. 사실 취향사회학 연구는 요리, 인테리어, 패션 등 다양한 물질문화에서부터 미디어와 대중문화 소비, 예술과 고급문화의 향유, 정치적 의견 형성 등에 이르기까지 그 잠재적 대상영역이 매우 넓다. 그런데 그중에서도 대중문화 관련 연구가 많이 나오는 까닭은 그것이 현재 사회 구성원들의 일상적 문화소비에서 가장 큰 비중을 차지하는 한편, 빠르게 변화하는 문화 생산과 수용 환경 아래서 취향의 역동적 구조를 진단하기에 적절한 대상이기 때문일 것이다.

문화사회학에서 취향과 문화예술 소비에 대한 연구들이 많아지면서, 미디어/문화연구에서도 관련 작업들이 증가하는 경향이다. 특히 영화나 텔레비전, 인터넷 등의 미디어는 물론, 다양한 콘텐츠 소비를 분석하는 경우에도 취향사회학의 논의는 중요하고도 유용한 이론적 자원을 제공할 수 있다.

사실 미디어의 다채널화와 문화상품의 과잉생산이 확고한 추세로 자리 잡은 상황에서 취향사회학이 미디어/문화연구의 문제 설정과 개념 도구들의 구성에 이바지할 수 있는 가능성은 매우 큰 것으로 보인다. 미디어와 문화상품의 공급이 다양해지고 잠재적 소비의 범위가 넓어진 반면, 실제 사람들의 선택의 폭은 한정된 것으로 나타나기 때문이다. 아무리 이용할 수 있는 미디어가 많고 채널이 다양하며 콘텐츠가 풍부하다 하더라도, 사람들은 모든 상품을 소비할 수 없으며 실제로 그러려고 하지도 않는다.

역설적이지만 문화 생산과 공급이 급증할수록 사람들은 자신이 선호하는 문화상품의 유형과 장르를 제한적으로 구축하는 경향이 있으며, 이 과정에서 취향은 중요한 변수로 개입한다. 이러한 취향이 사회 집단, 계층별로 어떤 구조를 지니는지, 수용자들의 문화적 실천에 어떻게 관여하며, 어떤 효과를 낳는지 분석하는 작업은 새로운 미디어 환경에서 벌어질 사회적 변화를 이해하기 위해서도 의미 있는 과제가 아닐 수 없다. 따라서 우리는 먼저 서구에서 취향사회학이 어떠한 문제의식과 사회적 맥락을 바탕으로 발전했는지 정리하고, 그 주요 이론틀들을 비판적으로 검토한 다음, 그것이 미디어/문화연구에 어떤 식으로 적용 가능한지 실제 사례들을 중심으로 논의할 것이다.

2. 소비문화 연구의 발전과 취향사회학의 부상

취향에 대한 사회과학적 관심은 19세기 후반을 산 고전 사회학자들에게서부터 그 단초가 나타난다. 동일한 사회적 위신(honor)을 갖고 비슷한 생활양식(lifestyle)을 공유하는 지위집단에 대한 베버(M. Weber)의 개념화나 유행 현상에 대한 짐멜(G. Simmel)의 사회심리학적 분석이 대표적 사례일 것이다.

그중에서도 취향에 대한 사회학적 접근을 본격적으로 시도한 최초의 사회학자로는 흔히 소스타인 베블런(Th. Veblen)이 꼽힌다. 베블런은 19세기 말 미국 유한계급 행태에 대한 저서인 〈유한계급론〉(The theory of the leisure class, 1899)에서 취향 표현의 상징적 의미를 해석했다. 그는 경제적 부를 소유한 유한계급이 자기 지위를 드러낼 목적으로 '과시적 소비'를 수행한다고 보았다. 반세기 후 러셀 라인즈(R. Lynes)라는 미국 비평가는 〈취향제조자들〉(The tastemakers, 1954)이라는 책에서 엘리트, 부르주아, 대중이 갖는 고급(highbrow), 중급(middlebrow), 하급(low-brow) 취향을 분류하고, 층화된 선호체계 안에서 예술작품과 패션이 사회적 지위의 표식으로 받아들여지는 현상을 논의했다(Zolberg, 2015, p. 904).

하지만 취향에 대한 사회과학적 연구 관심이 본격적으로 발전하는 데에는 이러한 개별 학자나 지식인의 산발적인 기여를 넘어서, 소비에 대한 문화론적 접근의 정립이 중요한 역할을 했다. 흔히 '영광의 30년'이라고 일컫는, 제2차 세계대전 이후부터 1970년대 초반에 이르는 경제 호황기에 서구 사회는 전례 없는 물질적 풍요와 생활수준 향상을 경험했다. 사회과학자들이 소비 문제에 진지하게 주목하기 시작한 것도 이 무럽이었다.

영국 사회학자 알렌 워드에 따르면, 1960년대 후반 이래 소비에 대한 영미권의 사회과학적 연구는 몇몇 국면을 거치며 성장했다(Warde, 2014, pp. 281-284). 초창기 연구의 초점은 대량생산-대량소비의 경제체제와 그 재생산에 맞춰졌다. 사회학의 논의는 거시경제학과 비판적 정치경제학의 주제들로부터 나왔으며, 경제주의적 성격을 띠었다. 그 결과, 소비는 생산에 종속적 변수로 다루어졌고, 취향과 같은 문화적 현상은 산업 기구와 제도의 부산물로 여겨졌다. 사회학의 행위자 상(像) 또한 경제이론이나 다를 바 없이 '자주적 소비자'(sovereign consumer)라는 공리주의적 모델에 기초했다. 이 모델에서 개인은 상업적 압력에 의해 크게 영향을 받기는 해도, 자신의 선호에 대한 고려와 숙의를 통해 독립적으로 결정하는 소비자로 나타났다.

이러한 소비 연구의 새로운 출발은 1970년대 인문학과 사회과학에서의 문화적 전환(the cultural turn)과 함께 이루어졌다. 문화적 전환이란 사회적 실재의 구성에서 의미작용 체계와 문화적 과정이 수행하는 역할을 강조하면서, 문화 및 관련 개념들(상징, 의미, 인지, 정서 등)을 이론적·방법론적 논의의 중심에 놓은 지적 운동을 가리킨다. 그것은 역사학, 인류학, 정치학, 사회학 등 다양한 분과학문에 광범위한 영향을 미쳤으며, 영국에서는 문화연구의 제도화를, 그리고 미국에서는 문화사회학의 급속한 팽창을 가져왔다. 특히 소비연구에서의 문화적 전환은 경제주의적 관점을 기각하고, 문제의 초점을 소비의 도구적 차원으로부터 상징적 차원으로 옮겨 놓았다. 그에 따라 행위자 상 역시 '표현적 개인'(expressive individual)으로 이행했다.

새로운 시각의 소비사회학은 소비행위에 대한 도덕적 비난이라든지 경제 중심적 설명을 비판하면서, 소비행위가 갖는 고유한 사회문화적 의미와 효과를 발견하였다. 즉, 대량생산된 상품과 서비스에 대한 소비는 단순히 필요의 충족이라는 기능적 차원을 넘어서, 많은 사람들에게 자기표현과 사회관계를 위한 재료를 제공하고 문화적 경험을 확장한다는 것이다. 연구자들이 소비의 상징적이고 문화적인 차원에 주목하면서, 문화적 소비에 대한 관심 역시 커졌다. 매스미디어의 보급과 대중문화의 발전 역시 그러한 경향을 가속화했다.

이제 '소비문화'의 확산이라는 측면에서 전지구화와 일상의 미학화 및 상품화 같은 현상들이 다루어졌고, 개인적·집단적 취향이 갖는 중요성이 조명받기에 이르렀다. 특히 문화연구는 심층인터뷰나 현장기술지 같은 방법론을 바탕으로 미디어와 대중문화의 전유 과정에서 나타나는 소비자들의 취향과 스타일, 유희성, 하위문화 등을 집중적으로 탐구했다. 이때 소비는 개인과 집단이 다양한 사물과 표상, 실천들을 매개로 자기 정체성과 생활양식을 구축하고 상징적 보상을 얻으려 하는 행위로 여겨진다(Featherstone, 1991 참조).

넓게는 문화적 전환이, 그리고 좁게는 영미권의 문화연구와 문화사회학이 그 이론적 자원의 중요한 부분을 프랑스의 인문사회과학에서 가져왔다는 점을 잊지 말아야 한다(Cf. Neveu, 2008). 프랑스에서는 이미 1960년대부터 소비의 상징적·기호학적 차원에 주목하는 연구들이 활성화되었으며, 이는 특히 롤랑 바르트(R. Barthes)의 〈현대의 신화〉(*Mythologies*, 1957)와 〈유행의 체계〉(*Système de la mode*, 1967), 장 보드리야르(J. Baudrillard)의 〈사물의 체계〉(*Système des objets*, 1968)와 〈소비의 사회〉(*La société de consommation*, 1970) 같은 저작으로 그 성과를 드러냈다.

가장 결정적인 기여는 사회학자 피에르 부르디외(P. Bourdieu)에 의해 이루어졌다. 그는 1960~1970년대 프랑스에서 실시한 계급별 취향과 생활양식에 대한 광범위한 경험적 조사를 기초로 〈구별짓기〉(*La distinction*, 1979)를 저술했다. 문화와 권력의 관계를 사회학 연구의 전면으로 끌어낸 이 책은 취향에 대한 체계적 분석에 실질적 전기를 마련했다. 프랑스 사회의 구체적 사례를 중심으로 계급구조와 취향구조의 연관성, 그리고 그 정치적 효과를 정교하게 파헤쳤기 때문이다. 그것은 "취향의 과학에서 코페르니쿠스적 혁명을 수행했다"는 평가가 나올 만큼, 이론적으로나 경험적으로 소비, 취향, 문화에 관한 연구를 혁신했다(Wacquant, 1993, p. 663).

〈구별짓기〉가 취향연구에서 갖는 위상과 중요성을 감안해 책의 기본 논지를 좀더 자세히 살펴보자. 부르디외는 취향이 초기 사회화 과정과 학교 교육에 따라 형성되며, 사회적 존경이나 경멸을 불러일으키는 상징적 표지로 기능한다고 전제한다. 나아가 그는 취향이 어떻게 비슷한 계급의 사람들을 묶어 주는지, 또 반대로 어떻게 서로 다른 계급들을 불가피한 차이 속에서 자연스럽게 갈라놓는지 분석한다. 이러한 관점에서 부르디외는 취향과 지위, 그리고 상징적 경계짓기를 사회의 기존 계급 질서를 재생산하는 메커니즘과 관련지어 탐구한다. 이 과정에서 그는 두 가지 개념을 중요하게 내세운다.

하나는 개인의 지속적 성향체계로서 하비투스(*habitus*)이다. 부르디외에 의하면, 하비투스는 개인의 가정환경과 학교에서 이루어지는 교육과 사회화의 산물로서, 계급별로 차이를 보인다. 그것은 음식, 패션, 음악, 영화, 스포츠, 여행 등 다양하고 상이한 영역에서의 소비를 결정짓는 중추적 요인이다.

다른 하나는 문화자본(*cultural capital*)이다. 자본은 사회공간 안에서 로 경쟁하는 행위자들이 희소재 및 그와 관련된 이윤을 전유할 수 있는 능력을 가리키는데, 부르디외는 이를 크게 경제자본(*economic capital*)과 문화자본으로 구분한다. 그에 따르면, 문화자본은 책, 음반, 그림 등 각종 문화재화로 '대상화된 형태', 학위나 자격증 등으로 '제도화된 형태', 그리고 개인의 언어 역량이나 지식, 행동거지 등으로 '체화된 형태' 로 존재한다. 이 가운데 특히 개인에게 체화된 문화자본은 문화산물의 해독에 필요한 약호와 정보, 지식의 총체로서 일종의 인지적 범주라고 할 수 있는데, 이는 모든 문화적 실천에 영향을 미친다(Bourdieu & Wacquant, 2014, pp. 185-186).

하비투스와 문화자본은 거의 무의식적으로 일어나는 차별화된 행위, 이른바 '구별짓기'를 통해 나타난다. 즉, 개인은 특정한 문화산물과 문화적 실천에 대한 취향 혹은 혐오를 (반드시 남들을 의식해서가 아니라 자신의 몸에 밴 그대로) '자연스럽게' 드러냄으로써 자신의 정체성을 구축하고 이를 다른 사람들과 소통한다. 부르디외는 개인이 보유한 자본의 총량과 구성비(경제자본과 문화자본)를 기초로 부르주아, 프티부르주아, 민중계급을 분류하는데, 각 계급은 상이한 취향과 문화소비에서 비롯하는 생활양식을 가진다. 생활양식에서 기본적 대립선은 '접근이 어렵고 드물기 때문에' 사회적으로 우월한 것으로 규정된 문화재화 및 실천들과 '접근이 쉽고 흔하기 때문에' 통속적인 것으로 규정된 재화 및 실천들 사이에 그어진다. 전자가 경제자본과 문화자본이 풍부한 계급 분파에 특징적이라면, 후자는 두 자본 모두 빈약한 계급 분파에 특징적이다.

부르주아가 사회적으로 정당하고 탁월한 것으로 인식된 문화산물과 실천들을 마치 '문화적 귀족'처럼 편안하고 능숙하게 전유한다면, 프티

부르주아는 부르주아를 모방하기 위해 노력하는 '문화적 열의'를 드러내고, 민중계급은 '필요한 것에 대한 취향'만을 가지며 문화적 무능력과 무력감을 경험한다. 부르디외는 이러한 메커니즘 속에서 정치경제적 불평등이 사회집단들 간 선천적인 능력 차이에 따른 당연한 것인 양 받아들여지면서 부르주아 계급의 지배가 문화적 정당성을 확보한다고 주장한다(Bourdieu, 1979).

1984년 출간된 〈구별짓기〉 영역본은 당시 성장 중이던 영미권의 문화연구와 문화사회학에 큰 영향을 미쳤다. 이는 특히 문화연구보다 문화사회학에 두드러졌는데, 거기에는 여러 제도적·학문적 요인이 작용한 것으로 보인다(Cf. Neveu, 2008). 당시 '문화의 생산'(*production of culture*) 관점을 정립하며 활발한 연구를 벌이던 미국의 문화사회학자들은 부르디외의 논의를 비판적으로 수용하면서 상이한 국가적 맥락과 변화된 문화적 환경에 적합한 수정을 모색하였다.

영미권에서는 1990년대에 체계적이고 경험적인 소비사회학이 탄생했다. 문화적 전환의 원칙들이 그 연구프로그램에 뚜렷한 방향성을 부여했고, 그에 따라 취향과 문화소비에 대한 사회학적 작업 또한 활발했다. 베버와 베블런의 질문을 정교하게 계승한 부르디외의 문제틀은 그러한 연구들에게 많은 지지를 얻었고 강력한 흔적을 남겼다. 하지만 그렇다고 해서 문화연구자나 문화사회학자들 사이에 취향과 지위가 어떤 식으로 연관되며 어떤 사회적 효과를 발휘하는지에 대한 충분한 합의가 있는 것은 아니다.

부르디외의 이론적 모델에 대한 급진적 반론은 포스트모더니티(*post-modernity*)를 주창하는 연구자들로부터 나왔다. 이들은 우리가 살게 된 포스트모던(*postmodern*) 사회에서 문화적 불평등과 구별짓기가 완전히 사라지지는 않았지만, 근본적으로 불안정하고 유동적인 성격을 띠게 되었다고 주장한다. 그들에 의하면, 소비사회의 도래와 문화부문의 광범위한 산업화, 그리고 전지구화는 전통적으로 문화 엘리트들이 독점했던 미학적 가치와 규범들을 대체하는 다양한 판단 기준들의 공존을 낳았다. 그 결과, 다원주의와 상대주의가 일반화되었고, 계층 간 문화적 경계가 흐려졌으며, 문화적 지배는 과거에 비해 훨씬 약화되었다는 것이다. 계급, 직업, 학력 같은 범주가 개인의 생활양식을 규정하는 정도 역시 미약해졌다.

포스트모더니티를 강조하는 연구자들은 생활양식이 다른 사회경제적 요인들에 의해 결정되기보다 그 자체의 고유한 토대를 갖는 실재로서, 개인이 자기에 대해 스스로 정의하는 지속적 과정이라고 지적한다. 그들에 의하면, 개인은 이용 가능한 다양한 문화적 자원 가운데 자신이 선택한 방식들을 통해 생활양식을 구축하고 자기를 정체화(*identification*)한다. 개인은 더 이상 사회경제적 소속 범주에 의해 제약받기보다, 반성적이고 잠정적으로 스스로를 끊임없이 (재)규정해 간다는 것이다. 하지만 포스트모던 사회에서의 취향과 생활양식, 계층화 간의 탈구(*dislocation*)에 관한 이러한 논의는 경험적 검증이 부족하며 이데올로기적으로 과장되어 있다는 혐의를 받는다(Coulangeon, 2016, pp. 8-9; Featherstone, 1991 참조; Lash, 1990).

한편, 알렌 워드는 소비에 대한 문화론적 접근이 행위이론의 수준에서 취약성을 가진다고 지적한다. 그에 따르면, (아마도 부르디외 이론 같은) 중요한 예외들이 있기는 해도, 문화론적 접근의 '표현적 개인'은 일반적으로 자원주의적(*voluntarist*) 행위자 모델에 기초한다. 이 모델에서 개인은 자기 정체성과 생활양식을 구성하는 데 관심을 가진 적극적이고 표현적이며 성찰적인 소비자로 나타난다. 그의 소비행위를 추동하고 그 의미와 방향성을 부여하는 주요인은 의식적이고 의도적인 결정이다. 기본적으로 이 모델은 신고전파 경제학의 '자주적 소비자' 모델과 크게 다르지 않다. 개인은 다양하고 불연속적인 소비행위들을 수행하며, 이 때 자신의 선호를 충족하기 위해 숙의를 거친 독립적 결정을 내린다는 것이다. 이 과정에서 인구사회학적 특성, 소속집단 등과 같은 요인들의 영향력이 작용하긴 하지만, 이는 개인의 결정에 비하면 부차적인 것일 따름이다.

사실 포스트모던 사회의 소비문화에 대한 논의는 워드가 간파한 이러한 행위이론을 극단적으로 밀어붙인 판본이라 해도 과언이 아닐 것이다. 신자유주의 이데올로기는 개인의 자율성과 개인적 선택의 자유를 가정하는 자원주의적 행위이론의 무비판적 수용을 더욱 촉진한 것으로 보인다. 워드는 문화론적 접근의 행위자 모델이 가진 한계에 대한 인식과 개선이 향후 소비사회학 발전에 긴요한 과제라고 역설한다(Warde, 2014, p. 283-284).

3. 취향사회학의 주요 이론틀

영미권에서 취향사회학은 특히 1990년대 이후 많은 경험적 연구 성과들을 축적하며 체계적 발전을 이뤘다. 그러한 발전에 원동력을 제공한 주요 이론틀을 꼽자면 크게 '구조적 상동성'(*structural homology*) 론과 '옴니보어-유니보어'(*omnivore-univore*) 론을 들 수 있을 것이다.[1] 이 모델들은 다양한 검증과정을 거치면서 지지되거나 반박 받는 등, 이론적·경험적 논쟁의 대상이 되고 있다. 또한 그것들의 한계와 문제점을 비판하며 새로운 이론틀을 모색하는 작업들 역시 조금씩 나오고 있다.

1) 부르디외와 '구조적 상동성'론

구조적 상동성론(이하 '상동성론'으로도 표기) 은 부르디외가 〈구별짓기〉에서 발전시킨 분석을 모델화한 것이다. 20세기 중반 프랑스 사회의 계급문화에 대한 방대한 양적·질적 분석을 통해 부르디외는 사회적 위치 공간과 생활양식 공간의 조응, 문화재화의 위계와 계급취향의 위계 간의 조응을 구축했다. 그에 따르면, 개인은 사회공간 안에서 자본의 양과 구조로 결정되는 계급 위치에 놓이며, 그 위치에 상응하는 성향과 능력을 가진다. 그가 지닌 하비투스와 (경제·문화) 자본은 그의 문화적 취

---

1 구조적 상동성론은 '구별짓기론', '문화자본론', '문화적 정당성 이론' 등으로, 옴니보어 -유니보어론 역시 '문화적 절충주의론' 등으로 다양하게 불린다. 그런데 이 글에서 다른 명칭들에 비해 구조적 상동성론과 옴니보어-유니보어론이 가장 적절하다고 판단한 이유는 그것들이 두 이론의 상호관계 속에서 서로 대비되는 논점을 명확히 부각해 준다고 보았기 때문이다.

향과 실천, 나아가 생활양식 전반을 조건 짓는다. 사회적 위치로서의 계급은 생활양식의 차이를 낳는 유일한 요인은 아닐지라도, 통계적으로 가장 강력한 결정요인이다.

부르디외가 보기에, 이러한 위치공간과 생활양식 공간은 그 구조상 (일정한 차이에도 불구하고) 강한 유사성을 띤다. 분화된 계급 분파들에 조응하는 차별적 생활양식들이 존재한다는 것이다. 개인은 자신의 계급 조건과 연계된 선호체계를 가지며 그것을 매개로 형성된 생활양식에 애착을 느끼는 반면, 다른 계급 구성원들의 선호체계와 생활양식에 대해서는 배타성이나 혐오감을 드러낸다. 그리하여 예컨대, 부르주아 계급은 문화적 차원에서 이른바 '고급예술'을 향유하는 동시에 대중문화를 거부하고 평가 절하한다.

부르디외가 보기에, 위치공간과 생활양식 공간(혹은 취향공간)은 모두 통일적이며 위계적이다. 이는 달리 말하면, 각 계급 분파와 생활양식이 다른 것들과의 불평등한 관계 속에서 그 의미와 가치를 상대적으로 부여받는다는 뜻이다. 예를 들면, 자본의 총량은 많지만 그 구조상 경제자본보다 문화자본의 비중이 큰 지식인층은 총량이 많으면서도 경제자본의 비중이 큰 경영자층보다는 열등한 사회적 위치에 있으며, 아예 총량이 절대적으로 적은 농민층보다는 우월한 위치에 있다. 마찬가지로, 지식인층의 생활양식은 경영자층보다는 열등하지만 농민층보다는 우월한 것으로 여겨진다. 이는 이를테면, 지식인들의 취향이 농민들의 그것에 비교해 더 뛰어난 것으로 모든 사회구성원들에게 받아들여진다는 말이다.

이 과정에서 작동하는 것은 바로 문화적 정당성의 원리이다. 사회구성원들은 어떤 문화적 취향이나 재화, 실천이 더 정당한 것인지에 대한 관점을 내면화하고 있다. 이는 특히 교육제도를 통해 전수되고 공유되는 것이다. 그런데 부르디외에 따르면, 그러한 정당성에 대한 인식은 지배계급에 의해 부과된 자의적 관념체계에 불과하다. 부르주아가 선호하는 오페라는 민중계급이 선호하는 트로트에 비해 더 큰 문화적 가치를 지니는 것으로 간주되지만, 여기에는 관계의 전도가 있다. 즉, 오페라가 내재적으로 더욱 탁월하기 때문에 부르주아가 그것을 선호하는 것이 아니라, 부르주아가 선호한다는 바로 그 이유로 인해 트로트에 비해 문화적으로 더 탁월하다고 여겨지는 것이다.

문화적 정당성의 원리 위에서 위치공간과 생활양식 공간의 구조적 상동성은 문화적 지배 효과를 발생시키며 불평등한 정치경제적 권력관계의 재생산에 기여한다. 지배계급의 생활양식은 그 집단이 갖춘 자격과 능력을 다른 계급들에게 확인시켜 주며, 때로는 모방 행동들을 촉발함으로써 문화적 헤게모니를 과시한다.

이처럼 부르디외가 〈구별짓기〉에서 정교화한 계급별 취향과 문화소비에 대한 분석은 '구별짓기', '하비투스', '문화자본', '문화적 정당성' 등 여러 핵심어를 담고 있다. 그런데 그것을 하필 구조적 상동성론으로 요약하는 것은 그 연구가 '계급 범주에 의한 취향과 문화소비의 결정', 그리고 '지배계급-고급예술', '중간계급-중간예술/대중문화', '민중계급-대중문화/민중문화'의 선호 및 소비라는 경험적 가설을 제시한다는 데 초점을 맞추는 것이다.

〈구별짓기〉 이래 그 문제의식을 이어받아 많은 학자들이 실증 연구를 수행했다. 그들은 부르디외의 이론틀이 가지는 일정한 타당성과 생산성을 부정하지 않으면서도, 구조적 상동성의 가정과 관련해 상이한 국가적 맥락과 역사적 변화를 고려한 수정이 필요하다는 점을 확인하였다.

우선 오늘날 적지 않은 서구 사회들에서 동일한 생활조건에 의해 통합되고 장기적으로 재생산되는 동질적 집합체로서 계급을 개념화하기 어려워졌다는 것이다. 제3부문이라든지 IT산업 등의 팽창에 따라 성격규정이 모호한 새로운 직종들이 증가했고, 임금 수준과 무관하게 고용형태가 복잡해졌으며, 개인의 직업적 궤적이 다층성을 띠게 되었다. 게다가 개인의 정체성 주장 역시 전통적 계급이나 직업 범주를 넘어서 성, 연령, 세대, 인종 등을 축으로 다원화되었다.

이러한 변화들은 계급 위치를 사회 분화와 위계화의 근간으로 삼는 일을 훨씬 까다롭게 만든다. 예컨대, 서구에서의 몇몇 조사에 따르면, 독서나 고급문화의 수용에는 여성이, 스포츠의 수용에는 남성이 훨씬 더 활발하게 참여하는 것으로 나타난다. 문학이나 음악, 영화의 하위 장르 소비에서도 이러한 성차는 분명히 드러난다. 여성이 로맨스소설과 발라드, 멜로영화를 선호한다면, 남성은 범죄소설과 록, 모험영화를 선호하는 식이다. 그 결과, 상당수 연구자들은 성이나 연령, 세대, 인종처럼 부르디외가 부차적인 것으로 다루었던 변인들의 가치를 부각하면서, 사회적 위치공간과 문화적 생활양식 공간의 상동성 문제를 재고한다(Bryson, 1996, 1997; Coulangeon, 2003; Donnat, 1999, 2011; Guy, 2000; Katz-Gerro, 2002; Katz-Gerro & Sullivan, 2010).

문화 생산과 소비 영역에서의 변동 또한 구조적 상동성의 가정을 위협하는 주 요인으로 꼽힌다(Coulangeon & Lemel, 2007; Bennett et al., 2008; Glevarec & Pinet, 2010; Goldberg, 2011; Gripsrud & Hallvard, 2011). 고급문화와 대중문화 간 경계가 흐려지는 한편, 문화장르들 간 혼종성(混種性)이 심해졌다. TV채널, 인터넷, 페스티벌 등 문화에 대한 접근 양식이 간편해지고 다양해졌다. 디지털 미디어의 발달과 보급은 많은 사람들에게 일상생활에서의 활발한 문화소비 여건을 마련해 주었다. '디지털 네이티브'에 가까운 청년세대는 더 이상 전통적 고급문화에 대해 큰 관심을 기울이지 않는 것처럼 보인다. 상동성론이 문화적 취향과 실천의 통일적 원리로 상정하는 하비투스 개념 역시 비판으로부터 자유롭지 않다. 한 개인이 일관적이고 안정적이며 지속적인 하비투스를 유지하기에는 현재의 사회 환경이 여러모로 유리하지 않다는 것이다 (Lahire, 2003, 2013).

전통적 가족구조는 해체 와중에 있고, 개인의 생애주기에서 사회적·지리적 이동성 또한 크게 증가했다. 교육제도 내에서 이루어지는 학습의 비중은 상대적으로 감소하는 반면, 온/오프라인의 미디어와 대인 네트워크를 통한 사회화의 역할은 엄청나게 커졌다. 개인이 일생 동안 복수의 직업 경험을 해야 하는 처지에 놓이면서 끊임없는 재교육, 재사회화의 요구와 압박이 강해졌다. 전지구화로 인한 다문화 상황은 차이에 대한 관용과 문화적 상대주의, 코스모폴리터니즘과 같은 규범들을 확산시켰다. 이 모든 변화는 오늘날 동일한 개인이 이질적이고 때로는 모순적인 사유 및 행동도식들을 가질 수 있는 개연성을 높여 놓았다. 더욱이 그 도식들은 급변하는 환경에 맞춰 변모하고 진화할 수 있을 것이다.

2) 피터슨과 '옴니보어-유니보어'론

구조적 상동성론은 경제자본과 문화자본을 기초로 사회계급을 구분하고, 상이한 계급위치에 있는 개인들이 통일적이며 안정적인 하비투스를 매개로 서로 차별적이면서도 일정하게 배타적인 생활양식을 구축하는 모델을 제시했다. 하지만 사회공간과 생활양식이 예전에 비해 훨씬 복잡해졌으며, 개인의 취향과 문화소비 역시 다원성과 유동성이 커졌다는 것이 비판론자들의 주된 논지인 셈이다.

그 가운데 사회학자 리처드 피터슨(R. Peterson)은 상동성론에 대한 비판적 문제의식을 정교하게 이론화해 대안적인 연구 모델을 제출했다. 그것이 바로 옴니보어-유니보어론(이하 '옴니보어론'으로도 표기)이다. 이 이론은 피터슨이 수행한 두 편의 경험 연구를 기반으로 삼는다 (Peterson & Simkus, 1992; Peterson & Kern, 1996). 피터슨은 1992년 심커스와의 공동 논문에서 '고급' 음악 장르 애호가들이 배타적 스놉 (snob)이기보다는 '중급'과 '하급' 장르 또한 폭넓게 감상한다고 지적하였다. 상류층의 이 애호가들은 물론 중류층이나 하류층에 비해 클래식과 오페라에 한층 더 친숙하지만, 실제로 선호의 절충주의(eclecticism)가 뚜렷하다는 것이다. 이는 미국인들의 음악취향에 대한 1982년의 전국 통계조사 결과를 토대로 한 분석이었다.

몇 년 뒤인 1996년, 피터슨은 컨과의 공동 논문에서 1982년 자료와 1992년 자료에 대한 비교 분석을 통해 모든 연령대의 고급문화 애호가 들이 10년 사이에 훨씬 더 '잡식성'으로 변화했다고 주장하였다. 사회적 위계의 상층부에 위치한 집단들은 이제 고급문화의 배타적 소비에 의해 서가 아니라, 다원적이고 절충적인 '잡식성'의 취향에 의해 구별지어진 다는 것이다. 피터슨과 컨은 이처럼 미국 엘리트층의 문화취향이 '스놉 적 배제'(snobbish exclusion)로부터 '옴니보어적 향유'(omnivorous appropriation)로 변모한 데에는 '사회구조적 변화', '가치의 변화', '예술세계 의 변동', '세대교체에 영향을 받은 지위집단 정치' 같은 요인들이 작용 했을 것으로 추정하였다.[2]

피터슨은 이처럼 미국 사회의 새로운 엘리트와 상류층에게 나타나는 문화적 레퍼토리상의 절충주의 내지 잡식성(*omnivorism*)을 발견하고, 이와 같은 연구결과를 프랑스와 미국의 국가적 차이뿐만 아니라, 20세기 후반의 사회문화적 역동성과 연결지었다. 그는 엘리트와 상류층의 구별짓기를 더 이상 '문화적 정당성'이 아닌, '실천과 취향의 다양성'이라는 각도에서 접근한다. 사회구조와 문화영역에서의 심층적 변화와 더불어 상층계급은 문화적 스노비즘 내지 금욕주의로부터 다원주의와 절

---

2 피터슨의 작업과 그에 기초한 옴니보어 가설에 대해 캐나다 사회학자 벨라방스 등은 연구 설계와 그 결과 해석에 대한 몇 가지 비판을 제기했다(Bellavance, Valex, & de Verdalle, 2006). 먼저 연구 설계와 관련된 문제점들이다. 첫째, 고급문화는 훨씬 동시대적이고 차별적인 엘리트 음악 장르들이 있음에도 불구하고, 아주 고전적인 음악 장르들(클래식, 오페라)로 정의되었다. 둘째, 경계가 모호한 '고급문화', '중급문화', '하급문화'의 세 범주는 각각 2개, 3개, 5개의 장르를 포함했다. 따라서 고급문화 애호가들로서는 다른 범주의 장르들까지 선택하기 더 쉬운 조건이었다고도 볼 수 있다. 셋째, 조사 대상을 음악에 한정함으로써 주장의 타당성을 확대 적용하기 어려운 면이 있다. 넷째, '공표된 선호'로서의 취향만을 분석함으로써 그것이 문화적 능력(하비투스와 문화자본), 소비 실천과 맺는 복잡한 관계는 고려되지 않았다.

다음으로 결과 해석상의 문제점들이다. 첫째, 상류층에서의 취향의 다원성은 구성원들 개개인의 취향 변화 때문이라기보다, 그 계층의 구성원들 자체가 사회문화적으로 다양해지고 있는 데서 기인했을 수 있다. 물론 두 가지 요인이 동시에 작용하고 있다는 해석도 가능하다. 둘째, 상류층의 문화적 레퍼토리에서 다양성과 비일관성은 언제나 있어 왔으나 예전에는 너무 경직된 모델이 그것을 보지 못하도록 방해했을 수도 있다. 셋째, '고급'/'하급'의 장르 구분이 개인적인 취향의 개방성 정도를 측정하는 기준으로 충분한 타당성이 있는지 재고할 필요가 있다. '전통적인'/'동시대적인' 같은 다른 기준들을 도입하면 결과가 달라질 수도 있다. 넷째, 상류층의 '잡식성'은 음악이나 영화 같은 특정 문화장르에 한정된 특성일 수도 있다. 다섯째, 상류층의 문화적 절충주의가 피상적인 지식, 혹은 딜레탕티즘의 일종일 수 있다. 여섯째, 하위 장르들의 다양성과 문화적 위계 내에서의 위치에 따라 특정한 계층의 문화적 레퍼토리를 범주화하는 작업은 장르들 간 명확한 경계 구획과 정당성 정도의 규정이 실제로는 매우 어렵고 자의적일 수 있다는 사실을 감춘다.

충주의로 이행했다는 것이다. 피터슨의 모델에 따르면, 상층계급 구성원들은 취향과 문화소비에서 고급예술로부터 대중오락에 이르는 다양하고 광범위한 레퍼토리를 포괄한다(옴니보어). 반면, 하층계급 구성원들은 문화적 선호와 실천에서 대중문화 중심의 상대적 배타성과 제한적 레퍼토리를 나타낸다(유니보어). 달리 말하면, 상층계급에의 소속 여부는 정당성 수준이 다른 여러 문화활동 장르(문학, 음악, 영화, 텔레비전, 스포츠, 여행 등) 간, 그리고 한 장르 내의 하위 장르(클래식, 오페라, 록, 힙합, 포크 등) 간 경계를 위반하고 포용할 수 있는 개인의 특별한 적성을 통해 드러나는 셈이다(Peterson, 1992, 1997, 2004 참조).

옴니보어-유니보어론은 지난 20여 년간 세계 각국에서 이루어진 취향과 문화적 실천 관련 경험적 연구작업에 지대한 영향을 끼쳤다. 수많은 계량적 조사 연구들이 그 가정(假定)의 타당성과 일반화 가능성을 지지했다.

프랑스 사회학자 필립 쿨랑종은 옴니보어-유니보어 가정을 대체로 세 가지 관점에서 이해할 수 있다고 지적한다(Coulangeon, 2004, pp. 65-67). 첫째, 공리주의적(utilitarian) 관점에 의하면, 문화적 잡식성은 상류층이 희소성의 제약 아래 상징적 자원을 최대화하려는 노력에서 비롯한다. 상동성론이 암묵적으로 대체논리 — 정당한 고급문화 취향은 상업적·민중적 취향을 배제한다 — 를 전제하는 데 반해, 옴니보어론은 시간에 따른 실천들의 축적논리 — 고급문화 취향만으로 구별짓기가 어려워지면서 정당성이 약한 다른 취향들을 더해 간다 — 를 제안한다.

둘째, 구조적(structural) 관점에 의하면, 잡식성은 개인 관계망의 확장과 구성의 효과라 할 수 있다. 사실 북미권에서는 이미 1980년대 말 고학력 엘리트 집단이 고급문화에 대한 친숙성보다는 문화적 실천의 다양성에 의해 특징지어진다는 지적이 나왔다. 사회학자 폴 디마지오는 그러한 현상은 개인들이 점점 더 다양한 사회적 네트워크 안에 편입되는 데서 기인한다고 주장했다(DiMaggio, 1987). 같은 맥락에서 옴니보어론의 지지자들은 문화적 취향과 실천의 절충주의가 대인 관계의 폭과 다양성에 의해 조건지어진다고 주장한다. 다른 사람들과 더 많이 다양하게 접촉할수록, 개인은 상호작용에서 광범위한 문화적 레퍼토리를 접하며 또 스스로 동원해야 한다. 그런데 사회적 행위자가 일반적으로 자신을 기준으로 높은 지위의 사람들보다는 낮은 지위의 사람들과 더욱 많은 상호작용을 한다는 원리에 따라, 네트워크의 폭과 다양성은 지위가 올라갈수록 증가하는 경향이 있다. 그 결과, 상층계급이 하층계급에 비해 한층 포괄적인 취향을 가지게 된다는 것이다.

셋째, 사회적 위치가 특정한 문화적 성향을 생성한다고 보는 성향주의적(*dispositionalist*) 관점은 잡식성이 사회적으로 구성되고 전수되는 상층계급의 미학적 관용 성향을 드러낸다고 주장한다. 교육수준과 정치적·도덕적 관용 사이에 밀접한 상관관계가 있듯이, 상층계급을 특징짓는 문화자본이 고급예술에 대한 배타적 선호보다는 차이와 혁신에 대한 포용과 적응 능력으로 나타난다는 것이다.

사실 옴니보어론이 부르디외가 〈구별짓기〉에서 제시한 분석들을 근본적으로 반박한다고는 보기 어렵다. 일단 그것은 '구별짓기의 문제틀'을 그대로 깔고 있다. 옴니보어론은 문화적 실천이 계급관계 속에서 차별적 이윤을 생산하며, 하층계급의 문화적 실천은 그 양과 다양성 면에서 빈약하다고 진단한다. 물론 옴니보어론은 특정한 계급과 특정한 문화산물의 연계성이 점점 불안정해지고 있다는 점을 지적한다. 이른바 '구조적 상동성'이 흔들리고 있다는 뜻이다. 하지만 그것이 곧 사회집단

간 상징적 경계 자체가 약화되고 있다는 말은 아니다. 옴니보어론은 차별화의 거점으로 작용하는 대상(정당성이 약한 문화산물들을 포함)과 태도 내지 실천방식(배제적 소비가 아닌 포용적 소비)이 변화했다고 강조할 뿐, 상징적 권위를 향한 계급 간 경쟁은 상존한다고 전제하는 것이다. 그렇다면 이는 부르디외 논의의 연속선상에 있다고도 할 수 있다. 부르디외의 시각에서 문화소비는 정태적인 현상이 아니라, 행위자들의 끊임없는 경쟁과 차별화 추구 속에서 이루어지는 역동적인 과정이기 때문이다. 그는 특히 지식인층이 대중문화 산물을 지적으로 재(再)전유함으로써 구별짓기를 수행하고, 이는 소비 대상과 방식의 다양화를 낳으며 문화적 경계를 지속적으로 재구성한다고 지적하였다.

옴니보어의 출현에 대한 공리주의적, 구조적, 성향주의적 관점의 해석들 역시 반드시 상호 배제적이지도, 부르디외의 논의와 심각하게 모순되지도 않는다. 그래서인지 다수의 프랑스 학자들은 옴니보어론이 상동성론을 엄밀한 의미에서 기각하기보다 그것을 보완한다고 주장한다 (Coulangeon, 2016; Fabiani, 2013; Granjon & Bergé, 2005; Lahire, 2004).

3) 이후의 논의들: '구별짓기의 변형'과 '문화적 부조화'

쿨랑종은 부르디외 사회학의 틀 안에 옴니보어론을 적극적으로 통합하고자 시도하는 대표적인 연구자이다. 그에 따르면, 구별짓기의 모델은 여전히 유효하며, 다만 문화생산 장의 분화로 인해 차별성 확보의 방법이 불확실해진 상황에서 그것이 나타나는 형식이 변화했을 따름이다 (Coulangeon, 2003, 2004, 2011; Coulangeon & Lemel, 2007). 오늘날 구별짓기는 고급문화의 전유 능력에 있다기보다는, '깨어 있는 절충주의'의 역량에 있다. 절충주의는 계급, 세대, 인종 등의 상징적 경계에 대한 위반과 미학적 관용에 기초한 새로운 유형의 문화적 정당성을 표상한다. 그렇다면 현재 존재하는 문화적 불평등은 더 이상 '고급문화에 대한 거리'에 의해서가 아니라, '다양성의 리스크에 대한 통제력'에 의해서 측정 가능하다. 대부분의 경우 열악한 여건으로 인해 어쩔 수 없이 주어지는 하층계급의 편식성과는 대조적으로, 상층계급 구성원들은 다양한 문화 장르를 향유함으로써 잡식성을 과시한다.

그러한 잡식성은 정당한 실천들로 이루어진 그들의 문화적 레퍼토리에 정당성이 약한 실천들을 일부 추가하고 복권시키는 식으로 나타난다. 그것은 예컨대, 대중문화 장르들의 소비와 같은 '적절한 외도'를 감행하고 거기에 새로운 상징적 가치를 성공적으로 부여함으로써 완수된다. 잡식성은 문화자본의 양과 사회자본의 구성에 따라 불평등하게 분포되어 있는 능력이다. 쿨랑종에 따르면, 이제 문화적 지배는 계급 간 동원 가능한 문화적 레퍼토리의 유연성 정도의 차이, 그리고 적절한 동원 맥락의 구성 능력의 차이에 기초한다.

또 다른 프랑스 사회학자 베르나르 라이르는 그의 저작 〈개인들의 문화〉(*La culture des individus*, 2004)에서 부르디외와 피터슨의 논의를 비판적으로 계승하면서 '문화적 부조화'(*cultural dissonance*)라는 대안적 모델을 제안한다(Lahire, 2004, 2008). 그 모델은 프랑스인들의 문화적 실천에 관한 1997년 전국 통계조사 결과와 라이르가 개인적으로 수행한 100여 건 이상의 심층인터뷰 자료에 대한 분석을 근간으로 한다.

우선 라이르는 1997년의 통계조사 자료에서 문화적 정당성이 강한 고급예술이나 정당성이 약한 대중오락 어느 한쪽만을 선호하는 프랑스인은 소수에 불과하고, 80% 가까운 절대 다수는 정당성이 상이한 장르와 실천들에 모두 취향을 가진다고 응답했다는 사실에 주목한다. 즉, 계급을 넘어서 문화적 부조화 현상이 광범위하게 나타나는 것이다. 동일한 개인이 어떤 문화 영역에서는 정당성이 아주 높은 대상을 선호하는 반면, 또 다른 영역에서는 그렇지 않은 대상을 선호하는 식이다.

나아가 라이르는 문화적 정당성의 정도에 따른 취향과 소비 대상의 구분이 동일한 개인 안에서 상이하고 부조화한 실천들을 분리시킨다고 주장한다. 즉, '정당한 문화'가 가지는 분류화의 기능은 계급이나 집단의 수준 못지않게 개인 내적인 수준에서 '자기 구별짓기'(self-distinction)를 위해 작동한다. 개인은 '자기에 대한 자기'의 관계 속에서 '진지한' 문화적 취향과 실천들 — 이를테면, 고전소설 읽기, 클래식음악 감상, 연극 관람 등 — 을 인정하고 또 수행한다. 그것들을 통해 그는 문화적으로 '수준 낮은 자기'에 대한 '수준 높은 자기'의 지배를 주관적으로 확인하고 스스로를 고양시킨다. 이는 '타자에 대한 지배'로 이어질 수 있는 '자기 자신의 지배'이기도 하다(이상길, 2014 참조).

라이르는 이처럼 문화적 취향과 실천에서의 개인 내적인 변이 양상들(intra-individual variations)에 관심을 기울이며, 그 사회학적 메커니즘을 탐색한다. 그에 따르면, 문화적 부조화는 한편으로는 개인이 체화한 성향과 능력 체계의 다원성, 그리고 다른 한편으로는 그가 직면한 사회적 맥락들의 다원성 — 예를 들어, 학교 수업에서는 고전문화에 대한 지식이 유용하지만, 친구들과의 일상적인 대화를 위해서는 대중문화가 효과적인 사교 수단을 제공한다 — 이 상호작용하면서 빚어진 산물이다. 전자의 경우, 가족과 학교 이외의 여러 미디어, 소집단 등 사회화 기구들이 다양해지고 서로 경쟁이 심해지면서 사회화 경험 역시 다층적이고 탈

중심적으로 이루어지는 데서 비롯한다. 라이르는 문화적 프로필의 부조화에 특히 연령효과가 큰 영향을 미친다고 지적한다.

구체적으로 개인이 나이를 먹을수록 프로필의 응집성은 강해지는 경향이 있다. 그리하여 성향과 능력 체계의 유연성과 불안정성이 가장 큰 청소년기에는 문화적 절충주의와 부조화가 극대화될 가능성이 높다. 또 성향과 능력 체계의 경직성이 커지고 활동 맥락의 다원성은 감소하는 장년기에는 문화적 조화와 응집성이 강화될 개연성이 높다. 이러한 연령효과는 일정 부분 학습효과라는 측면도 있지만, 세대효과의 측면 역시 무시할 수 없다.

즉, 20세기 후반 이래 각종 미디어와 문화산업의 급속한 성장으로 문화산물들은 과잉공급 상태에 이르렀고, 예전에 비하면 접근과 소비가 훨씬 더 쉬워졌다. 문화영역은 특수하고 국지적인 역량이 요구되는 다수의 하위공간들로 파편화되었다. 과학기술에 대한 사회적 관심이 높아지고 인문학의 가치가 상대적으로 떨어지면서 고전적 교양과 문화예술의 중요성에 대한 사회적 믿음 역시 약해졌다. 문화적 정당성을 부여하는 기구로서 학교의 독점적인 영향력은 미디어들에 의해 상대화되었고, 그와 함께 문화적 위계 역시 다원화되었다. 라이르는 이처럼 과거와 현격히 달라진 문화 환경과 사회화 조건들이 문화적 부조화 현상의 범위와 지속성을 한층 강화할 것으로 전망하며, 개인 내적인 수준에서 그 의미와 효과를 탐구해야 할 필요성이 있다고 역설한다.

4. 취향과 미디어 문화

서구에서 취향사회학은 1990년대 이후 구조적 상동성론에 대한 옴니보어론의 비판을 계기로 새로운 발전 국면을 맞았다. 여러 국가에서 상동성론과 옴니보어론에 대한 검증 연구들이 다양하게 이루어졌고, 이론적 논쟁 또한 활발하게 벌어졌다. [3] 그런데 그러한 연구들은 주로 음악 장르 등을 중심으로 한 문화예술 소비에 관심을 쏟았으며, 상대적으로 미디어와 대중문화 소비에 대해서는 경시하는 경향이 있었다. 2000년대 들어 그와 같은 상황은 점차 개선되는 것으로 보인다(Cf. Bennett, 2006; Konig et al., 2009; Kraaykamp et al., 2007; Kuipers, 2006; Lizardo & Skiles, 2009).

국내에서는 2000년대 이후 문화사회학의 제도화와 더불어 취향과 문화소비 관련 연구작업들이 꾸준히 진행 중이다. 사회학계에서는 서구에서와 마찬가지로 전반적인 문화예술과 음악 장르의 소비에 초점을 맞춘 연구들이 주로 나오고 있다(한신갑·박근영, 2007; 한준·한신갑·신동엽·구자숙, 2007). 커뮤니케이션 학계에서는 문화예술 소비에 더해 텔레비전, 블로그 등의 미디어 이용에까지 그 연구 대상의 범위를 조금씩 확장하고 있다. 두 학계에서 공통적으로 많이 분석한 연구 대상은 가장 대중적인 문화상품이자 전통적 영상미디어라 할 수 있는 영화에 대한 한국인들의 취향이다. 취향사회학과 미디어/문화연구의 접합 가능성을 구

---

3 사회학, 커뮤니케이션학, 심리학, 경제학 등의 학제적 접근을 도모하는 국제학술지 〈포에틱스〉(*Poetics*)는 문화예술 취향 및 소비 관련 연구들의 중요한 발표의 장을 제공하고 있다.

체적으로 가늠해 볼 수 있도록 국내·외에서 이루어진 몇 가지 실제 연구사례들을 들어 보자면 다음과 같다.

먼저 전범수와 이상길(2004)의 연구는 국내에서 옴니보어론의 경험적 검증을 최초로 시도한 작업으로 꼽힌다. 연구자들은 2002년의 "전국영화소비 행태조사" 자료에 대한 이차분석을 통해 경제자본과 문화자본이 많은 집단은 그렇지 않은 집단에 비해 영화 장르들의 소비 패턴이 더욱 분화되어 있음을 밝혀냈다. 그들은 이것이 피터슨의 가정을 논리적으로 지지하는 결과라고 주장하였다.

이호영과 장미혜(2008)의 연구는 구조적 상동성론이 영화 분야에서 경험적으로 입증될 수 있는지 살펴본 것이다. 연구자들은 2006년에 실시한 서울지역 만 15세 이상 50세 미만 인구 1,001명에 대한 면접설문조사를 분석하였다. 그 결과, 문화자본의 양이 많은 사람들일수록 다양한 영화 장르를 선호하는 관용적 태도를 나타내지만, 동시에 고급문화관람 경험이 많은 사람들의 경우에는 특정한 영화 장르들에 대해 배타적태도를 취하는 것으로 드러났다. 연구자들은 이러한 결과에 기초해 옴니보어-유니보어 가설이 상동성 가설을 대체하는 것으로 이해하기보다는 오히려 보완하는 것으로 받아들여야 한다고 주장했다. 즉, 옴니보어가설이 지지된다고 해서 상동성 가설이 자동적으로 기각되지는 않는다는 것이다.

권혜원·이명진·최샛별(2011)은 영화 취향의 구조를 통해 한국사회의 상징적 배제의 모습을 탐색하였다. 그들은 2010년 서울·경기지역에서 이루어진 만 19세 이상 인구 705명에 대한 면접 설문조사를 분석하였다. 연구결과에 따르면, 상층계급일수록 선호하는 영화 장르의 수가많고 영화 관람 양도 많은 옴니보어적 속성을 나타낸 반면, 고령자, 저소득자, 저학력자일수록 선호하는 영화 장르의 수가 적고, 혐오하는 영화 장르는 많은 것으로 드러났다. 또한 연령이 낮고 교육수준이 높은 집단일수록, 그리고 상층계급일수록 영화 관람 양이 증가하는 경향을 보였다. 한편 고급예술에 대한 친숙성이 큰 사람들일수록 외국영화와 예술영화를 더 많이 관람하는 것으로 나타났다. 연구자들은 이처럼 계층별로 상이한 영화 취향이 우리 사회의 상징적 배제를 드러내는 지표로 여겨질 수 있다고 주장하였다.

박근영(2014)은 영화 소비에서 문화적 옴니보어의 경향이 실재하는지를 확인하기 위해 "서울시민의 문화향수 실태조사"(2004) 자료에 대한 이차분석을 실행하였다. 그 결과에 의하면, 기존 연구들에서 경제자본이나 문화자본으로 환치된 소득이나 교육 변수는 영화 관람행위에서 적극 소비층과 비적극 소비층을 구분하는 데에만 유효한 것으로 나타났다. 달리 말해, 영화 장르 소비에서 소득이나 교육수준을 기준으로 한 상층계급의 옴니보어, 하층계급의 유니보어 성향은 불분명하다는 것이다. 반면 '부친의 교육수준'과 '18세 이전 문화예술에 관련된 교육경험'의 유무로 측정한 문화자본은 영화 장르 소비에 의미 있는 영향을 미치는 요인으로 드러났다. 즉, 부친의 교육수준이 높거나 과거 문화예술 경험이 있는 사람들의 경우 상층 장르의 소비를 선호하고, 그렇지 않은 사람들의 경우 하층 장르의 소비를 선호한다는 것이다. 이는 옴니보어론보다는 차라리 상동성 가설을 지지하는 결과에 가깝다.

또 다른 분석 결과에 따르면, 연령이 낮은 집단일수록 상층 취향의 장르를 더 많이 소비하며, 반대로 연령이 높은 집단일수록 하층 취향의 장르를 소비할 개연성이 높아지는 것으로 나타났다. 이를 바탕으로 연구자는 우리 사회에서 영화의 실제 소비 유형이 교육, 소득 변수와는 다른 축, 예컨대 연령이나 세대 등을 기준으로 더욱 복잡하게 형성되어 있을 수 있다는 주장을 내놓는다.

국내에서 영화 취향과 소비 관련 연구들이 이처럼 상동성론과 옴니보어론을 두고 다양한 논의를 벌이는 반면, 텔레비전 관련 연구는 거의 찾아보기 어렵다. 이는 사실 외국의 사정도 크게 다르지 않은데, 그나마 국내에서 이루어진 드문 작업으로는 김은미·이혜미·오수연(2012)의 연구가 있다. 이 연구는 방송콘텐츠 소비행태를 사회구조적 측면에서 조망하기 위해 옴니보어론을 활용한 것이다. 분석을 위해 2011년 동일 패널 268명의 텔레비전 시청행위 데이터와 인터넷 설문조사를 통합한 자료가 동원되었다. 이는 조사 대상자들의 프로그램 선호와 실제 시청 경험을 함께 측정하고 또 비교할 수 있다는 장점을 가진다. 그 결과에 따르면, 경제자본과 문화자본은 방송콘텐츠의 고급·중급·대중 장르에 대한 선호나 경험과 매우 미약한 상관관계를 보였으며, 그 패턴 또한 일정하게 나오지 않았다. 특정한 방송콘텐츠 장르의 취향이나 소비를 통한 계급 간 구별짓기가 이루어지지 않는다는 것이다.

한편, 경제자본과 문화자본이 많은 상층계급일수록 다양한 장르의 방송콘텐츠를 선호하는 옴니보어 성향을 드러낸 반면, 실제 경험에서는 그러한 성향이 나타나지 않았다. 연구자들은 문화소비로서 텔레비전 시청이 갖는 특수성이 이와 같은 이중성의 배경 요인일 것으로 추정했다. 공연이나 영화 등 다른 문화예술 소비가 공적으로 자신을 드러내면서 사회적 소속을 표시하는 활동인 반면, 텔레비전 시청은 그 경험이 밖으로 드러나지 않는 사적 소비의 성격을 가진다. 그러므로 상층계급이 선호의 표현에서는 자신의 사회적 위치를 의식해 옴니보어 성향을 과시한다고 해도, 그것이 실제 시청행위로 이어지지는 않는다는 것이다. 이는 미디어의 성격에 따라 수용자의 취향이나 소비 구조가 독특한 양상을 띠고 나타날 수 있음을 시사한다.

영화, 텔레비전과 같은 전통적 미디어 이외에 최근 급속도로 발전하는 디지털 미디어의 수용에 대한 연구도 취향사회학의 이론틀이 생산적으로 활용될 수 있는 영역이라 할 수 있다. 국내에서는 아직까지 관련 작업이 거의 이루어지지 않았지만, 외국에서는 특히 디지털 불평등 문제와의 연관성 아래 흥미로운 연구들이 지속적으로 나오고 있다.

우선 노스와 동료들(North et al., 2008)은 호주 청소년들의 사회계급과 인터넷 활용 사이에 어떤 연관성이 있는지 탐구하였다. 연구자들은 1년 이상의 기간 동안 공립, 사립, 가톨릭의 10개 학교에서 만난 15세 학생 25명이 집과 학교에서 디지털 기술을 어떻게 활용하는지를 사례 연구하였다. 연구에 참여한 학생들은 가정과 학교에서의 디지털 기술 접근 여건에 별 차이가 없었고, 인터넷, 휴대전화, MP3 플레이어에 대해 비슷한 수준의 지식을 가지고 있었지만, 기술의 활용 방식은 사회적 배경에 따라 다르게 나타났다. 연구자들은 부모의 교육수준과 직업, 주거지가 학생들에게 상이한 하비투스를 형성시키고, 이는 다시 그들에게 상이한 '디지털 취향'을 초래한다고 보았다. 학생들이 디지털 기술을 통해 유용한 문화형식들을 소비하고 문화자본을 축적해 가는 정도는 그와 같은 새로운 경험이나 활동, 성취를 선호하는지 여부, 즉 디지털 취향에 따라 달라졌다. 연구자들은 하비투스, 디지털 취향, 디지털 기술 이용, 그리고 문화자본 간의 연계성이 단순히 경제적 이유로 인한 디지털 디바이드보다도 더 강력한 디지털 불평등을 생산한다고 주장하였다.

유사한 문제의식에서 로빈슨(Robinson, 2009)은 상대적으로 열악한 디지털 환경에 있는 미국 저소득층 청소년들을 연구하였다. 그는 캘리

포니아 농업벨트 지역에서 2006년에서 2008년까지 2년에 걸친 현지조사를 수행하고, 고등학생 67명에 대한 인터뷰와 850명에 대한 설문조사를 실시했다. 조사 결과, 집에서의 인터넷 접속이 용이하고 이용에 자율성이 큰 학생들의 경우 즐기면서 탐색적으로 인터넷을 활용하는 반면, 반대 처지에 있는 학생들의 경우 과제 해결과 같이 즉각적인 필요와 보상이 있는 활동 이외의 낭비적인 인터넷 활용은 하지 않는 경향을 보였다. 연구자는 전자는 '진지한 유희', 그리고 후자는 '필요한 것에 대한 취향'이라는 '정보 하비투스'를 각각 계발한다고 보았다. 그는 이처럼 가정환경에 따른 인터넷 이용의 물리적 제약과 감정적 비용에서의 차이가 학생들에게 상이한 하비투스를 생성시키고, 이는 다시 디지털 기술 활용과 정보 탐색 능력에서의 불균형을 조장한다고 주장하였다.

한편, 벵손(Bengtsson, 2015)의 연구는 폭넓은 문화적 실천들과의 관련 속에서 디지털 미디어 활용의 구별짓기 메커니즘을 이해하려는 시도이다. 그것은 중산층 출신의 고학력 청년층이자 활발한 인터넷 이용자라 할 수 있는 스웨덴 쇠데르테른대학교의 4개 전공(경영학, 언론학, 철학, 정치학) 학생들 425명에 대한 2012년의 설문조사를 토대로 이루어졌다. 분석 결과, 학생들의 인터넷 활용과 선호하는 웹페이지 유형은 전공별로 일정한 차이를 나타냈다. 경영학과와 정치학과 학생들은 온라인상으로 다양한 텔레비전 프로그램을 보는 데, 또 정치학과와 철학과 학생들은 여러 개의 신문을 탐독하는 데 인터넷을 이용하고 있었다. 부모의 문화자본이 전체적으로 높게 나타난 언론학과 학생들의 경우 상대적으로 '고급스러운' 취향 패턴(순수예술, 작가영화 등)을 드러냈는데, 이러한 관심을 발전시키기 위해 SNS를 적극적으로 활용하는 모습을 보였다. 연구자는 학생들이 '디지털 구별짓기'를 수행하는 세 가지 메커니즘을 지적한다. 첫째, 특정한 미디어나 콘텐츠의 거부를 통한 구별짓기이다. 예컨대, 철학과 학생들은 인터넷과 SNS를 가장 적게 이용하며 온라인과 오프라인의 경계 약화에 대해 비판적 태도를 취했다. 둘째, 일반적이지 않은, 전문적이거나 차별적인 미디어 콘텐츠의 이용을 통한 구별짓기이다. 예를 들어, 언론학과 학생들은 페이스북이나 트위터 이외에 플리커, 사운드클라우드 등 다른 SNS를 폭넓게 활용함으로써 다양성을 보였다. 셋째, 자신이 이용하는 미디어 콘텐츠에 관한 세부적 정보를 드러내는 방식의 구별짓기이다. 연구자는 상이한 문화적 선호와 습관을 가진 이용자들이 뉴미디어 환경에서 고유한 방식으로 구별짓기를 실행한다고 주장하였다.

국내에서 이루어진 전범수·박조원·박성복(2012)의 연구는 공연, 음악, 영화 블로그 이용자들의 문화취향과 이용행위의 관계를 알아보고자 했다. 이를 위해 2010년 실시한 전국 20~30대 300명에 대한 온라인 설문조사 자료를 이용하였다. 분석 결과, 특정한 문화 블로그 이용은 개인의 문화취향과 밀접한 관계를 맺고 있는 것으로 드러났다. 블로그를 통해 영화와 공연, 음악 등에 관한 정보를 얻는 이용자들일수록 그렇지 않은 이들에 비해 다른 문화취향도 강하게 나타난 것이다.

김예란 등(2008)의 연구는 온라인 뉴스 이용자의 뉴스 소비유형과 일상적 문화소비 행위의 관계를 검토하였다. 이를 위해 연구자들은 2007년 온라인 패널 811명을 대상으로 6월 한 달간 방문한 각 뉴스 사이트의 매체 유형별, 섹션별 이용시간과 페이지뷰를 포함하는 온라인 뉴스 이용 로그데이터와 문화취향에 대한 설문조사를 결합한 통합자료를 이용하였다. 분석의 초점은 문화자본의 한 형태로서의 문화취향(고비용 취향/저비용 취향, 고급문화 취향/대중문화 취향)과 뉴스 소비(소비유형, 섹션집중도)의 관계에 맞춰졌다. 그 결과에 따르면, 전통적 종합형, 유희형, 온라인 이슈형, 사이버 토론형 등 4가지의 온라인 뉴스 소비유형이 구분 가능하였으며, 이들을 설명하는 데 문화취향 요인의 단독효과는 미미하였지만, 인구사회학적 요인들과의 상호작용 효과가 부분적으로 나타났다. 또한 연구자들은 상위계층의 문화취향에서 고학력 집단의 경우 전통적 종합형 뉴스 소비가 증가하는 반면, 고소득 집단의 경우 반대로 감소하는 식으로 더욱 정교한 뉴스 소비유형의 차별화가 진행되고 있다고 지적하면서, 이를 뉴스 영역에서도 문화적 구별짓기가 작동하고 있다는 의미로 해석하였다.

　이상과 같은 몇몇 연구사례는 취향사회학의 주요 개념과 이론틀이 미디어/문화연구에도 흥미롭게 적용될 수 있음을 시사한다. 또한, 아직까지 국내에서 축적된 연구의 양이 많지 않으며 연구 대상이 된 미디어 문화 현상도 비교적 영화에 한정되어 있다는 사실은 앞으로 이 분야의 확장과 발전 여지가 매우 크다는 점을 반증한다.

5. 새로운 전망을 위하여

취향사회학과 미디어/문화연구를 결합한다는 것은 예컨대 생산에 초점을 맞추는 미디어정치경제학과 달리 소비, 특히 미디어와 대중문화의 소비에 초점을 맞춘다는 것이다. 이는 넓은 의미의 이용과 수용 연구에 접속하는 일이기도 하다. 하지만 소비자의 능동성과 개별적인 맥락의 특수성을 강조하는 문화연구에서의 이용과 수용에 대한 접근과 달리, 취향사회학적 시각은 소비자의 취향과 문화적 실천이 어떤 조건 속에서 구조화되는지를 탐구하기 위해 그것들을 사회계급이나 문화자본 같은 변인과 체계적으로 연결 짓는다는 특징을 지닌다.

커뮤니케이션 학계에서 취향사회학의 적극적 활용은 나름대로 의미 있는 기여를 할 수 있을 것으로 보인다. 그것은 우선 개인적 취향에 대한 사회구조적 결정요인이라는 차원을 문제화함으로써 개별 행위자의 자유와 주체성을 때로 지나치게 강조하는 미디어/문화연구의 관점에 적절한 균형추 역할을 할 수 있다. 그것은 또 미디어 이용과 콘텐츠 소비를 고립적으로 다루기보다 다른 문화적 실천들과의 관계 속에서 효과적으로 파악할 수 있는 이론틀을 제시한다. 이는 디지털 환경에서 더욱 복잡해져 가는 행위자들의 미디어 활용과 문화소비 양상을 총체적이고 유기적으로 이해하기 위해서도 유용할 것으로 여겨진다.

뿐만 아니라 취향사회학의 여러 개념들 — 취향, 구별짓기, 하비투스, 문화자본, 생활양식, 옴니보어, 유니보어, 문화적 부조화 등 — 은 각종 '먹방'과 '쿡방', '집방'이 인기를 끌고 라이프스타일 콘텐츠가 대세를 형성하기에 이른 최근의 미디어 문화 현상을 분석하고 성찰하려는 시도에 적절한 출발점을 제공한다(이설희, 2012).

하지만 취향사회학이 미디어/문화연구에 선사할 수 있는 가장 큰 이점은 아마도 자칫 협소해지기 쉬운 연구 시야를 확장한다는 데 있을 것이다. 취향사회학은 취향과 문화소비, 생활양식의 영역이 구별짓기와 상징투쟁의 공간이자 사회적 계층화의 핵심 고리라는 점을 일깨워 준다. 그리하여 그것은 미디어/문화연구의 이용-수용, 혹은 소비-해독 연구를 (재)정치화하고 사회구조에 대한 준거를 복원할 수 있도록 도와준다. 물론 취향사회학이 완전히 지배사회학으로 환원되지는 않는다. 또한 사회구조와 취향구조(혹은 소비구조)를 연결짓는 방식이 반드시 부르디외 식의 구조적 상동성 모델이나 피터슨 식의 옴니보어-유니보어 모델로 제한될 필요도 없다. 다만 중요한 것은 지배사회학적 관심이 미디어와 문화 소비의 연구에서 필수적이며, 그러한 작업은 좀더 광범위한 수준의 사회구조나 문화적 실천들과의 관계를 고려하며 이루어져야 한다는 정언명령(定言命令)일 터이다. 이는 예전에 비해 훨씬 유동성이 높아지고 위계화가 약해진 네트워크형 사회관계에서도 여전히 유효한 요청이다. 지난 20여 년 간 우리 사회를 포함한 많은 사회들에서 경제적 불평등이 심화되고 '사회적인 것'의 해체를 우려하는 목소리가 높아지고 있기에 더욱 그렇다. 언뜻 보기에 그 어느 때보다도 편리하고 자유롭고 풍요로워진 미디어 이용과 문화 소비의 시대를 사는 우리가 왜 심각한 경제적·사회적 불안과 배제를 경험하고 있는가? 그것들 사이에는 과연 아무런 관계도 없는가? 취향사회학은 그 나름의 방식으로 미디어/문화 연구를 이러한 질문들에게로 끌고 간다.

당연한 말이겠지만, 취향사회학의 기존 연구 전통과 주요 이론틀을 미디어/문화연구에서 경험적 대상에 그대로 투입하는 방식으로만 두 학술담론의 생산적 접합이 이루어지는 것은 아니다. 미디어 문화의 수용

자가 구체적 맥락 속에서 발휘하는 능동성과 창조성에 주목하는 미디어
/문화연구는 역으로 취향사회학의 한계와 문제점들을 넘어서기 위한 이
론적·경험적 실마리를 마련할 수도 있다.

이러한 관점에서 최근 영미권에서 취향과 문화소비 관련 연구들의 현
황을 개관하면서 워드가 내놓은 논평은 숙고할 만한 가치가 있다. 그는
1980년대 이래 이 분야의 성장을 주도한 문화론적 접근이 어떤 난점들
을 초래했는지 지적한다. 그에 따르면, 문화론적 접근은 '표현적(expres-
sive) 개인'이라는 모델 위에 서 있기에 '전유'(appropriation)에 충분한 주
의를 기울이지 않는다. 그것은 정체성의 상징으로서 소비가 다른 이들
에게 전시되는 측면에만 초점을 맞춘 나머지, 아주 일상적이고 관행적
이며 비과시적 측면들에 대해서는 상대적으로 간과하고 있다는 것이다.
'전유'란 사람들이 대량생산된 상품을 길들이고 자기만의 것으로 만드는
과정이다. 그 개념은 소비자가 어떤 객체를 자신의 실용적 목적을 위해
일상생활 안에 통합하고 적응시키고 개인적 의미를 부여하며 사용하는
차원을 강조한다.

워드는 또 문화론적 접근에서 소비문화의 풍부한 '물질성'이 고유한
대접을 받지 못하고 있다고 언급한다. 사물과 기술 같은 '물질세계'는 집
합적인 의미구조 속에서의 해석 대상으로만 나타날 뿐, 물질적 힘으로
서 제대로 다루어지지 않는다는 것이다(Warde, 2014, pp. 283-284).

이러한 논평은 미디어/문화연구가 취향사회학과 흥미롭게 결합할 수
있는 부분들을 짚고 있다는 장점이 있다. 일상에서의 전유, 사물과 기술
의 물질성 등은 미디어/문화연구가 나름대로 오랫동안 발전시킨 문제영
역들이기 때문이다(Silverstone, 1999 참조). 물론 워드는 문화론적 접근
에 대한 자신의 비판에 문화연구의 전통까지 한꺼번에 포함시키지만,

이는 이러한 유형의 논문들이 피해가기 어려운 지적 단순화의 부산물일 따름이다. 그는 문화론적 접근의 행위이론을 '개인적 선택'과 '문화적 표현주의'로 특징짓고 있으며, 실제로 포스트모더니티 논의를 비롯해 그러한 편향성을 띤 문화연구 분파들이 없지 않지만, 또 어떤 노선들은 반드시 그렇게 간주하기 어렵다. 워드가 문화적 전환 이후 사회학의 '실천론적 전환'(practical turn)을 통해 부각하는 소비행위의 규칙성과 반복성, 흐름과 연속성, 실천감각, 체화된 성향과 능력, 신체와 사물의 관계 등에 대한 새로운 개념화는 사실 부르디외 사회학, 그리고 일부 문화연구의 지향으로부터 그리 멀리 있지 않다(Cf. Boutet, 2009; Stern, 2003).

결국 문제는 물질적, 상징적 자원의 불평등한 분포라는 사회구조적 맥락을 놓치지 않으면서 개인이 자신의 취향을 매개로 미디어와 문화를 어떻게 일상 속에서 전유하는지, 그리고 그 과정에서 어떤 정치적 효과가 발생하는지를 경험적으로 탐구하는 일일 것이다. 그러한 작업은 개인 행위자의 자율성을 과장하고 정치적으로 낭만화하며 이루어져서도 안 되겠지만, 언제나 일방적인 구조결정론을 부과하고 재생산하는 식으로만 나타나서도 곤란하다. 취향은 구조적인 만큼이나 개인적 특성이기도 하며, 각종 제약과 조건들 아래 형성된 만큼이나 매 순간 일정한 자유 속에서 구현되는 역량이기 때문이다. 사회적 결정요인들의 산물로서의 취향과 어떤 대상에 대한 주체의 창조적이고 자발적인 관여로서의 취향, 소비로 이어지는 선호로서의 취향과 감각세계에 참여하는 자기성찰적 경험으로서의 취향, 상징적 자산으로서의 취향과 '~되기'의 존재론적 과정으로서의 취향, 타자와 자신을 분리하는 상징적 경계로서의 취향과 우리를 한데 묶어 주는 문화적 공통분모로서의 취향(Cf. Hennion, 2007; Stewart, 2013, 3장). 취향에 대한 일상적, 학문적 관념에 내재하는 이 팽팽한 긴장을 적절히 유지하면서 얼마나 생산적인 연구프로그램을 만들어 낼 수 있는지가 무엇보다도 중요한 관건일 터이다. 취향사회학과 미디어/문화연구는 이 어려운 과제의 상호보완적 수행에 가장 잘 어울리는 '콜라보' 파트너가 아닐 수 없다.

참고문헌

권혜원·이명진·최샛별 (2011). 한국인의 영화취향 구조. 〈여가학연구〉, 9권 1호, 1-26.

김예란 외 (2008). 온라인 뉴스 이용자의 문화취향과 뉴스 소비유형의 관계. 〈한국언론학보〉, 52권 4호, 129-151.

김은미·이혜미·오수연 (2012). 문화소비 행위로서 텔레비전을 본다는 것에 관하여: 옴니보어론과 방송콘텐츠 소비의 다양성. 〈한국방송학보〉, 26권 3호, 135-175.

박근영 (2014). 영화관람 행위에 있어 옴니보어 존재 여부에 대한 실증적 고찰. 〈문화와 사회〉, 16호, 143-185.

이상길 (2014). 취향, 교양, 문화 - 사회학주의를 넘어서. 〈문학과 사회〉, 106호, 242-260.

이설희 (2012). 국내 라이프스타일 텔레비전의 생산과정과 프로그램 특성 연구. 연세대학교 커뮤니케이션대학원 박사학위논문.

이호영·장미혜 (2008). 문화자본과 영화선호의 다양성. 〈한국사회학〉, 42권 1호, 62-95.

전범수·이상길 (2004). 영화 장르의 사회적 소비 구조. 〈한국방송학보〉, 18권 3호, 554-597.

전범수·박조원·박성복 (2012). 문화 취향에 따른 대중문화 블로그 이용 특성 연구. 〈사이버커뮤니케이션학보〉, 29권 1호, 127-158.

최샛별 (2006). 한국 사회에 문화 자본은 존재하는가?. 〈문화와 사회〉, 1호, 123-158.

한신갑 · 박근영 (2007). 구별짓기의 한국적 문법: 여가활동을 통해 본 2005년 한국 사회의 문화지형. 〈한국사회학〉, 41권 2호, 211~239.

한 준 · 한신갑 · 신동엽 · 구자숙 (2007). 한국인의 문화적 경계와 문화적 위계 구조. 〈문화와 사회〉, 2호, 29~53.

Bellavance, G., Valex, M., & de Verdalle, L. (2006). Distinction, omnivorisme et dissonance: La sociologie du goût entre démarches quantitative et qualitative. *Sociologie de l'Art*, *9/10*, 125-143.

Bengtsson, S. (2015). Digital distinctions: Mechanisms of difference in digital media use. *MedieKultur*, *58*, 30-48.

Bennett, T. (2006). Distinction on the box: Cultural capital and the social space of broadcasting. *Cultural Trends*, *15*(2-3), 193~212.

Bennett, T. et al. (2008). *Culture, class, distinction*. London: Routledge.

Bourdieu, P. (1979). *La distinction: Critique sociale du jugement*. 최종철 역 (1995). 〈구별짓기: 문화와 취향의 사회학〉(상/하). 서울: 새물결.

Bourdieu, P., & Wacquant, L. (2014). *Invitation à la sociologie réflexive*. 이상길 역 (2015). 〈성찰적 사회학으로의 초대〉. 서울: 그린비.

Boutet, M. (2009). Un objet peut en cacher un autre. Relire 〈Un art moyen〉 de Pierre Bourdieu au regard de trente ans de travaux sur les usages. *Réseaux*, *155*, 179-214.

Bryson, B. (1996), Anything but heavy metal: Symbolic exclusion and musical dislikes. *American Sociological Review*, *61*, 884-899.

Bryson, B. (1997), What about the univores?: Musical dislikes and group-based identity construction among Americans with low levels of education. *Poetics*, *25*, 141-156.

Coulangeon, Ph. (2003). La stratification sociale des gouts musicaux: le modèle de la légitimité culturelle en question. *Revue Francaise de Sociologie*, *1*, 3-33.

Coulangeon, Ph. (2004). Classes sociales, pratiques culturelles et styles de vie: Le modèle de la distinction est-il (vraiment) obsolète?. *Sociologie et Sociétés*,

$36(1)$, 59-85.

Coulangeon, Ph. (2011). *Les métamorphoses de la distinction*. Paris: Grasset.

Coulangeon, Ph. (2016). *Sociologie des pratiques culturelles*. Paris: La Découverte.

Coulangeon, Ph., & Lemel, Y. (2007). Is 'Distinction' really outdated?: Questioning the meaning of the omnivorization of musical taste in contemporary France. *Poetics, 35*(2), 93-111.

DiMaggio, P. (1987). Classification in art. *American Sociological Review, S2*, 440-455.

Donnat, O. (1999). La stratification sociale des pratiques culturelles. *Revue Française de Sociologie, 40*(1), 111-119.

Donnat, O. (2011). Pratiques culturelles, 1973-2008. Dynamiques générationnelles et pesanteurs sociales. *Culture Études, 7*, 1-36.

Fabiani, J. L. (2013). Distinction, légitimité et classe sociale. In Ph. Coulangeon & J. Duval (Dir.), *Trente ans après la distiction* (pp. 69-82). Paris: La Découverte.

Featherstone, M. (1991). *Consumer culture and postmodernism*. 정숙경 역 (1999). 〈포스트모더니즘과 소비문화〉. 서울: 현대미학사.

Goldberg, A. (2011). Mapping shared understandings using relational class analysis: The case of the cultural omnivore reexamined. *American Journal of Sociology, 116*(5), 1397-1436.

Granjon, F., & Bergé, A. (2005). De quelques considérations sur la notion d'éclectisme culturel. *Les Enjeux de l'Information et de la Communication, 2005*(1), 55-65.

Gripsrud, J. H., & Hallvard, M. (2011). Changing relations: Class, education and cultural capital. *Poetics, 39*(6), 507-529.

Guy, J.-M. (2000). *La culture cinématographique des Français*. Paris: La Documentation française.

Hennion, A. (2007). Those things that hold us together: Taste and sociology. *Cultural Sociology, 1*(1), 97-114.

Katz-Gerro, T. (2002). Highbrow cultural consumption and class distinction in Italy, Israel, West Germany, Sweden, and the United States. *Social Forces, 81*(1), 207-229.

Katz-Gerro, T., & Sullivan, O. (2010). Voracious cultural consumption: The intertwining of gender and social status. *Time & Society, 19*(2), 193-219.

Konig, R. P., Rebers, H. C., & Westerik, H. (2009). Television omnivores?: Snob and slob taste for television programs in the Netherlands in 2000. *Journal of Media Sociology, 1*(1/2), 116-130.

Kraaykamp, G., Vaneijck, K., Ultee, W., & Vanrees, K. (2007). Status and media use in the Netherlands: Do partners affect media tastes?. *Poetics, 35*(2-3), 132-151.

Kuipers, G. (2006). Television and taste hierarchy: The case of Dutch television comedy. *Media, Culture & Society, 28*(3), 359-378.

Lahire, B. (2003). La légitimité culturelle en questions. In O. Donnat (Dir.), *Regards croisés sur les pratiques culturelles* (pp. 39-62). Paris: Ministère de la Culture - DEPS.

Lahire, B. (2004). *La culture des individus.* Paris: La découverte.

Lahire, B. (2008). The individual and the mixing of genres: Cultural dissonance and self-distinction. *Poetics, 36*(2/3), 166-188.

Lahire, B. (2013). La culture à l'échelle individuelle: La transférabilité en question. In Ph. Coulangeon & J. Duval (Dir.), *Trente ans après la distiction* (pp. 165-176). Paris: La Découverte.

Lash, S. (1990). *Sociology of postmodernism.* London: Routledge.

Lizardo, O., & Skiles, S. (2009). Highbrow omnivorousness on the small screen?: Cultural industry systems and patterns of cultural choice in Europe. *Poetics, 37*(1), 1-23.

Neveu, E. (2008). Les voyages des cultural studies. *L'Homme, 187/188*, 315-341.

North, S., Snyder, I., & Bulfin, S. (2008). Digital tastes: Social class and young people's technology use. *Information, Communication & Society, 11*(7), 895-911.

Peterson, R. (1992). Understanding audience segmentation: From elite and mass to omnivore and univore. *Poetics, 21*, 243-258.

Peterson, R. (1997). The rise and fall of highbrow snobbery as a status marker. *Poetics, 25*(2), 75-92.

Peterson, R. (2004). Le passage à des goûts omnivores: Notions, faits et perspectives. *Sociologie et Sociétés*, *36*(1), 145-164.

Peterson, R., & Simkus, A. (1992). How musical tastes mark occupational status groups. In M. Lamont & M. Fournier (Eds.), *Cultivating differences. Symbolic boundaries and the making of inequality* (pp. 152-186). Chicago: The University of Chicago Press.

Peterson, R. A., & Kern, R. M. (1996), Changing highbrow taste: From snob to omnivore. *American Sociological Review*, *61*(5), 900-907.

Prieur, A., Roselund, L., & Skjott-Larsen, J. (2008). Cultural capital today: A case study from Denmark. *Poetics*, *36*, 45-71.

Rimmer, M. (2012). Beyond omnivores and univores: The promise of a concept of musical habitus. *Cultural Sociology*, *6*(3), 299-318.

Silverstone, R. (1999). *Why study the media?*. 김세은 역 (2009). 〈왜 미디어를 연구하는가〉. 서울: 커뮤니케이션북스.

Sterne, J. (2003). Bourdieu, technique and technology. *Cultural Studies*, *17*(3/4), 367-389.

Stewart, S. (2013). *A sociology of culture, taste and value*. London: Palgrave Macmillan.

Wacquant, L. (1993). Taste. In W. Outwhite & T. Bottomore (Eds.), *The Blackwell dictionary of the twentieth-century social thought* (pp. 662-664). Oxford: Blackwell.

Warde, A. (2014). After taste: Culture, consumption and theories of practice. *Journal of Consumer Culture*, *14*(3), 279-303.

Zolberg, V. (2015). A cultural sociology of the arts. *Current Sociology Review*, *63*(6), 896-915.

4

기호 현상학과 커뮤니케이션 연구

이두원

1. 기호 현상학을 향한 여정

이 장에서는 기호 현상학(semiotic phenomenology)이란 '창'(窓)을 소개하고, 그 '창'을 통하여 우리의 '의식' 세계에 비추어진 '세상'을 어떻게 통찰할 수 있는가에 대해 논의를 전개하고자 한다.

기호 현상학은 그 어원에서 보듯이 근대 과학철학의 큰 산맥을 구성하는 '현상학'(phenomenology), 그리고 구조주의 철학과 함께 형성된 '기호학'(semiotics)에 그 뿌리를 두고 있다. 과학철학사의 거대한 산맥으로부터 파생된 기호 현상학의 '영역'을 처음 '방문'하는 여행자에게 어떤 '관점'에서 어느 '지역'을 중심으로 안내할 것인가를 결정하는 것은 매우 난해한 과제이다. 여행자의 '여행목적'을 명확히 하고, 그에 부합하는 명소(名所)들을 선정한 후, 정해진 일정에 맞게 '로드맵'을 작성하지 못하면 여행자와 안내자 모두 어렵고 험난한 '여정'에 빠져 버릴 수 있기 때문이다.

이 책에서 '기호 현상학'을 소개하고자 하는 기본적 목적은 기호 현상학이라는 다소 익숙하지 않은 '경계'로 자신의 관점을 확장해 보고, 그 곳으로부터 '미디어'라는 대상을 바라보고자 하는 데 있다. 관점의 확장을 통해 우리는 그동안 볼 수 없었던 '대상'의 새로운 측면을 발견할 수도 있기 때문이다. 그리고 새롭게 노출된 그 측면이 연구자가 궁극적으로 찾고자 하는 진실(truth)의 한 부분이라면 우리는 관점의 확장을 통해 그 진실에 한 걸음 더 가까이 다가설 수 있게 된다. 따라서 익숙해진 터전을 벗어나 바깥 '경계'로 향하는 여정은 연구자에게 '진리'를 찾아가는 모험이자 도전이라고 할 수 있다.

따라서 이 장의 논의에서는 '기호 현상학적 경계'에서 '미디어 읽기'의 가능성 타진(打診)이란 목적을 먼저 명확히 하고자 한다. 그리고 처음 기호 현상학을 접하는 독자들을 염두에 두고 다음과 같은 몇 가지 주요 논제를 중심으로 '로드맵'을 작성하고 '기호 현상학'을 향한 여정을 시작해 보고자 한다.

첫 번째 목적지는 현상학과 기호학을 잉태한 근대 과학철학의 '사조'(思潮)이다. 고대 철학자부터 현대 철학자에 이르기까지 현상의 진리나 본질을 찾기 위한 끊임없는 논쟁이 이어졌다. 여기에서는 현상학과 기호학이 탄생한 배경으로서 근대 과학철학의 사조를 간략히 제시하고, 그 사조 속에서 형성된 현상학과 기호학의 지형을 살펴보고자 한다.

두 번째 목적지는 현상학과 기호학이 각각 취하고 있는 인식론적 '관점'(觀點)이다. 여기서는 먼저 인간의 의식(consciousness) 세계에서 드러난 '현상' 자체에서 그 현상을 연출하는 본질과 진리를 찾고자 하는 현상학적 관점을 살펴본다. 그 다음, 우주의 삼라만상을 기호계(記號界, semiosphere)로 규정하고, 기호에 의한 의미작용과 의사소통 과정을 분석함으로써 기호계의 본질과 구조를 해독하고자 하는 기호학적 관점을 살펴보고자 한다.

세 번째로 살펴볼 목적지는 바로 '기호 현상학'의 입장과 시각이다. 기호 현상학적 관점은 '세계는 인간의 의식에 드러나는 만큼 존재하는 것'이라는 현상학적 대전제하에서 인간의 숙명적인 '기호적 삶'을 소전제로 수용한다. 따라서 현상계(現象界)에서 일어나는 '의식의 지향성'이나 '소통행위' 현상에 '기호계'의 현상으로 접근하고자 하는 입장을 고찰할 것이다.

네 번째로 탐색할 목적지는 기호 현상학의 커뮤니케이션 이론의 근간이 되는 '커뮤니케이터(communicator)의 의식 구조'와 '커뮤니케이팅 현상' 모델이다. 기호 현상학적 커뮤니케이터의 모델은 인간의 의식세계에 내재하는 실존적 구조에 뿌리를 두고 있다. 기호 현상학적 담론의 최종 지향점을 '커뮤니케이션학'(communicology)의 정립으로 제시하면서, 래니건(1988)이 제시하는 커뮤니케이터의 내부 경험세계에서 일어나는 커뮤니케이팅(communicating) 현상 모델에 논의의 초점을 맞추고자 한다.

다섯 번째 목적지는 '기호 현상학적 연구방법'이다. 기호 현상학적 연구방법은 자연과학에서 애용하는 객관주의, 이성주의, 절대주의적 관점의 양적 연구방법들과 그 성격이 매우 다르다. 기호 현상학적 연구방법은 주관주의, 경험주의, 상대주의적 관점의 질적 연구방법들 중 하나이며, 개인의 의식세계에 드러난 '산-경험'(lived-experience)을 연구대상으로 삼는다. 기호 현상학에서는 개인의 주관성은 본질적으로 상호주관성(intersubjectivity)을 내포하고 있다고 본다. 따라서 개인의 '산-경험'에 대한 기술(記述), 환원(還元), 그리고 해석 과정을 통하여, '기호'로 지각된 경험세계를 이해하는 작업에 연구의 초점을 맞추게 된다. 따라서 우리는 여기서 기호 현상학적 연구의 진행 방식과 절차를 살펴보는 데 주안점을 둘 것이다.

마지막으로, 여섯 번째 목적지에서는 '미디어 읽기'의 '창'으로서 기호 현상학의 '적용 가능성'을 타진하고자 한다. 기호 현상학적 관점에서 보면, '미디어'의 메시지는 수용자의 경험세계에 존재하는 하나의 텍스트 (text) 이며, 그에 대한 의미 해독(decoding) 도 수용자의 경험세계 내에서 이루어져야 한다. 따라서 연구자는 제 3자의 입장에서 수집한 메시지나 텍스트 자료에 절대불변의 의미가 수용자(예: 시청자)를 떠나서 존재하며, 그것을 찾아내야 한다는 객관주의적 고정관념을 탈피할 수 있다. 일상의 삶 속에서 개인 수용자가 체험하는 '미디어 텍스트'는 그 수용자의 의식세계에서 드러나는 지극히 주관적이고, 상대적이며, 경험적인 현상이다. 따라서 '미디어 읽기'에 기호 현상학적 접근의 가능성과 그 의의를 살펴보는 데 마지막 논의의 초점을 맞추어 보고자 한다.

지금까지 기호 현상학의 경계를 여행하기 위한 로드맵과 그 여정에 포함될 6개의 세부 목적지를 간략히 소개하였다.

기호 현상학을 향한 여정을 출발하면서 다음 사항을 염두에 둘 필요가 있다. 경계의 확장 가능성을 타진하는 모든 여정에서는 불가피하게 다양한 '주변 경계'에 대한 '명칭'과 각 영역에서 사용되는 전문 용어들이 속출하게 된다. 여기에서도 우리는 과학철학의 사조, 현상학, 기호학, 기호 현상학, 질적 연구방법, 미디어 연구 등과 관련한 낯선 용어들과 마주칠 것이다. 이러한 용어들 사이에는 그 개념이나 경계가 느슨하게 중복되거나 애매한 경우도 많다. 이때, 의미적 중복성과 모호성에 대해 독자 '맥락적'(contextual) 의미를 추론해 보고 전후 여정에서 이를 스스로 재검증해 보는 요령이 필요하다. 각 용어를 천천히 곱씹어 보면 대부분 그 용어가 전달하는 고유 경계와 독창적 의미가 발견된다. 낯선 용어와 의미에 대한 맥락적 추론과 검증 과정을 통해 '기호 현상학적 경계'를 향한 우리의 여정은 더욱 흥미로운 모험이 될 것이다.

2. 기호 현상학의 태동과 정립

앞서 우리는 기호 현상학의 세계를 살펴보기 위하여, 우리의 여행 취지에 부합하는 6개의 세부적 목적지를 설정하고 이를 바탕으로 로드맵을 작성하였다. 이 로드맵을 따라서 우리의 여정을 전반부와 후반부로 나누고, 전반부에서는 기호 현상학의 태동과 정립 과정에, 그리고 후반부에서는 기호 현상학적 연구방법과 미디어 연구의 적용 가능성에 논의의 중점을 두고자 한다. 따라서 전반부 여정에 해당하는 이 세션에서는 먼저 현상학과 기호학, 그리고 기호 현상학의 태동 배경으로서 근대 과학철학의 사조를 간략히 살펴본 후, 현상학과 기호학의 인식론적 관점을 고찰할 것이다. 그 다음, 기호 현상학적 입장과 시각은 무엇이며 현상학이나 기호학의 그것과 어떻게 다른지를 파악하고, 기호 현상학에서 제시하는 '커뮤니케이션 이론'을 탐색하고자 한다.

1) 근대 과학철학의 사조와 기호 현상학의 태동

과학철학(*philosophy of science*)은 말 그대로 '과학'을 대상으로 하는 철학이다. 과학은 어떤 영역의 현상에 내재된 '원리'나 '진리'를 찾는 데 그 목표를 둔다. 한 시대의 과학계에서 합의된 기본 개념, 전제, 공준(公準), 그리고 논리적, 인식론적, 형이상학적 공유체계는 하나의 '과학적 패러다임'을 형성한다. 이 '패러다임'의 관점에서 파생된 연구방법이나 전제들을 사용하여 수많은 연구자들이 다양한 연구문제와 연구결과들을 쏟아내게 된다. 그리고 이 패러다임의 '보호' 속에서 그 시대의 대부분 연구자들은 자신의 연구결과가 '진리'의 한 부분이라고 확신하게 된다.

그런데, 만일 그 시대 대다수 연구자가 포괄적으로 합의한 연구방법이나 전제, 또는 논리적, 인식론적, 형이상학적 구조에 본질적 문제가 있다면 어떻게 할 것인가? 과학에서 찾고자 하는 궁극적 '진리'가 바로 이처럼 하나의 시대적 '패러다임'에서 파생된 귀속적이고 폐쇄적인 '진리'일까? 이러한 문제의식에서 출발한 과학철학은 과학의 방법과 발견에 대한 경계와 의심을 멈추지 않는다. 즉, 과학철학은 본질적이고 포괄적인 관점에서 과학의 방법, 개념과 전제, 논리적 구조 등에 대해 철저히 의심하고 비판함으로써, 진리를 찾고자 하는 한 시대의 과학적 접근과 방식 그리고 인식론적 관점을 명확히 논증하고 그 유효성을 검증하고자 한다.

따라서 자연과학이든 인문사회과학이든 한 시대의 과학적 연구방법과 이론들을 지배하는 과학적 패러다임은 그 시대 과학철학의 검증 대상이 되며, 과학철학적 비판과 담론을 통하여 하나의 '과학철학적 사조'(思潮)로 규정되고, 더 나아가 변증적 대안을 찾는 동력을 창출하게 된다.

현상학이나 기호학, 그리고 기호 현상학도 이처럼 근대 과학철학의 거대한 산맥으로부터 변증적 과정을 거치면서 생성된 하위 산맥들로 볼 수 있다. 특히 이러한 현상학적 하위 산맥들은 근대에서 현대 과학철학의 사조에 이르기까지 대립구조가 된 '이성주의' 대 '경험주의', '절대주의' 대 '상대주의', '확실성' 대 '불확실성', '객관주의' 대 '주관주의', '밖'(outside) 대 '안'(inside) 등으로 구성된 변증적 맥락에서 태동하게 된다.

데카르트, 말브랑슈, 스피노자, 라이프니츠, 볼프로 이어지는 대륙의 이성주의와 베이컨, 홉스, 로크, 버클리, 흄으로 이어지는 영국의 경험주의는 근대 '실증주의'(positivism) 중심의 과학철학적 사조를 구성하는 거대한 양대 산맥이다.

이성주의는 인간의 이성(reason)과 직관(intuition)을 중시하고, 이 타고난(innate) 이성적 규칙에 의해 사상과 생활의 모든 것을 '객관적'으로 이해하고 정리해야 한다는 관점이다. 반면, 이러한 이성주의에 대한 반동에서 나온 경험주의는 모든 개념이나 지식은 감각적 경험을 통하여 형성되며, 개별적 또는 단편적 경험에서 얻은 주관적 지각과 지식이 그대로 보편적으로 적용 가능한 진리가 될 수 있다고 보는 관점이다.

번스타인(Bernstein, 1983, p. 16)이 지적하듯이, 현대 과학철학의 사조는 이러한 대립구조의 극복을 지향하며, 달리 표현하면 이성주의를 대표하는 데카르트의 '확실성'과 경험주의를 대표하는 '회의론' 사이에서 발생하는 '불안'(anxiety)을 해결하고자 하는 담론이 그 주류를 이룬다.

이 '불안'을 해소하기 위한 담론의 주류가 독일과 프랑스를 중심으로 전개된 실존주의 철학사상이다. 야스퍼스, 하이데거(Heidegger), 사르트르(Sartre)로 전개된 실존주의 철학의 계보는 후설(Husserl)로 이어지면서 실존주의적 '현상학'(existential phenomenology)이 탄생하게 된다.

이러한 실존주의적 사상은 인간의 보편적 본질보다는 개개인의 실존, 즉 타자와 대치할 수 없는 독자적 실존을 강조한다. 즉, 인간의 마음은 개별적이고 주관적인 것이며, 개인의 주체성이 진리이고 이러한 개별적 '나'와 '너'가 모여서 인류를 형성한다는 관점이다. 따라서 이러한 실존주의 철학에 뿌리를 두고 탄생한 현상학은 개별적 인간의 주관적 경험, 즉 의식에 '나타나는 것'(appearance)을 서술하거나 해석하는 데 역점을 둔다. 전자를 실존적 현상학으로, 후자를 해석학적 현상학으로 구분할 수 있다.

하지만 이러한 이성주의, 경험주의, 그리고 실존주의에 이르는 19세기 근대 과학철학의 사조에 대하여, 이러한 관점이 지극히 '인간 중심적 사유'라고 비판하며, 대상(개체, 사물, 세계 등)과 주체(의식, 마음, 영혼 등)의 이분법에서 벗어나야 한다는 주장이 제기되기 시작하였다. 20세기 초 구조주의(structuralism) 철학자들은 인식 대상(언어, 기호, 친족, 신화 등)의 '구조' 분석을 통하여 본질 또는 진리를 찾아야 한다고 주장하였다.

구조주의는 사물의 참된 의미가 사물 자체의 성질이나 기능에서 생성되는 것이 아니고 사물들 간의 '관계'에 의해서 생성된다는 것을 전제로 한다. 사물은 다른 사물들과 유기적 관계를 맺으며 존재하고 이 관계망 속에서 그 의미가 규정되고 변화하기 때문에, 사물의 의미는 그것을 부분으로 삼고 있는 전체 체계와 구조 안에서 인식될 수 있다고 보는 것이 구조주의적 관점이다. 이러한 구조주의적 관점은 언어학, 인류학, 사회학, 정신분석학, 미학 등에 지대한 영향을 미쳤으며, 인간 생활의 모든 영역에서 작용하는 기호들과 그 구조를 연구하는 기호학이 태동하는 배경이 되었다.

2) 현상학과 기호학의 인식론적 관점

현상학(phenomenology)은 우리의 의식세계에 나타나는 것, 즉 '현상' 자체를 연구대상으로 삼는다. 현상학적 관점에서 보면 '세계는 인간의 의식에 드러나는 만큼 존재하는 것'이다. 철학의 목표인 진리나 본질도 이 '현상' 속에 존재하는 것이다. 현상학의 창시자로 불리는 후설(Husserl)은 의식은 지향적(intentional)이라고 주장했다. 그는 의식은 항상 '무엇에 대한 의식'이며, 이러한 '의식의 방향'을 '지향성'이라는 개념으로 소개하였다. 지향성은 의식과 대상의 연결 통로이며, 이를 통해 우리의 의식에 대상에 대한 경험된 실재와 의미가 출현한다고 보았다. 이를테면, 지금 내가 무엇인가를 보고 있다면 그 대상이 나의 눈(감각기관)을 통해 나의 의식에 출현한 것이다. 즉, 사과를 보면서 침이 고였다면, 사과가 내 머리 속으로 들어온 것이 아니고 내 의식 속에 사과가 드러난 것이고, 그 드러난 대상(사과)이 나의 의식세계 속에서 '신맛과 단맛'을 '지향'함으로써, 그 대상(사과)에 대한 '의미적 경험'을 한 것이다. 이러한 시각에서 볼 때, 현상을 연출하는 진리나 본질이 현상의 배후에 따로 존재하는 것이 아니라 현상 그 자체에 내재되어 있다고 보는 것이다.

따라서 후설은 인간의 경험은 의식으로 구성되며, '순수 의식'에 출현하는 현상을 엄밀히 그리고 체계적으로 연구할 수 있다고 보았다(Von Eckartsberg, 1986, p. 4). 그는 현대 과학의 위기가 '생활세계의 체험'이란 뿌리를 잃어버리고 실증주의와 과학적 객관주의를 숭배한 결과, 과학에서 인간의 주체적 삶이 소외되면서 발생한 것이라고 주장했다. 따라서 그는 일상생활의 지향작용을 중단시키고, 의식에 비추어진 본질적인 현상을 파악하는 방법으로 '현상학적 환원'을 제안하였다.

현상학적 환원은 우리가 사물을 인식하는 과정에서 행하는 자연스러운 판단, 즉 일상의 삶에서 외부 세계를 '의심 없이' 바라보며 내린 판단을 그대로 진실이라고 보지 않고, 그 판단을 일단 보류하는 것이다. 즉, '판단중지'(epoche) 과정을 통하여 주관에 내재된 모든 편견과 선입관으로부터 해방된 순수 의식의 절대적인 자료들, 이른바 현상학적 잔여를 얻게 된다. 환원은 자연적 태도를 배제하고 그것에 괄호(bracketing)를 쳐서 내버려 둠으로써 외부 세계에서 내재적 본질의 영역으로 돌아가는 것을 의미한다. 이러한 현상학적 환원은 사실의 세계에서 본질의 세계, 즉 형상의 세계로 돌아가는 것이기 때문에 '형상적 환원'이라고도 한다

(주형일, 2008). 현상학적 환원 이후 남아 있는 '현상학적 잔여'는 절대적으로 확실하며 자명한 순수 의식의 영역이라고 할 수 있다.

한편, 구조주의 철학을 배경으로 탄생한 기호학은 소통에 사용되는 모든 기호와 기호에 의한 소통 현상을 연구대상으로 삼는다. 기호에 대한 관심과 논의는 고대 철학부터 있어 왔지만 근대 학문으로서의 기호학은 미국의 실용주의 철학자 퍼스(C. S. Peirce)와 스위스의 구조주의 언어학자 소쉬르(F. de Saussure)에 의해 그 기초가 마련되었다. 퍼스는 기호학을 영어로 '세미오틱스'(semiotics)라고 불렀으며, 소쉬르는 기호(sign)에 해당하는 그리스어, semeion에 근거하여 기호학을 '세미올로지'(semiology)로 명명하였다.

기호학적 관점에서 보면 인간은 태어나면서 '이름'이 부여되고, '표정'과 '말'을 배우면서 '언어'로 생각하고, 자신의 의견을 '말'과 '글'로 표현하며, 죽어서도 '이름'을 남기는 숙명적인 '기호적 동물'이다. 이름, 표정, 말, 글, 언어가 모두 기호이기 때문이다. 제품보다 '브랜드'에 더 많은 값을 지불하고, 기업의 가치가 기업의 '명성'이나 '이미지'로 결정되는 일상도 모두 기호적 삶이다. 이 기호계 속에서는 기호(이름)를 부여받지 못하면 있어도 존재하지 못하고, 기호(이름)를 부여받으면 없어도 존재할 수 있다. 신생아의 출생신고는 이름이 있어야 가능하고, 실존하지 않는 상상의 동물도 '용'이란 이름이 부여되면 인식과 소통의 대상이 된다.

이러한 기호학의 인식론적 관점은 퍼스의 범기호학적 시각과 기호학적 인간관에서 잘 나타난다. 퍼스는 우주의 삼라만상을 기호로 이루어진 세계, 기호계로 보았는데, 이것이 그의 범기호학적 시각이다. 퍼스는 기호가 상징하는 모든 대상(사람, 사물, 사건, 생각 등)까지도 이미 인간의 의식세계에 존재하는 기호에 불과하다고 보고, 자신의 우주관을 다음과 같이 일축하였다(Peirce, *C.P.* 5. 448).

"우주 전체가 기호들로 가득 차 있으니, 우주 전체가 기호로 만들어져 있다고 말하지 않을 수 없다."

퍼스는 기호로 지각하고, 기호로 인식하고, 기호로 소통하는 인간이 기호를 떠나서 기호계 밖에 따로 존재할 수 없다고 보고, 인간 자체를 기호로 보는 '기호학적 인간관'을 다음과 같이 설명한다(*ibid.*, 5. 313-314).

인간의 사고(思考)는 어휘나 다른 외부적 상징들을 통해서 가능하다. 따라서 어휘나 상징들의 입장에서 인간에게 이렇게 말할 수 있다:
"당신이 자신의 생각에 대해서 어휘 또는 기호를 사용하여 말하기 전까지는 당신은 존재할 수 없습니다."
사실, 인간과 기호는 서로를 교육시킨다. 인간이 소유하는 정보량의 증가는 기호가 소유하는 정보량의 증가를 의미한다. … 결국, 인간이 사용하는 어휘나 기호들 자체가 바로 인간이다. 모든 사고가 기호이며, 인생이 사고의 연속임을 감안할 때, 인간이 곧 기호인 것이다. 모든 사고가 외부적 기호로 이루어진다는 것은 인간도 외부적인 기호임을 증명하는 것이다. … 따라서 나의 언어는 내 자신의 총체이다: 인간은 사고(*thought*) 그 자체이기 때문이다.

여기서 퍼스가 '외부적'(*external*)이라는 용어를 쓰는 것은 '내부적' (*internal*)이라는 대립 개념을 타파하기 위한 것이다. 즉, 기호는 외부적이며, 인간은 내부적이고, 기호는 객체이고, 인간은 주체라는 관념을 해체하고 있다. 기호를 통해서만 생각할 수 있고, 세상을 인지할 수 있는 인간을 기호에 의해 실체화된 존재로 규정한 것이다. '육체-정신'의 관계처럼, 퍼스는 인간을 '기호'에 의해 실체화된 주체로 보았다.

인간이 곧 기호이며, 기호가 인간이라는 퍼스의 관점에서 보면, 텍스트로서 기호는 더 이상 인간을 떠나 외부적으로 존재하는 단순한 매개체가 아니다. 퍼스에게 기호는 '기호-사용자'를 실체화(embody)하는 '실존적 매개체'이며, 텍스트는 커뮤니케이터 자신의 '사고과정'(semiosis) 그 자체이기 때문이다. 따라서 기호(sign)가 '기호-사용자'와 분리되어 다른 곳 또는 다른 사람에게 전달된다든지, 텍스트가 저자 또는 독자를 떠나 독자적 의미나 가치를 담는다는 것은 불가능하다. 앞서 제시된 '육체-정신'의 관계로 설명하면, '기호-사용자'를 떠나 존재하는 텍스트는 정신이 떠난 육체처럼 생명력(즉, 의미나 내용)이 없는 물체에 불과하기 때문이다(이두원, 1998).

인간이 어떻게 자신의 감각기관들로부터 입력되는 자극들에 기초한 다면적 경험들에 대해 의미를 창출하고 유용(저장, 조합, 변형, 유통 등)하게 사용할 수 있는가? 퍼스는 자신의 기호학적 '현상론'(phaneroscopy)에서 인간의 의식을 세 가지 단계로 나누어, ① 순수한 느낌(feeling), ② 멈춤(interruption)의 느낌, ③ 통합적(synthetic) 의식으로 구성된 '삼분법적 의식체계'를 제시한다. 그는 이 세 가지 단계별 의식의 내용, 즉 1차성, 2차성, 3차성으로 구성된 '세노피타고리언 범주'(cenopythagorean categories)를 인식론적 메타 모델로 발전시켜 인간의 지각과 의식 체계, 그리고 기호계에 이르는 인식론적 논의를 전개한다(이두원, 2014). 따라서 퍼스는 인간의 지각과정과 의식에 대한 기호학적 논의를 전개하면서 자연스럽게 자신의 기호학을 '기호 현상론'까지 확장했다고 볼 수 있다.

3) 기호 현상학의 입장과 시각

앞서 살펴본 바와 같이 학문 영역으로서 기호학과 현상학은 모두 철학이 자 방법론의 영역이라는 공통점을 갖고 있다. 학문에서 철학과 방법론 은 사물이나 현상을 '어떻게' 바라보아야 하는가, 즉 '접근법'에 관한 것 이다. 따라서 '기호학적 현상학'이란 2개의 접근법을 융합함으로써 '제3 의 관점'을 제시하고 있다. 기호 현상학적 관점은 '세계는 인간의 의식에 드러나는 만큼 존재하는 것'이라는 현상학적 대전제하에서 인간의 숙명 적인 '기호적 삶'을 소전제로 수용하는 관점이다.

현상계에서 일어나는 '의식의 지향성'이나 '사회적 행위' 현상을 인정 하면서 그 현상계가 궁극적으로 '기호계'로 이루어져 있고, 일상적 삶 속 의 기호와 상징 현상, 그 자체 속에서 현상학적 경험을 하는 인간의 의 식작용과 구조를 탐구하고자 하는 것이다. 즉, '보는 대상', '시각적 경 험', '보는 주체의 실재함' 사이의 연계적 구조를 기호, 기호작용, 기호-사용자의 연계적 구조에 대입하여 일상의 소통현상과 의식현상을 탐구 하고자 하는 것이 기호 현상학적 관점이라고 할 수 있다.

영어의 '기호 현상학'(semiotic phenomenology)이란 용어 자체는 미국의 커뮤니케이션 학자 래니건이 처음 사용했다(Lanigan, 1988). 하지만 기 호학과 현상학이 이미 인간의 '지각' 내지는 '인지'라는 공통된 연구대상 을 가지고 있었고, 또 명확한 구분 없이 양쪽 영역을 접목하는 선행 연 구들이 많이 있었다. 래니건은 기호 현상학의 논의를 전개하면서 기호 현상학적 관점을 제공하는 주요 인물로 후설(E. Husserl), 퍼스(C. Peirce), 메를로-퐁티(M. Merleau-Ponty), 푸코(M. Foucault), 야콥슨 (R. Jakobson) 등을 언급했다(Lanigan, 1988, pp. 168-174).

기호 현상학적 관점에서 '커뮤니케이션학'을 재정립하고자 하는 래니건은 자신의 저술에서 거의 동일한 개념선상에서 '기호 현상학'(semiotic phenomenology), '커뮤니케이션 현상학'(phenomenology of communication), '커뮤니케이션학'(communicology), '인간 과학'(human science)과 같은 용어들을 혼용하여 사용하는 것을 볼 수 있다(Lanigan, 1992, pp. 3-6). 그가 이러한 용어를 개념적 동일선상에 표기하면서 주장하는 것은 커뮤니케이션학의 연구방향이 소통 현상 자체, 즉 인간의 의식에 나타나는 '경험' 그 자체로 향해야 한다는 점이다.

래니건은 "말을 할 때, 누가 말을 하는가(who is speaking?), 생각을 할 때, 누가 생각하는가(who is thinking?), 무엇을 바라볼 때, 누가 보는가(who is seeing?)를 심각하게 생각해 보자"고 제안한다. 그는 메를로-퐁티의 시각을 인용하면서, "말하는 순간에 존재하는 말, 생각하는 순간에 존재하는 생각, 보는 순간에 존재하는 '봄'(seeing)이 그 행위들의 주체이며, 우리가 찾으려는 '나는 누구인가'에서 '나'의 실존적 양태"라고 제시한다. 실제로 "나는 생각한다. 고로, 존재한다"라고 말한 데카르트에게 "'나'는 무엇이며 '생각'은 무엇입니까?"라고 묻는다면, 데카르트학파의 대답은 순환논법에 걸려 버린다: "'나'는 '생각하는 존재'이고, '생각하는 존재'가 '나'입니다." '나'와 '생각' 둘 중 그 어느 것도 다른 하나의 실존을 증명해 줄 수 없다.

그러나 기호 현상학적 입장에서 보면, 퍼스가 주장한 바와 같이, 인간 자체가 기호이며, 기호는 인간의 '실존적 매개체'(existential medium)이다. 따라서 "생각이 생각한다. 고로, 나는 있다"(thought thinks, therefore I am)라는 전제가 도출된다. 즉, '생각하는 사고'(thought thinking) 자체가 기호의 존재를 증명하고, 이러한 진행형(~ing)의 기호작용이 과거나 미래가 아닌 바로 진행 순간에 실존하는 존재를 스스로 명증(明證)해 준다.

따라서 커뮤니케이션 '현상 그 자체'에 초점을 맞추는 기호 현상학적 연구의 입장에서 보면, "말이 말하고(*speech speaks*), 생각이 생각한다(*thought thinks*)"고 진술할 수 있다. 이러한 측면에서 기호 현상학의 입장과 시각은 '확인되지 않은' 현상의 주체로부터 벗어나고, '경험'의 당사자 또는 연구자에게 주어진 통제 불가능한 조건, 편견, 선입견 등에 대한 판단을 보류함으로써 현상 자체의 본질을 현상 속에서 찾을 수 있는 가장 '객관적인 접근'이라고 평가할 수 있다.

4) 기호 현상학적 커뮤니케이션 이론

기호 현상학적 관점에 근거하여 진행된 커뮤니케이션 현상에 대한 선행 연구들은 크게 직관적 연구(*eidetic research*)와 경험적 연구(*empirical research*)로 나눌 수 있다. 대부분의 직관적 연구는 인간의 커뮤니케이션 현상에 내재하는 본질을 탐색하는 이론적 작업이다. 반면 경험적 연구는 자아 및 대인 커뮤니케이션에서 사회 문화적 커뮤니케이션 상황에 이르기까지 개별 커뮤니케이터의 경험세계를 대상으로 '기술(*description*), 환원(*reduction*), 해석(*interpretation*)' 단계로 구성된 기호 현상학적 방법을 통하여 그 지각된 경험세계를 이해(*understanding*)하는 작업에 초점을 맞추게 된다(Lanigan, 1988; Polkinghorne, 1983).

여기서는 먼저 기호 현상학의 커뮤니케이션 이론의 근간이 되는 '커뮤니케이터 의식 구조' 모델과 '커뮤니케이팅 현상' 모델을 소개하고, 다음 세션의 논의에서 기호 현상학적 연구방법과 미디어 연구의 적용 가능성을 타진하도록 한다.

기호 현상학적 커뮤니케이터 모델은 인간의 의식세계에 내재한 실존적 구조에 뿌리를 두고 있다(Schrag, 1986; Lanigan, 1988). 앞서 살펴본 바와 같이 기호 현상학적 연구는 커뮤니케이터의 의식에 비추어진 커뮤니케이션 현상 자체에 초점을 맞추어 그 현상의 본질에 접근해 보고자 하는 것이다. 따라서 커뮤니케이터 의식 구조에 대한 기호 현상학적 모델은 후설의 현상학적 개념인 '상호주관성'(intersubjectivity)에 기초해 있다. 인간의 지각세계에 존재하는 현상학적 개념인 '자아(self)의 의식'과 '타자(other)의 의식'에 기본 골격을 맞추고 있다. 개별 커뮤니케이터의 내부 경험에서 성립되는 '자아 대 타자'의 지각적 관계는 바로 커뮤니케이터 외부에서 성립되는 발신자와 수신자라는 관계적 커뮤니케이션을 운영하는 상부구조(superstructure)가 된다는 것이다. 래니건은 이러한 지각(perception)과 의식(consciousness)에 기초하여 〈그림 4-1〉과 같이 기호 현상학의 커뮤니케이터의 내부 구조를 제시하였다(Lanigan, 1986, pp. 695-701; 1988, p. 243).

이러한 커뮤니케이터 의식 구조 모델은 자아에 대한 의식과 타자에

그림 4-1 기호 현상학의 커뮤니케이터 의식 구조 모델

발신자 양태(self) ◄───────► 수신자 양태(other)

	발신자 양태(self)		수신자 양태(other)	
expression (표현단계)	self experience 자아적 경험		experience of other 타자적 경험	
perception (지각단계)	consciousness (of) 의식(-에 대한)	self 자신	consciousness (of) 의식(-에 대한)	other 타자
meaning (의미단계)		preconscious 전(前)의식	unconscious 무의식	

대한 의식을 경험할 수 있는 이분적 양태들(modalities)의 존재는 인간의 의식이 시간의 인식 차원에서 일어나는 '그때'와 '지금', 그리고 공간의 인식 차원에서 일어나는 '저기'와 '여기'라는 순차적 지각현상에 의해 발생하게 된다. 개인의 의식 내부에서 발생하는 자문자답형식의 자아 커뮤니케이션은 커뮤니케이터가 '자아적 경험공간'과 '타자적 경험공간'을 왕래하면서 일어나는 현상이다. 따라서 이 의식 구조 모델은 자아적 소통을 설명하는 기반을 넘어서 커뮤니케이터의 의식 내부에서 지각되고 처리되는 다양한 사회적 커뮤니케이션 활동을 설명하는 구조적 기반이 된다.

래니건은 커뮤니케이터의 발화 행위와 청취 행위는 자아적 경험과 타아적 경험으로 분류되어 지각될 수 있다고 주장한다(Lanigan, 1988, pp. 242-245). 스피치 커뮤니케이션 과정에서 화자는 자아적 관점의 공간에서 타자적 공간의 '(가상적) 청자'를 염두에 두고 말하며, 작가는 자신의 타자적 공간에 존재하는 '독자'를 염두에 두고 글을 쓰는 것이다(Sless, 1986). 이것은 곧 인간커뮤니케이션 현상의 원초적 발상지를 의식세계에 존립하는 'self(자아)'의 공간과 'other(타자)'의 공간으로 지목하고, 두 공간 사이에 상호주관적(intersubjective) 의미부여를 위해 발생하는 현상으로 보는 것이다.

래니건은 이 자아의 공간과 타자의 공간 사이에 반사성(反射性), 반영성(反映性, reflection), 역전성(逆轉性, reversibility)이 존재한다고 설명한다. 반사성은 자아적 의식과 타자적 의식 공간을 연결하는 행동양식으로서, 커뮤니케이터가 가상적 독자(projected reader)를 대상으로 글을 쓰는 것을 가능하게 한다(Lanigan, ibid., p. 173). 반영성은 타자의 공간에 비추어진 자신의 행위나 자아의 공간에 비추어진 타자의 행위를

158

인식하는 현상으로서, 커뮤니케이터로 하여금 '자신이 알고 있다는 사실을 타자가 인식하고 있으며, 타자의 그러한 인식을 또한 자신이 인식하게 되는' 반영(反影)적 인식 현상이다. 역전성은 커뮤니케이터가 '자아의 공간'에서 작가의 입장이었다가 역으로 '타자의 공간'에서 독자의 입장으로 전환하는 현상으로서, 자신이 쓴 글을 독자 입장에서 읽어 본다든지, '내가 너라면 …' 식의 인식 현상을 말한다(ibid., p. 24).

커뮤니케이션 현상에 항상 존재하는 이 '가상적 독자'는 의식 내부에 존재하는 '보여 줄 수 없는 타자'로 볼 수 있으며(Ijsseling, 1976, pp. 134-135), 기호 현상학적 커뮤니케이터 내부 모델에 존재하는 '타자의 의식 공간'과 일치하는 것이다. 기호 현상학적 입장에서 보면 실제 커뮤니케이터 앞에 서 있는 타인은 이 '보여 줄 수 없는 타자'를 대신하는 상징적 존재에 불과한 것이다. 이러한 기호 현상학적 시각에서 보면, 커뮤니케이터 내부 경험세계에서 일어나는 커뮤니케이팅 현상에 대해 〈그림 4-2〉와 같은 모델로 축약할 수 있다.

그림 4-2 **기호 현상학의 커뮤니케이팅 현상 모델**

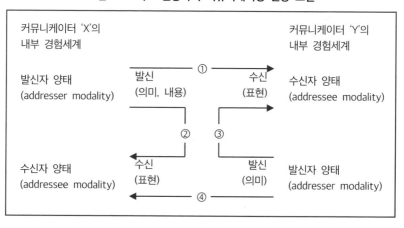

여기서 보여 주는 커뮤니케이팅 현상 모델을 자세히 살펴보면 'X'와 'Y'의 대인 커뮤니케이션 경험이 일어나는 '장'(場)도 개별 커뮤니케이션 의 '의식'세계이다. '커뮤니케이터 X'의 경험을 보면, 발신자 양태(자아 적 공간)에서 의미를 발신하고, 발신된 의미는 수신자 양태(타자적 공간) 에서 표현의 형태(②번 라인)로 수신된다. 앞에 있는 'Y'가 보낸 피드백 (④번 라인)도 엄밀히 보면 'X'의 수신자 양태(타자적 공간)의 경험으로 나타난다. 커뮤니케이터 'Y'도 동일한 커뮤니케이팅 경험을 하고 있는 것이다.

자신의 의미를 표현하기 위한 기호화(*encoding*) 과정이나 타자적 공간 에서 지각된 메시지의 해독(*decoding*) 과정이 개별 커뮤니케이터의 의식 세계에서 이루어진다. 커뮤니케이터는 지각된 메시지에 대하여 타자와 의 관계에 근거한 차별화된 의미파악(*decoding*) 과정을 거쳐, 기호에 담 긴 의사를 결정하게 된다. 개별 커뮤니케이터는 각기 다른 대인 관계에 적용해야 할 세부적인 기호 코드 체계를 자신이 성장한 사회 문화 속에 서 습득하고 실천하게 되는 것이다. 그리고 이러한 사회 문화적 규범이 나 가치체계는 문화적 코드로서 개인의 전반적인 커뮤니케이션 행위를 통제하고 운영하는 체계 기능을 수행하게 된다.[1]

따라서 기호 현상학에서 인간의 커뮤니케이션 활동은 "인간의 의식적 경험(*conscious experience*)"으로 정의되고, 그 활동은 커뮤니케이션 메시 지(*message*), 맥락(*context*), 코드(*code*)라는 세 가지 차원으로 분류된다

---

[1] 각기 다른 사회 문화권에서 다양하게 나타나는 휴먼 커뮤니케이션에 적용되는 문화적 코드와 그 기능들에 대한 연구는 문화 기호학 영역에서 이루어지고 있고, 기호 현상학 에서는 이러한 문화적 코드가 작용하는 '현장'을 개인 커뮤니케이터의 내부 경험세계에 서, 즉 담론적 세계에서 파악하는 데 초점을 맞추게 된다.

(Lanigan, 1988, pp. 186-187). 커뮤니케이터는 지각된 '메시지'에 대하여 코드 체계를 이용하여 의미 해독을 하게 된다. 이 과정은 맥락적 의미(*contextual meaning*)의 선택이며, 동일한 메시지에 부여될 수 있는 다양한 의미들 가운데서, 커뮤니케이터는 기호 코드에 근거하여 가장 적합한 맥락적 의미를 선택하게 된다.[2]

이것은 의사를 표현하는 과정에서도 마찬가지이다. 커뮤니케이터는 자신의 의사를 전달할 수 있는 다양한 표현들 중에서 맥락적 의미를 전달할 수 있는 가장 적합한 기호를 선택하는 것이다. 그러므로 기호 현상학에서 정의되는 인간의 커뮤니케이션 활동은 의식의 장에서 전개되는 기호현상이며, 기호들(*signs*)을 둘러싼 '상황의 선택'(*choice of context*)이라고 할 수 있다.

---

[2] 이러한 현상은 기호학적 용어로 어형 변화축의 선택범위(*paradigmatic sections*)와 통합적 관계축에서의 선택(*syntagmatic choice*) 과정으로 설명될 수 있다.

3. 기호 현상학적 연구방법과 미디어 연구의 적용

커뮤니케이션 현상에 대한 기호 현상학적 접근이 갖는 방법론적 의의는 무엇인가? 앞서 우리는 근대 과학철학 사조의 이중적 대립구조를 살펴 보았다. 근대 자연과학에서 숭배된 객관주의, 이성주의, 절대주의 패러 다임의 과학철학이 낳은 것이 '3인칭 전지(全知)적 관찰자 시점'의 연구 시각이라면, 주로 인문과학에서 숭배된 주관주의, 상대주의, 경험주의 의 고집이 낳은 것이 '1인칭 관찰자 시점'의 연구시각3이라고 할 수 있 다. 전자의 경우 연구자의 역할이 이성을 도구로 관찰된 현상으로부터 지식을 도출하는 것이었다면, 후자의 경우 연구자의 역할은 주관적 시 각에서 관찰한 현상을 기술하고 이를 분석하거나 해석하는 것이라고 볼 수 있다(Kearney, 1986).

　기호 현상학적 접근의 방법론적 의의는 이처럼 편파적이고 대립적인 연구시각을 지양하는 데 있다. 그 대신 연구자의 시각을 커뮤니케이터 의 '내부적' 담론 세계로 맞추면서, 복수의 주관(主觀)에서 공통적으로 성립되는 상호주관성을 지향하는 것이다. 다시 말하면, 기호 현상학적 연구방법은 '상호주관적(*intersubjective*) 관찰자 시점'이라고 할 수 있다.

---

3 1970년대 후반부터 나타나는, 커뮤니케이터의 내부세계에 초점을 돌리는 '수용자 중심' 의 커뮤니케이션 모델과 이론들은(Maturana, 1978, p. 54; Jantsch, 1980, p. 203; Uexkull, 1978; Kock, 1980) 커뮤니케이터의 경험세계를 대상으로 다양한 연구설계 (질적, 양적 포함)를 할 수 있는 기반을 마련한다고 볼 수 있다.

1) 기호 현상학적 연구방법

실증주의(*positivism*)에 기초한 경험주의와 이성주의 연구들이 목표로 삼은 것은 양적 자료의 수집과 분석, 혹은 논리적 분석과 증명에 의해 상관관계나 인과관계를 밝히는 것이었다. 반면 후기 실증주의에 해당하는 현상학이나 기호학, 그리고 기호 현상학적 연구의 목표는 '의식'에 비추어진 경험의 기술과 해석이라고 할 수 있다. 따라서 기호 현상학적 연구방법은 개인의 경험세계에 대한 기술, 환원, 해석 단계를 통하여, 지각된 경험세계를 '상호주관적 관점'에서 이해하는 작업에 초점을 맞추게 된다(Lanigan, 1988; Polkinghorne, 1983).

(1) 기술(description)

기술(記述)이란 의식에 나타나는 '현상', 즉 체험을 통해 인식한 '내용' 그 자체에 대한 관찰과 묘사를 말한다. 체험에 초점을 맞추어 '내가 지금 무엇을 경험하고 있는가'에 대한 내용을 서술(敍述)하는 것이다. 이러한 서술은 기호로 지각하고 기호에 의해 의미가 부여되는 인간의 의식에서 일어나는 기호적 현상을 다시 언어적 기호를 사용하여 기술하는 것이라고 할 수 있다.

기호 현상학적 연구의 기술 단계에서, 연구자는 동일한 사건을 경험한 다수의 참여자들을 인터뷰하고, 각 참여자들은 자신의 경험에 충실한 서술을 함으로써, 연구자는 동일한 사건에 대해 다양한 모습의 '산-경험들'(*lived-experience*)에 관한 서술 자료를 확보하게 된다. 서술자는 '자신의 시각'(1인칭)에서 자신의 의식에 비추어진 현상을 '나에게는 이렇게 보여진다'(*To me, it is*)라고 기술하는 것이다.

래니건은 이처럼 개인의 주관적 관점에서 '의미'가 부여된 경험의 수사적(修辭的) 서술 자료를 '캡타'(capta)라고 명명하고, 이것은 객관주의적 관점의 양적 분석 연구에서 표준화된 측정도구를 통하여 수집한 자료, 즉 데이터(data)와 구분되어야 한다고 주장한다(Lanigan, 1988). 그는 서술자의 기술 과정이 후설의 에포케(epoche), 즉 판단중지 혹은 의식적 경험에 대한 '괄호치기'와 같다고 설명한다.

따라서 경험을 서술하는 과정에서 서술자는 자신의 경험을 괄호 '안'에 고립시키려 하지 말고, 오히려 자신의 규범적 태도나 선입견이 자신의 기술(記述)에 영향을 미치지 않도록 괄호 '바깥'에 외적 가정들을 보류해 두고, 순수하게 자신의 의식에 드러난 경험을 있는 그대로 기술해야 하며, 이를 위해 '경험의 주위'에 괄호를 쳐야 한다고 설명한다(1997, pp. 32-33). 이 기술 과정을 통하여 개인의 의식에 비추어진 '경험'은 스쳐 지나가는 무형(無形)의 상태가 아닌 엄밀하고 실체화된 연구대상이 된다.

(2) 환원(reduction)

환원(還元)은 관찰되어 묘사된 현상들, 즉 기술된 자료의 진술에 입각하여 그 현상의 변수적 요소(variables)를 살펴보는 것이다. 기호 현상학적 연구의 환원 단계에서, 연구자는 자신의 편견 또는 선입견을 떠나서, 사건을 직접 '현상 그대로'(as it is) 경험한 여러 참여자들이 다양하게 서술한 여러 개의 '산-경험'을 펼쳐 놓고, 그 현상의 변수적 요소들을 찾아보게 된다. 이 단계의 목표는 기술(記述) 자료 가운데 어떤 부분들이 본질적이고, 어떤 부분들이 본질적이 아닌지를 결정하는 것이다. 이것은 경험의 어떤 부분들이 정말로 우리 의식의 부분들이고, 어떤 부분들이 단지 그럴 것이라고 가정된 것인지를 정확히 발견해 내기 위한 것이다. 환원을 통하여 개인의 경험을 구성하는 사물, 사건, 감정, 판단 등 의식의 대상들을 고립시키는 것이다.

현상학적 환원의 통상적인 방법은 '상상력에 의한 자유로운 변이'(im-aginative free variation)라고 불린다. 이 절차는 인지적, 정서적, 의지적 의미를 지닌 '경험의 부분들'에 대해 반성적 통찰(reflection)을 시도하고, 이 경험에서 이러한 부분들이 부재(absent)하거나 존재(present)할 때를 체계적으로 비교해 보는 것이다. 이처럼 상황적 비교와 부분의 제거를 통한 '자유로운 변이'를 시도해 보면서 연구자는 경험에 대한 의식이 성립하기 위하여 필수적인 '본질들'(essential)을 중심으로 서술(敍述)을 줄일 수 있게 된다. 그리하여, 기술은 현상의 핵심적인 부분으로 환원되고, 나머지 비본질적인 부분들은 배제된다.

(3) 해석(interpretation)

해석(解釋)은 환원 절차를 통하여 확인한 현상의 구조적 변수들 사이에서 발견되는 보편타당성을 가진 핵심적 본질, 즉 절대변수 또는 '최대공약수'를 찾아보고 그것에 대하여 해석을 시도하는 것이다. 같은 사건이라도 개별 경험자에 의해 다양한 모습으로 서술된 '산-경험들'에 대해 환원을 통해 그 변이의 범위를 본질적 영역으로 줄인 후, 해석 단계에서는 그 본질적 경계를 구성하는 핵심적 본질(essence)을 설명하는 것이다. 현상학적 입장에서 보면, 해석은 순수의식이 남겨진 '현상의 본질'(현상학적 잔여)을 확인하고, 의식의 대상과 지향성으로 구성된 이 본질을 다시 의식의 내부에 내재화해서 이해하는 과정이다.

이러한 기호 현상학적 연구방법은 표면적으로 현상학적 연구절차와 매우 흡사하다. 이는 기호 현상학이 '현상 밖(outside)에 따로 진리의 세계가 존재하지 않는다'고 보는 현상학적 관점을 공유하기 때문이다. 그러나 '인간의 의식에 비추어진 모든 현상은 곧 기호현상이다'라는 기호 현상학의 대전제가 기호 현상학적 연구절차에 반영되어 있으며, 따라서 '기호현상' 자체에 분석과 해석의 초점을 맞추고자 하는 점이 기호 현상학적 연구방법의 독창성이라고 할 수 있다.

또한 기호 현상학적 연구방법은 앞서 살펴본 커뮤니케이터 내부 구조 모델을 전제로 한다. 이는 커뮤니케이션 현상 연구에서 경험의 주체인 커뮤니케이터, 즉 '수용자 중심의 관점'으로부터 커뮤니케이션 연구를 할 수 있는 기틀을 마련해 준다. 여기서 '수용자 중심의 관점'이란 자아, 대인, 그룹, 조직, 문화 간 커뮤니케이션을 비롯하여 신문, 잡지, 방송, 뉴미디어 등 각종 매체를 동반한 모든 '커뮤니케이션 현상'의 연구대상이 궁극적으로 커뮤니케이터(수용자)의 내부 경험세계, 즉 의식에 맞추어진다는 것이다. 기존의 커뮤니케이션 연구가 커뮤니케이션 경험을 연구대상으로 했다고 볼 수 있지만 여기서 커뮤니케이터의 내부 경험세계란 수용자(커뮤니케이터)가 외부적 메시지를 타자의 공간에서 지각, 경험, 의식하고, 다시 자아(self)의 공간에서 자신의 의미를 부여하는 제반 커뮤니케이션 현상을 의미하는 것이다. 요약하면, '발신자-수신자' 형태의 커뮤니케이션 현상의 장(場)을 커뮤니케이터 내부 의식 공간에 비추어진 현상으로 규정하고 이를 연구대상으로 삼는 것이다.

2) 미디어 읽기의 '창'으로서 기호 현상학

기호 현상학적 연구의 관점에서 보면, '1분'이란 시간은 객관적 측정도구인 초시계상의 60초 분량의 시간이라기보다는 '1분' 동안 개인의 의식세계에서 전개된 수많은 기호들과 기호들의 의미작용 과정으로 지각된 경험의 질적 총체이다. 따라서 개인이 자신의 '의식'세계에서 체험한 '산-경험'이 기호 현상학의 중요한 연구대상이 된다. 앞서 살펴본 바와 같이 기호 현상학적 '기술', '환원', '해석' 과정을 거치면서 개인의 의식세계에 비추어진 현상의 본질을 찾아보고자 하는 것이다. 삶의 경험 속에서 우리가 '오감'으로 느낀 의식세계의 '경험'은 개인의 지극히 주관적이고 상대적이며 의식적인 것이기 때문에, 객관적이고 절대적이며 행위적인 척도에 의해 측정한 데이터로 그 경험의 본질을 찾는 것은 한계가 있다고 보는 것이 기호 현상학적 관점이다.

미디어 읽기의 '창'으로서 이러한 기호 현상학적 연구방법이 유효하고 타당한가? 이 질문에 대한 답은 미디어 현상을 어떤 시각에서 접근하는가에 따라 달라질 수 있다. 실제 사물과 현상에 대한 의미는 그 대상을 자연적 관점에서 보는가, 또는 현상학적 관점에서 보는가에 따라 매우 다를 수 있기 때문이다. 이를테면, 어떤 유형의 시청자들이 어떤 TV 프로그램을 얼마나 많은 시간 동안 시청하였는가를 알아보고자 하는 시청 행태 연구의 경우, 기호 현상학적 접근은 유효하지도, 타당하지도 않다. 하지만 미디어 수용자로서 시청자의 의식세계에 비추어진 미디어의 소비 경험에 연구의 초점이 맞추어져 있다면 기호 현상학적 접근이 매우 유효하고 적절하다고 평가할 수 있다. 즉, '철저한 수용자 중심의 연구시각'이 강조되는 미디어 수용자 연구 분야에서 기호 현상학적 연구방법의 적용 가능성이 높다고 할 수 있다.

　미디어 읽기의 '창'으로서 기호 현상학적 연구방법의 장단점을 간략히 정리하면, 우선 장점으로는 '산-경험'에 대한 직접적인 이해를 얻을 수 있고, 다양한 삶의 경험을 연구하는 데 사용될 수 있으며, 실제 경험한 사람의 목소리를 들을 수 있다. 반면 단점으로는 서술된 자료의 양이 방대할 수 있고, 연구 자료의 획득과 분석에 상당한 시간이 소요되며, 자신의 경험을 구술하거나 서술해 줄 참여자를 찾는 것이 어렵다.

　미디어 수용자의 경험에 대한 기호 현상학적 연구절차를 좀더 쉽게 설명하기 위해, 'TV홈쇼핑 시청자의 피설득 경험'에 대해 연구하고자 하는 연구자를 사례로 설정해 보자. 이 연구자는 다음과 같은 4가지 단계의 연구절차를 거치면서 기호 현상학적 연구를 진행할 수 있을 것이다.

(1) 연구준비 단계
연구자는 우선 자신의 연구문제가 기호 현상학적 연구에 적합한지를 판단해야 한다. 연구목적이 TV홈쇼핑을 시청하는 시청자가 구매설득을 당하는 현상, 즉 시청자의 산-경험에 대한 직접적인 이해를 통해서 피설득 현상의 본질을 탐색하는 것이라면 기호 현상학적 연구에 적합하다고 평가할 수 있다. 그 다음 연구하고자 하는 주제와 관련된 현상이 자연스럽게 나타나는 일상의 현장을 찾아보고 연구대상 현상에 대한 산-경험을 가진 대상자를 선정한다.

(2) 기술 단계
기술 단계는 산-경험을 서술한 자료를 획득하는 과정이다. 이를 위해 한 시청자의 경험을 서술하도록 요청할 수도 있고, 인터뷰를 통하여 TV

홈쇼핑을 시청하면서 경험한 내용을 자유롭게 구술하도록 유도하고 이를 녹음하여 후에 문자로 기록할 수도 있다. 인터뷰 시에는 응답자가 자유롭게 자신의 경험을 서술할 수 있도록 비구조적이고 폭넓은 주제를 중심으로 개방형 질문을 준비하는 것이 효율적이다. 예를 들면, TV홈쇼핑 채널에 대해 본인의 경험은 어떤지, 시청하면서 어떤 상황에서 구매 충동을 느끼는지, 구매결정에 이르기까지 어떤 생각들을 하는지 등에 대해 폭넓게 질문하는 것이다. 이 과정에서 응답자가 경험한 현상을 있는 그대로 서술하도록 연구자는 자신의 의도, 편견, 선입견 등을 최대한 배제한다.

참여자 겸 관찰자로서 연구자가 자신의 경험을 서술하는 경우, 1인칭 시점에서 자신의 의식에 비추어진 경험에만 초점을 맞추어 서술해야 한다. 인터뷰 외에도 개인의 일기나 생활사를 서술한 모든 형태의 문서들이 연구 자료로 활용될 수 있다.

(3) 환원 단계

환원 단계는 산-경험에 대한 서술 자료를 바탕으로 현상을 지탱하는 본질적 변수를 탐색하는 과정이다. TV홈쇼핑 채널을 시청하는 개인의 경험 속에서 그 경험 현상의 구조적 요인들을 발견하는 것이다. 따라서 연구자는 응답자들(시청자)이 어떻게 그 현상을 경험했는가를 묘사하는 문장이나 표현에 밑줄을 긋고 하나의 테마(theme)를 형성하는 의미적 클러스터들(clusters)을 개발한다.

연구자는 TV홈쇼핑 채널을 경험하는 개별적인 사람들의 서로 다른 경험 방식을 볼 수 있게 된다. 이를테면 어떤 시청자는 브랜드나 트렌드에 대한 피설득 경험을 집중적으로 서술한 반면, 다른 시청자는 한정 세

일이나 추가 증정품에 대한 피설득 경험을 강조해서 서술할 수 있다. 이 것이 개별적인 사람들이 세상에 대해 경험하는 서로 다른 삶의 방식이 며, 이러한 다른 방식들 사이에서 우리는 '경험의 본질'을 지탱하는 주요 기둥들을 찾아보고자 하는 것이다. 이 분석 과정에서 연구자는 자신이 연구하고자 하는 현상을 '있는 그대로' 명확하게 보기 위하여 자신의 관점이나 선입견을 배제한다.

(4) 해석 단계

해석 단계는 앞서 환원 단계에서 파악한 현상의 주요 변수들 속에서 보편타당성을 가진 핵심적 본질을 찾아보고 이것을 다시 '현상'(경험세계) 에 내재화해서 설명하는 과정이다. 연구자는 TV홈쇼핑 시청자(개별 응답자)가 무엇을 경험했는가를 요약하고, 어떻게 시청자들이 그러한 현상을 경험하게 되었는가에 영향을 미친 상황(context)과 환경(setting)을 제시한다. 그 다음 연구자가 찾아낸 현상의 본질, 이를테면 '상징적 소비주의'를 도출한 후, 다시 체험자들의 '산-경험'에 반영하여 이 본질의 '빛'을 검증해 본다. 이러한 해석은 이 연구결과를 읽는 독자들에게 과연 이러한 현상을 경험한다는 것이 '어떤 느낌일까'(본질)를 통찰해 볼 수 있는 '창'을 제공할 것이다.

요약하면, 미디어 읽기의 창으로서 기호 현상학적 분석은 마치 방대한 양의 내용을 담은 한 권의 책을 목차로 줄이는 것과 같다. 목차에 제시 된 다양한 주제들을 설명하기 위해 본문에는 수많은 개념들과 설명, 그리고 예시가 풍부하게 나열되어 있다. 하지만 꼭 필요한 본질적인 변수만 한 장으로 줄여서(reducing) 제시하라고 하면 우리는 목차를 만나게 되는 것이다. 그리고 다시 그 목차를 모두 아우를 수 있는 본질을 한마디로 말하라고 하면 책의 제목(圖書名)을 만나게 된다.

기호 현상학적 분석이란 이처럼 방대한 기호의 집합으로 이루어진 '경험의 의식'(현상 그 자체)을 서술하고, 서술된 텍스트(즉, 기호의 집합체로서 경험) 속에서 기호적 현상을 지탱하는 본질적인 변수와 코드체계를 분석한 후, 그 코드체계를 지탱하는 보편타당성, 즉 핵심적 본질(예: 신념, 사상, 신화 등)에 대하여 해석을 시도하는 것이다.

이러한 기호 현상학적 접근은 곧 연구자가 3인칭 전지적 관찰자 시점을 떠나, 커뮤니케이터(communicator) 자신의 내부세계에서 일어나는 커뮤니케이팅(communicating) 활동과 커뮤니케이티드(communicated)된 내용을 추적하고 기술하는 것을 의미하기도 한다. 기호 현상학의 모토(motto)인 '상호주관성'이란 개념을 가지고 보면, 대인 커뮤니케이션에 있어 파트너가 발설한 말이라도 청자 자신에게 인지되었을 때 그 말은 이미 청자(수용자)의 경험세계에 존재하는 텍스트이며, 그에 대한 의미 해독도 청자의 경험세계 내에서 이루어지는 것이다. 이러한 기호 현상학적 연구시각을 선택함으로써 연구자는 제3자의 입장에서 수집한 텍스트에 절대불변의 의미가 수용자를 떠나서 존재하며 그것을 찾아내야 한다는 객관주의적 고정관념으로부터 탈피할 수 있게 된다.

참고문헌

이두원 (1997). 찰스 퍼스의 커뮤니케이션 사상에 대한 연구. 〈삶과 기호〉(기호학
    연구 3) (432-454쪽). 문학과 지성사.

이두원 (1998). 〈커뮤니케이션과 기호〉(*Communication and signs*). 서울: 커뮤니케
    이션북스.

이두원 (2014). Peirce의 세노피타고리언 범주 체계의 응용과 확장: 21세기 휴먼 커
    뮤니케이션 난제에 대한 실용주의 시각의 논제 구축. 〈기호학연구〉, 41집,
    59-89.

주형일 (2008). 직관의 사회학, 나의 사회학 그리고 현상학적 방법. 〈커뮤니케이션
    이론〉, 4권 1호, 77-113.

Bernstein, R. (1983). *Beyond objectivism and relativism: Science, hermeneutics,
    and praxis.* Philadelphia: Univ. of Pennsylvania Press.

Bernstein, R. J. (2010). *The pragmatic turn.* Cambridge: Polity Press.

Heidegger, M. (1969). *The essence of reasons.* New York: Harper & Row.

Husserl, E. (1960). *Cartesian meditations: An introduction to phenomenology.* The
    Hague: Martinus Nijhoff.

Husserl, E. (1967). *The paris lectures.* The Hague: Martinus Nijhoff.

Ijsseling, S. (1976). *Rhetoric and philosophy in conflict: An historical survey.* The
    Hague: Martinus Nijhoff.

Jantsch, E. (1976). *The self-organizing universe.* Oxford: Pergamon.

Kearney, R. (1986). *Modern movements in European philosophy.* Manchester, UK:
    Manchester Univ. Press.

Kock, W. (1980). Autopoiesis and communication. In F. Benseler, P. Heijl, &
    W. Kock (Eds.). *Autopoiesis, communication, and society* (pp. 87-112).
    Frankfurt: Campus.

Lanigan, R. (1986). Phenomenology. In T. Sebeok (Ed.), *Encyclopedic diction-
    ary of semiotics* (pp. 695-701). Berlin, New York, and Amsterdam: Mouton
    de Gruyter.

Lanigan, R. (1988). *The phenomenology of communication.* Duquesne University

Press. 박기순 · 이두원 역 (1997). 〈커뮤니케이션 현상학〉. 서울: 나남.

Lanigan, R. (1992). *The human science of communicology.* Pittsburgh: Duquesne University Press.

Liszka, J. J. (1996). *A general introduction to the semiotic of Charles Sanders Peirce.* Bloomington, IN: Indiana University Press. 이윤희 역 (2013). 〈퍼스 기호학의 이해〉. 서울: 한국외국어대 출판부.

Miller, G. A., Lenneberg, E., & Lenneberg, E. H. (1978). *Psychology and biology of language and thought: Essays in honor of Eric Lenneberg.* New York: Academic Press.

Maturana, H. (1972). Biology of language: The epistemological reality. In G. Miller & R. Lanigan, *Speaking and semiology.* The Hague and Paris: Mouton.

Peirce, C. S. (1931~1958). *Collected papers of Charles Sanders Peirce,* vols. 1-6 [1931~1935, C. Hartshorne & P. Weiss(Eds.)], vols. 7-8[1958, A. W. Burks(Ed.)]. Cambridge, MA: Harvard University Press.

Polkinghorne, D. (1983). *Methodology for the human sciences.* New York: SUNY Press.

Schrag, C. (1986). *Communicative praxis and the space of subjectivity.* Bloomington and Indianapolis: Indiana University Press.

Sless, D. (1986). *In search of semiotics.* Totowa, NJ: Barnes & Noble Books.

Von Eckartsberg, R. (1986). *Life-world experience: Existential-phenomenological research approaches in psychology.* University Press of America.

코드, 인간커뮤니케이션 그리고
텔레마틱 사회

김성재

1. 인간커뮤니케이션학으로서 코무니콜로기

체코 출신 커뮤니케이션 철학자 빌렘 플루서(Vilém Flusser)는 인간을
소통하지 않을 수 없는 정치적 동물이라고 간주한다. 인간은 죽음을 의
식할 수 있는 존재로서 스스로 느끼는 인생의 무의미함과 고독을 극복하
기 위해 소통하기 때문이다. 플루서(Flusser, 1996b)가 창안한 개념인
코무니콜로기(*Kommunikologie*)는 커뮤니케이션학으로서 커뮤니케이션
수단인 코드(*code*), 곧 상징체계를 토대로 인간커뮤니케이션 현상을 해
석한다.

　인류는 세계를 더 잘 이해하고 상상하기 위해 각각의 시대 상황에 적
응하면서 주로 세 가지 코드를 만들어 사용했다. 선사시대(기원전 1500
년 이전)의 그림, 역사시대(기원전 1500년 이후)의 문자, 그리고 탈역사
시대(서기 1900년 이후)의 새로운 그림인 '테크노코드'가 그것이다. 플루
서는 카메라와 같은 기구(*Apparat*)를 이용해 만든 새로운 그림인 테크노

코드를 '기술적 형상'(*Technobild*)이라고 부른다. 20세기 이후 인류는 테크노코드를 사용해 개념(문자텍스트)을 토대로 점의 집합인 양자(量子)의 세계를 창조하기 시작했다. 예컨대 사진, 영화, 텔레비전 영상, 컴퓨터 영상 등이 테크노코드로서 오늘날 지배적 코드로 자리 잡아 간다. 그리고 코드를 작동하게 하는 구조는 커뮤니케이션 미디어라고 파악된다.

플루서에 의하면, 인간커뮤니케이션의 결과물은 인간이 '엔트로피'(*Entropie*) 법칙1을 거스르면서, 곧 정보의 자연적 소멸에 저항해 코드화된 세계를 창조하고 전수해 온 문화라고 할 수 있다. 이 문화는 우리 주위를 둘러싼 예술, 과학, 철학, 종교 등으로 이루어지며, 시간이 흐르면서 면사포(직물)처럼 계속 촘촘해진다. 인간은 코드를 사용해 정보를 창조하고 이 정보를 타인에게 분배함으로써 점점 더 많은 정보를 저장했기 때문이다. 정보를 창조하고 분배하여 저장하는 기능을 수행하는 인간커뮤니케이션은 대화(*Dialog*)와 담론(*Diskurs*)으로 구성된다. 이때 담론은 정보를 분배하여 저장하는 커뮤니케이션 형식이고, 대화는 담론을 통해 분배된 정보를 합성해 새로운 정보를 창조하는 커뮤니케이션 형식이다. 양자는 동전의 양면처럼 하나가 존재하지 않으면 다른 하나도 존재할 수 없다.

---

1 엔트로피 법칙은 1868년 독일 물리학자 클라우시스(R. Clausius)가 발견한 법칙으로서, 에너지의 총량은 변하지 않으나('열역학 제1법칙'), 한 번의 메커니즘을 통해 사용된 에너지는 같은 메커니즘을 통해 같은 양으로 다시는 되돌릴 수 없다는 법칙이다(Rifkin, 1992/1999, pp. 46-61). 엔트로피 법칙에 의하면, 한번 나타난 물체는 항상 어느 정도 균일한 점의 요소들, 곧 열의 죽음으로 종결됨으로써 광범위한 자연계의 순환 과정에서 벗어날 수 없다. 따라서 자연계의 에너지(인간커뮤니케이션의 경우 정보)는 항상 어느 정도 균등하게 분산된 상태로의 한 방향, 곧 분산(정보 상실)으로만 변환이 가능하다.

대화와 담론은 엔트로피 법칙에 저항하는 '부정의 엔트로피'(Negen-tropie) 법칙2에 따라 반자연적 세계를 창조하고 저장하는 인위적 기교라고 할 수 있다. 완고한 엔트로피 법칙에 따라 정보가 소멸되는 현상에 저항하는 인간은 그에게 주어진 상황에 맞는 정보를 표현해 내고, 그 목적은 오로지 인간에게 정보를 제공하는 것이다.

무엇보다도 상징체계인 코드를 습득한 인간은 정보를 분배·저장하는 담론이라는 커뮤니케이션 형식을 통해 정보의 총량을 늘려 간다. 여기서 상징은 어떤 합의에 따라 두 사람 이상이 상호 약속에 따라 다른 현상을 의미하는 현상이고, 코드는 상징의 조작을 규율(規律)하는 체계다. 상징체계인 코드는 어떤 현상을 약속에 따라 유의미한 상징으로 만들고, 상징을 코드로 정돈하는 규칙을 수용하는 약속 참여자들의 전유물이기 때문에 간주관적(間主觀的)으로만 확인된다. 그러나 인간은 하나의 코드를 습득한 뒤에는 그 코드의 인위성(약속)을 잊은 채 '제2의 자연'이라고 할 수 있는 코드화된 세계에서 자연스럽게 살아간다.

한편 플루서가 코무니콜로기에서 가장 비중 있게 다룬 문제는 알파벳(문자) 코드를 토대로 약 3,500년 동안 지탱되어 온 역사가 위기에 처해 있다는 사실이다. 역사시대에 과학기술의 발전을 추동한 설명(이야기), 이론, 계산, 척도, 가치 등에서 안전하다고 여겨졌던 이성의 능력, 곧 근대성에 대한 좋은 믿음이 뿌리째 흔들리고 있기 때문이다. 근대성은 편집증에 가까운 폐쇄성을 띠면서 원래 상인들이 상품의 정보와 계산을

---

2 오스트리아의 물리학자 슈뢰딩거(E. Schrödinger)가 1931년 창안한 개념인 '부정의 엔트로피'를 추구하는 인간은 '열역학 제2법칙'인 엔트로피 법칙에 저항할 수 있다 (Kloock & Spahr, 1997, p. 88).

위해 발명한 알파벳 코드의 세속성을 악마적으로 드러낸다(Flusser, 1996c). 경제와 정치는 사회적 죄악으로, 자의식 및 철학적인 쇼는 심리학적 죄악으로, 본능과 생의 기쁨은 생물학적 죄악으로 나타난다. 특히 마음의 슬픔에서 유래한 예술과 철학은 악마의 핵심이며, 악마의 마지막 목표임과 동시에 인간 역사의 최종목표로 간주된다.

이러한 역사의 위기는 역사시대의 절정기에서, 곧 15세기 중반 구텐베르크의 활자 발명 이후 19세기 중반까지 약 400년 동안 선형코드(텍스트)의 역동성이 이성 중심적 과학언어(전문적인 과학용어) 및 추상적 개념들(예컨대 문학과 철학의 난해한 개념들)을 범람시켰기 때문에 나타난 결과다. 인간이 세계를 이해하고 상상하기 어렵게 만든 환상적인 텍스트는 인간이 침투할 수 없는 책 속의 벽에 갇혀 사는 광기(狂氣)를 낳았고, 인간커뮤니케이션의 장애 요인이 되었다. 텍스트의 불투명성은 역사적 의식의 몰락을 예고하는 징후이며, 텍스트를 떠나 기술적 형상이라는 새로운 코드를 탄생시키는 계기가 된다.

그러나 20세기 들어 기술적 형상이 지배적 코드의 위상을 확보하게 된 탈역사시대로 접어들면서 대중매체, 특히 텔레비전은 무책임한 담론적 프로그램(대중문화)을 전 지구적, 일방적으로 송출함으로써 '우주적 기구-전체주의'를 낳았다. 그리고 대중매체 수용자로서 고독한 개별 인간은 그러한 기구-전체주의에 저항할 수 있는 능력을 상실했다. 그러나 개인용 컴퓨터로 연결된 디지털 네트워크상의 네티즌이 소유한 집단적인 두뇌는 가공할 만한 속도와 저장능력을 가진 기구를 통제할 수 있다. 이러한 통제는 기술적 형상이라는 새로운 코드로 우주적 대화를 나눌 수 있는 '조용한 신 혁명가들'의 참여를 통해 가능하다(Flusser, 1996a).

이를 위해 사회는 텔레마틱(*Telematik = Telekommunikation + Informatik*)

이라는 기술을 이용해 기술적 형상의 담론적(정보분배적) 회로도를 대화적(정보생산적) 회로도로 재구축해야 한다. 텔레마틱은 전 지구적으로 연결된 컴퓨터망을 통해 민주적인 대화를 허용함으로써 대중매체가 구축한 우주적 기구-전체주의에 저항할 수 있는 기술이다. 이렇게 민주화된 대화적 프로그램을 실현할 수 있는 '텔레마틱 사회'(*telematische Gesell-schaft*)가 구축된다면, 이 사회는 담론과 대화가 서로 균형을 유지하는 이상적 사회다.

이 글은 코무니콜로기를 구성하는 핵심 요소인 ① 담론과 대화의 커뮤니케이션 구조, ② 커뮤니케이션 수단으로서 세 가지 코드와 인간의 의식 구조, ③ 코드를 작동하는 구조로서 미디어, ④ 21세기 컴퓨터 네트워크를 통해 인류가 처음으로 창조한 자유로운(이상적) 사회로서 담론과 대화가 균형을 이루는 '텔레마틱 사회', 그리고 ⑤ 결론에서는 코무니콜로기가 커뮤니케이션 연구에 어떻게 적용될 수 있는지를 다룰 것이다.

2. 담론과 대화의 커뮤니케이션 구조

인간은 자연의 엔트로피, 곧 정보 상실에 저항하기 위해 끊임없이 정보를 생산하고 보존한다. 그렇다면 인간은 어떻게 정보를 생산하고 이 정보를 보존할 것인가? 이 질문에 대해 플루서(1996b)는 두 가지 해법을 제시한다. 한편으로는 정보를 생산하기 위해 인간은 새로운 정보를 합성함으로써 다양하게 존재하는 정보를 타인들과 교환한다. 이러한 정보 교환의 커뮤니케이션 형식을 '대화'라고 부른다. 다른 한편으로는 정보를 보존하기 위해 대화에서 생산된 정보를 타인에게 분배한다. 이 분배적 커뮤니케이션 형식을 플루서는 '담론'이라고 명명한다.

커뮤니케이션의 측면에서 보면 모든 사회구조는 대화와 담론의 공동 작용으로 이루어진다. 대화는 정보 창조의 기능, 곧 기존의 사회에서 작가의 기능을 수행한다. 담론은 이렇게 창조된 정보를 전달하고 확산시킨다. 그럼으로써 자연적인 정보 상실이 방지되고 인위적인 정보 보존이 가능해진다.

인간커뮤니케이션의 구조는 크게 4가지 담론 형식과 두 가지 대화 형식으로 이루어져 있다. 담론으로는 ① 극장형 담론, ② 피라미드형 담론, ③ 나무형 담론, ④ 원형극장형 담론이 있고, 대화로는 ① 원(탁)형 대화와 ② 망형 대화가 존재한다. 먼저 담론을 살펴본다.

1) 담론

담론은 자연의 엔트로피적 작용으로부터 정보를 보존하기 위해 사용 가능한 정보를 분배하는 방법으로서, 모든 담론의 구조는 두 가지 문제를 해결해야 한다. 그 하나는 담론의 송신자가 정보를 분배할 때 잡음이 침투해 정보가 변형되지 않도록 하는 것이다. 담론은 상대방이 정보를 수용하게 하는 의도로 수행되기 때문에 원래 정보의 '충실함'을 보존해야 성공할 수 있다. 두 번째 문제로서, 담론의 송신자는 정보를 분배할 때 수신자가 받은 정보를 나중에 계속해서 송신할 수 있을 정도로 수신자들의 기억 속에 저장함으로써 이들을 미래의 송신자로 만들어야 한다. 곧, 이 담론은 '발전'할 수 있어야 한다. 왜냐하면 성공적인 담론은 '정보의 흐름'을 보장해야 하기 때문이다. 이 두 가지 측면, 곧 정보의 '충실함'과 정보의 '발전'은 어느 정도 모순된 특징을 띠기 때문에 서로 일치되기 어렵다. 여기서 중요한 문제는 두 가지 요건이 가능하면 조화를 이룰 때 성공적 담론이 보장된다는 것이다.

(1) 극장형 담론

이 구조에 해당되는 사례로는 무대가 있는 극장 그 자체뿐만 아니라 학교 교실, 콘서트홀, 특히 어머니가 마주 보고 앉아 있는 자식들에게 이야기를 들려주는 부르주아 가정의 거실이 있다. 송신자의 등 뒤에 위치한 오목한 벽과, 송신자를 향해 반원으로 분포된 수신자들을 연결하는 채널이 이 구조의 특징이다. 오목한 벽은 외부 소음을 차단하는 우산 역할을 함과 동시에 송신을 위한 확성기 기능을 수행한다. 송신자는 분배될 정보가 저장되어 있는 기억이다. 채널은 정보를 분배하는 코드의 물질적 운반체이다(여기서는 빛과 공기). 수신자는 정보가 계속 전달될 수 있기 위해, 곧 발전될 수 있도록 분배된 정보가 저장되는 기억이다.

이 구조에서 정보의 '충실함'은 마치 조개처럼 외부 세계의 잡음을 차단하는 오목한 벽에 의해 보장된다. 정보의 '발전'은 송신자와 수신자가

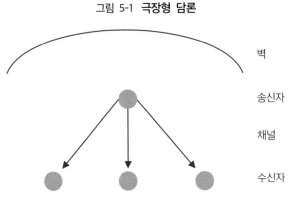

그림 5-1 **극장형 담론**

벽

송신자

채널

수신자

출처: Flusser (1996b); 김성재 역 (2001), p. 23.

서로 마주 보고(개방되어) 있기 때문에 수신자가 스스로 벽을 향해 갈 수 있고, 몸을 돌릴 수 있으며, 송신할 수 있다. 곧, 이 구조는 외부 소음을 비교적 잘 차단하지만 구조의 내부에서 잡음(항의나 질문)을 허용한다. 수신자들은 이 구조 내에서 송신에 대해 직접 응답할 수 있기 때문에 '책임감 있는' 위치에 있다.

극장형 담론은 분배된 정보를 받는 수신자들에게 이 정보에 대한 책임을 떠맡게 하고 그들을 미래의 송신자로 만드는 데 탁월한 구조다. 그러나 정보가 더욱더 충실하게 분배되도록 하려면 다른 담론 구조가 선택되어야 한다.

(2) 피라미드형 담론

이 구조는 군대, 교회, 파시즘적 조직, 정치적 정당 그리고 공적·사적 행정기관 등에서 관찰된다. 송신자는 분배될 정보가 저장되어 있고 원래의 정보가 '탄생되어' 있는 기억으로서 '작가'다. 작가와 릴레이를 연결하는 채널 1은 정보를 송신하고, 이 정보를 릴레이가 '작가'에게 다시

그림 5-2 피라미드형 담론

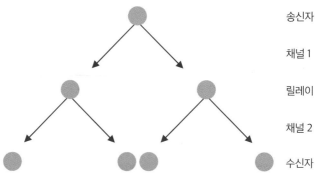

출처: Flusser (1996b); 김성재 역 (2001), p. 25.

송신하는 데 사용되는 코드의 운반체이다. 릴레이는 권위자들로서 작가로부터 수신한 정보를 수신자들에게 계속 보내기 전에 잡음을 제거하고, 충실하게 정보가 전달되었는지를 통제할 목적으로 작가에게 이 정보를 다시 송신할 수 있도록 재코드화하는 기억이다. 권위자들과 수신자들을 연결하고, '채널 1'과는 달리 어떤 재송출도 허용하지 않는 '채널 2'는 메시지를 마지막으로 송출하는 데 사용되는 코드의 운반체이다. 대부분의 피라미드형 담론에서 '채널 1'과 '채널 2'는 문서로 구성되어 있다. 수신자들은 분배된 정보가 저장되는 기억들이다. 이러한 형식의 담론에서는 수많은 릴레이 과정과 권위에 기초한 위계질서가 존재한다.

이 구조의 특징은 잡음을 완벽에 가까울 정도로 제거하여 '메시지의 충실함'을 보존하기 위해 정보를 단계별로 재코드화하는 것이다. 이와 함께 위계질서의 모든 단계에서 차상급 단계를 이용해 원래의 정보는 통제를 목적으로 재코드화된 후 작가에게 재송신된다. 따라서 피라미드형 담론은 원래 송신된 정보를 받는 데 극장형 담론보다 더 적합하다. 이에 반해 피라미드형 담론은 정보의 발전, 곧 수신자를 송신자로 전환시키는 데 훨씬 더 부적합하다. 수신자들은 피라미드 위계질서 내에서 '승진해' 권위자가 되는 것을 제외하고는 송신을 허용하는 채널을 가지고 있지 않기 때문이다.

피라미드형 담론에서 수신자들은 책임감과 혁명(저항, 질문)에서 완전히 배제되어 있다. 이 담론은 대화에 대해 폐쇄적이고, 외적·내적 잡음을 차단하는 원칙에 근거해 있기 때문에 '정보의 흐름'에서 폐쇄된 체계로 기능한다. 따라서 정보의 충실함을 가장 잘 보존하는 피라미드형 구조의 장점을 뛰어넘어 정보를 더욱더 광범위하게 보존하기 위해서는 정보의 '발전'을 가능케 하는 담론 구조가 필요하다.

(3) 나무형 담론

이 담론 구조에서는 대화가 피라미드형 담론의 권위자들(릴레이)을 대체함으로써 두 가지 근본적인 구조변경이 일어난다. 채널의 교차와 이 담론의 최종 수신자들의 배제가 그것이다. 이 담론 구조의 예로는 과학과 기술의 담론이 대표적이다. 또한 열린 대화를 실천하는 정치적 기관이나 이른바 '진보적' 산업 조직, 예술계 등이 이 담론 구조를 채택한다. 나무형 담론 구조는 사람들이 말하는 어떤 잊힌 정보의 송신자로서 '원천'(담론을 통해서만 추론 가능), 정보가 대화에서 대화로 중계될 때 항상 복잡한 코드를 운반하는 채널들(대부분 책과 학술지)로 이루어져 있다.

구체적으로 나무형 담론의 구조는 수신된 정보를 분석하고, 이 정보의 일부를 재코드화하며, 새로운 정보를 창조하기 위해 다른 정보의 일부를 합성해서 지속되는 대화의 순환 고리에 제공하는 기능을 수행하는 기억들로 이루어진 대화의 연속이다. 이 담론 구조는 원천적인 정보를 발전적으로 분해하고 재코드화함으로써 새로운 정보를 끊임없이 창조

그림 5-3 나무형 담론

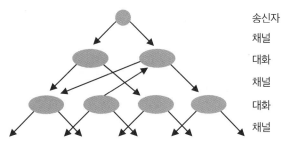

송신자
채널
대화
채널
대화
채널

출처: Flusser (1996b); 김성재 역 (2001), p. 27.

한다('발전적 특수화 경향'). 이러한 경향은 '정보의 흐름'을 보장하는데, 이 정보의 흐름은 흩어지는 파편들로 '폭발하는' 방식으로 유지된다. 이 때 모든 파편은 각각 특수한 코드의 범위 내에서 해독되고, 이 담론의 원심력에 의해 정보가 분배될 때 파편들이 흩어지는 방향은 서로 교차한다. 따라서 나무형 담론은 정보를 발전시키는 데 가장 이상적인 담론 구조이지만, '정보의 충실함'이라는 문제를 해결하는 데는 적합하지 않다.

또한 나무형 담론의 가장 두드러진 특징은 최종 수신자가 없다는 것이다. 그 원인은 정보가 폐쇄적이어서 접근이 어려운 코드로 재코드화된다는 데 있다. 인간으로서 수신자는 담론의 주체일지언정 이 담론의 모든 코드를 해독할 수 없다. 특히 과학과 기술을 다루는 나무형 담론은 배분된 정보를 완전히 해독할 수 있는 실제적인 수신자를 가질 수 없다. 그것은 인간이 현재 어떤 나무의 한 가지(특수 분야)에 도달했다고 할지라도, 그 가지는 인간 기억의 저장 능력을 훨씬 초과하기 때문이다.

이 구조는 피라미드형 담론의 경직된 한계성을 깨는 데 매우 적합하다. 그러나 그 대가는 이 담론 구조의 마지막에 나타나는 '무의미성'이다. 이 담론 구조는 실제적 수신자를 갖지 못할 뿐만 아니라 이 담론을 통해 분배된 정보는 기껏해야 인위적·인공지능적 기억 속에 저장될 뿐이다. 따라서 이 담론 구조는 '비인간적'인 것이 된다. 이러한 위험에 효율적으로 대처하기 위해서 네 번째 담론 구조가 점점 더 중요해진다. 나무형 담론을 뛰어넘어 극장형 담론의 완성이라고 간주될 수 있는 원형극장형 담론이 그것이다.

(4) 원형극장형 담론

이 구조는 극장형 담론에서 오목형 벽이 제거된 상태로 무경계(無境界), 곧 '우주적 개방성'이라는 특징을 띤다. 서커스와 로마의 콜로세움 구조에서 유래한 이 담론 구조의 예로는 신문, 텔레비전, 플래카드와 같은 대중매체가 있다. 본질적으로 이 구조는 단 두 가지 요소로만 이루어져 있다. 분배될 정보가 계획되어 있는 기억으로서 빈 공간 속에서 떠다니는 송신자와, 이 구조에 맞추어 완성된 코드를 운반하는 송출 채널이 그것이다. 채널은 신문지, 헤르츠 전파, 혹은 영화필름 통 등이다. 여기에 또 하나 꼭 포함시켜야 할 제3의 요소는 경계가 없는 송출 공간 속에서 먼지 형태로 떠다니는 수신자다. 수신자는 우연히 한 채널을 알게 되어 이 채널의 계획에 자신을 맡기기 위해 이 채널의 정보를 수신하는 기억이다. 물론 채널을 알게 되는 이 '우연'은 이 담론 구조의 의도다. 그리고 수신하는 기억들, 곧 '대중'의 무구조성(無構造性)은 원형극장형 담론의 송출에서 예상된 것이다.

이 구조의 특징은 송신자와 수신자들을 서로 연결시키지 않는다는 것이다. 한 사람은 다른 사람에게 보이지 않고, 이들에게 보이는 것은 오직 채널뿐이다. 따라서 커뮤니케이션에 참여한 인간들은 이 구조의 내부에서 서로를 인식하지 못한다. 이 구조는 정보를 수신하는 데 가장 이

그림 5-4 **원형극장형 담론**

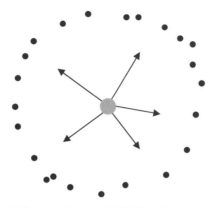

출처: Flusser (1996b); 김성재 역 (2001), p. 29.

상적인 담론 형식이다. 수신자들인 '대중'은 오직 수신할 수 있을 뿐 채널을 소유하고 있지 않기 때문에 아무 것도 반대 방향으로 재송신할 수 없다. 따라서 모든 책임과 항의(잡음)는 이 구조 속에서 배제되어 있다. 수신자들에게 주어진 무방향성(無方向性) 속에서 그들은 어느 곳을 향해 '방향을 돌릴' 수 없다.

나무형 담론의 폐쇄적이고 특수화된 코드는 원형극장형 담론에서 극복되고, 보편적이고 간단하며 매우 획일화된 코드를 통해 정보가 송출된다. 보통 사람들은 이 코드를 언제 어디서나 해독할 수 있고, '정보의 흐름'과 관련된 문제는 이 담론에서 계속 연기됨으로써 해결된다. 왜냐하면 송신자는 영원히 송신하기 때문이다. 따라서 수신자들을 미래의 송신자로 전환시키는 발전은 더 이상 필요하지 않고 가능하지도 않다.

궁극적으로 원형극장형 담론은 정보 분배의 두 가지 의도에 가장 좋은 담론 형식이다. 이 담론은 다수의 익명의 수신자들을 송출된 정보의 저장고로 취급함으로써 정보를 충실히 유지하고, 송신자를 '영원히' 작동하기 때문에 정보의 흐름(발전)을 보장한다. 이는 '전체주의'라는 개념으로 설명되는 커뮤니케이션의 완성이라고 할 수 있다.

2) 대화

대화는 담론을 통해 분배되어 사용이 가능해진 정보를 새로운 정보로 합성하는 커뮤니케이션 형식이다. 인간커뮤니케이션을 결정적으로 체계화하는 대화의 구조는 본질적으로 두 가지뿐이다.

(1) 원형 대화
원형 대화는 원탁의 구조를 가지고 있으며, 위원회, 실험실, 회의, 의회 등이 이에 해당된다. 사람들은 대화에 참여한 기억들 속에 저장된 모든 정보의 '공통분모'를 발견하여 새로운 정보의 순위에 올린다고 간단히 말한다. 그러나 이러한 기하학적 단순성의 배후에는 묘사하기 힘든 복잡성이 숨겨져 있다. 대화에 참여한 기억들은 어떤 결정을 내리는 데 필요한 정보와 관련되어서뿐만 아니라 그들의 정보사용 능력과 각각 사용 가능한 정보의 양, 그들이 정보를 저장하는 데 사용하는 코드, 그리고 의식 수준에서 많은 차이가 있다. 따라서 그들이 추구하는 공통분모는 실제로 대화 이전에 이미 모든 참가자가 가지고 있는 공통된 기본 정보에 의해 발견되는 것이 아니라, 하나의 합(合)으로서 사실 그대로의 어떤 새로운 것이다. 이는 왜 대화가 어려운 커뮤니케이션 형식이고 '자유민주주의'가 왜 그렇게 원활하게 작동하지 못하는가를 설명한다. 다시 말해서 대화는 의견의 일치가 아닌 갈등에서 유래한다.

이 대화 구조의 기본적 문제 중 하나는 참가자들의 숫자다. 원형 대화

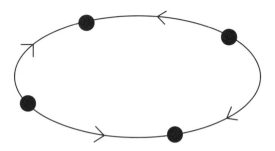

그림 5-5 **원형 대화**

출처: Flusser (1996b); 김성재 역 (2001), p. 32

는 폐쇄회로(*closed circuits*) 이기 때문에 참가자 수의 제한이 불가피하다는 의미에서 일종의 엘리트 커뮤니케이션 형식이다. 원형 대화에 참가할 수 있는 최대 인원을 논하는 것은 어려운 문제이고, 이 문제를 해결하는 것은 경우에 따라서 가장 중요한 정치적 문제 중 하나다. 참가자들의 적정 수는 의도된 새로운 정보(내려야 할 결정)의 기능에 따라 결정될 수 있지만, 그 이전에 대화 참여자들은 어떤 형식의 원형 대화에 참가하려고 하며, 그들이 새로운 정보를 완성시키는 데 어떤 능력을 소유하고 있는지 구체적으로 언급할 수 있어야 한다.

무엇보다도 폐쇄된 구조가 문제가 되기 때문에 새로운 정보를 창조하기 위해서는 잡음에 대해 개방적이어야 한다. 따라서 원형 대화의 성공률은 낮다. 그러나 원형 대화가 성공할 경우, 이는 인간의 능력으로 도달할 수 있는 최고의 커뮤니케이션 형식이라고 할 수 있다.

(2) 망형 대화
망형 대화는 분산적 커뮤니케이션 형식으로서 모든 인간커뮤니케이션의 토대를 이루며, 인간이 완성한 모든 정보를 수용하는 '기본 망'(*réseau*

fondamental) 을 형성한다. 이 대화의 예로는 잡담, 수다, 욕설, 소문의 확산 등이 있다. 오늘날 널리 확산되어 있는 우편 및 전화 체계 그리고 컴퓨터 기반의 인터넷은 망형 대화의 발전된 형식이다. 엄밀히 말하면, 망형 대화에서는 사용 가능한 정보를 이용해 새로운 정보를 합성하려는 의도로 진행된다기보다는 새로운 정보가 스스로 탄생한다는 말이 더 적합하다. 곧, 잡음의 침투에 의해 사용 가능한 정보가 계속 변형된다. 이렇게 변화하는 새로운 정보는 일반적으로 '여론'이라고 불리고, 오늘날 여론조사기관을 통해 부분적으로 측정할 수 있다.

원형 대화와 달리 망형 대화는 '열린 회로'(*open circuits*) 이기 때문에 민주적이다. 엘리트적인 원형 대화가 성공률이 낮고 새로운 정보를 합성하는 것에 비해, 망형 대화는 언제나 성공률이 높고 새로운 정보로 이끈다. 또한 망형 대화는 가끔 복잡한 우회로를 거치지만, 모든 정보가 마지막 종점에서 모이는 저수지와 같다. 곧, 망형 대화는 자연의 엔트로피 경향에 대항해 정보를 보존하는 마지막 댐인 셈이며, '집단적 기억'을 형성한다. 정보는 대화의 망 속에서 어느 정도 닳고 거칠어져(세속화·대중화되어) 도착하기 때문에 오가는 대화 속에서 언제나 단순화되고 변형된다.

잡음에 대한 개방성으로 인해 망형 대화의 기능은 엔트로피에 저항하는 데 그 본질이 있지만, 광범위하게는 엔트로피에 종속되어 있다. 망형 대화의 이러한 내적 모순은 본질적으로 인간적 조건의 모순을 표출한다. 인간은 세계 속에 존재함과 동시에 그 세계에 저항하기 때문이다.

인류는 오래 전부터 망형 대화가 모든 인간커뮤니케이션의 토대이고, 이 대화를 통해 죽음(인생의 무의함)에 저항한 인간적 참여의 기초를 형성한다는 사실을 알고 있었다. 그럼에도 불구하고 원형극장형 담론이

그림 5-6 **망형 대화**

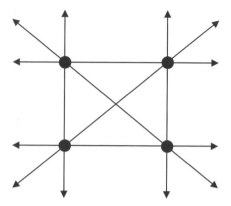

출처: Flusser (1996b); 김성재 역 (2001), p. 34.

기술적인 대중매체로 완성된 이후에야 비로소 관심의 대상이 되었고, 망형 대화에서 형성되는 여론은 오늘날 통계적 방법으로 처리된다. 무엇보다도 컴퓨터망의 확산으로 망형 대화는 '인터넷'이라는 이름으로 새로운 의미를 띠게 된다. 곧, 망형 대화는 텔레마틱 사회의 출현을 가능케 한 것이다.

위에서 살펴본 4가지 담론 구조와 두 가지 대화 구조를 현재적 상황에서 판단한다면, 다음과 같은 결론에 도달한다. 극장형 담론과 원형 대화는 더 이상 제대로 작동할 수 없는 것처럼 보이며, 위기에 빠져 있다. 피라미드형 담론은 민주화된 사회에서 이미 극복되었다는 인상을 줌에도 불구하고 아직도 중요한 커뮤니케이션 형식으로 남아 있다. 과학과 기술의 담론인 나무형 담론은 산업화 시대에 지배적인 담론처럼 보였으나, 20세기 이후 이를 의심케 하는 과정들이 나타난다. 이에 반해 현재 고도의 기술 지원을 받는 원형극장형 담론과 망형 대화의 정보처리 능력은 동시에 향상될 것이다. 그리고 대중매체를 통한 탈정치화와 인터넷을 통한 정치화(참여)가 동시에 일어나고 있다. 후자는 바로 텔레마틱 사회가 추구하는 목표이며, 인간커뮤니케이션의 궁극적인 목적이다.

3. 세 가지 코드와 인간의 의식 구조

플루서는 상징체계인 코드를 토대로 인류문화사와 커뮤니케이션 철학사를 기술한다. 인류는 자연적인 상태로부터 멀어져, 또는 자연에 저항하여 다른 생명체와의 차별화를 시도함으로써 크게 3번의 질적 비약을 수행했다. 그리고 그때마다 커뮤니케이션 수단으로서 새로운 각 시대에 상응하는 코드를 사용해 왔다. 선사시대의 그림(전통적 그림), 역사시대의 텍스트, 그리고 탈문자시대의 테크노코드인 기술적 형상(새로운 그림)이라는 세 가지 지배적인 코드가 그것이다.

인류의 첫 번째 질적 비약은 인간이 선사시대의 코드인 전통적 그림을 그리면서 시작되었다. 이 그림은 인간이 주체로서 객체를 관조함으로써 생긴 주변세계(환경)와의 틈을 메우기 위해 창조되었다. 곧, 인간과 자연 간에 벌어진 심연(深淵) 위로 교량을 놓는 작업이 양자의 중재(화해)를 위해 시작되었다.

전통적 그림(회화)은 움직이는 물체의 4차원적 관계들을 상상의 도움으로 2차원적 관계들로 축소한 상징들로 덮인 평면이다. 이때 상상은 4차원적 시공간의 관계들을 2차원적 관계들로 축소하는 능력이자, 2차원적으로 축소된 관계들을 다시 4차원으로 환원하는(그림을 해석하는) 능력이다. 2차원적 그림은 정보의 동시화(同時化)이고, 이 그림의 해독은 정보의 통시화(通時化)다. 동시화는 그림의 요소들을 한 평면 위에 정돈하거나 그림을 상하좌우나 순환적(원을 그리며)으로 해독할 때 작동하고, 통시화는 문자텍스트를 줄(선)을 따라 좌에서 우로(또는 우에서 좌로) 쓰거나 읽을 때 적용되는 코드 정돈 방법이다. 선사시대의 그림에 표현된 사물들 간의 관계는 신과 영혼의 절대적이고 영원하며 죽지 않는, 곧 시간이 순환하는 신화에 바탕을 둔 '마술적 의식'에 의해 규정된다. 시간이 순환하는 그림 속의 요소들은 정당하고 숭고하며, 올바른 자리(상·하·좌·우 등)를 차지하면서 요소들 간의 불변성을 띠면서 인간을 보호하는 기능을 수행한다.

그러나 실제적 세계의 가변적 현상들 속에서 살 수밖에 없는 인생은 움직임을 의미하고, 이 움직임은 올바른 장소의 이탈이자 규칙위반이기 때문에 보복을 동반한다. 보복에 노출된 인생은 두렵기 때문에 그림이 기도의 대상이 되면서 인간은 '우상 숭배'라고 불리는 집단 광기(환상)에 사로잡힌다. 그림에 대한 집단적 광기(狂氣)에 의해 형성된 지옥과 같은 분위기에서 탈출하기 위해 시도된 선형문서(텍스트)의 발명은 인간에게 구제로 느껴졌을 것이다.

위협적 환상의 광기를 떨쳐 버리고 새로운 의미를 찾아 나선 인간은 두 번째 질적 비약, 곧 그림에서 문자텍스트로의 비약을 감행하게 된다. 1차원적 선형문자 시대로 접어들면서 인간은 선형(문자)텍스트를 작동시키는 미디어를 사용해 세상을 관조하고 상상한다. 이 단계는 인간이 문자텍스트 미디어를 이용해 개념을 파악하고 이야기를 만들어 내는 역사시대로의 진입을 의미하고, 상징을 정돈하는 데 상상의 관계들을 개념적 관계들로 전환하는 과정이다. 이러한 전환은 구상이 상상을 대체함으로써 역사적 의식이 마술적 의식을 추월했음을 의미한다. 전통적 그림이 신화와 마술의 의미를 담았다면, 텍스트는 이성에 기초한 계몽과 역사(이야기)를 강조함으로써 발전의 이데올로기(이성과 합리성으로 대표되는 근대성)를 촉진한다.

그러나 15세기 구텐베르크의 활자 발명 이후 19세기 말까지 절정에 이르렀던 선형코드의 역동성은 이성 중심적 과학언어 및 추상적 개념들의 범람을 초래함으로써 텍스트를 과거의 그림처럼 환상적으로 만든다. 이는 인간이 침투할 수 없는 책이 만든 벽 속에 갇혀 사는 광기(狂氣)라고 할 수 있으며, 인간커뮤니케이션의 장애 요인이 된다. 곧, 텍스트가 대상과 인간 또는 인간들 간의 중개를 중단하고 벽을 형성하기 시작했다는 사실은 텍스트의 정보가 더 이상 상상이 불가능해진다는 것을 의미한다. 알파벳은 원래 그림을 의미하는 코드였고 전개, 설명 그리고 그림에 대한 이야기를 위한 코드였다. 그러나 알파벳이 그림을 설명하는 대신 설명을 더 많이 할수록 그 세계가 더 상상할 수 없는 단계에 이른다면, 커뮤니케이션 코드로서 알파벳은 붕괴되었다고 할 수 있다. 텍스트의 불투명성은 역사적 의식의 몰락을 예고하는 징후이며, 문자텍스트를 뛰어넘는 '기술적 형상'이라는 새로운 평면코드(그림)가 지배할 탈문자시대로의 진입을 재촉하는 계기가 된다. 다시 말해서 오늘날 텍스트는 상상이 불가능하기 때문에 텍스트를 의미 있게 만들 수 있는 그림(프로그램)이 발명되어야 했다.

탈문자시대(1900년 이후)로 진입하면서 인류는 세 번째 질적 비약을 경험하게 된다. 구체적으로 인간은 선형코드(문자텍스트)가 형성한 '발전'이라는 역사의식에서 무의미함(예컨대 과학기술에 의한 환경파괴와 소외된 노동이 초래한 비인간성)을 느끼며, 텍스트의 세계로부터 뛰쳐나와 새로운 의미를 부여하는 새로운 평면코드(그림)의 세계 속에서 인생의 의미를 찾으려는 시도를 감행한다.

이제 역사시대의 선형코드(문자텍스트)는 사진, 영화, 텔레비전, 비디오, 컴퓨터 애니메이션 등 기구(Apparat)를 이용해 다시 모아져야 할 0차원적 점의 요소들로 붕괴된다. 그러나 이 새로운 그림은 장면의 모사가 아니라 텍스트에서 나온 프로그램이다. 곧, 역사(이야기)가 프로그

그림 5-7 **역사에서 프로그램으로**

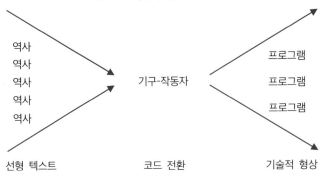

출처: Flusser (1996b); 김성재 역 (2001), p. 164.

램으로 전환되는 순간이다. 무엇보다도 1차원적 선형코드에서 붕괴된 점들(비츠: *bits*)을 계산을 통해 조합하는 컴퓨터 시대가 도래함으로써 새로운 평면코드인 기술적 형상(모니터상의 텍스트 자체도 비츠의 조합인 새로운 그림)이 오늘날 지배적인 코드의 위상을 차지하고 있다. 그래서 텍스트(시나리오)를 기초로 창조된 영화, 텔레비전, 컴퓨터 애니메이션 과 같은 프로그램은 역사(이야기)가 기구-작동자(*Apparat-Operator*)에 의해 기술적 형상으로 전환된 것으로서, 〈그림 5-7〉과 같이 스케치될 수 있다.

이 그림에서 기구-작동자는 기술적 형상의 창조에 필요한 기구(도구 와 이 도구를 운용하는 조직을 포함)를 작동하는 전문가라고 정의할 수 있 다. 이 전문가는 정보의 원천인 선형코드를 테크노코드, 곧 역사를 탈 (脫)역사의 코드로 전환하는 릴레이(권위자) 기능을 담당한다. 이러한 맥락에서 플루서는 영화, 텔레비전, 컴퓨터 애니메이션에 종사하는 전 문가들을 통칭해서 '기구-작동자', 이 권위자들이 활동하는 조직을 '기 구-작동자 복합체'라고 부른다. 따라서 기구-작동자 복합체는 기술적 형상을 의미론적으로 창조하고 재생산하는 기구와 조직의 총체로 간주될 수 있다. 이러한 기구-작동자 복합체의 도움으로 창조된 기술적 형상은 텍스트로부터 정보를 공급받아 메시지(의미표현체) 형태로 평면코드(예: 스크린, 모니터, 전광판, 교통신호등 등) 위에 투영되는 코드다.

그러나 인간이 처한 위험은 무의미 또는 무(無) 속으로 비약하는 것이다. 과학적 진리의 유효성, 기술과 재화 등 역사를 위한 텍스트에서 뛰쳐나와 사진, 영화, 텔레비전, 비디오 등 기구를 이용한 그림 속으로 쉽게 뛰어들 수 있지만, 아무런 의미를 찾지 못할 수도 있다. 왜냐하면 이새로운 그림의 세계는 발전의 무의미함을 이미 보여 준 프로그램인 텍스트에 기초해 프로그램화되어야 하기 때문이다. 곧, 세계는 점(點)의 요소들로 붕괴된 후 다시 모자이크의 세계로 모여야 하고, 그러한 양자의 세계, 곧 점의 집합으로 이루어진 새로운 그림은 장면의 모사(模寫)가 아니라 텍스트에서 나온 프로그램이기 때문이다.

이처럼 인간은 항상 한 코드가 무의미해지면 의미 있는 새로운 코드를 찾아나서는 모험을 감행함으로써 자연의 세계와 인간 간에 심연을 만들어 왔다. 플루서는 코드 변화에 따라 인간이 자초한 모험적인 의식변화, 곧 인간이 스스로 세계로부터 뛰쳐나와 낯설어지는 현상을 '소이'(疎異: Verfremdung)라고 부른다(〈그림 5-8〉 참조).

아직까지 인류에게 익숙한 역사적 의식의 관점에서 〈그림 5-8〉을 해석하면, '세계'로부터 추방되어(소이 1) 갈라진 심연 위로 그림을 이용해 교량을 놓으려는 시도를 하고, 자신의 존재와 그림 간의 피드백 덕택에 '세계'에 대한 견해(마술적 의식, 기원전 1500년까지)를 획득한다. 그림의 중개가 방해받을 때 인간은 그림의 세계를 떠나(소이 2) 자신과 그림 간에 놓인 심연 위로 텍스트를 이용해 교량을 놓으려는 시도를 한다. 그리

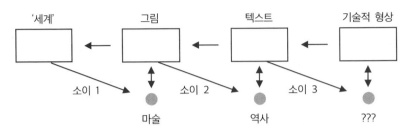

그림 5-8 **코드와 의식의 관계**

출처: Flusser (1996b); 김성재 역 (2001), p. 115.

고 자신의 존재와 텍스트 간의 피드백 덕택에 인간은 새로운 견해(역사
적 의식, 기원전 1500년~서기 1900년)를 획득한다. 발전의 이데올로기를
꾸준히 추구해 온 텍스트는 점점 더 불투명해지고 '상상할 수 없게' 되자
인간은 이 텍스트를 떠나기 시작한다(소이 3).

4. 코드 작동구조로서 미디어

미디어학계에서 통용되는 미디어의 개념은 커뮤니케이션 기술 발달로 탄생된 대중매체(기술적 미디어)를 연상시킨다. 인문학에서 미디어의 개념에 대한 논의는 인식의 중요한 수단인 언어에 집중된다(Wittgenstein, 1990). 그러나 미디어는 이보다 훨씬 복잡하고 포괄적인 의미를 가지고 있다. 플루서(Flusser, 1996b)에 따르면, 미디어는 코드를 그 안에서 작동할 수 있게 하는 구조다. 여기서 중요한 문제는 미디어가 그 내부에서 코드의 작동을 허용한다는 사실이다.

예컨대, 한국의 대학 강의실에서 공기와 빛은 교수의 강의(한글 구두 언어체계와 지식의 상징체계인 교수의 모습)가 작동하는 미디어다. 부엌은 식탁에서 일어나는(가정의 평화를 상징하는) 가족 간의 대화가 작동하는 미디어이고, 축구장은 (건강과 오락을 상징하는) 선수들의 게임이 실행되는 미디어다. 따라서 미디어는 물질적이거나 비물질적일 수 있고, 기술적이거나 기술과 전혀 상관이 없을 수도 있다.

이처럼 미디어 이해의 핵심적 관점은 미디어 안에서 코드가 작동한다는 것이고, 이러한 관점에서 한국의 생활세계를 대표하는 독특한 문화 현상을 이해한다면 〈표 5-1〉과 같은 미디어와 그 안에서 작동하는 코드의 해석이 가능하다.

한편 미디어는 커뮤니케이션 당사자들 사이에서 일어나는 코드 흐름의 역동성에 따라 크게 두 가지 등급으로 구별될 수 있다. '담론적 미디어'(diskursive Medien)와 '대화적 미디어'(dialogische Medien)가 그것이다. 담론적 미디어는 코드화된 메시지를 송신자의 기억에서 수용자의 기억으로 흐르게 하는 미디어이고, 대화적 미디어는 코드화된 메시지가 다

표 5-1 **한국 문화를 대표하는 미디어와 코드**

미디어	코드
굿, 점, 토정비결	재앙 예방, 요행(僥倖)
산업화의 주역이었던 여공(60~70년대 이른바 '공순이'), 아르바이트 학생	임금 착취
가부장제, '형님동생' 문화	남성중심주의
술(알콜)	교제와 접대
노래방	가무
입시지옥 교실과 과외 학습	학벌주의를 통한 신분 유지 및 상승
연예인, 복권, 도박 게임, 땅 투기	공부/노력을 비켜가는 한탕주의 '대박'
지역감정	출신지역별 신분차별
체면	허풍의 인간관계
외모지상주의	피상적인 육신
조직의 경직된 위계질서	깡패/군사 문화
PC/스마트폰/자동차의 광범위한 확산	성급한 속도
아파트 주거환경의 지배적인 위상	편리함과 익명성

양한 기억들 간에 교환되도록 하는 미디어다. 전자의 예로는 포스터와 영화관을, 후자의 예로는 증권시장이나 마을 공터를 거론할 수 있다. 그러나 누군가가 포스터를 못과 같은 도구로 긁어 놓으면 포스터는 대화적 미디어가 될 수 있고, 스크린 위에 달걀을 던지면 영화관은 대화적 미디어가 될 수 있다. 이와 반대로 우리가 증권을 공급하지 않고 증시가격 전광판을 읽으면 증권시장은 담론적 미디어가 될 수 있고, 마을 공터에 잡담을 나누기 위해서가 아니라 정치가의 연설을 듣기 위해 간다면 마을 공터는 담론적 미디어가 될 수 있다.

따라서 코드의 기능은 매클루언(McLuhan, 1995)이 주장한 뜨거운 미디어(*hot media*: 고밀도 정보 미디어로서 수용자의 참여가 별로 필요 없는 미디어, 예: 사진)와 차가운 미디어(*cool media*: 저밀도 정보 미디어로서 수용자의 능동적 참여가 필요한 미디어, 예: 캐리커처)와 같은 형이상학적 형태에 달려 있는 게 아니라, 우리가 미디어를 어떻게 다루느냐에 달려 있다. 그럼에도 불구하고 위에서 언급된 코드의 흐름에 따른 미디어 분류의 기준은 유효하다. 왜냐하면 대부분의 미디어가 담론적으로만 사용되기 때문이다(예: 포스터, 영화관, 텔레비전).

위와 같은 기준을 따르면 송신자와 수용자의 구분은 담론적 미디어에서만 유효하고 대화적 매체에서는 무의미하지만, 담론적 미디어에서도 수용자는 송신자가 될 수 있다. 담론적 미디어의 본질은 수용자의 위치(역할)가 동일한 매체 내에서 바뀔 수 없고, 수용자가 송신자가 되려면 다른 미디어를 소유해야 한다는 데 있다. 우리는 신문에 대해 동일한 신문 내에서 대답할 수 없고, 우리가 기고한 글이 동일한 신문의 다음 판에 인쇄될 것이라는 희망을 가지고 편지를 손 안에 넣어야 한다. 따라서 직·간접적인 답변 가능성이 대화적 미디어와 담론적 미디어의 차이를 만든다. 이는 수용된 메시지에 대한 답변을 요청하는 '책임'의 개념을 밝히기 때문에 매우 중요하다.

담론적 미디어의 목적은 송신자의 기억 속에 저장된 정보를 다른 기억 속으로 중계하는 것이다. 이 중계 의도는 '부정의 엔트로피', 곧 정보의 저장에 있다. 따라서 담론이 이루어진 후 정보가 여러 수용자들의 기억 속에 분배·저장되었기 때문에 정보의 총량은 더 커진다. 곧, 송신자는 어떤 정보도 상실하지 않은 상태에서 수용자는 정보를 획득한다.

정보가 분배되는 방법들은 다양하며, 앞에서 살펴본 것처럼 크게 4가지 담론 구조에 따라 담론적 미디어가 구별된다. ① 정보가 조직의 위계질서에 따라 단계적으로 분배되는, 곧 모든 단계에서 수용자의 숫자가 증가하는 방식으로 정보가 분배되는 피라미드형 미디어(예: 교회, 군대, 기업 조직 등), ② 정보가 일정량씩 분배되도록 원형 대화가 가지를 침으로써 정보가 분할되도록 하는 나무형 미디어(예: 과학적 연구기관, 공공기관 등), ③ 송신자를 둘러싸고 반원을 형성한 수용자들에게 정보가 분배되는 극장형 미디어(예: 초·중·고등학교 교실, 영화관 등), ④ 송신자의 모든 방향으로 정보가 분배되도록 하는 원형극장형 미디어(예: 서커스, 텔레비전 등)가 그것이다.

그러나 담론(談論)에서 중요한 것은, 담론을 통해 분배된 정보를 이용해 새로운 정보를 창조하는 대화와 달리, 어떤 새로운 정보도 탄생되지 않는다는 사실이다. 특히 대중매체 시대를 연 커뮤니케이션 혁명(활자 혁명, 전파 혁명)이 일어난 사회에서는 담론적 미디어가 전체주의적 위상을 차지한다. 그러나 민주화와 인터넷 혁명(디지털 혁명)이 일어난 사회에서는 대화적 미디어가 담론적 미디어의 지배적 상황을 점차 극복하고 있다. 결국 담론이 지배적이면 텔레비전 시청자들에서처럼 인간커뮤니케이션에서 정보는 점점 더 줄어들 것이고, 대화가 지배적이면 과학·기술 공동체에서처럼 폐쇄된 인간 집단 내에서 정보는 폭발할 수 있다. 따라서 인간커뮤니케이션 전체로 볼 때 이상적인 커뮤니케이션이 일어나려면 담론적 매체와 대화적 미디어의 상호 협조가 필요하다.

우리는 대화(對話)가 '다양한 기억 속에 분배·저장된 정보를 새로운 정보로 합성하는 과정'이라고 정의할 때, 어떤 미디어들이 대화에서 사용될 수 있는가 라는 질문을 던질 수 있다. 오늘날 대부분의 담론적 미디어들이 원래는 대화적 미디어로 착안되었다는 데 놀라지 않을 수 없다. 라디오의 발명자는 무선 전화를 발명했다고 믿었고, 텔레비전 발명자들은 무한대의 시청각적 대화를 가능케 하는 미디어를 발명했다고 믿었기 때문이다. 다시 말해서 이러한 미디어들이 대중매체로 전환된 것은 그 제작방식의 결과가 아니라, 소유자의 결정이었다. 3

그러나 오늘날 어떤 미디어가 실제로 대화에 사용되는가 라는 질문을 던지면, 많은 사람들은 카페, 거실, 회의실 등과 같이 기술과 상관없는 미디어라고 대답할 것이다. 담론이 산업혁명 이후 과학기술의 성과를 사용하는 데 반해, 대화는 전화를 제외하면 원시적인 방식으로 일어나고 있다는 것이다. 전통적으로 대화를 위해 뛰어난 미디어는 시장이었다. 그러나 산업혁명은 시장이 대화의 중심으로 기능했던 소도시와 마을을 파괴했다. 대도시의 인구집중과 전원도시의 분산화는 전통적 방식의 대화를 불가능하게 만들었기 때문이다. 더구나 우리가 거실, 카페와 같은 대화의 장소에서도 신문을 읽거나 음악을 들으면서 담론을 수용한다면 대화는 현존하는 담론의 배경 소음을 동반할 수밖에 없다.

오늘날 대부분의 인류는 대화적 미디어를 효율적으로 이용할 수 있는 기회가 충분히 주어졌음에도 불구하고, 그 기회를 포기한 채 담론적 미디어가 지배하는 사회에서 살고 있다.

---

3 이러한 맥락에서 1932년 브레히트(Brecht, 1967)는 그의 '라디오 이론'에서 라디오를 음악과 연속극 드라마를 주로 송출하는 국가 통제하의 확산기구(*Distributionsapparat*)에서 사회 개혁적 대화가 가능한 사적인 커뮤니케이션기구(*Kommunikationsapparat*)로 전환하자고 주장했다.

5. 텔레마틱 사회

오늘날 담론적 미디어, 특히 원형극장형 미디어(대중매체)가 지배적 위상을 차지하고 있는 사회에서 의미 없는 개념들과 기술적 형상을 대량으로 소비하는 미디어 수용자들은 코드화된 세계 속에서 의미 없는 인생을 영위할 수 있는 위험에 노출되어 있다. 그러한 위험은 기술적 형상으로 이루어진 프로그램을 일방적으로 유포하는 대중매체가 야기할 수 있는 전체주의에서 비롯된다. 대중매체의 전체주의를 극복할 수 있는 대안은 테크노코드(기술적 형상)를 사회공동체가 소유하여 공동으로 새로운 의미를 찾아 나서는 것이다. 이를 위해서는 지금까지 개별적으로 대중매체의 프로그램을 소비해 온 고독한 인간(분산된 수용자)의 역할이 바뀌어야 한다.

플루서의 '텔레마틱론'은 기술적 형상이 지배하는 매스미디어 시대에 일반적인 엔트로피 추세가 '우주적 메타프로그램'(예: 전 지구적으로 동일하게 형성된 대중문화)을 향해 치닫고 있는 완고한 자기역동성, 곧 '우주적 기구-전체주의'(kosmischen Apparat-Totalitarismus)를 컴퓨터 시대의 인간이 어떻게 극복할 것인가 라는 문제 제기에서 출발한다(Flusser, 1996a). 개별 인간, 고독한 인간, 수용자로서 인간은 이미 우주적 기구-전체주의에 저항할 수 있는 능력을 상실했고, 인간의 두뇌 능력을 훨씬 초월하는 신속성과 저장 가능성을 가진 컴퓨터라는 기구에 대한 통제력도 상실했다. 그러나 플루서는 집단적 두뇌로서 사회 전체의 능력은 가공할 만한 속도와 저장능력을 가진 기구의 능력의 합보다 더 크기 때문에 전체로서 사회는 이 기구를 통제할 수 있다고 본다. 이 통제는 새로운 이미지 창조자, 사진사, 영화 제작자, 비디오 제작자, 컴퓨터 사용자들로 대표되는 '조용한 신 혁명가들'(*unspektakuläre neue Revolutionäre*) 의 참여를 통해 가능하다(Flusser, 1996a). 전체로서 사회는 전체로서 기구를 프로그램화해야 하고, 원하는 상황에서 이 기구를 멈추어야 하며, 이를 위해서 사회는 송신자의 회로도(*Schaltplan*)를 재구축해야 한다. 이러한 프로그램 송신자 회로도 재구축의 목적은 송신을 프로그램화하고 항상 새롭게 재프로그램화하는 데 있으며, 이는 텔레마틱이란 기술의 도움으로 가능하다.

텔레커뮤니케이션과 인포매틱스의 합성어인 '텔레마틱'은 기술적 형상의 담론적(정보분배적) 회로도를 대화적(정보생산적) 회로도로 재구축하는 기술을 의미하며, 기구를 통해 일반적이고 우주적인 대화를 허용한다(Flusser, 1996a, p. 86). 이 기술은 '사이버네틱스'(*cybernetics*)[4]라는 메커니즘을 통해 기구를 프로그램화하는 데 일반적인 합의를 도출할 수 있도록 한다. 곧, 복잡한 대화적 체계가 자동으로 조종됨으로써 기구는 기술적으로 모든 사람들의 동참이 가능한 민주적 기능을 수행하도록 전환될 수 있다.

그러나 송신자 회로도의 재구축은 기술적 문제일 뿐만 아니라 정치적 문제이다. 송신자의 방향 전환을 위해서는 먼저 합의가 이루어져야 하고, 미래의 합의를 도출하기 위해서는 조용한 신 혁명가들의 능동적 참여가 필요하다. 그럼으로써 매스미디어가 야기한 우주적 기구-전체주의가 방지될 것이며, 사회는 대화적으로 전체주의적 기구에 저항할 수

---

4 플루서는 사이버네틱스(*cybernetics/Kybernetik*)의 개념을 "일반적인 유효성을 요구하지 않고, 정보를 생산하기 위해 불개연적인 우연성들을 충분히 이용하여 복잡한 체계를 자동으로 제어하고 조종하는 것"(Flusser, 1996a, p. 137)이라고 정의한다.

있는 규칙을 만들어 갈 것이다. 이는 '프로그램화된 민주주의'가 아니라 '민주적인 프로그램화'를 의미한다(Flusser, 1996a, p. 85).

민주적인 프로그램화는 모든 그림 창조자들이 모든 기구를 자신들의 '고유한 프로그램'(Eigenprogramm)으로 프로그램화하고 이 프로그램에 서로 정통하게 됨으로써 그것을 서로 공급하며 수정할 수 있는 대화적 프로그램화를 의미한다. 그래서 플루서는 정보사회의 도래와 함께 기존의 매스미디어 송신자들이 소유한 프로그램에 의해 소유당한 미디어 소비자들이 체험한 '정보제국주의'(Informationsimperialismus)에 대항하기 위해 '텔레마틱화'(Telematisierung)를 제안한다.

텔레마틱화는 프로그램을 모든 미디어 참여자들의 소유로 만들기 위해 매스미디어 송신자들한테서 빼앗는 기술이다: "나는 소유당하지 않기 위해 소유하려고 한다."(Flusser, 1996a, p. 170) 플루서가 살던 당시 상황에서 '고유 프로그램'은 제국주의적 프로그램의 '몰수' 또는 '사회화'를 의미하였지만, 대화적 프로그램화를 실현하는 텔레마틱 사회가 구축된 이후에는 그 의미를 상실함과 동시에 '다른 프로그램'(Anderprogramm)이 된다(Flusser, 1996a, pp. 170-171).

커뮤니케이션학적 입장에서 플루서는 모든 사회가 담론과 대화의 협연(協演), 곧 정보를 생산하고 분배하는 기능을 동시에 수행하는 직물(망)과 같은 구조를 가지고 있다는 가정하에서 서로 다른 세 가지 유형의 사회를 제시한다(Flusser, 1996a, pp. 90-91). 첫 번째 유형은 '이상적' 사회다. 이 사회에서는 담론과 대화가 서로 균형을 유지한다. 대화는 담론에 의존하고 담론은 대화를 자극한다. 두 번째 유형은 '대화적' 사회다. 계몽이 좋은 사례이며, 정보를 계속 확대 재생산하는 수많은 대화적 그룹이 있다(예: 과학적, 정치적, 예술적 정보를 생산하는 그룹). 그러나 이러한 엘리트적 그룹은 정보를 담론적으로 분배할 채널을 소유하고 있지 않기 때문에 사회를 의식화된 엘리트와 의식화되지 않은 대중으로 분열시킬 위험이 있다. 세 번째 유형은 '담론적' 사회다. 서양의 중세 후기가 좋은 사례이며, 중앙집중적으로 송출되는 종교적 담론은 사회를 지배하고 정보의 원천을 고갈시킬 위험이 있으며, 사회는 엔트로피에 빠질 우려가 있다. 20세기 이후 지금까지 일방적으로 정보를 송출해 온 대중매체 역시 사회를 엔트로피에 빠지게 할 위험을 안고 있는 담론적 사회의 대표적 미디어라고 할 수 있다.

이상적 사회로서 텔레마틱 사회는 민주적 대화망의 구조를 가지고 있기 때문에 지배적이거나 기타의 어떤 권위도 허용되지 않는다(Flusser, 1996a, pp. 135-143). 정부, 권력, 지배의 개념은 우연의 혼돈(무정부)에 반대되는 의미를 갖지만, 텔레마틱 사회가 어떻게 다스려질 수 있는가라는 문제는 사이버네틱스를 통해 해결될 수 있다. 그리고 텔레마틱이 가능케 한 민주적인 프로그램화(대화적 회로도 구축) 덕택에 대화적 삶은 유희적 성격을 띠게 된다(Flusser, 1996a, p. 102).

오늘날 네티즌들은 디지털 코드(기술적 형상)를 사용해 유희적으로 정보를 창조·교환하고 상호 대화를 나눌 수 있게 되었고, 이렇게 탄생한 텔레마틱 사회는 아직 예상하지 못했고 예상할 수 없는 상황을 대화적으로 그림 속에 옮겨 놓기 때문에 수많은 사람들이 게임을 즐길 수 있는 사회다. 이러한 유희 속에서 항상 새로운 정보가 창조되고 새로운 도전이 체험될 수 있다. 텔레마틱 사회는 상호 공격과 방어의 말을 쓰는 서양장기 게임에서처럼 새로운 관계를 창조하는 게임하는 인간에게 예측할 수 없는 새로운 삶의 지평을 열어 준다(Flusser, 1996a, p. 93).

이러한 창조적 공방게임이 일어나는 사회에서는 기술적 형상을 매개로 기구(예: 컴퓨터)를 관통해 기구를 프로그램화할 수 있는 합의가 이루어질 수 있고, 기구는 인간의 일반적인 의도에 봉사할 것이다. 곧, 기구는 인간을 노동에서 해방하고 다른 모든 사람들과 게임을 즐기도록 할 것이다. 그래서 텔레마틱 사회는 기계가 인간을 제어하는 공장의 사회를 넘어, 진정한 정보를 관조하는 여유로부터 나온 아이디어를 창출하는 학교, 휴가, 직업 아카데미와 안식을 하나로 묶어 융해한다(Flusser, 1996a, pp. 164-166).

더 나아가 텔레마틱을 통해 인간이 소유하게 된 그림은 아직은 예상할 수 없는 예술을 탄생시킬 수 있다. 곧, 무한정 풍부해진 그림대화는 선형코드를 통해 이루어지는 '역사적' 대화보다 훨씬 더 많은 예술을 탄생시킬 수 있다. 이렇게 그림을 통해 서로 대화를 나누는 사회는 예술가들의 사회와 같다. 이러한 사회는 예상하지 못했고 예상할 수 없는 상황을 대화적으로 그림 속에 옮겨 놓는다. 특히 디지털화된 텔레마틱 사회에서는 선악, 진가, 객관적인 것보다는 대안적인 세계들로서 '디지털 가상'(*digitaler Schein*)(Flusser, 1995/2004, pp. 289-304)에서 체험할 수 있는 '순수한 미학'을 통해 인간의 존엄성이 확인된다.

다시 말해서 순수한 체험과 순수한 관계들이 인간 뇌신경의 사이버네틱스처럼 기능함으로써 미디어 이용자 상호 간의 '내적 대화'를 이끈다(Flusser, 1996a, pp. 141-142). 그리고 이 대화는 모두가 잠재적이고 순간적으로 언제 어디에서나 동참할 수 있는 책임감 강한 상호 게임이다. 따라서 인간은 궁극적으로 텔레마틱을 통해 타인을 위한 '축제적 존재'를 확인하면서, 곧 타인과의 관계에서 목적 없는 게임을 즐기면서 '인간이기'(*Menschensein*)를 실현한다.

플루서가 제안한 텔레마틱 사회는 인간이 실제로 창조한 사회 중 최초의 자유로운 사회다. 이 사회는 새로운 정보를 찾아 나서는 방법으로서 대화적 게임을 채택하는 사회다. 이러한 정보 찾기는 인간의 '자유'다. 컴퓨터와 휴대용 커뮤니케이션 도구를 이용해 인간은 정보를 창조하고, 이를 엔트로피에 대항하는 점점 넘쳐나는 정보의 흐름 속에 쏟아 넣는다. 인간을 반 엔트로피(Negentropie) 성향을 가진 동물이라고 간주할 때, 인간은 플루서에게 정보를 가지고 노는 '정보 유희자'다. 그래서 텔레마틱 사회는 자유로운 사회다.

컴퓨터 터미널에 앉아 있는 사람은 누구나 키보드를 더듬으면서 기술적 형상의 우주를 게임을 즐기듯이 임의로 조작할 수 있다. 이 우주는 타인들과 창조적으로 함께하는 공간과 시간이 불필요한 구체적인 점(point)으로서 '디지털 이웃'이 만들어 가는 우주다. 텔레마틱은 일종의 '전 지구적 뇌'처럼 기능하기 때문에 생물학적으로 무상한 인간의 육체는 덜 중요해진다. 컴퓨터를 통해 볼륨이 있는 존재는 수축(디지털화)되고, 수축 도구는 스마트폰처럼 점점 작아진다. 인간의 체험은 이제 전 지구적 두뇌 속에서 자유롭게 일어나고, 더 풍부해지며, 더 신속해짐과 동시에 그 강도는 점점 높아진다(Flusser, 1996a, pp. 144-153).

그렇다면 오늘날 디지털 혁명을 경험한 인간은 무엇이고, 어디를 향해 가고 있는가? 그는 이제 공장에서 '생산하는 인간'(homo faber)에서 시간과 공간을 초월해 컴퓨터와 휴대전화를 가지고 '유희하는 인간'(homo ludens)으로 교체될 것이다. 곧, 기술적 형상을 통해 인간은 오늘날 '일'로 맺어진 관계를 떠나기 시작해 '놀이'로 맺어진 관계망 속으로 들어가고 있다. 현재 숨 가쁘게 진행되고 있는 유희적 관계망의 확장과 발전은 플루서가 예고한 것처럼 조용한 신(디지털) 혁명가들의 능동적 참여에 의한 미디어 유토피아의 실현을 앞당기고 있다.

6. 코무니콜로기와 커뮤니케이션 연구

커뮤니케이션 철학자 플루서가 창안한 개념인 '코무니콜로기'는 숫자, 알파벳 코드(문자텍스트)가 지배하는 세계의 위기, 곧 '역사의 위기'에서 인간커뮤니케이션을 새롭게 이해하려는 시도의 산물이다. 세상을 더 잘 이해하고 상상하는 데 문자텍스트(선형코드)로는 충분하지 않다는 것이 코무니콜로기의 출발점이다. 그것은 역사시대의 (인문사회) 과학과 기술을 발전시키는 데 큰 공헌을 한 설명(이야기), 이론, 계산, 척도, 가치 등을 창조해 온 이성의 능력(근대성)에 대한 불신이다. 이러한 불신은 '역사의 종말'을 재촉한 새로운 코드의 발명에서 비롯된다. 20세기 초부터 사진, 영화, 텔레비전, 비디오 등과 같은 '테크노코드' 또는 '기술적 형상'이라고 불리는 새로운 평면코드(그림)가 문자텍스트를 추방하기 시작했고, 20세기 말에는 이 테크노코드의 결정판이라고 할 수 있는 디지털 코드가 등장함으로써 역사의 위기는 절정에 이른다.

플루서(Flusser, 1992)는 역사시대가 시작될 때 알파벳(자모) 문자가 그림에 대항했던 것처럼, 오늘날 디지털 코드는 알파벳 문자를 추월하기 위해 대항하고 있다고 본다. 곧, 역사시대의 알파벳 문자에 기초한 사고가 전 역사(선사) 시대의 그림에 기초한 마술적 사고에 도전했다면, 20세기 말 디지털 코드에 기초한 사고는 알파벳 코드의 구조적·체계분석적·전체적 사고방식을 지탱하는 과정적·발전적 이데올로기에 도전하고 있다는 것이다. 그는 알파벳이 계몽의 코드로서 문자 발명 이후 문자텍스트를 통해 계몽에 성공하기까지 3천 년 이상의 세월이 걸렸지만, 디지털 코드가 21세기의 새로운 계몽에 성공하는 데는 불과 몇십 년이면 충분할 것처럼 보인다고 전망한다.

상징체계인 코드를 토대로 인간커뮤니케이션의 철학과 역사를 기술한 플루서는 코무니콜로기에서 역사의 위기, 곧 문자텍스트 코드의 위기를 비판하기 위해 커뮤니케이션 구조를 '정보 창조를 위한 대화'와 '정보 분배를 위한 담론'으로 나누어 분석한다. 그는 엔트로피(정보 상실)에 저항할 수 있는 4가지 담론 구조와 두 가지 대화 구조를 분석하면서 담론과 대화의 상호 의존성과 장단점을 밝힌 후, 오늘날 지배적 코드인 테크노코드에 잘 적응할 수 있는 커뮤니케이션 구조로서 원형극장형 담론 (대중매체 담론)과 망형 대화에 주목한다.

특히 그는 과학기술의 지원을 받아 고도로 발달된 대중매체 담론의 가장 큰 단점인 우주적 기구-전체주의, 곧 무책임하고 일방적인 프로그램(대중문화) 송출에 대항해 '민주적인 프로그램'을 소유하고 송출할 수 있는 방안으로서 고도의 정보통신기술을 기반으로 한 새로운 망형 대화를 가능케 하는 '텔레마틱 사회'를 제안한다. 텔레마틱 사회는 이상적 사회로서 대화와 담론이 균형을 이루는 사회다. 오늘날 '인터넷'이라고 불리는 텔레커뮤니케이션 망으로 연결된 텔레마틱 사회에서 유희적 인간은 디지털 코드(기술적 형상)를 이용해 편지와 같은 문자텍스트 코드가 교환되었던 역사시대보다 훨씬 더 많은 정보를 자유롭게 교환함으로써 자아실현(인간이기)의 기회를 만끽할 수 있게 되었다.

한편 플루서가 코무니콜로기에서 제안한 '미디어'의 개념은 지금까지 통용되어 온 '매개체' 개념을 완전히 뛰어넘는 독창적인 아이디어로서 매우 광범위하게 응용될 수 있다. 그는 미디어의 개념을 코드(상징체계)가 그 안에서 작동(기능)하는 구조라고 파악한다. 예컨대 기술적 형상으로서 사진, 영화, 텔레비전 화상, 컴퓨터 화상 등의 코드는 (보도사진이 게재된) 신문지, 영화관, 텔레비전 수상기, 컴퓨터 모니터 등과 같은 구조로서 미디어 내에서 작동한다. 이러한 미디어 개념을 더 확장하면 예컨대 식탁이 있는 부엌은 가정친화와 가정교육의 코드가 작동하는 미디어이고, 축구장은 게임법칙을 지키며 건강한 육체의 플레이어들이 놀이에 몰두하는 미디어이며, 한국의 대학 강의실은 교수와 학생 사이에서 한국어라는 코드가 작동하는 미디어다. 이러한 예는 '코드화된 세계'로서 '문화'를 해석하는 데 거의 무한대로 확장될 수 있다. 더 나아가 플루서가 제안한 미디어의 개념은 코드의 흐름, 곧 코드화된 메시지의 교환 방향에 따라 담론적 미디어와 대화적 미디어로 분류되어 대화와 담론의 균형을 추구하는 인터넷(디지털) 혁명 이후의 커뮤니케이션 현상을 분석하는 데 꾸준히 등장한다.

코무니콜로기(인간커뮤니케이션학)는 인간이 창조한 코드를 기반으로 인간커뮤니케이션 현상을 분석하기 때문에 먼저 그 코드가 작동하는 구조로서 '미디어'를 연구하는 데 광범위하고 유연한 분석틀을 제공할 수 있다. 또한 코드를 사용해야만 창조될 수 있는 '메시지'(의미 표현체)를 연구하는 데 큰 도움이 될 것이다. 더 나아가 코무니콜로기는 담론과 대화로 이루어진 커뮤니케이션 구조를 어떻게 구축하고 개선할 수 있을지에 대한 방법을 제시하기 때문에 오늘날 디지털 코드가 활발히 작동하는 인터넷을 포함한 미래의 커뮤니케이션 구조를 설계하는 데 유용한 이론적 토대가 될 수 있을 것이다. 마지막으로 코무니콜로기는 어떤 권위나 지배도 허용하지 않는 자유로운 사회로서 텔레마틱 사회에서 모두가 고유한 프로그램을 창조하고 송출하고, 게임을 즐기듯이 일하는 인간에서 놀이하는 인간으로 전환된 자아를 실현할 수 있는 미디어 유토피아의 미래상을 연구하는 데 이론적인 초석이 될 것이다.

참고문헌

Brecht, B. (1967). Radio - eine vorsintflutliche Erfindung?. In Suhrkamp Verlag in Zusammenarbeit mit E. Hauptmann(Eds.), *Bertolt Brecht gesammelte Werke Bd. 18: Schriften zur Literatur und Kunst I*(pp. 119-121). Frankfurt a. M. : Suhrkamp.

Flusser, V. (1992). *Die Schrift. Hat Schreiben zukunft?*. Frankfurt a. M. : Fischer.

Flusser, V. (1995). *Lob der Oberflächlichkeit. Für die Phänomenologie der Medien.* 김성재 역 (2004). 〈피상성 예찬: 매체 현상학을 위하여〉. 서울: 커뮤니케이션북스.

Flusser, V. (1996a). *Ins Universum der technischen Bilder.* Göttingen: European Photography.

Flusser, V. (1996b). *Kommunikologie.* 김성재 역 (2001). 〈코무니콜로기: 코드를 통해 본 커뮤니케이션의 역사와 이론 및 철학〉. 서울: 커뮤니케이션북스.

Flusser, V. (1996c). *Die Geschichte des Teufels.* Göttingen: European Photography.

Kloock, D., & Spahr, A. (1997). *Medientheorien: Eine Einführung.* München: W. Fink.

Rifkin, J. (1992). *Entropy.* 김명자·김건 역 (1999). 〈엔트로피〉. 서울: 두산동아.

Wittgenstein, L. (1990). *Tractatus logico-philosophicus: Philosophische Untersuchungen.* Leipzig: Reclam-Verlag Leipzig.

McLuhan, M. (1995). *Die magischen Kanäle. Understanding Media.* Dresden, Basel: Verlag der Kunst Dresden.

커뮤니케이션과 창발(emergence)

손동영

집합적 사회현상에 대한 이해

우리는 지금 여기 있는 물질이 아니라 스스로를 영속하게 하는 패턴이다.

— 노버트 위너(Norbert Wiener)

1. 시선의 그물망

1987년 경제전문지 〈파이낸셜 타임스〉(*Financial Times*)에 특이한 광고 하나가 실렸다. 참가를 원하는 누구든지 0에서 100 사이 자연수 중 하나를 골라 보내면 되었는데, 모든 참가자가 선택한 수의 평균 2/3 지점에 가장 근접한 사람이 최종 우승자가 되는 이벤트였다. 우승 상품으로 당시 운행하던 초음속 여객기 콩코드 일등석으로 런던과 뉴욕을 왕복할 수 있는 항공권이 주어졌다. 참가자들의 선택이 완전히 무작위로 이루어진다고 가정하면 평균값은 50 부근이 될 가능성이 크고 2/3 지점은 33이므로 그와 가까운 수를 선택하는 것이 합리적일 것이다. 하지만, 만약 모두가 이렇게 추론한다면 어떻게 될까? 평균은 50이 아니라 33 주변의 어떤 수가 될 것이고, 결국 정답은 그 2/3 지점인 22 근처의 수로 내려갈 것이다. 한발 더 나아가 참가자 대부분이 이렇게 추론해서 22 주변의 수를 선택한다면 2/3 지점은 15로 내려가게 되는데 이런 과정을 반복하면 결국 평균은 0이 되고 정답도 0 — 0의 2/3는 0이므로 — 인 지점에 도달하게 된다. 실제 정답은 무엇이었을까? 집계 결과 평균은 18.9였고 우승자는 13을 선택한 참가자였다(Buchanon, 2007).[1]

1 + 1의 정답은 언제나 2가 되어야 마땅하다. 그런데, 문제를 푸는 사람이 누구인지에 따라 답이 3, 4, 혹은 무한대(∞)가 될 수도 있다면 어떨까? 더 나아가 다른 사람들이 생각하는 답을 어떻게 예상하느냐에 따라 정답이 계속 달라진다면 그런 세상에서 제정신을 유지할 수 있을까? 놀랍게도(!) 우리 모두는 이미 이런 세상을 살고 있다.

쇼윈도에 늘어선 상품의 가격은 물건의 고유가치(intrinsic value)를 반영한 것처럼 보이지만, 실상 판매자들 간의 치열한 눈치 전쟁의 산물이다. 매일 뉴스를 장식하는 주가 등락 그래프도 다른 사람들이 주식을 매수·매도하는 의사결정 전략과 타이밍에 대한 수많은 사람들의 추론이 반영된 결과이다. 20세기의 대표적 경제학자 존 메이너드 케인스(John Maynard Keynes)는 이런 주식시장의 특성을 각자가 미인으로 여기는 후보가 아닌 '다른 사람들이 미인으로 생각할' 후보를 찾는 미인대회에 비유하기도 했다.

시야를 더 넓히면 이런 일이 단지 금융시장에만 국한되는 것은 아님을 알 수 있다. 붐비는 거리에서 맞은편에서 오는 사람들이 우측(혹은 좌측) 통행을 하리라 예상하고 방향을 정하는 사람이 많을수록 보행자의

---

1 이 이벤트는 현실의 사람들이 얼마나 주류 경제학이 전제하는 합리적 인간형(homo economicus)에 맞게 추론하고 결정하는지를 보기 위해 경제학자 리처드 탈러(Richard Thaler)가 고안한 이벤트였다. 만약 사람들이 경제학에서 전제하는 만큼 '완벽히 합리적'이라면 모두가 0을 선택했어야 하지만 실제 결과는 이와 많이 달랐다.

흐름은 두 갈래로 나뉘고, 이를 거스르기는 어려워진다. 자동차를 운전하는 사람들은 교통체증을 피하기 위해 차가 몰리지 않을 길을 찾는데, 잘못 선택하면 (길 위에서) 혹독한 대가를 치러야 한다. 모두가 정장을 입는 자리에 혼자 반바지 차림으로 가기 어려운 것처럼, 다수의 선택에서 멀리 벗어나는 사람은 드물다. 유행(fashion)은 이렇게 다른 사람들이 입는 옷, 머리모양, 장신구를 예상하고 추론하는 시선의 그물망을 통해 만들어진다.

일상적 대화는 또 어떠한가. 사람들이 모인 자리에서 자신과 반대 의견을 많이 마주칠수록 목소리는 움츠러들게 된다. 만약 절대 다수가 자신과 반대 의견을 갖는다면 완전히 침묵하거나 평소 생각을 뒤집는 결과로 이어질 수도 있다. 이런 불편한 상황을 피하기 위해 우리는 먼저 다른 사람들의 생각이 무엇인지를 늘 관찰하고 알고 싶어 한다. 텔레비전, 신문, 인터넷, 소셜미디어를 통해 사람들이 확인하고자 하는 것은 특정 사안에 대한 정보 자체와 더불어 관찰 가능한 범위 안의 '다른 사람들의 반응'이다.

물론 완벽한 미디어가 존재해서 매 순간 사회 구성원 모두의 의견 분포를 정확하게 알려 준다면, 결국 여론이란 그러한 의견 분포에 대한 개별적 반응의 산술적 합에 불과할 것이다. 하지만 현실에서는 모두의 의견을 정확히 알 길이 없다. 우리는 기껏해야 (완벽과 거리가 먼) 미디어가 제시하는 여론조사 결과나 주변 사람들을 통해 의견 분포를 추론해야만 한다. 이는 개인마다 여론을 파악하기 위해 활용하는 정보가 매우 다를 수 있음을 의미한다. 요컨대 여론(public opinion)은 개인 의견의 단순한 합이 아니라, 사람들이 주변의 (매우 제한적이지만) 가용한 정보를 통해 대다수 다른 사람들의 의견을 추론하여 (의견을 표출하거나 침묵하는 식으로) 반응하고 이런 반응에 다른 개인들이 또 반응하는 연쇄반응의 결과로 보아야 한다(Sohn & Geidner, 2016).

마찬가지로 사람들이 '상식'으로 여기는 통념이나 '~해야 한다', '~하면 안 된다'는 식으로 사회 전반에 널리 퍼져 있는 규범들도 이렇게 뒤엉킨 시선의 그물망을 통해 만들어지고 지속된다.

이런 집합적 현상들을 설명하고 예측하는 것이 가능할까? 어지럽게 일어나는 사건들의 홍수 속에서 의미 있는 패턴이나 규칙성을 발견하는 것이 가능한 일일까? 이 글에서는 불규칙한 사건들의 연쇄 이면에 숨은 규칙적인 패턴을 포착하고 설명하려는 최근의 학문적 시도들을 소개하고, 커뮤니케이션 현상과의 연관성을 논해 보고자 한다.

2. 아래로부터의 질서

1923년 일본 간토대지진 직후 요코하마 부근에서 '조선인이 방화를 일으키고 있다'는 소문이 퍼지기 시작했다. 곧이어 '우물에 독극물을 풀었다', '민가를 습격했다'는 왜곡/변형된 소문이 확산되었고, 사람들은 스스로를 보호한다는 명목으로 자경단을 조직해 폭행과 학살을 감행했다. 그 결과 재일조선인뿐만 아니라 오해를 받은 일본인, 그리고 외국인들까지 포함해서 수천 명이 억울하게 목숨을 잃었다.

이런 상황들을 접할 때 사람들은 대체로 '누군가의 의도적 개입'이나 집단의 보편적 특성으로 설명하고 싶어 한다. 일본 정부나 우익단체의 '의도적' 기획이라거나 일본인들에게 보편적으로 잠재되어 있던 조선인에 대한 편견이 우연한 계기로 표면화된 것일 뿐이며 (더 문명화된) 현대인에게는 일어나기 힘든 일이라고.

심리학자 고든 알포트(Gordon Allport)는 다음과 같이 소문 확산의 공식을 제시한 바 있다.

소문의 강도 ~ (사안의 중요도) × (증거의 모호함) ①

예컨대 생명과 안전에 관한 일처럼 '중요한' 사안이 불확실성과 만나면 소문에 불이 붙는다. 공식 ①에서 중요도나 증거의 모호함 어느 한쪽이 0이 되면 소문은 확산되지 않는다. 하지만, 현실에서 모호함을 전혀 남기지 않는 일은 매우 드물다 — 명백한 과학적 증거가 제시되어도 믿지 않으려는 사람들은 여전히 차고 넘친다. 따라서 약간의 모호함이(모호함> 0) 중요도가 큰 사안과 결합하면 소문이 크게 자라날 수 있다는 점에 주목하자. 그리고 사안의 중요도는 서로를 바라보는 사람들의 시선 속에서 증폭될 수 있다.

사람들은 정작 소문 자체보다 '그에 반응하는 다른 사람들의 모습'에 반응한다. 조만간 기름값이 오를 것이라는 소문에 근거가 없더라도, 값이 오르기 전에 기름을 채우려고 주유소로 직행하는 운전자가 많아지면 소문은 현실이 된다. 소문의 근거가 희박해도 그에 반응하는 사람들의 모습에 반응해서 더 많은 사람이 반응하는 연쇄적 과정을 통해 소문은 사실로 둔갑할 수 있다. 터무니없는 소문이라도 사람들에게 불안과 공포의 감정을 일으키면 그들 간 얽힌 시선을 따라 들불처럼 번져 나갈 수 있는 것이다. 페이스북(Facebook)이나 트위터(twitter) 같은 소셜미디어 환경에서 소문이 빠르게 퍼지는 한 가지 이유는 다른 사람들의 반응을 관찰하고 그에 반응하기 특별히 용이한 환경을 제공하기 때문이다.

그럼에도 불구하고 여전히 우리는 주식시장의 요동이 어떤 세력의 '작전' 때문에 일어나고, 여론변화는 누군가가 대중을 호도한 결과이고, 유행은 (나를 제외한) 대다수가 지나치게 남의 시선에 민감하기 때문에 발생하며, 의도적으로 유언비어를 퍼뜨리는 사람들이 있고, 배후에서 시위를 주도하는 조직이 존재하며, 앞의 누군가가 느리게 가기 때문에 길이 밀리는 것이라고 생각하는 경향이 있다. 세상만사를 누군가의 의도나 계획, 혹은 음모(conspiracy)로 설명하는 방식은 '우연히' 그렇게 되었다고 하는 것보다 훨씬 덜 무책임해 보이기까지 한다. 하지만, 세상에는 행위자의 의도나 특성만으로 설명할 수 없는 일들이 너무나도 많다.

자연에는 특히 개체의 의도나 특성으로 설명할 수 없는 현상들이 즐비하다. 호주에 서식하는 흰개미는 흙으로 무려 8~9미터 높이에 달하는 서식지를 짓는다. 현존 최고층 건물인 두바이 부르즈칼리파의 높이

그림 6-1 자연 속의 창발 사례

새 떼의 집단비행

호주의 흰개미집

특정 개체의 의도나 계획 없이 아래로부터
질서가 나타나는 자기조직화
(self-organization)의 사례는 자연의
군집현상에서 많이 발견된다. 인간의 두뇌나
신체, 심지어는 의식(consciousness)도
하위 구성요소들 간의 배열과 조합의
결과로 설명하는 시각도 있다.

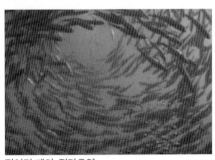

정어리 떼의 집단유영

는 828미터로 성인남자 평균 신장을 1.7미터로 볼 때 480배를 조금 넘는데, 대략 5밀리미터 크기의 일개미들이 자신보다 무려 1,700배 높은 건물을 '건축가나 도면도 없이' 짓는 셈이다. 그냥 흙더미에 불과한 것 아니냐고? 바깥의 계절과 관계없이 항상 실내 온도가 쾌적하게 유지되는 첨단건물이다.

고개를 들어 하늘을 보면 갈매기 떼가 ∧자나 삼각형 편대를 이루며 나는 모습을 종종 볼 수 있다. 바닷속 정어리 떼는 포식자에 대해 놀라울 정도로 유연하고 역동적으로 반응하며, 그 자체가 또 하나의 생명체인 것처럼 움직인다. 갈매기 떼는 왜 그런 모양으로 나는 것일까? 수많은 정어리들이 어떻게 한 몸인 것처럼 움직일 수 있을까? 지도자의 명령에 일사불란하게 움직이는 집단이나 모든 개체가 공유하는 보편적 습성을 가정하는 것이 아마도 가장 직관적인 설명일 것이다. 그러나, 이 모든 것이 지도자와 나머지 새들의 수직적 명령체계 — 매 순간 어느 쪽으로 가야 할지 지도자에게 묻고 답을 기다린다고 생각해 보라 — 나 종(species)에 내재한 공통적 특성만으로 가능하다고 보는 것은 지나치게 단순한 가정이다.

1987년 컴퓨터 과학자 크레이그 레이놀즈(Craig Raynolds)는 명령체계나 집단의식 대신에 개체들 간의 단순한 상호작용 규칙을 통해 새들의 집단비행을 프로그램으로 재현하는 데 성공했다(Reynolds, 1987). 규칙은 간단했다. ① 너무 가깝게 붙지 마라, ② 이웃(neighborhood)의 속도와 방향에 맞춰라, ③ 이웃의 중심으로부터 너무 떨어지지 마라. '새 떼'의 행동을 직접 프로그램화하기보다 보이드(boid)라고 명명된 개체들이 각자 규칙에 따라 행동하도록 내버려 두자 그로부터 현실적인 비행 편대가 출현했다. 개별 보이드는 전체의 모양에 대해서는 전혀 생각지 않고 주변 이웃의 행동에만 반응했는데도 그 집합적인 결과로 우리가 하늘에서 보는 것과 유사한 패턴이 출현한 것이다.

여기에서 주목할 점은 한없이 복잡하고 무질서해 보이는 집단적 결과가 반드시 구성원인 개체의 복잡성으로부터 비롯되는 것은 아니라는 사실이다(Kauffman, 1995). 다시 말해서, 인간 사회가 복잡해 보이는 이유가 반드시 개별 인간의 마음과 행동이 종잡을 수 없기 때문만은 아닐 수 있다는 것이다. 수없이 다양한 세상 만물이 단순한 입자들의 배열(configuration)로 만들어지는 것처럼, 사람들의 단순한 동기와 행동이 모여 복잡한 패턴의 사회적 결과가 만들어질 수 있다.

요컨대 우리가 경험하는 자연, 생태계, 인간 사회의 수많은 복잡해 보이는 현상들은 사실 원자, 생물, 인간 등의 미시적 요소들의 (상대적으로 단순한) 상호작용을 통해 '아래로부터' 나타나는 거시적 질서이며, 창발(emergence)하는 자기조직화(self-organization)의 결과에 다름 아닌 것이다.

가장 눈에 띄는 사례로 우리가 매일 살아가는 도시를 들 수 있다. 물론 처음부터 도로와 주거 및 상업지역 등 모든 것이 계획된 곳도 있지만, 그렇지 않은 많은 도시는 창발 현상의 지문(指紋)이나 마찬가지다. 미국의 대도시를 방문하면 부자와 빈곤층, 백인과 흑인의 거주지역이 확연히 나뉜 경우를 볼 수 있는데, 이를 가난한 사람들이나 유색인종을 차별하고 배제하려는 편견의 산물로 이해하는 사람들이 많다. 그러나 편견이 거주지 분리현상의 한 원인일 수는 있지만, 거주지 분리현상이 모두 편견 때문에 일어나는 것은 아닐 수 있다.

1970년대 경제학자 토머스 셸링(Thomas Schelling)은 이를 연구하기 위해 기발한 방법을 고안했다(Schelling, 1971). 2차원 격자무늬 평면에서 사각형 칸은 거주지가 되고, 그 안의 (적색이나 녹색을 갖는) 동그라미가 거주하는 사람이나 가구(household)를 나타내는 경우를 상상해 보자. 이들이 같은 색을 가진 이웃[2]의 비율이 일정 문턱값(threshold)을 넘으면 머무르고 그렇지 않으면 임의의 옆 칸으로 이사를 가는 것을 계속 반복하면 어떤 일이 벌어질까. 모든 사람이 극단적 편견의 소유자여서 색이

---

[2] 여기에서 '이웃'(neighborhood)은 특정 개체와 맞닿아 있는 인접한 개체들을 의미한다. 2차원 격자에서 한 개체의 주위를 둘러싼 최대 8명까지 이웃으로 정의하는 방식은 '무어 이웃'(Moore neighborhood)이라고 하고, 동서남북의 4방향으로 인접한 최대 4명의 이웃만을 고려하는 방식은 '폰 노이만 이웃'(von Neumann neighborhood)이라고 한다.

그림 6-2 셸링의 거주지 분리 모형

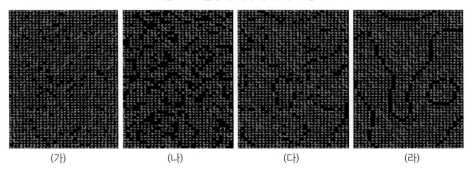

|(가)|(나)|(다)|(라)|

(가)는 개인들이 무작위하게 분포된 상황이고, (라) 방향으로 갈수록 문턱값 — 이사를 가지 않기 위해 필요한 '색이 같은 이웃의 최소 비율' — 이 높은 조건이며, 거주지 분리가 더 극명하게 나타난다.

다른 이웃을 한 명도 용납하지 않는다면(문턱값 = 100%) 거주지는 극명하게 나뉠 것이다.

그렇다면, 만약 이웃 10명 중 3명만 나와 같으면 나머지 7명이 달라도 괜찮은, 편견과는 거리가 먼 사람들이 모인 경우에는(문턱값 = 30%) 어떤 일이 일어날까. 즉, 개인들이 다양성을 충분히 수용하지만 극단적 소수가 되는 것만은 피하고자 하는 경우에도 거주지 분리가 일어날 수 있을까. 셸링의 연구는 그렇다는 것을 보여 준다. 누군가의 의도적 개입이나 구성원 모두의 극단적 편견 없이 무해한 수준의 선호도(preference)만으로도 거주지 분리와 같은 거시적 패턴이 창발할 수 있는 것이다.

3. 복잡계의 정의

사람들은 개인의 생각과 행동을 종합하면 집단을 이해할 수 있으리라 생각한다. 두뇌 회전이 빠른 직원들이 모인 기업은 더 스마트해지고, 관대한 개인들이 모이면 전체적으로 관용이 넘치는 아름다운 사회가 될 것이라 생각한다. 정말 그럴까? 현실은 역설로 가득하다.

똑똑한 직원의 시각에서 보면 일은 적을수록, 성과는 많을수록 좋은 것이다. 따라서 다른 사람이 일을 더 많이 하면 스스로의 자유시간은 늘고 성과는 함께 나눌 수 있으니 일석이조다. 안타깝게도 모두가 이렇게 머리를 굴리면 기업은 정체되거나 결국 무너진다(Kollock, 1999). 관용이 넘치는 사람들은 타인의 허물이 있어도 드러내지 않고 용서한다. 잘못은 누구나 저지를 수 있는 것이고 오히려 (혼자만 깨끗한 척) 손가락질하는 사람은 편협한 사람으로 여긴다. 그런데 모두가 이렇게 생각하면 이상한 일이 벌어진다. 무슨 짓을 해도 잘못을 지적하는 사람은 없기에 스스로를 비춰볼 거울이 없어지고 옳고 그름의 기준도 사라져 결국 범죄와 부패가 만연해질 수 있다.

왜 집단이 개별 구성원들과 전혀 다른 성격을 갖게 되는 것일까? 사람들의 성향과 선택, 행동이 서로 불가분하게 얽혀 있기 때문이다. 나의 생각과 행동은 진공 속이 아니라 언제나 다른 사람들의 생각, 행동에 대한 반응으로서 존재한다. 음식을 고르거나, 음악을 듣거나, 줄을 서고, 심지어는 잠을 자는 것까지도 온전히 홀로 이루어지는 선택은 없다. 남들이 다 원하는 메뉴는 당신이 원할 때는 이미 바닥날 수도 있고, 어떤 음악을 선택한 이유는 다른 사람들이 좋아하기 때문일 수도 있다. 당신이 밤에 편안히 잠이 들 수 있는 것도 대부분의 사람들이 잠자리에 드는 시간이기 때문이다 — 모두가 깨어 있는데 혼자만 잠을 청하는 상황을 상상해 보라.

강의실이나 도서관, 식당에 자리를 잡는 것과 같은 일상의 수많은 선택도 사실 다른 사람들의 선택과 밀접하게 연결되어 있다. 자리는 공유할 수 있는 자원(*resource*)이 아니고 그 수도 한정되어 있기에 먼저 온 누군가가 한 자리를 차지하면 다음 사람은 남은 자리 중에 하나를 골라야 하고, 그렇게 각 선택은 다른 선택에 제약을 가하게 된다.

예를 들어 강의실에서 앉을 자리를 찾는 학생들의 전략이 '최대한 타인과 멀리 떨어져 앉는' 것이라면 처음 온 학생의 자리로부터 거리가 최대인 자리를 두 번째 학생이 선택하고, 세 번째 학생은 그 둘로부터 가장 거리가 먼 자리를 택하는 식으로 서로에 반응하며 바깥쪽부터 안쪽으로 자리를 채워 가게 될지도 모른다. 반면 '타인과 너무 가깝지 않은' 자리를 찾는 전략이라면 서로 간에 빈자리를 두고 앉으면서 모두가 강의실 전체에 고르게 퍼져 앉게 될 것이다. 거기에 더해 '강의하는 교수로부터 가장 먼' 자리를 찾는 전략이 추가된다면 최적의 자리를 찾는 경쟁은 한층 복잡해질 것이고, 늦게 온 가엾은 학생들은 교수의 코앞에 앉아 불편을 감수해야만 할 것이다(필자는 좁은 강의실에서도 앞의 두세 줄이 비어 있는 경우를 종종 보는데, 이는 학생들이 교수와 거리를 유지하는 전략을 채택한다는 시각적 증거이기도 하다). 요컨대 제한된 수의 자리를 두고 행해지는 학생들의 선택은 서로에게 제약을 가하면서 강의실 전체에 특정 패턴을 남기게 된다(Schelling, 1978).

어지럽게 쌓인 목재 더미에서 일부 나뭇조각들을 제거해도 전체가 목재 더미라는 사실은 전혀 변하지 않는다. 이렇게 독립적인 개체들을 단순히 모아 놓은 집합체는 다소 난해하게(*complicated*) 보일 수는 있을지라도 일부분의 제거가 전체의 속성이나 행동을 달라지게 하지는 않는다. 그러나 모든 재료를 섞고 마지막에 뿌리는 연금술사의 신비의 가루처럼 개체들 사이에 상호의존(interdependency)을 추가하면 상황은 놀라울 정도로 복잡(complex)해진다.[3]

집은 목재들이 모인 집합체라는 점에서 목재 더미와 본질적으로 동일하지만 기둥을 제거하면 집 전체가 무너져 이전의 집과 완전히 다른 상태(state)가 된다. 바다나 숲의 어느 한 생물종(species)이 사라지면 서로 의존하는 다른 종의 개체 수에도 변화가 일어나 생태계 전반에 근본적인 변화가 일어나는 것과 같다. 요컨대 상호의존하는 구성요소들로 이루어진 집합체는 구성요소 중 일부를 잃을 경우 시스템 자체의 속성과 행동이 근본적으로 달라지는데, 이러한 시스템을 '복잡계'(complex system)라고 부른다.

물론 구성요소가 상호의존적이라고 해서 모두가 동일한 중요도를 갖는다는 의미는 아니다. 어떤 경우에는 구성요소 상호 간의 의존도가 높아 극히 일부의 변화에도 전체의 속성이 크게 달라지기도 하지만, 상호의존도가 전체적으로 낮거나 탈중심화(decentralized)되어 있는 경우 시스템은 변화에 대한 일정한 저항력(robustness)을 갖기도 한다. 사장의 판단과 결정에 전체가 의존하는 수직적 위계의 조직에서는 사장의 부재가 미치는 파장이 매우 클 수 있는 반면, 말단 직원의 부재는 회사의 운영에 큰 영향을 미치지 않을 수 있다. 손가락이나 다리를 다쳐도 생명에

---

3 '복잡'을 의미하는 영어 형용사로 'complicated'와 'complex'가 있는데, 전자는 구성요소들 간의 관계가 느슨하거나 독립적인 경우로 구성요소 일부의 제거가 전체 속성을 변화시키지 않는 경우를 일컫는 반면, 후자는 전체를 구성하는 개체들의 상호 의존성으로 인해 그들 일부의 제거가 시스템 전체의 속성에 큰 변화를 일으키는 경우 사용된다.

는 크게 지장이 없지만 뇌나 심장이 손상되면 바로 죽음을 맞을 수 있는 것과 같다.

한편, 탈중심화된 구조를 갖는 인터넷은 상당 부분의 서버가 다운된다고 해도 본성의 변화 없이 존재하고 작동할 수 있다. 마찬가지로 사회가 다원화될수록 재난이나 전쟁, 질병과 같은 문제로 특정 지역이 고립되거나 분리되어도 전체 사회의 속성에 근본적인 변화가 일어나지는 않을 수 있다.

그렇다고 복잡계가 대체로 안정적이라는 말은 결코 아니고, 오히려 그 반대에 가깝다. 시스템 전체의 근본적 속성이 변화하는 일은 드물지 몰라도 내부의 변화는 갑작스럽고 매우 불규칙하게 일어난다. 아침마다 접하는 주식시장 소식은 한치 앞을 알 수 없는 경제의 불확실성을 시각적으로 증명하고, 오늘 우호적이던 여론이 언제 부정적으로 돌아설지 알 수 없기에 정치인들은 매일 변화하는 수많은 유권자 의견분포에 촉각을 곤두세운다. 갑자기 어떤 텔레비전 드라마가 '뜨기도' 하고, 유행을 선도하던 브랜드나 노래가 갑자기 한물간 것처럼 느껴지는 일도 드물지 않다. 이런 일들이 아무런 규칙이나 패턴 없이 무작위로 일어나므로 설명이 불가능한 혼돈 그 자체로 여겨지기도 한다.

"숫자 1과 1을 더하면 2가 된다. 그러나 숫자 2를 제대로 이해하려면 우리는 숫자 1뿐만 아니라 '과'(and)를 이해해야만 한다"(Miller & Page, 2007, p. 12). 복잡계에 대한 연구는 집합체를 이루는 개체들 간의 보이지 않는 상호 의존관계에 주목하면서 본격적으로 시작되었다. 단추 하나에 하나를 더하면 둘이 되듯이 개체들이 서로 독립적일 때 전체는 단순한 합(summation)이 되는데, 이 경우 전체는 더해지거나 빠지는 개체 수만큼 점진적으로 혹은 선형적으로(linearly) 증가하거나 감소한다. 그러나 단추들이 서로 보이지 않는 끈으로 연결되어 있다면 단추 하나에 또 하나를 더한 결과는 (연결된 단추가 모두 딸려올 것이므로) 두 개보다 훨씬 많을 수 있다.

마찬가지로 전염되지 않는 질병의 경우 병에 걸린 전체 환자 수는 새로 추가되거나 완치되어 빠지는 환자 수만큼만 늘어나고 줄어든다. 반면 전염병은 당장 증상이 나타난 환자 수를 넘어 증상이 드러나지 않은 보균자와 그들과 접촉 가능한 사람들의 수까지 파악하지 않으면 전체 규모를 짐작할 수 없다. 한 명의 보균자에게 전염된 사람들이 더 많은 사람들을 전염시키는 식으로 단 몇 단계 만에 수백 수천의 사람들에게 병이 옮겨질 수 있다.

이러한 급격한 비선형적(*non-linear*) 증가 패턴의 비밀은 '양(+)의 되먹임'(*positive feedback*)에 있다. 양의 되먹임의 대표적 사례는 '부익부 빈익빈' 현상이다. 돈이 많은 사람은 더 많은 돈을 벌어들일 기회를 가져 더 부자가 되고, 스타 연예인은 지금의 인기로 인해 앞으로 더 많은 인기를 누릴 수 있다.[4] 매 순간 감염되는 사람들의 수는 그 이전 감염자 수의 되먹임을 받은 결과로, 이전의 감염자가 많으면 많을수록 추가로 감염되는 사람들의 수는 더 많아지게 된다.

몇 년 전 서울시 한강변의 고층 건물이 심하게 흔들려서 미디어에 크게 보도된 일이 있다. 정밀조사 결과 구조에는 문제가 없었고, 사람들의 증언을 통해 고층에 위치한 피트니스클럽에서 뛰는 사람들 때문일 수 있다는 추측만이 남았다. 사람들이 좀 뛴다고 건물이 흔들릴 수 있을까? 개별 사람의 무게로 건물이 흔들리기는 어렵지만 그들의 무게가 서로 연

---

4 '수확체증의 법칙'(*law of increasing returns*)으로도 일컬어진다.

결되어 있다면 충분히 가능한 일이다.

2000년 런던 템스 강에 있는 밀레니엄 브리지 개통 첫날 많은 사람들이 모여들었다. 다리가 조금씩 흔들리고 사람들이 중심을 잡고자 그에 반응하며 걷는 과정에서 흔들림이 증폭되었고, 다시 그에 사람들이 반응하는 과정이 반복되면서 다리가 크게 흔들려 결국 시에서 통행을 금지했었다. 고층건물에서도 이와 유사한 일이 일어나지 말라는 법이 없는 것이다.

양의 되먹임이 부리는 마술의 이해는 집합을 이루는 개체들이 그들을 둘러싼 다른 개체들로 구성된 주변 환경에 어떻게 반응하고 상호작용하는지에 대한 물음으로부터 시작될 수 있다. 물의 화학적 구성에 대한 지식만으로는 파도의 움직임을 이해하거나 쓰나미를 예측할 수 없다. 개별 흰개미의 행동을 따로 자세히 관찰하는 일은 그들이 어떻게 거대한 흙집을 짓는지 알아내는 데 크게 도움이 되지 않는다. 개별 운전자의 프로파일이나 운전습관을 아는 것만으로는 교통체증이 일어나는 메커니즘을 이해할 수 없다. 한 명이 속도를 줄이는 것에 대해 주변 운전자가 어떻게 반응하고, 그 반응에 다른 운전자들이 어떻게 반응하는지를 보아야 한다. 중요한 것은 이러한 보이지 않는 연쇄적 반응의 패턴이지 개체 고유의 특성들이 아니다.

4. 패턴으로서의 정보와 불확실성

우리는 미디어를 통해 국가 혹은 세계 전체와 소통하는 것처럼 느끼지만, 사실은 그 파편에 불과한 국지적 환경(local environment)만을 매 순간 경험한다. 물론 미디어를 통해 많은 사람들이 같은 정보에 노출된다 해도 내가 보는 것과 타인의 시선에 잡힌 것은 완전히 동일하지 않다. 내가 보는 국지적 환경은 (미디어를 포함해서) 다른 사람들이 스스로의 주변 환경에 반응한 결과들의 산물이며, 나의 반응은 다시 환경의 일부가 된다. 즉, 사람들은 "타인들의 반응으로 이루어진 환경에 반응하는 사람들로 이루어진 환경에 반응한다"(Schelling, 1978). 창발적 질서는 그렇게 조각난 시선들이 만나는 '접합과 어긋남'으로부터 출현하는 것이다.

개체들이 마주하는 국지적 환경 간의 접합과 어긋남을 이해하는 한 가지 길은 이를 정보(information)의 교환, 즉 커뮤니케이션(communication)으로 바라보는 것이다. 커뮤니케이션은 흔히 사람들 사이의 언어적 소통에 국한된 것으로 간주되지만, 사실 언어 및 인간 사회의 범위를 훨씬 넘어선다. 단세포 생물도 환경과의 상호작용을 통해 먹이를 찾고 식물과 동물, 피식자와 포식자는 분비물을 통해 흔적을 남기거나 서로 현혹하고 스스로를 위장하기도 한다. 인터넷을 구성하는 서버(server) 간의 데이터 교환이나 인간두뇌의 신경세포 간의 전기적 자극 교환도 넓은 의미에서 커뮤니케이션으로 볼 수 있고, 물리적 대상 간의 열역학적 에너지 교환까지 일종의 정보교환으로 해석하는 시각도 존재한다(Seife, 2006).

미디어는 정보 환경의 일부에 불과하며 자연, 길, 건물, 사람들의 말과 행동과 같이 우리가 살아가는 환경 그 자체도 정보로서 기능하고 심지어는 우리 자신도 다른 사람들의 정보 환경의 일부가 된다. 예컨대 여행지에서 길을 걸으며 접하는 환경과 현지인들의 모습은 그 장소에 대한 인상을 형성하는 정보재료로 쓰인다. 마찬가지로 내가 입는 옷, 하는 말, 선택하는 제품 등은 주변의 다른 사람에게 정보로서 활용될 수 있다. 그뿐 아니라 나를 이루는 세포들도 서로 정보를 교류하고, 세포를 이루는 분자들도 정보를 나눈다. 요컨대 세상 만물은 정보다.[5] 단지 어떤 맥락이나 경로를 통해 정보가 전해지고 소통되는지에 따라 그 성격과 결과가 달라질 뿐이다. 다시 말해서 국지적 환경은 개체가 마주하는 (국지적) 정보환경과 동의어라 할 수 있다.

"모든 것이 정보다"라는 말이 모든 정보가 동일한 가치를 갖는다는 뜻은 물론 아니다. 사람들은 오직 '가치 있는' 정보에 반응한다. "모든 사람은 숨을 쉰다"는 문장도 정보를 담고 있지만 얼마만큼의 정보를 담고 있는지, 얼마나 가치 있는 정보인지는 따져 보아야 할 일이다. "숨을 쉬지 않는 사람이 있다"는 문장과 비교하면 전자보다 후자가 (그 사람이 이미 죽은 것이 아니라면) 더 주목할 만할 정보를 담고 있는 것이다. "개가 사람을 물었다"는 문장보다 "사람이 개를 물었다"는 문장이 더 뉴스 가치가 있는 것처럼 정보 가치는 통상적 기대(expectation)를 벗어나는 정도와 관련이 있다. 다시 말해서 특정 정보가 통상적 기대와 일치하는가 벗

---

5 전통적 시각에서 정보는 물리적 실체에 대비되는 관념적 대상으로 분류되었지만, 20세기 중반부터 신체와 정신, 혹은 물질과 관념의 이분법을 넘어 정보가 물리적 실체를 갖는다는 정보 이론(information theory)적 시각이 발전되고 있다. 존재하는 모든 물리적 실체를 정보의 '표현형'으로 보는 시각으로, 돌에 새겨진 문자이거나 음악, 혹은 하드 드라이브에 새겨진 데이터이든 상관없이 정보는 언제나 물리적으로 표현된 실체를 갖는다는 점을 강조한다. 자연에 존재하는 정보 표현형의 대표적 사례로 DNA를 들 수 있으며, 결국 생물학적 실체란 유전자에 기록된 정보가 실행되고 유지되는 과정과 다름이 없기 때문에, 산다는 것은 정보를 복제하고 보존하는 행위와 같다고 본다.

어나는가는 해당 사건이 일어나거나 관찰될 '확률'(probability)의 문제와 맞닿아 있다.

정보와 확률의 관계를 처음 정식화해서 정보 이론(information theory)의 토대를 놓은 사람은 20세기 중반 미국 벨 연구소(Bell Laboratory)의 연구원이었던 클로드 섀넌(Claude Shannon)이다. 섀넌은 모든 정보가 1과 0 같은 이진수(binary digit)의 조합으로 표현될 수 있으며 정보량의 기본 단위인 '비트'(bit)를 이용하여 수량화될 수 있음을 처음으로 보여주었다.6 영혼 혹은 생각의 무게나 크기를 잴 수 없는 것처럼 정보와 같이 관념적 대상의 크기를 잰다는 것은 당시로서는 생각하기 어려운 일이었다. 하지만, 섀넌은 정보가 분명한 크기를 가지며 이를 수량화하는 방법이 있음을 간파했다.

모르는 누군가의 나이를 맞추는 경우를 생각해 보자. 사람의 나이는 대체로 0~100 범위의 값을 갖는데, 당신이 임의로 고른 한 숫자가 그 사람의 나이와 맞아떨어질 확률은 1%도 안 된다. 이대로는 정답을 알아내기가 어렵기 때문에 당신은 추가적 정보를 얻어 내기 위해 질문을 던진다. "혹시 50대 이하인가?" 이에 대한 대답이 "예"라면 가능한 경우는 100여 가지에서 50개로 줄어든다. "20대 이상인가?"라는 질문에 대한 대답도 "예"라면 경우의 수는 더 줄어들어 30가지가 된다. 이런 질문을 대체 몇 개나 해야 정답을 알 수 있을까?

---

6 비트(bit)를 이진수(binary digit)의 줄임말로 이해하는 경우가 많지만, 이 둘은 구분되어야 한다. 이진수는 1이나 0과 같은 개별 수를 지칭하지만, 비트는 특정 메시지가 담고 있는 정보량을 나타내는 기본 단위이다. 예를 들어, 동전의 앞면은 1, 뒷면을 0을 나타낼 때, 가능한 결과는 2개의 이진수(1 아니면 0)로 이루어지지만, 결과를 알기 위해 필요한 정보량은 1비트($\log_2 = 1$)이다.

섀넌은 가능한 경우의 수가 N개인 질문에 대한 추론을 위해서는 $\log_2 N$ 비트의 정보가 필요하다는 사실을 알아냈다. 위와 같이 가능한 경우의 수가 101개인 문제를 정확히 추론하기 위해서는 $\log_2(101) = 6.658 \cdots$ 비트의 정보가 필요한데, 이는 예/아니요 형태의 질문을 6, 7개만 하면 정답을 알아낼 수 있다는 뜻이다.

스무고개를 하는 게 아니라면 이런 내용이 무슨 쓸모가 있겠냐고 반문할 수도 있지만, 생각해 보면 우리는 일상에서 이와 같은 질문과 답을 끊임없이 마주한다. 연인이 가장 기뻐할 만한 선물은 대체 어떤 것일지 고민하는 상상을 해보자. 연인의 취향을 알아야만 선물의 성공(적절한 표현인지는 모르겠지만) 가능성을 높일 수 있기 때문에 일련의 질문이 꼬리에 꼬리를 물고 이어질 것이다. "꽃을 좋아하는가?", "옷을 좋아할까?", "보석을 좋아할까?", "비쌀수록 더 좋아할까?" 등. 그러나 이런 질문과 답의 끝없는 연쇄에서 길을 잃을 필요는 없다. 예컨대 (미국을 통째로 사준다거나, 3미터짜리 비단뱀을 선물할 가능성 따위는 배제하고) 당신의 소득과 상대방의 특성을 고려한 가능한 범위 내 선물 종류가 10가지라면 단 3개의 질문으로 정답을 알아낼 수 있다. 다시 말해서 3개 이상의 질문을 끝없이 이어 가는 것은 중복이고 시간 낭비에 불과한 것이다.

바로 여기에서 정보의 정의가 등장한다. 정보는 일종의 패턴이며 '메시지의 중복(redundancy)을 제거하고 남는 부분'이다. 중복은 반복되는 특정 패턴이 존재함을 나타내는데, 1010101010 ⋯ 과 같은 문자열의 경우 '10'이 반복되는 형태이므로 '10'으로 나머지를 모두 추론하는 것이 가능하다. 따라서 '10'은 정보가 되고 나머지는 중복이 된다. 반대로 10010110111001 ⋯ 과 같은 문자열은 특정 패턴이 쉽게 보이지 않는 형태이므로 중복이 작고 정보량이 큰 경우로 볼 수 있다. 이렇게 중복의 크기는 정보의 크기를 결정하게 되는데, 중복이 클수록 적은 정보만으로도 전체 메시지를 추론하는 것이 가능하다는 뜻이 된다. 00000000 … 과 같이 0이 반복되는 문자열은 '0'이라는 정보 최소단위인 1비트의 정보만으로 전체를 추론하는 것이 가능하므로 필요한 정보량이 최소인 경우가 된다. 그렇다면 필요한 정보량은 어떤 경우에 최대가 될까? 특정 부분에서 반복되는 패턴을 찾아내기 어려운 형태, 즉 '무작위'(*random*) 한 경우에 정보량은 최대가 된다.

예를 들어, 동전을 반복해서 던질 때 앞면이나 뒷면이 나올 것에 대한 예측이 맞을 확률은 각각 50%를 넘지 않는데, 우연(*coincidence*)을 넘어서는 어떤 추가적 패턴도 발견할 수 없는 경우이므로 중복은 최소가 되고 정보량은 최대가 된다. 만약 동전에 변형을 가해서 10번 중 8번은 앞면이 나오게 한다면 앞면이 나올 확률은 80%가 되기 때문에 우리는 동전의 행동에 대해 우연을 넘어서는 추가적 패턴을 인지할 수 있게 된다. 즉, 앞면에 돈을 걸어 잃을 확률은 20%밖에 되지 않는다는 얘기가 된다.

요컨대 패턴이 무작위에 가까울수록 중복은 줄어들고 (추론에 필요한) 정보량은 극대화된다는 의미가 된다. 다시 말해서 무작위성이 높은 상황은 패턴을 알아내기 쉽지 않기 때문에 더 많은 정보가 필요하게 되는 반면, 무작위성이 낮은 상황은 적은 정보만으로도 충분하게 된다는 것이다. 그렇다면 이러한 무작위성의 정도도 수량화가 가능할까?

섀넌에게 '정보'는 기대(*expectation*)의 함수와 같고, 기대는 사건의 확률과 연결된다. 물고기가 헤엄치거나 여름에 더운 것 같이 확률이 높은 사건은 우리를 놀라게 하지 않는 반면, 걸어 다니는 물고기나 추운 여름날은 우리를 놀라게 한다. 정보는 이러한 기대의 어긋남이나 '놀람'(*surprise*)을 포함하는데, 이를 엔트로피(*entropy*)라 하며 그 크기는 사건의 확률에 반비례한다. 즉, 어떤 사건 x의 확률을 p(x), 엔트로피의 크기를 h(x)라고 하면 다음과 같은 관계가 성립한다.

h(x) ≈ 1/p(x) ②

그러나, 단순히 확률과 놀람의 관계를 넘어 정보량과 관련짓기 위해 섀넌은 사건의 확률에 밑이 2인 로그(*log*)를 취했다.

h(x) = $\log_2 1/p(x)$ = $-\log_2 p(x)$ bits ③

앞에서 언급했듯이 비트(*bit*)는 정보의 최소 단위인데 위와 같이 로그를 취함으로써 x의 엔트로피 정도를 정보량 단위인 비트로 표현할 수 있다.[7] 예컨대 동전을 던져 앞면이 나올 확률을 1/2이라고 하면 해당 사건의 엔트로피는 h(앞) = $\log_2(1/0.5)$ = 1비트가 된다. 더 나아가 동전을 던지면 앞면이나 뒷면이 나오고 주사위를 던지면 1에서 6 중 한 숫자가 나오는 것처럼 확률적 사건은 다양한 결과를 가질 수 있다. 따라서 다수의 결과를 가질 수 있는 임의 사건 혹은 변인(*random event or variable*) X는 다음과 같이 결과 값의 집합으로 표현된다:

---

7 공교롭게도 이 공식은 열역학을 연구했던 19세기 물리학자 루트비히 볼츠만(Ludwig Boltzman)이 입방체 공간 속의 공기 입자들의 분포를 추론하는 과정에서 유도한 '엔트로피'(*entropy*) 공식, S = klogW 와 일치한다. 물리적 실체에 대한 공식과 관념적 대상인 정보에 대한 공식이 일치한다는 점은 정보의 본질에 대한 통상적 시각에 변화가 필요함을 시사한다.

$$X = \{x_1, x_2, x_3, \cdots, x_k\} \quad ④$$

집합 X의 개별 요소 혹은 결과는 나름의 확률을 가지는데, 이들이 알려져 있다고 가정하면 다음과 같은 확률분포로 표현할 수 있다.

$$p(X) = \{p(x_1), p(x_2), \cdots, p(x_k)\} \quad ⑤$$

여기에서 임의 사건 X의 전반적 엔트로피, 즉 놀람의 평균값 H(X)는 다음과 같이 계산할 수 있다.

$$H(X) = p(x_1)\log_2[1/p(x_1)] + p(x_2)\log_2[1/p(x_2)] + \cdots +$$
$$p(x_k)\log_2[1/p(x_k)] \quad ⑥$$

예를 들어 단 2개의 결과를 가질 수 있는 동전 던지기의 엔트로피는 앞면이 나오는 결과의 엔트로피 1비트와 뒷면의 엔트로피 1비트의 평균값인 1비트가 된다. 만약 동전이 휘어져 있어 앞면이 80%, 뒷면이 20% 나오게 된다면 어떨까? 이렇게 휘어진 동전을 던져서 나오는 결과의 엔트로피는 앞면은 0.258비트($= -0.8*\log_2 0.8$)이고 뒷면은 0.464비트($= -0.2*\log_2 0.2$)이므로 평균 엔트로피는 0.722비트가 된다. 다시 말해서 동전의 균형이 잡혀 앞이나 뒤가 나올 확률이 정확히 1/2인 경우는 어느 결과가 나올지 예측이 쉽지 않은 무작위한 경우이므로 엔트로피가 최대인 1이 되지만, 동전이 휘어 있어 앞면이 뒷면보다 많이 나온다는 것을 '예상할 수 있는' 경우에는 결과에 대한 우리의 놀람도 상대적으로 덜하므로 엔트로피가 더 낮게 된다.

그림 6-3 엔트로피와 확률

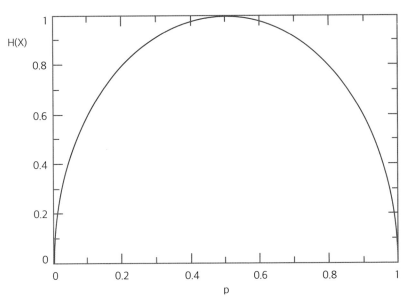

확률사건의 불확실성을 수량화한 엔트로피는 특정 패턴이 나타나지 않는 경우에 최대가 된다. 가장 단순한 사례인 동전 던지기의 경우, p = 0.5에서 앞면과 뒷면의 비율이 같아지는 '무작위'(random) 상태에서 엔트로피는 1이 된다.

　게다가 동전을 여러 번 던질 때 처음 던진 결과가 무엇이든 두 번째 결과에 영향을 미치지 않는다는 점에서 매 결과는 독립적이다. 이렇게 사건들이 독립적이고 각 확률이 균등분포(*uniform distribution*)에서 비롯되었을 때 엔트로피는 최대가 되지만, 개별 사건들이 서로 연관이 되어 영향을 주고받는 ― 확률적으로 독립 사건들이 아니어서 균등분포를 이루지는 않는 ― 경우에 엔트로피는 작아진다. 무작위적 패턴의 엔트로피가 최대라는 점은 결국 불확실성이 가장 높다는 의미이기도 하기 때문에 결국 엔트로피는 사건이나 상황 속의 '불확실성'(*uncertainty*)의 크기를 드러낸다고 할 수 있다.

5. 질서, 무질서, 그리고 엔트로피

우리는 매일 불확실성과 함께 살아간다. 불확실성은 수많은 사람들이 모여 살아가는 인간 사회의 본질이다. 그렇다면 우리 주변 사회 환경의 불확실성은 어느 정도일까? 새로운 이웃이 이사 오면 주변 환경의 불확실성은 얼마나 증가할까? 소셜미디어에서 누군가와 새롭게 친구를 맺는다면 내 관계망의 불확실성은 증가할까, 감소할까? 일상 속에서 사람들이 내리는 수많은 선택과 행동은 사실 환경의 불확실성을 줄이거나 늘리는 일과 관련을 갖는다. 뉴스를 찾아보고, 친구와 세상 돌아가는 일에 관해 대화하고, 주변 사람들이 먹고 입는 것을 관찰하는 이유도 정보 환경의 불확실성을 줄여 선택을 용이하게 하기 위함인 것이다. 그렇다면 모두가 정보 환경의 불확실성을 줄이고자 노력하면 세상은 갈수록 단순해지지 않을까? 모두가 환경을 질서정연하게 만들고자 노력하는데도 세상이 이렇게 복잡하고 혼란스럽게 보이는 이유는 무엇인가? 왜 기술과 문명이 발달하는데도 불확실성은 줄어들지 않고 늘어만 가는가?

앞에서 우리가 엔트로피에 대해 다소 길게 논의한 이유가 바로 여기에 있다. 물은 위에서 아래로 흐르고, 뜨겁게 데워진 주전자는 시간이 흐를수록 식으며, 살아 있는 모든 것은 결국엔 죽는다. 물리학자들은 이를 '세상 만물은 평형상태로 나아간다'는 '열역학 제 2법칙'으로 표현한다. 여기에서 '평형상태'는 특정의 패턴이나 질서(order)가 사라진 상태, 즉 무질서(disorder)를 의미한다. 예를 들어 데워진 주전자가 뜨거운 이유는 그 안의 공기 분자가 빠르게 움직이며 서로 충돌하기 때문인데, 밖에서 가해지는 열이 사라지면 그 움직임이 느려지며 주전자 바깥의 공기와 비슷한 상태로 되돌아간다. 열이 가해지는 시점에는 주전자 안쪽과 바깥쪽 공기의 움직임이 극명하게 달라지고 이렇게 두 상태가 구분되는 것을 하나의 패턴 혹은 질서로 볼 수 있다. 즉, 빠르게 움직이는 공기 분자가 주전자 안에 몰려 있는 반면 바깥의 공기분자는 원래대로 남아 있는 상황은 공기 분자의 속도가 고르게 분포하던 본래의 상황에서 벗어나 어떤 새로운 질서를 구축한 것과 같다. 빨간 구슬과 하얀 구슬이 고르게 뒤섞여 패턴을 찾기 어려운 통에 손을 집어넣어 두 종류의 구슬이 양쪽으로 말끔히 구분되는 패턴을 만들어 내는 것과 같다.

인간 사회에서의 '질서'도 이와 크게 다르지 않다. 서로 먼저 가려는 자동차가 뒤엉킨 사거리는 무질서한 반면, 차들이 신호를 기다리며 순서대로 움직이는 경우는 '질서정연'하다. 보행자들이 제각기 움직이며 뒤엉킨 거리는 어지럽고 무질서해 보이지만, 한쪽 방향으로 걸으며 양 방향으로 엇갈리는 흐름을 만들어 내는 경우는 질서가 잡혀 보인다. 빨 간불에 길을 건너는 사람이 0%이고 파란불에 길을 건너는 사람이 100%이면 두 개의 가능한 상황 중 하나에 모두가 몰려 있는 '질서'가 구축된 것과 같다. 반면 빨간불에도 50%가 길을 건넌다면 질서가 구축되지 않은 무질서한 상황이 되는 것이다.

주변 사람들이 입는 의상이나 정치적 사안에 대한 여론도 마찬가지다. 머리모양이나 옷의 색깔, 디자인이 제각각인 곳에서는 일정한 패턴을 발견하기 힘들지만, 모두가 검거나 어두운 색의 옷을 입는 엄숙한 장례식장에서는 패턴을 발견하기 쉽다. 정치에 대한 여론조사도 결국 환경에 형성된 패턴을 발견하기 위함이며, 사람들이 살아가는 양식이 반복되는 패턴을 우리는 문화라고 부른다. 이렇게 규범, 문화, 유행과 같은 다양한 사회적 현상은 결국 사람들의 선택이 만들어 내는 패턴이나 질서의 다른 이름에 불과하다.

주전자는 차갑게 식고 물결이 일던 수면이 결국엔 잔잔해지는 것처럼, 인간 사회의 질서도 언제까지나 지속될 수는 없다. 자연의 엔트로피와 사회 속의 엔트로피는 집합체를 구성하는 개체들의 확률적 분포를 나타내는 개념이라는 점에서 본질적으로 동일하다. 동전을 10번 던졌을 때 모두 앞면이 나올 확률보다 앞과 뒤가 반반씩 나올 확률이 훨씬 높다는 것은 곧 특정의 패턴이 없는 무작위한 상황이 훨씬 더 빈번하게 일어난다는 것을 의미한다. 뜨거운 공기(빠르게 움직이는 공기입자)와 찬 공기(느리게 움직이는 공기입자)가 섞여 결국 미지근한 공기(입자의 속도가 무작위하게 분포하는 평형상태), 즉 엔트로피가 높은 상태로 나아가는 것처럼, 사회 환경도 시간이 흐를수록 엔트로피가 높은 무작위 상태로 나아간다. 물건들이 각 서랍에 잘 분류되어 모여 있을 확률보다 바닥에 어지럽게 흩어질 확률이 높은 것과 같다. 수많은 사람들로 이루어진 집단에서 각자의 행동은 주변 환경에 작거나 큰 변화를 일으키고 그러한 변화에 반응하는 사람들로 인해 기존의 질서에는 점차 균열이 생기게 된다. 사회는 '확률적으로' 질서에서 무질서를 향해 나아간다.

엔트로피가 극대화되는, 즉 요구되는 정보량이 최대치인 경우가 가장 빈번하게 일어날 수 있다는 사실은 반대로 엔트로피를 낮추기 위해서는 추가적인 정보가 필요함을 의미한다. 상황의 불확실성이나 무작위성을 줄인다는 것은 추가적인 정보를 투입해서 엔트로피를 낮추는 것을 의미하는데, 정보 투입이 사라지면 엔트로피는 다시 높아지게 된다. 이는 열역학에서 밝혀진 엔트로피가 증가하는 비가역적인 과정이 정보와 커뮤니케이션 환경에서도 유사하게 일어날 수 있다는 의미가 된다. 이러한 엔트로피 증가과정을 역행하여 질서를 창출하고 유지하기 위해서는 어떤 개입(*intervention*)이 필요한데, 이러한 개입은 언제나 에너지(혹은 자본)를 소비하는 과정을 수반한다.

경찰이 건널목을 지키고 감시한다면 빨간불에 길을 건너는 사람은 빠르게 0에 수렴하지만, 감시자가 없는 외진 골목길에서는 그 수가 반대로 늘어날 것이다. 여기에서 질서는 경찰의 개입을 통해 만들어지는데, 개입이 사라지는 순간 질서는 허물어지고 원래의 불확실한 상황으로 돌아간다. (살림을 해본 사람은 누구나 이해할 수 있듯이) 집을 정돈된 상태로 유지하기 위해서는 끊임없이 정리하는 누군가가 있어야 한다. 뉴스를 전달하는 미디어가 기능을 멈추면 (뉴스를 안 보면 마음에 평화가 찾아온다는 사람들이 있는 것처럼) 그동안 유지되던 모종의 질서도 점차 흐트러질 수 있다. 어떤 제품의 판매가 증가 추세에 있다는 것은 자본이 투입된 광고, 마케팅과 같은 커뮤니케이션 활동을 통해 엔트로피적 평형상태를 깨고 정보환경에 변화의 물결을 일으킨 결과와 같다. 이런 활동이 사라지면 매출은 줄어들고 환경은 원래의 상태로 돌아가게 된다.

만약 아무런 개입도 이루어지지 않으면 사회 환경은 엔트로피가 최대치인 평형상태를 유지하게 될 것이고, 결국 어떤 두드러진 질서도 출현하지 않는 무질서한 상태가 영원히 지속되지 않을까? 하지만, 현실에서는 끊임없이 새로운 패턴이나 질서가 출현하는데, 이러한 역동성은 어디에서 기인하는 것일까?

사회 환경의 엔트로피가 지속적으로 높아지지 않는 이유는 (살아 있는) 사람들이 상호작용하기 때문이다.[8] 예를 들어, 사람들은 자신의 취향을 혼자만 간직하기보다 타인과 공유하고자 노력하고, 늘 다른 사람

---

8 사람들이 살아 있기 위해서는 음식과 같이 외부에서 공급되는 에너지가 필요한데, 이러한 에너지의 궁극적 원천은 태양이다.

들의 취향을 관찰하고 모방한다. 설사 의도적으로 취향을 공유하고 전파하지 않는 경우에도, 두 개의 선택지 A와 B 중 하나를 '선택'한다는 것은 환경에 존재하는 무작위성, 즉 엔트로피를 줄이는 일종의 주도적 행위가 된다. 한 개인이 A를 선택함으로써 사회 전체에 존재하는 B의 가능성의 미세한 일부가 소멸되고, 그만큼 환경에 추가적인 정보를 제공함으로써 엔트로피가 줄어들도록 한다. [9]

만약 A를 선택한 사람이 주변에 영향을 미쳐 더 많은 사람이 A를 선택하고, 그로부터 더 많은 사람들이 같은 선택을 하는 양의 되먹임이 일어난다면 엔트로피는 더 빠르게 줄어든다. 그렇게 다시 하나의 유행이 출현하고 환경의 정보량은 최소치로 떨어지지만 이런 질서정연한 상태 또한 영원할 수는 없다. 속칭 '뜨는' 제품의 유행이 영원히 지속되지 않고 결국 가라앉는 주요한 이유는 사람들이 단조롭게 느끼기 때문인데, 이러한 변화는 타인의 선택들이 모여 만들어진 패턴의 중복(redundancy)에 대한 심리적 반응에 다름 아니다.

예를 들어 주변에 빨간 구두가 많아지는 것은 일시적인 되먹임으로 일어난 질서인데, 이는 사회 환경에서 기대에 어긋나는 경험을 할 확률, 즉 '놀람'의 가능성이 매우 적다는 것을 의미한다. 사람들은 지나치게 단조로운 환경을 벗어나고픈 욕구를 갖고 점차 유행으로부터 벗어나게 되는데, 이는 엔트로피 증가의 경향을 반영하는 것과 다르지 않다. 빨간 구두로 가득 찬 거리는 다시 색색 가지의 구두로 채워지고, 환경에서 요

---

9 유사한 맥락에서 물리학자 에르빈 슈뢰딩거(Erwin Schrödinger)는 생명 또한 평형상태로 나아가는 환경의 무자비함에 저항하는 '음의(negative) 엔트로피의 섬'과 같다고 보았다.

구되는 정보량은 다시 늘어난다.

결론적으로 다수의 자율적인 개체가 모인 집합적 환경은 엔트로피가 증가하는, 즉 무질서를 향해 나아가는 경향을 갖는다. 17세기의 정치철학자 토머스 홉스(Thomas Hobbs)의 저서 〈리바이어던〉(*Leviathan*)에서 "만인의 만인에 대한 투쟁"으로 묘사된 (무정부 상태의) 원시적 사회 개념은 엔트로피 증가라는 집합체의 숙명을 다소 극단적이고 음울한 언어로 표현해 낸 것일지도 모른다. 물론 모두가 의식적으로 투쟁을 벌인다는 생각은 다소 비현실적이지만, 사회가 개인의 산술적 합이 아니고 무질서 증가라는 그 자체의 내적 경향과 속성을 가질 수 있다는 그의 생각은 시대를 앞서간 면이 있다. 그대로 두면 잔잔해지는 수면에 물결을 일으키는 것처럼, 개인의 선택은 엔트로피를 줄이면서 유행을 만드는 원인이 되기도 하고 단조로운 환경에 균열을 내서 엔트로피를 높이는 방향으로 움직이는 기폭제가 되기도 한다. 개체들의 '자율적 선택'과 '상호작용'은 결국 질서와 무질서가 역동적으로 공존하게 하는 주된 원동력인 것이다.

6. 전통적 사회과학 방법의 한계

개인들의 자율적 상호작용을 통해 출현하는 거시적 패턴은 사실 사회과
학자들에게 완전히 새로운 발견은 아니다. 18세기 후반 애덤 스미스
(Adam Smith)의 〈국부론〉에서 제시된 '보이지 않는 손'(*invisible hand*)
은 사실 개인들의 자율적이며 이기적인 행동을 통해 출현하는 거시적 질
서에 대한 비유적 표현이었으며, 오스트리아의 경제학자 프리드리히 하
이에크(Friedrich Hayek)도 제도나 시스템 자체에 무지하거나 무관심한
개인들의 상호작용을 통해 경제 질서가 구축될 수 있음을 다음과 같이
지적한 바 있다.

> 어딘가 주석의 수요가 증가했거나 공급원 중 하나가 사라졌다고 가정하자.
> 이어서 주석 품귀 현상이 일어난다. … 이런 상황에서 주석 수요자들이 알아
> 야 하는 것은 그들이 소비하던 주석에 대한 수요가 많아졌다는 점, 따라서
> 아끼는 수밖에 없다는 것이다. … 주석 품귀 현상이 계속되면서 사람들이 대
> 체 자원을 사용하면 이는 경제체제 전반으로 확산돼 주석 수요뿐만 아니라
> 다른 대체 자원의 수요와 이 자원을 대체할 또 다른 자원의 수요에도 영향
> 을 줄 것이다. … 중요한 것은 이 파급 효과를 낳은 장본인들이 그 시발점이
> 된 주석 파동의 원인에 대해서는 몰라도 된다는 것이다.
>
> — Hayek, 1945

같은 맥락에서 사회학은 에밀 뒤르켐(Emile Durkheim)을 비롯한 1세
대 학자들 이래로 사회를 구성하는 개인들의 단순한 합을 넘어 존재하는
'사회적 사실'(*social facts*)을 주된 연구주제로 삼아 온 대표적 학문 분야
이다. 사회학은 주로 사회경제적 계급이나 계층, 조직, 종교, 문화 등

의 거시적 구조나 환경이 구성원들에게 미치는 영향에 주목했는데, 이는 개인의 인지·행동적 특성을 중심으로 사회현상을 설명하는 심리학과 대조되기도 한다. 10 이러한 전통에도 불구하고 사회과학자들은 사회현상을 구성원이나 체계(system) 자체의 특성으로 설명하는 환원주의적(reductionist) 시각과 방법론의 제약으로 인해 오랫동안 복잡계의 창발현상을 본격적으로 다루지 못했다.

사회과학자들이 사용하는 주요한 전통적 방법은 개인이나 집단, 혹은 국가 단위의 특성요인(factors)을 통해 결과에 대한 설명을 시도하는 이른바 '요인-기반 접근'(factor-based approach)이다(Macy & Willer, 2002). 국민총생산(GDP), 이자율, 화폐유통 속도와 실업률 같은 사회 전반의 특성으로 경제시스템의 현재와 미래를 예측하는 거시경제 모델이나 빈부격차, 범죄율, 인구분포와 이동 같은 지표로 도시, 국가 단위의 각종 사회현상을 설명하는 거시사회학적 접근을 대표적 사례로 볼 수 있다.

또한, 집단 자체의 특성을 상정하기보다 사회를 이루는 개인 수준의 요인으로부터 거시적 결과를 추론하는 방법론적 개인주의(methodological individualism)도 같은 맥락으로 볼 수 있다. 궁극적으로 설명하고자 하는 대상은 개인들의 집합인 사회 전체이지만 실제 자료 측정은 개인 수준에서 이루어지는데, 다만 개인들 간의 차이나 다양성을 모두 고려하기보다 평균값을 중심으로 설명하는 방식이다. 자료를 측정하여 활용하는 대부분의 심리·사회학적 연구들이 이에 해당하는데, 학생들의 평

---

10 심리학에도 집단과 사회 환경의 영향을 강조하는 사회심리학 분야가 있고, 사회학에도 개인의 심리와 행동을 강조하는 상호작용 중심의 미시사회학이 있으므로 두 학문을 상호배타적으로 구분하기는 어렵고 학문 전반의 무게 중심이 어디에 있느냐의 차이 정도로 이해하는 것이 적절하다.

균 시험성적을 토대로 학급이나 학교, 지역의 전반적 교육 수준을 유추하거나 개인들의 행복감을 측정하여 지역사회 전반의 행복과 만족 수준을 추론하는 연구를 사례로 들 수 있다.

이러한 전통적 접근법은 현상을 주로 관련 요인들 간의 수학적 조합으로 설명하기 때문에 '방정식-기반 접근'(equation-based approach) 으로 불리기도 하는데, 이는 특정 시점의 현상을 기술하고 관련 요인들 간의 상관관계를 드러내기에는 용이하지만, 그러한 현상이 발생하게 된 사회적 과정(social processes) 을 설명할 수 없다는 문제점을 갖는다.

예를 들어 근래에 학교폭력이 갑자기 큰 폭으로 증가했다고 가정하자. 그 이유는 무엇일까? 만약 학생들의 경제수준과 폭력행위 간에 반비례(-) 관계 — 경제수준이 낮을(높을)수록 폭력성향이 증가(감소) — 가 있음이 알려져 있다고 가정하면, 경제수준을 ω, 폭력행위 가능성을 $g(\omega)$, 오차항을 ε라고 할 때, 간단하게 $g(\omega_i) = -k\omega_i + \varepsilon_i$로 나타낼 수 있다($i$는 개인을 나타내고, k는 경제수준의 영향을 나타내는 계수, ε는 경제수준과 폭력성향의 관계에서 있을 수 있는 개인차를 반영한다). 이 모형으로 학교폭력의 증가를 설명할 수 있을까? 학생들의 상당수가 근래에 갑자기 경제적으로 어려워져서 경제수준 ω가 큰 폭으로 변하지 않는다면 이것만으로는 폭력의 갑작스런 증가를 설명할 수 없을 것이다.

경제수준 이외에 성별, 인종, 성적 등의 다른 변수들을 더 고려한다고 해도 학급을 구성하는 학생들의 특성만으로는 그들이 매일 마주하는 역동적인 사회적 과정을 보여 주기 어렵다.[11] 주된 이유로는, 먼저 설명

---

11 실제 학교폭력 연구들은 언급한 요인들보다 더 관련이 높은 사회 및 심리 변인들을 사용해서 모형의 설명력을 높이고자 한다.

에 활용되는 요인들은 경제수준, 교육수준, 성별, 정치적 성향 등 대체로 지속적이고 장기적인 특성인 반면, 설명하려는 현상은 비교적 짧은 기간 안에 일어나고 변화하는 경우가 많기 때문이다. 예컨대 정치적 여론의 변화, 범죄의 증감, 유행과 소비 패턴의 변화, 질병의 확산과 같이 변화 주기가 상대적으로 짧은 현상들을 인구통계적 특성이나 정치성향, 거주환경과 같은 지속적 특성만으로 온전히 설명하기는 어려울 수 있는 것이다.

다음으로 사회현상 대부분은 개체들 간 상호영향의 그물망을 통해 일어나지만, 전통적 접근은 이러한 상호영향을 고려하지 않고 오히려 최대한 배제한다.[12] 사실 학교 폭력행위를 포함한 대부분의 사회현상은 개인의 특성이 변화해서 일어나기보다 서로 상호작용하는 과정에서 출현하는 현상일 수 있는데, 전통적 모형은 그러한 가능성을 담아내기가 어려운 것이다.

따라서 개인들의 특성만으로 사회적 결과를 설명하는 접근은 요인들 간의 상관관계를 넘어 사회적 동학(dynamics)을 설명할 수 없다는 한계점을 가진다. 사회과학의 접근방법과 사회현상 간의 이러한 어긋남은 사회학자 '제임스 콜맨(James Coleman)의 배(boat)'로 널리 알려진 미시적 구성요소와 거시적 결과의 관계에 관한 모형(Coleman, 1990)을 통해 더 명확히 정리해 볼 수 있다.

〈그림 6-4〉에서 a 화살표 — 배의 갑판 부분 — 는 집단 수준의 원인

---

12 사회과학 자료수집의 대표적 방법인 무작위 표집(random sampling)은 조사대상들 간 모종의 체계적 관계(systematic relations)를 최대한 배제하는 방향으로 진행된다. 성별, 나이, 지역 등에 편중되지 않도록 모집단에서 골고루 샘플을 추출하기 위함인데, 이는 표본들 간의 유의미한 관계도 고려에서 제외되는 결과를 낳는다.

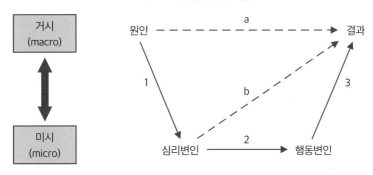

그림 6-4 **콜맨의 배 모형**

거시
(macro)

미시
(micro)

원인 - - - - - - - - - -a- - - - - - - - - → 결과

1

b

3

심리변인 ————2————→ 행동변인

a와 b는 거시적 요인으로부터 거시적 결과를 추론하거나 미시적 요인의 평균치로부터 거시적 결과를 추론하는 경로를 각각 나타낸다. 반면 대부분의 사회현상은 배의 갑판 부분인 1, 2, 3번 경로를 따라 일어난다. a, b 경로는 실제 존재하기보다 현상의 실제 발생경로를 단순화한 개념적 구성물에 불과하다.

으로부터 결과를 설명하는 시도로, 앞에서 언급한 거시적 접근법을 나타낸다. 반면 개인의 특성을 측정하여 거시현상을 추론하는 접근은 b 화살표로 나타낼 수 있다. 문제는 두 화살표 모두 실제로 존재하는 과정이라기보다 연구자의 머릿속에 개념으로 존재할 뿐이라는 것이다.

예를 들어, 매스미디어의 폭력적 내용이 한 사회의 폭력성을 증가시킨다는 가설을 생각해 보자. 미디어의 선정성이라는 거시적 원인으로부터 폭력성의 증가라는 거시적 결과가 야기되는 것처럼 보이지만, 사실 둘 사이의 '직접적' 인과관계는 존재하지 않는다 ─ '한국사회의 폭력성'은 개념으로만 존재할 뿐, 미디어가 개념에 '직접' 영향을 미칠 수는 없는 노릇이다. 실제로는 매스미디어라는 거시적/환경적 원인이 개인들의 생각과 특성에 영향을 미치고(1번 경로), 그로부터 개인 행동의 변화가 일어나며(2번 경로), 그러한 행동들이 교차하고 종합되어 거시적 결과로 나타난다(경로 3번).

요컨대, 모든 사회현상은 배의 갑판이 아닌 바닥, 즉 1번부터 3번까지의 경로를 통해 일어나며, a, b 경로는 실제 현상이 일어나는 과정에서 벗어나 있는 것을 볼 수 있다. 물론 모든 사회과학 연구가 갑판에만 몰려 있는 것은 결코 아니고, 다양한 분야의 학자들이 1, 2번 경로에 대해서 많은 연구를 수행했다. 예를 들어, 커뮤니케이션학자들은 미디어와 문화, 정보환경이 사람들에게 미치는 영향(1번 경로)을, 사회학자들은 규범이나 계층이 개인에게 미치는 영향(1번 경로)을 오랫동안 연구해 왔고, 심리학자들은 인지-행동 간의 연결고리(2번 경로)를 체계적으로 규명했다. 하지만, 개체 간의 미시적 상호작용이 어떻게 거시적 결과로 전환되는가, 즉 창발현상을 나타내는 3번 경로에 대한 연구는 상대적으로 매우 드문 것이 사실이다.

콜맨의 모형은 사회의 거시적 요인이 개인들의 상호작용의 결과로 나타나고, 다시 개인에 영향을 미치는 미시와 거시 수준의 불가분한 상호관련과 더불어 사회과학 연구의 빈 구멍을 명확하게 드러내 준다.

7. 위치, 위치, 위치! [13]

앞에서 서술한 '요인-기반 접근'은 변인들 간의 관계를 수리적으로 표현한 모형이 연구대상 전체에 동일하게 적용될 수 있다고 암묵적으로 전제한다. 예를 들어 '텔레비전 시청을 많이 할수록 사회적으로 고립된다'는 가설을 연구한다면, 다른 모든 조건이 동일할 때 해당 관계가 존재하는지를 확인하고 이런 패턴을 벗어나는 개인 간 차이는 '설명되지 않은 분산'(*unexplained variance*) 으로 처리한다. 다시 말해서 다양한 변인들 간의 통계적 관계는 국가와 시대, 문화를 가로질러 사람들이 보편적으로 갖는 심리적, 사회적 기반을 드러낸다고 보는 시각이다. 이런 시각은 심리학과 인지과학(*cognitive science*) 에서 '인지적 보편주의'(*cognitive universalism*) 로 나타나는데, 사회-문화적 차이를 넘어 인간이라면 누구에게나 적용 가능한 보편적 인지방식이나 체계가 있다고 보는 것이다.

그러나 보편적 틀과 체계를 밝히고 이를 다시 전체에 적용하는 방식의 접근은 연구의 대상이 되는 개인이 놓인 사회적, 문화적, 지리적 상황과 위치의 중요성을 간과하는 경향이 있다(Zerubavel, 1999). 물론 이들도 변인으로 처리하여 그 영향을 상쇄할 수도 있겠지만, 상황과 맥락이 만들어 내는 차이를 모두 반영하기엔 부족할 수 있다.

이러한 인식에 따라 전통적 요인-기반 접근의 한계를 넘어 행위자 간의 상호작용을 직접적으로 다루는 '행위자-기반 접근법' 혹은 '행위자-기반 모형'(*Agent-Based Modeling*: ABM) 이 최근 들어 새롭게 주목을 받

---

[13] 위치의 중요함을 강조하는 영어 표현 "location, location, location!"을 한국어로 번역한 것이다.

고 있다. ABM의 중요한 특징은 개체의 고유한 특성(성별, 인종, 소득, 태도 등)에 대한 고려를 넘어 개체들이 공간에 특정 위치를 점하며 배열되는 '위상학적(topological) 차원'의 정보를 추가한다는 점이다. 여기에서 위상(topology)은 반드시 물리적 공간에서의 위치만을 의미하는 것이 아니다. 사람들 간의 관계, 유사성, 동조(conformity)의 정도와 같은 비물리적 특징들도 거리함수로 표현하여 사회적, 심리적, 문화적 공간으로 의미를 확장할 수 있다. 예를 들어, 문화적 특성을 공유하는 행위자들은 문화적 공간(cultural space)에서 서로의 거리가 가깝게, 문화적으로 이질적인 행위자들은 거리가 멀게 표현할 수 있는 것이다.[14]

다른 모든 속성(attribute)이 동일한 행위자라도 어떤 상황이나 맥락에 놓이느냐에 따라 다른 행동을 할 수 있다. 여기에서 '상황' 혹은 국지적 환경은 바로 행위자가 놓인 공간의 위치(position)에 의해 규정된다. 극장에서는 어떤 자리에, 어떤 사람들 주변에 앉느냐에 따라 영화를 보는 시야와 관람 경험이 달라지고, 유명한 식당에서 다른 손님들이 어디에 자리를 잡느냐에 따라 내 자리가 달라지며, 사회 관계망에서는 어떤 사람들과 연결되어 있느냐에 따라 접하는 정보의 양과 질이 달라진다. 요컨대 공간에서 어떤 위치를 점유하느냐에 따라 행위자가 마주하는 풍경과 기회, 제약의 수준이 달라진다.

관련 문헌에서 자주 인용되는 기립박수(standing ovation) 사례를 들어 설명해 보자. 음악회나 공연에서 연주가 끝나면 사람들은 박수를 치고 공연이 아주 훌륭했다면 많은 사람들이 기립박수를 칠 것이다. 먼저 공

---

14 ABM에서 공간의 차원은 1차원 직선이나 2차원 평면, 3차원 입방체의 어느 것이든 연구자의 목적과 필요에 따라 정의될 수 있다.

연의 완성도를 개별적으로 평가해서 기립할지 말지를 결정한다고 할 때, 각자의 판단 기준(L이라고 하자) 보다 완성도가 높으면 기립하고 아니면 일어나지 않는다고 가정해 보자. 관람객 중엔 아주 까다로운 사람과 무조건 기립하는 관대한(?) 사람이 있게 마련이지만, 온건한 사람들이 다수라면 완성도를 판단하는 기준 L은 평균 주변에 몰려 있는 종형분포를 보일 것이다. 이런 상황에서 연주가 끝나면 과연 몇 명이나 기립박수를 칠까? 완성도가 극단적으로 높거나 낮지 않다면 전체 비율은 크게 달라지지 않을 것이다.

관람객의 개별적 평가에 더해서 다른 사람들이 얼마나 기립하는지가 영향을 미칠 수도 있지 않을까? 즉, 사람들이 자신이 일어나기 전에 c%의 사람들이 먼저 기립해야만 일어나서 박수를 친다는 기준을 가지고 있다면 어떻게 될까? 관람객들 중 누군가는 c = 0 이어서 공연의 완성도만 높으면 무조건 기립할 것이고, c = 99%인 사람은 공연 결과에 관계없이 대부분이 기립하기 전까지는 일어나지 않을 것이므로 이러한 문턱값 c가 어떻게 분포하느냐에 따라 기립하는 결과는 또다시 달라진다. c가 모두 0이라면 서로의 행동이 영향을 미치지 않을 것이므로 L의 분포가 결과를 결정하겠지만, 전부 99%라면 L의 분포와 관계없이 아무도 기립하지 않을 것이다. 물론 이런 극단적인 경우는 드물고 현실은 그 사이 어딘가에 있게 될 것이다.

사실 여기까지는 개인들의 속성(L과 c) 분포를 유추해서 모형화를 시도한다는 점에서 전통적 요인-기반 접근과 본질적으로 다르지 않다.[15]

---

15 개체의 속성 분포를 토대로 거시적 결과를 추론, 예측하는 마이크로-시뮬레이션(micro-simulation) 기법도 이미 1970년대부터 존재해 왔다.

그런데, 이 모형엔 크게 현실성이 떨어지는 부분이 있다. 개별 행위자가 자신을 제외한 나머지 모두의 행위, 즉 몇 %가 기립하는지에 정확하게 반응한다고 가정하는 점이다. 이는 마치 관람객 모두가 한자리에 포개어 앉아서 자리 사이의 거리가 모두 0이라고 가정하는 것과 같다. 이 가정을 받아들인다고 해도 사람이 컴퓨터가 아닌 이상 공연장에서 기립하는 사람들의 전체 비율을 정확하게 안다는 것은 불가능하다. 뿐만 아니라, 위의 가정을 기각하고 자리가 흩어져 있다고 하면 커다란 공연장에서는 가까이 있는 사람만 보이고 멀리 있는 사람들 중 누가 일어나고 앉아 있는지는 잘 알아보기조차 힘들 것이다. 따라서 모형에 현실성을 더하기 위해서는 관람객들의 자리, 그들 간의 거리와 같은 공간적 배열을 고려해야만 한다.

이제 자리가 배열된 2차원 평면에서 관람객이 나머지 모두의 행동에 반응하기보다 주변의 행동에만 반응하는 상황을 상상해 보자. 공연이 끝나고 L값이 낮은 평가가 후한 사람들이 기립해서 박수를 치고 그 주변의 사람들 중 c 조건이 낮은 사람들이 따라 일어나 박수를 친다. 기립하는 사람들의 수가 늘어나면서 c가 다소 높은 주변의 사람들도 반응해서 기립하고 그렇게 연주장 끝까지 기립박수가 퍼져 간다. 어딘가 익숙하지 않은가? 현실에서 박수소리는 종종 이렇게 어느 지점에서 시작해서 주변으로 퍼져 간다. 사람들이 앉은 자리의 공간적 배열을 고려함으로써 사회적 영향이 확산되는 사회적 전염(social contagion) 과정을 모형화(modeling) 할 수 있게 된 것이다.

요약하자면 ABM은 다수의 행위자를 가상의 공간에 배열하고 특정한 규칙에 따라 상호작용하게 하여 그를 통해 창발하는 집합적 패턴을 관찰하는 시뮬레이션 기법이라고 할 수 있다. 다시 말해서 컴퓨터로 인공적 사회 환경을 만들고 그 안에서 다양한 사회적 패턴의 발생과정(*genera-tive processes*)을 연구하는 방법으로, 기본적으로 다음의 세 가지 요소들을 갖추어야 한다. 먼저 ① 공간의 차원 — 선, 면, 입방체 등 — 과 더불어 공간이 의미하는 바, 즉 물리적 공간인지, 문화, 사회적 관계 등 비물리적 의미의 공간인지, 그 안에서 행위자들은 어떻게 분포해야 하는지를 정의해야 한다. 그 다음에 ② 연구목적과 관련된 행위자 속성(*attribute*)의 확률적 분포를 가정해야 한다. 예를 들어, 앞에서 소개한 셸링의 모형에서는 모든 행위자가 동일한 이주 문턱값(*threshold*)을 갖는 것으로 가정했지만, 개인 간 차이를 고려할 경우 균등분포나 정상분포를 따르도록 할 수도 있다. 마지막으로 ③ 행위자 간 상호작용의 규칙을 정해야 한다. 예를 들어, 주변의 이웃과 상호작용한다면 이웃의 범위는 어디까지인가? 이웃은 공간에서 인접한 행위자를 의미하는가, 아니면 사회 관계망에서 직접 혹은 간접적으로 연결된 사람을 말하는가? 행위자가 환경에 반응하는 방식은 무엇인가? 행위자가 이웃에게 전달하는 것은 소문인가, 바이러스인가, 규범화된 행동양식인가? 이렇게 일련의 세부사항들을 고려하여 행위자들이 놓이는 전체적 공간과 국지적 환경, 행동양식을 정한 후에 조건을 다양하게 변화시키며 결과를 살펴볼 수 있는 것이다.

8. 집합현상으로서의 커뮤니케이션

우리가 매일 경험하는 사회적 현실은 수많은 사람들이 각각 다른 위치에서 다른 상황을 경험하고 그에 반응한 집합적 결과의 한 단면에 불과하다. 지난 세기 동안 사회과학자들은 그런 현실의 단면들을 모으고 조립하면 전체적 그림이 완성될 수 있을 것이라는 희망을 품고 노력했지만, 갈수록 정교해지는 분석기법에도 불구하고 커다란 진전은 좀처럼 이루지 못했다. 퍼즐을 완성하려면 퍼즐조각의 모양이 그대로 유지된다는 전제조건이 필요하다. 'ㅛ'자 모양이 집어 드는 순간 'ㄱ'이나 '◇'으로 바뀐다거나, 옆에 어떤 글자가 있느냐에 따라 모양이 '▷'로 달라지거나 하면 퍼즐 맞추기는 난감한 일이 되고 만다. 사회과학자들이 직면한 문제도 바로 이런 것이었다. 개인의 다양한 속성과 그들 간의 관계를 빠짐없이 연구해도 사람들이 다른 사람들을 만나 상호작용하는 과정에서 속성이 변하거나 엉뚱한 행동을 하게 되면 예상과 전혀 다른 결과가 나오고 마는 것이다.

이런 이유로 20세기 후반부터 개체보다는 그들 간의 관계(*relations*)에 주목하는 접근법이 본격적으로 등장했다. 사회학과 인류학에서 시작되어 인접 학문으로 확산된 '네트워크 분석'(*network analysis*)을 활용하여 사람, 기업, 국가 등의 개체들 간의 관계를 시각화하고 분석하는 방식인데, 개체 고유의 특성과 더불어 거리, 강도, 방향과 같은 관계 자체의 속성과 관계들이 모여 만드는 구조적 특성을 중점적으로 탐구한다 (Borgatti, Mehra, Brass, & Labianca, 2009).

예를 들어, 사람들이 새로운 제품이나 기술, 치료법 등에 반응하는 방식은 대상에 대한 관심 정도, 지식과 경험 유무, 태도와 같은 개인의 속성뿐만 아니라 행위자가 위치한 사회적 관계망의 특성에 좌우될 수 있다고 보는 것이다. 새로운 치료법에 관심이 많거나 이미 채택한 친구가 주변에 많으면 그렇지 않은 사람보다 채택 가능성이 높아질 수 있는 반면, 그들과의 관계가 소원하거나 적대적이라면 오히려 채택을 거부하게 될 수도 있다. 자주 왕래하는 친구 중에 비만인 사람이 많을수록 나의 식습관이 영향을 받아 결과적으로 비만지수가 오르게 될 수도 있고, 비만지수가 낮은 친구들 사이에서는 반대의 상황도 가능하다(Christakis & Fowler, 2007).

이렇게 개체들의 관계와 배열, 구조에 주목하는 혁신적인 연구들이 새로운 가능성을 열어 가는 것이 분명하지만 이들 대부분은 콜맨의 배 모형에서 1번과 2번 경로에 몰려 있다. 관계망 구조가 개인의 인지와 행동에 가하는 제약이나 영향에 주목한 연구(경로 1)가 대다수를 차지하고, 상대적으로 소수의 연구자들이 개인의 시각에서 네트워크를 인식하고 반응하는 방식(경로 2)을 다뤄온 반면, 3번 경로를 다룬 연구는 적어도 커뮤니케이션 분야에서는 매우 드물다.

앞에서 설명한 것처럼 개체들의 속성에 위상학적 차원을 더하면 상호작용의 패턴과 결과가 매우 동적이고 풍부해질 수 있지만, 그런 동적 데이터를 얻고 분석하기는 쉬운 일이 아니다. ABM은 국지적 상호작용의 동역학(*dynamics*)에 대한 직접적 관찰을 가능케 한다는 점에서 기존 연구방법의 효과적인 보완재로 쓰일 수 있다.

하나의 사례를 들어 보자. 공중여론의 형성과 미디어의 영향에 대한 '침묵의 나선형'(*spiral of silence*) 이론에 따르면, 특정 사안에 대한 주변의 여론기후(*opinion climate*)를 관찰해서 관찰자 자신이 소수에 속하면 의견 표명을 꺼리게 되는데, 이로 인해 소수의견은 실제보다 적게 보이고, 이는 다시 더 많은 소수의견을 침묵하게 만드는 결과를 낳아 시간이 흐르면 소수의견은 거의 보이지 않게 된다. 1974년 엘리자베스 노엘-노이만(Elizabeth Noelle-Neumann)이 이론을 처음 제안한 이래로 많은 연구들이 이루어졌고, 그 대부분은 개인들이 과연 주변의 영향에 따라 침묵하는지 여부나 그에 영향을 미치는 심리적, 사회적 변인의 규명에 집중되었다. 그러나 침묵의 나선형 이론은 개인이 여론기후에 어떻게 반응하는지에 대한 심리학 이론이라기보다 개인이 여론에 반응하여 침묵하거나 의견을 표명하는 행위들이 모여 소수의견이 사라지는 거시적 패턴에 관한 이론이다. 따라서 이론의 타당성을 따지기 위해서는 '사람들이 소수일 때 과연 침묵하는가'를 묻는 것에서 더 나아가 '사회 전반에서 소수의견이 사라지는 일이 과연 일어나는가' 혹은 '어떤 조건에서 일어나는가'를 물어야 한다(Sohn & Geidner, 2016).

자신과 다른 의견을 가진 사람들이 다수일 때 목소리를 내려면 그렇지 않을 때보다 용기가 더 필요함은 분명하다. 즉, 소수의견을 드러내는 일의 심리적 비용이 더 높은 것은 당연할 수 있다는 말이다. 그러나 이것만으로 전체적으로 소수가 침묵하는 현상이 일어난다고 단언할 수는 없다. 당신이 소수 입장에 처한다면 물론 목소리가 작아지겠지만, 소수 입장이 아니라고 '생각'한다면 어떨까? 즉, 사회 전체의 여론 분포와는 별개로 주변의 친구들 대부분이 당신 의견에 동조한다면, 그리고 당신과 같은 사람들이 많이 있다면 전체적으로 소수의견이 사라질까?

여기에서 주목할 지점은 당신이 마주한 현실의 단면, 즉 (친구들 사이의) 여론기후가 전체 여론과 같지 않을 수 있고, 실제로 그럴 가능성이 아주 농후하다는 사실이다. 만약 당신처럼 실제 소수의견인데도 다수라고 착각하는 사람들이 차지하는 비중이 크다면 소수의견이 전체적으로 사라지는 현상은 일어나지 않을 공산이 크다. 오히려 동상이몽에 빠져 서로 자신이 다수라고 생각하는 두 개의 집단으로 양극화되는 '다수의 무지'(*pluralistic ignorance*) 현상[16]이 일어날 수도 있다. 반대로 자신이 소수이거나 다수임을 정확히 인식하는 사람들이 많을수록 소수의견이 시야에서 빠르게 사라지는 침묵의 나선형이 큰 규모로 나타날 수 있다 (Sohn & Geidner, 2016; Centola, Willer, & Macy, 2005).

자신이 소수에 속하는지 여부에 대한 정확도는 주변에 어떤 사람들이 있는지, 얼마나 많은 사람들의 의견을 관찰할 수 있는지, 그들 중 여론 지형을 정확히 판단하는 사람과 그렇지 못한 사람들의 비율이 어떤지에 따라 달라질 수 있다. 즉, 개인이 전체에서 어디에 위치하는지에 따라 마주하는 여론의 지형이 달라질 수 있고 이에 따라 전체 결과도 달라질 수 있다. 여기에 미디어를 추가하면 상황은 더 복잡해질 수 있다. 미디어가 여론지형을 정확하게 전달하는지, 아니면 왜곡해서 전달하는지, 사람들이 미디어에 얼마나 귀를 기울이는지, 미디어와 주변 사람들 의견 중 어느 쪽을 더 믿는지에 따라 상황은 매우 복잡하게 전개될 것이다.

이런 다양한 조건들을 기존의 경험적이거나 수리적인 방식으로 연구하기는 사실 불가능에 가까운 반면, ABM은 개인 고유의 속성과 위상학

---

16 다수의 사람들이 다른 사람의 생각을 잘못 추측하거나 인식하는 상황을 일컫는 용어로 심리학자 다니엘 카츠(Daniel Katz)와 플로이드 알포트(Floyd Allport)가 제시했다. 어떤 사안에 관해 스스로는 거짓이라고 생각하지만 대다수가 진실로 믿는다고 인식하는 사람들이 다수인 경우 거짓은 사회적 진실로 둔갑할 수 있다. 예를 들어, 사이비 종교 내부 구성원들이 스스로는 교리를 불신하더라도 대다수는 믿음이 강하다고 생각해서 믿는 척한다면 교리는 유지된다. 이렇게 스스로의 의견과 다른 사람의 의견에 대한 추측이 크게 어긋날 때 발생한다.

적 분포를 함께 고려할 수 있는 플랫폼을 제공한다. 이를 통해 기존 이론의 타당성을 시험하고 이론의 예측이 맞아떨어지거나 빗나가는 조건에 대한 세부적인 검토가 가능해진다.

또 다른 사례로, 1972년 맥스웰 맥콤스(Maxwell McCombs)와 도널드 쇼(Donald Shaw)가 발표한 '의제설정 이론'(*agenda-setting theory*)을 들 수 있다. 이 이론은 미디어가 제시하는 의제의 순서가 시청자가 의제의 중요도를 평가하는 데 영향을 미쳐 결국 미디어가 사회적 의제를 설정하는 결과를 낳는다는 가설을 제시한다. 이후 이에 대한 수많은 이론적, 경험적 연구가 수행되었는데, 의제가 사회적으로 설정되는 과정은 초기에 이론에 제시된 것보다 훨씬 복잡한 것으로 나타났다.

미디어 의제가 개인 시청자 의제에 미치는 영향을 제시한 초기 이론은 〈그림 6-4〉에 제시된 콜맨의 배 모형 1번 경로로 나타낼 수 있다. 사람들은 미디어가 제시한 의제를 바탕으로 무언가를 선택하거나 대화를 시도하는 행동을 하고(경로 2), 이렇게 표출된 행동들이 서로 상호작용하면서(경로 3) 사회적 의제설정이라는 거시적 결과가 만들어진다. 이 과정에서 미디어가 애초에 제시한 의제는 그대로 굳어질 수도, 증폭될 수도, 아니면 소멸되거나 다른 것으로 대체될 수도 있다. 그리고 그렇게 형성된 사회적 의제는 다시 미디어에 영향을 미칠 수 있다. 최근의 한 연구는 미디어의 의제가 설정되는 과정에 대한 시뮬레이션을 통해 기자들이 서로의 보도방식에 '적응적으로' 반응하면서 미디어의 뉴스가 몇 가지 의제로 집중되는 흐름(*wave*)이 나타난다는 것을 보여 주었는데, 이런 일이 기자들과 일반 시민들로 구성된 사회 환경 간에도 일어날 수 있는 것이다(Waldherr, 2014).

의제설정 이론은 애초에 미디어 효과 이론의 하나로 등장해서 미디어가 마치 사회의 외부적 요인(external factor)인 것처럼 전제해 왔지만, 사실 미디어뿐만 아니라 어떤 것도 사회의 '바깥' 혹은 '외부'에 존재할 수는 없다. 오히려 미디어는 복잡한 사회적 과정의 일부, 여러 행위자 중 하나로 바라보는 것이 옳다. 오늘날 소셜미디어 환경은 이러한 사실을 시각적으로 드러내 주는데, 개인부터 단체, 기업, 언론사에 이르기까지 다양한 행위자들이 서로 관계 맺고 영향을 주고받는 '커뮤니케이션 생태계'나 다름이 없다. 의제설정 이론과 더불어 미디어의 효과 혹은 역할에 관한 모형 구축이나 기존 이론의 발전은 이러한 생태계의 일원으로 미디어를 위치함으로써 더 풍부하게 논의될 수 있을 것이다.

시장의 변화, 유행, 소문, 여론, 규범, 상식, 문화의 형성 및 확산 등 커뮤니케이션 연구자들이 주목한 현상의 많은 부분은 이렇게 국지적 상호작용의 연쇄를 통해 발생하는데, 이러한 발생과정은 대체로 관찰과 예측이 매우 어려운 특성을 갖는다. 사소한 계기가 전체 결과를 좌우할 수도 있기 때문에 개인들이 접촉하고 상호작용하는 양상에 대한 세밀한 고려가 필요한데, ABM은 다양한 조건에서 창발하는 패턴을 관찰하여 예측 모형을 구축하거나 기존 이론의 검증을 가능케 한다. 개체의 다양한 속성과 그 분포에 대한 연구만으로도 많은 시사점과 의미를 끌어낼 수 있지만, 그를 넘어 행위자들이 공간에서 배열되는 방식에 따른 다채로운 패턴이 발생하는 과정을 관찰하거나 예상해 볼 수 있다는 점에서 기존 사회과학이 다루지 못한 광범위한 현상을 연구 가능한 범위로 끌어올 수 있으리라 생각한다.

물론 연구모형(model)이 현실을 대략적으로만 반영한 근사치에 불과한 것처럼, ABM으로 구축되는 가상사회는 현실사회와는 거리가 있다.

해상도 높은 위성사진은 지상의 나무 한 그루까지 세세하게 담아낼 수 있지만, 길을 찾는 사람의 입장에서는 중요한 정보만 남긴 단순한 지도가 더 쓸모가 있다. 마찬가지로 현실의 많은 부분을 포함한 복잡한 모형이 반드시 유용한 것은 아니며, 복잡한 모형일수록 해석도 어려워진다는 단점이 있다.[17]

시뮬레이션 기법은 현실사회를 그대로 반영한다기보다 기존 연구방법을 보완하여 이론적 아이디어나 가설의 타당성을 시험하고 새로운 시각을 창출하는 차원에서 의미를 가질 수 있다. 기존의 경험적 연구로부터 행위자 속성의 확률적 분포나 행동양식에 대한 정보를 차용하여 시뮬레이션을 구성하고 그 결과를 통해 기존 이론을 점검하거나 새로운 가설을 제기하여 또 다른 경험적 연구의 발판을 제공할 수도 있다. 이렇게 상호 보완적인 과정을 통해 기존의 이론적 지평의 한계를 분명히 함과 동시에 새로운 시각을 발전시키는 방향으로 기여할 수 있으리라 기대한다.

참고문헌

Borgatti, S. P., Mehra, A., Brass, D. J., & Labianca, G. (2009). Network analysis in the social sciences, *Science*, 323, 892-895.

Buchanon, M. (2007). *The social atom*. 김희봉 역 (2010). 〈사회적 원자〉. 사이언스북스.

Centola, D., Willer, R., & Macy, M. (2005). The emperor's dilemma: A com-

---

17 시뮬레이션 연구에서 모형의 단순성이 중요함을 강조하기 위해 "Keep it simple, stupid!", 즉 "단순하게 해, 바보야!"라는 표현의 앞 글자를 따서 만든 'KISS 원칙'이 있다.

putational model of self-enforcing norms. *American Journal of Sociology*, *110*(4), 1009-1040.

Coleman, J. (1990). *Foundations of social theory*. Cambridge, MA: Harvard University Press.

Hayek, F. A. (1945). The use of knowledge in society. *American Economic Review*, *35*(4), 519-530.

Kauffman, S. (1995). *At home in the universe: The search for the laws of self-organization and complexity*. Oxford, UK: Oxford University Press.

Kollock, P. (1999). Social dilemmas: The anatomy of cooperation. *Annual Review of Sociology*, *24*, 183-214.

Macy, M. W., & Willer, R. (2002). From factors to actors: Computational sociology and agent-based modeling. *Annual Review of Sociology*, *28*, 143-166.

Miller, J. H., & Page, S. E. (2007). *Complex adaptive systems: An introduction to computational models of social life*. Princeton, NY: Princeton University Press.

Reynolds, C. W. (1987). Flocks, herds, and schools: A distributed behavioral model. *Computer Graphics*, *21*(4), 25-34.

Schelling, T. C. (1978). *Micromotives and macrobehavior*. New York: W. W. Norton Campany.

Schelling, T. C. (1971). Dynamic models of segregation. *Journal of Mathematical Sociology*, *1*(2), 143-186.

Seife, C. (2006). *Decoding the universe: How the new science of information is explaining everything in the cosmos, from our brains to black holes*. New York: Penguin Books.

Sohn, D., & Geidner, N. (2016). Collective dynamics of the spiral of silence: The role of ego-network size. *International Journal of Public Opinion Research*, *28*(1), 25-45.

Waldherr, A. (2014). Emergence of news wave: A social simulation approach. *Journal of Communication*, *64*(5), 852-873.

Zerubavel, E. (1999). *Social mindscapes: An invitation to cognitive sociology*. Cambridge, MA: Harvard University Press.

너와 나, 그리고 사물의
네트워크 바라보기

김장현

1. 인간은 관계다

지난 2014년부터 우리나라의 서점가에서는 〈미움받을 용기〉라는 책이 인기를 모으고 있다. 알프레드 아들러(Alfred Adler)의 개인심리학에 기반하여, 남들의 시선에 갇혀 자신의 삶을 살지 말고 자신이 진정 원하는 것을 자신이 원하는 방식으로 관철하는 삶을 살라는 취지로 기시미 이치로와 고가 후미타케가 공저한 책이다. 그런데 이 책에서조차 모든 인간의 고민은 인간관계에 관한 고민이며, 그러한 관계 없이는 인간의 존재 자체가 불가능하다고 설파하고 있다.

> **철학자:** 물론 인간관계를 없애는 것은 불가능하네. 인간은 본질적으로 타인의 존재를 전제로 하네. 다른 사람과 떨어져 사는 것은 원리적으로는 불가능해. '우주 공간에서 혼자 살아갈 수 있다면'이라는 전제가 성립할 수 없는 것은 자네가 말한 대로야.

청년: 제가 말한 것은 그런 문제가 아닙니다! 분명히 인간관계는 중요한 문제겠죠. 그건 인정합니다. 하지만 모든 것이 인간관계에서 비롯된 고민이라니, 아무리 그래도 너무 극단적인 논리입니다! 선생님은 인간관계에서 벗어난 고민, 개인이 개인으로서 몸부림치고 괴로워하는 고민, 자기 내면을 향한 고민을 모조리 부정하시는 겁니까?

철학자: 개인에 국한되는 고민, 이를테면 내면의 고민이라는 것은 존재하지 않아. 어떤 종류의 고민이든 거기에는 반드시 타인의 그림자가 드리워져 있지.

— 전경아 역, 2014, pp. 82-83

인간관계의 딜레마는 그 단순성과 복잡성 속에서 공존한다. 여기서 단순성이란 인간이 다른 인간을 대하는 과정에서 관계의 형성은 어쩌면 불가피한 단계라는 점이다. 우리가 자주 들르는 동네 가게의 주인과 친구가 되고, 커피숍에서 공부하다 우연히 알게 된 낯선 이성과 연인이 될 수 있는 것처럼, 인생은 위에서 말하는 관계가 행복과 근심의 근원일 수밖에 없는 운명과 동의어일지도 모른다.

복잡성에 관해 말하자면 문자 그대로 조금 더 복잡해진다. 그 복잡성은 인간의 내면에 공존하는 다양하고 상충되는 욕구와 필요에도 존재하지만, 개인 대 개인의 관계만으로는 인간관계의 극히 일부만을 설명할 수 있다는 현실에도 존재한다. 인간은 어차피 여럿이 모여 공동체를 이루기 마련이고, 그 공동체 안에서 일어나는 모든 일들을 알고, 통제하고, 조정하는 것은 극히 어려운 일이기에 우리는 '사회문제'라는 이름으로 그러한 공동체에서 일어나는 다양한 이슈들을 들여다보기 마련이다. 특히 공동체 안에서는 장기간 지속되는 인간관계가 등장하는데, 이들의 관계는 흔히 '오지랖', '연줄', '꽌시'(중국어) 등으로 표현되는 다자의 연결망, 즉 네트워크가 된다.

네트워크 관점에서 커뮤니케이션 현상을 바라보는 시도는 오랜 역사를 가지고 있다. 칼 호블랜드(Carl Hovland)가 커뮤니케이션 과정에서 공신력과 전문성의 중요성을 탐험하던 시절에도 이미 수학의 그래프 이론(graph theory)이나 정보과학의 정보 이론(information theory) 등에서는 다자간의 정보 흐름 패턴을 연구하면 개인별 연구에서 찾아낼 수 없는 시스템적 속성을 발견할 수 있다는 논의를 진행하고 있었다. 어떤 사회 현상의 기저를 구조적으로 파악하고 그 구조 안에서 일어나는 행위자들의 소통이나 연결, 또는 유사성으로 분석하는 입장은 18세기 수학과 물리학의 발전 과정에서 영감을 받은 바 컸다.

1736년 레온하르트 오일러(Leonhard Euler)가 프로이센의 쾨니히스베르크(현 러시아 칼리닌그라드)에 있는 7개의 다리에 관련된 문제를 간단한 그래프와 위상수학 이론으로 풀어냈다. 당시 쾨니히스베르크를 흐르는 프레겔 강의 가운데에는 2개의 섬이 있었다. 당시 오일러는 쾨니히스베르크를 산책하고 있었는데, 동네 주민들이 7개의 다리들을 한 번씩만 건너면서 처음 시작한 위치로 돌아오는 길이 있는지를 주제로 논쟁을 벌이는 것을 보고 직관적으로 불가능하다고 답한 뒤, 논문을 통해 이를 증명한 것이 바로 '그래프 이론'의 시초이다. 오일러는 섬과 다리를 점과 선으로 표기하면 문제를 극도로 간결하게 표현할 수 있으며, 수식뿐만 아니라 도해상으로도 그 답이 자명하게 드러날 수 있다는 점을 보여 주었다.

이후 한 세기가 지난 1845년, 구스타프 키르히호프(Gustav Robert Kirchhoff)는 전기 회로상에서 여러 곳으로 분기되는 전류 양의 총합은 일정하며, 한 루프 안에서 도체에 걸리는 전압 대수의 합과 거기 공급된 전체 전원 대수의 합은 같다는 키르히호프 회로 법칙을 제시하였다. 이 이론은 수리적으로 '맥스웰 방정식'(*Maxwell's equations*; Maxwell, 1865)으로 입증되었으며, 현대 전기공학의 토대이자 네트워크 이론의 초석을 다진 것으로 평가된다. 전자의 흐름인 전류 역시 점과 선으로 표현되는 네트워크를 따라 흐르기 마련이고, 그러한 전자기적 흐름도 네트워크 그래프 형식으로 표현될 때 간명하게 설명될 수 있는 것이다.

수학과 물리학에서 그래프 이론이 등장한 이후 사회과학에서도 복잡다기한 사회적 문제를 간결하게 표현하는 데 관심을 갖게 된다. 1890년대, 페르디난드 퇴니스(Ferdinand Tönnies)는 집단의 성격에 관해 일종의 분류체계를 제시한다. 퇴니스에 따르면 사회 조직(*social groups*)은 공동의 가치와 신념을 공유하는 개인들을 직접적으로 연결하는 관계의 형태로 존재할 수 있으며 이를 게마인샤프트(*Gemeinschaft* 또는 *community*)라 개념화할 수 있다. 반면 비개인적(*impersonal*)이고 공식적이며 도구적인 사회적 연결들은 게젤샤프트(*Gesellschaft* 또는 *society*)라는 개념화가 가능하며, 이상의 두 개념을 우리나라 학계에서는 각각 '공동사회'와 '이익사회'로 번역하기도 한다.

퇴니스가 사회집단을 관계의 속성에 따라 분류함으로써 네트워크적 관점을 제시하였다면, 에밀 뒤르켐(Émile Durkheim)은 어떤 사회에서 일어나는 현상을 각 개인이 갖는 속성의 총합으로 이해하는 것은 한계가 있다고 지적하면서 사회 구성원들 간의 역동성을 이해해야만 사회현상을 바르게 이해할 수 있다는 견해를 제시하였다. 뒤르켐의 이러한 입장역시 개체에서 벗어나 하나 더 높은 시스템 또는 체계의 수준에서 사회현상을 바라본다면 우리가 기존에 알지 못했던 새로운 지식에 도달할 수 있을 것이라는 관점의 대두를 의미한다.

수학이나 물리학에서의 네트워크 이론은 복잡다기한 현상을 점(node)과 선(link)의 단순한 그래프 체계로 재현하는 과정을 제안했다. 이후 사회과학자들은 점과 선으로 구조를 재현하고 분석하는 것이 사람과 사람의 대인 네트워크는 물론, 개인과 조직, 조직과 조직 간의 네트워크에도 적용 가능함을 보여 주기에 이른다. 앞으로 사물인터넷(Internet of Things: IoT) 시대에는 인간과 인간, 인간과 사물, 사물과 사물의 네트워크를 하나의 그래프로 만들어 사물을 우리와 동등한 소통의 행위자로 자리매김할지도 모르겠다. 아무튼 점과 선은 물리현상과 사회현상을 통일된 기호로 표현할 수 있는 중요한 도구가 되었으며, 전류에 기반한 디지털 회로와 그러한 디지털 회로로 구성된 기기를 통해 서로 소통할 때 나타나는 네트워크를 모두 살펴볼 수 있는 훌륭한 수단이 되었다.

이 장에서는 개인의 특성과 인간 행동의 연계성만을 보는 전통적 방법론에 덧붙여 구조 속에서 개인의 소통 패턴이나 특성·유사성·차이성을 살펴봄으로써 인간 행동에 대한 더욱 진보된 이해를 할 수 있다는 네트워크적 관점을 소개하도록 한다.

2. 사람 사이의 커뮤니케이션 네트워크 읽기

100명이 근무하는 기업이 하나 있다고 하자. 이 100명이 소통할 수 있는 조합의 총수를 먼저 대인 간 커뮤니케이션(*interpersonal communication*) 중에서도 개인 간 커뮤니케이션, 즉 한 명이 다른 한 명과 소통한다는 전제하에 계산해 보면 다음과 같다.

$$_{100}C_2 = {_{100}P_2}/2! = (100 \times 99)/2 = 9900/2 = 4,450$$

즉, 4,450개의 1 대 1 커뮤니케이션 조합이 생긴다.

그런데 100명의 직원이 있는 회사에서 3인이 소통하지 말라는 법이 없다. 그 경우의 수를 모두 계산해 보면,

$$_{100}C_3 = {_{100}P_3}/3! = (100 \times 99 \times 98)/6 = 161,700$$

100명 중 3명이 모여서 도시락을 먹으며 담소를 나눌 수 있는 조합이 무려 16만 1,700가지나 된다.

흔히 7인 이내의 사람들이 모여서 커뮤니케이션하는 경우를 소집단 커뮤니케이션(*small group communication*)이라 하므로 100명 중 7명이 모여서 담소할 수 있는 조합을 한번 계산해 보자.

$$_{100}C_7 = {_{100}P_7}/7! = 16,007,560,800$$

무려 16,007,560,800, 즉 160억 개 이상의 조합이 가능하다.

이렇듯 인간이 서로 소통하거나 관계 맺을 수 있는 네트워크의 수는 생각보다 엄청나게 많으며, 웬만한 집단의 소통 가능한 조합은 태양계가 속한 우리 은하에 있는 2천억 개의 별보다 많다. 하지만 이러한 네트워크가 갖는 가장 두드러진 특성 중 하나는 가능한 관계 맺음(소통)보다 실제 일어나는 관계 맺음(소통)이 대단히 희소하다는 것이다. 이러한 특성을 우리는 네트워크 희박성(*sparse network* 또는 *network sparcity*)이라고 한다. 실제로 이러한 희박성 때문에 네트워크 데이터를 분석할 때에는 일반적인 데이터 분석과 다소 다른 분석기법이 활용되기도 한다.

이러한 희박성이 주는 의미는 여러모로 의미심장하다. 먼저 희박성의 원인을 찾아보자. 인류학자 로빈 던바(Robin Dunbar)는 인간 사회가 아무리 급속하게 성장한다 하더라도 한 사람이 관리할 수 있는 친밀한 사람의 수는 대략 150명을 넘지 못한다고 주장한다(Dunbar, 1993). 내가 아는 사람 150명을 한자리에 모아 놓고 소통하는 게 아니라, 150명이 지리적으로, 사회적으로 두루 분포한다고 가정할 때 이 인원도 적은 수가 아니다.

수 년 전 한 고위공직자가 자신이 2,500명의 지인을 입력한 핸드폰을 두 개나 갖고 다닌다면서 자신의 넓은 인맥을 과시했다고 한다. 이후 그는 부정부패 스캔들로 감옥에 갔다. 결국 그렇게 큰 개인 네트워크(*ego-network*)를 가진 사람은 설사 선의에서 그러한 네트워크를 유지했다 하더라도 장기간에 걸쳐 선의를 서로 확인하면서도 사회의 공적 윤리를 지켜 나가는 건전한 관계를 유지하기에는 힘에 부쳤을 것이다. 우리가 흔히 '오지랖이 넓은 사람'에 관해 비판적으로 말하곤 하는 것은, 넓은 오지랖으로 깊이 있는 인간관계가 가능하겠느냐는 의심의 소산일지도 모른다. 만약 그 공직자가 권력을 창출하고 유지하기 위해 그러한 네트워크를 유지하였다면, 네트워크 구성원의 사적인 청탁 등을 들어주면서 네트워크의 정치적 활용성을 극대화하였을 수 있다.

사실 던바가 주장하는 150명 정도의 네트워크도 적절한 소통의 양과 질을 유지하고, 사회의 공적 윤리를 지키면서 관리한다는 것은 결코 쉽지 않다. 우리의 물리적 시간이나 돈과 같은 자원이 유한하기 때문이다. 이러한 한계 때문에 사람들 간의 네트워크는 대체로 소수의 인원에게로 집중되기 마련이다. 이미 신뢰(trust)를 형성한 사람들과 자주 소통함으로써 우리는 많은 비용을 줄일 수 있다. 이러한 소수 집중의 패턴 때문에 다수의 사람들이 서로 소통하는 패턴을 추적하다 보면 희박한 네트워크를 마주치는 경우가 대부분이다.

이런 희박성을 다른 말로 표현하자면, 사람들이 스스로의 연결 대상을 선택하는 데 있어서 나름의 패턴이 존재한다는 것이다. '가능한 연결'보다 '실제 일어나는 연결'의 수는 훨씬 적고, 이러한 연결을 이끄는 선택의 기준은 대체로 일정하다.

사회구성원 개개인의 대인 네트워크를 추적해 보면 매우 희박하지만, 그러한 희박한 연결들을 가진 사람들이 아주 많이 모여 사는 지구촌에서 한 사람과 다른 사람을 찾아내는 것이 그리 어렵지 않다는 것은 우리를 매우 흥분케 하는 발견이기도 하다. 스탠리 밀그램(Stanley Milgram)은 1960년대, 미국 네브래스카 주 거주자 296명에게 매사추세츠 주 보스턴에 사는 어느 사업가에게 보내는 편지를 줬다(Milgram, 1967). 그 참여자들은 자신의 주변 사람들 중 수신자를 가장 알 만한 사람에게 마치 육상종목에서 계주를 하듯 전달하였는데, 평균 6회 정도만 거치면 최종 타깃에게 전달할 수 있었다. 이것이 바로 널리 알려진 6단계 분리법칙(six degrees of separation)이다.

6단계 분리법칙은 상당히 많은 지지를 얻고 있다. 1960년대 당시 30억 명 정도였던 세계 인구는 현재 70억 명을 훨씬 상회하지만, 최근까지 있었던 다양한 재현 연구(replication studies)와 후속 연구에 의하면, 표적을 바꾸거나 참여자의 성격을 변화시키더라도 대체로 6단계 정도면 무작위로 추출한 특정인에게 도달할 수 있었다. 즉 전체 모집단(인구 총수)의 크기 변화는 6단계 분리에 큰 영향을 미치지 못했다는 것이다.

2000년대 들어서 이루어진 한 연구는 표적을 13개국에 사는 다양한 직업군의 사람들로 다변화하고, 연구 참여자를 약 10만 명까지 늘렸는데도 비슷한 결과를 보여 6단계 분리는 검증되었다. 사회적 현상을 물리적 현상의 연장선상에서 관찰하는 사회물리학(social physics) 연구자들은 이러한 현상을 숨겨진 인간관계의 본질적 특성이라고 간주한다.

그런데 인간관계의 특정한 그룹에 들어가면 분리의 평균 거리인 6단계는 확 줄어드는 경향이 있다. 예를 들어, 사회물리학자들은 영화계에서 특정한 배우가 등장하는 영화가 많은 관객들을 유치하는 경향이 있다면, 그는 관객들에게 '관람'이라는 행위를 통해 스스로와 연결토록 유도할 수 있는 큰 영향력을 갖고 있다고 판단한다. 여기서 한 걸음 더 나아가, 그 배우가 함께 출연하는 다른 배우들과의 '동시출연 연결망'에서 어떤 위상을 갖고 있는지 분석해 보면 배우의 영향력이 관객과의 1차적 연결망에 주로 기인한 것인지, 아니면 함께 출연하는 다른 연기자들 덕분인지도 판별 가능하다. 영화감독이 어떤 역할을 맡을 배우를 고를 때에는 관객동원력, 해당 배역과의 적합성, 영화계에서의 평판, 함께 연기할 연기자의 추천 등 다양한 변수를 고려하기 마련이다. 이런 작은 결정들이 모이고 모여 영화판에서의 소셜네트워크 구조를 형성하고, 그러한 구조에서 영화인들은 성장하고 대중은 환호한다.

실제 할리우드 배우들의 공출연 네트워크, 즉 같은 영화에 출연한 경험이 있는 배우들 간의 관계를 1, 없는 경우를 0으로 하여 행렬을 만들고 그 행렬을 바탕으로 그래프를 그린 네트워크를 살펴보면 케빈 베이컨(Kevin Bacon), 크리스토퍼 리(Christopher Lee)와 같은 배우들에 도달하는 데 드는 평균 거리가 3 이하이다. 즉, 어느 배우에서 출발하더라도 공출연 네트워크에서 (거의) 가장 짧은 거리에 도달할 수 있는 케빈 베이컨과 같은 배우는 할리우드 전체 배우의 다리 역할을 한다고 볼 수 있겠다. 심지어 할리우드에 진출한 지 얼마 되지 않아 케빈 베이컨과 단 한 번도 함께 출연하지 않은 한국의 이병헌도 2009년 출연한 〈지. 아이. 조: 전쟁의 서막〉(G. I. Joe: The rise of cobra)이라는 영화에서 함께 공연한 브렌든 프레이저(Brendan Fraser)가 케빈 베이컨과 〈내가 숨쉬는 공기〉(The air I breathe)라는 영화에 함께 출연한 덕분에 그와 연결하는 데 단 2단계만이 필요했다. 케빈 베이컨이나 크리스토퍼 리는 비록 할리우드에서 가장 유명한 배우는 아니지만, 폭넓은 장르에서의 다작과 중요작 출연 덕분에 많은 배우들과 함께 일할 수 있었고, 그들의 이런 '오지랖'은 본인의 사회적 자본을 극대화할 수 있었다. 이 네트워크에 관해 더 알고 싶다면 http://oracleofbacon.org에서 직접 검색해 보면 된다.

그런데 6단계보다 더 짧은 거리가 나타나는 네트워크가 최근에 점점 더 늘어나고 있다. 바로 가상공간에서 인간의 활동이 늘어났기 때문인데, 월드와이드웹의 등장 이후 인간관계는 가상공간에서 시작되고 성장하여 결국 종말을 맞게 되는 경우가 많아졌다. 예를 들어 페이스북의 친구관계는 본래 오프라인에서 알고 지내는 사람들과의 소통을 위한 것으로 의도되었지만, 현실에서 많은 사람들은 여전히 단 한 번도 직접 만나보지 못한 사람들을 온라인에서 끊임없이 연결하고 또 연결한다. 기존의 인간관계를 강화하는 목적으로 소셜미디어를 활용한다면 그것은 사회자본(social capital; Coleman, 1988; Putnam, 2001)에서 말하는 본딩 캐피탈(bonding capital)이라 할 수 있고, 새로운 사람들과 약한 교류를 한다면 브리징 캐피탈(bridging capital)이라 할 수 있다. 이제 소셜미디어는 본딩 캐피탈과 브리징 캐피탈이 공존하는 관계의 경연장이자 개인의 인맥을 관리하는 종합 제어판 같은 의미를 갖고 있다.

이제 6단계 분리에서 '6'이라는 숫자는 결코 절대적이지 않다. 유사한 연구에 따르면 인터넷 시대에 분리의 거리는 점점 줄어들고 있다. 페이스북이 2011년 발표한 연구결과에 따르면, 7억 2,100만 명에 이르는 활동적 이용자들이 만드는 친구관계가 690억 개였고, 이 관계망 속에서 무작위로 추출한 이용자가 특정한 다른 이용자까지 연결되는 단계는 겨우 4.74개였다. 이는 2008년 실시한 같은 연구에서 나타난 5.28개보다 더 줄어든 것이다. 친구 수의 중앙값(median)은 100 정도였으며, 평균값(mean)은 190 정도였다. 페이스북에서는 자신들의 서비스가 이미 알고 있는 지인들의 연결망을 전제로 하므로, 이러한 결과가 점점 더 긴밀히 연결되어 가는 인류의 특성을 잘 보여 준다고 주장할지 모른다. 그러나 여전히 페이스북은 태어나서 한 번도 직접 만나지 못한 많은 사람들을 연결해 주고 있으므로 과도한 일반화에는 위험이 따를 것이다. 다만 시간이 지날수록 다양한 온라인 서비스에 의해 연결되는 사람들이 늘어가기 때문에 6단계 분리가 점점 더 좁아지리라는 점은 명백하다.

그렇다면 사람들이 서로 영향을 주고받는 사회적 영향력(social influence)의 범주는 어떻게 될까? 크리스태키스와 파울러(2009) 등에 의하면 특정인의 친구(1단계), 친구의 친구(2단계), 친구의 친구의 친구(3단계)라는 3단계 분리 안에서 인간이 상호작용하면서 많은 것을 '전염'시킬 수 있다. 그들의 연구에서는 행복감, 우울감 등의 정서적 특성이 친구의 친구의 친구까지 전염된다는 것을 발견했다. 뿐만 아니라 정당지지 성향과 같은 정치적 태도에서도 3단계 전염효과는 명백히 나타났다. 물론 1단계에서 그 영향은 가장 크고(행복감의 경우 15%), 2단계에서는 3분의 1 정도가 줄어들며(행복감은 10%), 다시 3단계에서는 40% 정도가 추가로 줄어든다(행복감의 경우 6%).

그런데 정서적, 태도적 측면뿐만 아니라 체중, 흡연습관 등의 신체건강 지표에서도 이러한 특성은 두드러진다. 흡연습관 역시 3단계 영향에 따라 이른바 '골초'의 친구들은 또 다른 골초일 확률이 높게 나타났고, 체중이 많이 나가는 사람들 역시 주변에 뚱뚱한 사람들이 있을 확률이 통계적으로 의미 있는 수준에서 높게 나타났다. 이들은 서로 영향을 주고받으며 동질적인 체중과 흡연습관을 갖고 살다가 비슷한 병에 걸려 일찍 세상을 떠날 확률이 높은 것이다.

3단계 영향론은 인간의 정서나 태도적 특성이 인간의 관계 맺기 패턴을 통해 매개되어 결국 건강 관련 특성에까지 영향을 주고, 장기적으로는 장수나 단명 여부까지도 예측할 수 있는 지표가 됨을 잘 보여 준다. 이러한 연구결과 덕분에 최근 의사들은 흡연이나 비만으로 고통받는 환자들에게 주변의 인간관계까지 돌아보라고 주문한다고 한다. 단순히 투약이나 수술에 그치지 않고 환자의 습관과 인간관계까지 조절되어야 건강 회복이 빠를 것이라는 논리에서 나온 변화이다.

호흡기 전염병의 경우 사회적 관계와 물리적 공간 공유가 인간의 신체적 질병으로 이어질 수 있는 좋은 예가 된다. 2015년 온 국민을 두려움에 떨게 했던 메르스(Middle East Respiratory Syndrome: MERS) 전염 네트워크를 한번 추적해 보자. 초기에는 같은 공간에 있던 사람들, 특

그림 7-1 메르스 전파 네트워크

히 초기 환자가 발병한 병원에 잠시라도 머무른 사람들이 서로에게 전염시키는 양상이었다. 이후에는 그들에게 감염된 2차 전염자들이 방문한 병원이 전염의 허브 역할을 했다. 소수이지만 같은 가족에게 전염시킨 예도 있었고, 심폐소생술을 시행한 의료인, 그리고 구급차 운전자까지 감염된 사례도 있었다.

병원, 구급차, 병실과 같은 물리적 공간에서 서로를 연결한 것은 다름 아닌 메르스 바이러스였다. 이 바이러스는 서로 전혀 알지 못했지만, 본인 진료나 문병을 위해 병원을 찾은 사람들 간에 질병을 전파하는 매개자가 되었다. 또한 이 바이러스는 대한민국의 국민건강보건 체계를 대대적으로 수술하는 결과를 불러왔다. 사람과 사람 간에 무언가 흐른다고 해서 항상 좋은 결과를 가져오는 것은 아님을 메르스 사태는 잘 보여 주었다.

3. 네트워크 영향력의 이면

불가(佛家)에서 말하는 인연(因緣)은 인간뿐만 아니라 사물까지도 이러한 네트워크의 일원으로 포괄해 낸다. 인연은 겉으로 드러나지 않아도 그 자체의 고유한 질서에 의해서 이뤄지게 되어 있으며, 길가에서 그냥 스쳐 가는 사람도 전생에서 500겁 이상의 인연이 있어야 가능하다고 한다. 불가에서 말하는 '겁'(劫, Kalpa) 하나는 우주가 생성해서 소멸하기까지의 시간이라고 하니 500겁이면 얼마나 긴 시간인가? 불가의 관점은 그 과학성을 떠나 일상에서 만들고 사라지는 인연의 의미가 그만큼 무겁다는 것을 잘 보여 준다. 물론 이런 언명은 과학적 검증이 어려운 명제라 하겠다.

그런데 인연의 표면적 무작위성 속에서 나타나는 6단계 분리, 3단계 영향과 같은 질서는 불가의 오랜 믿음과 묘하게 오버랩된다. 석가모니가 6단계 분리를 미리 알고 말한 것인지는 모르겠지만, 인연이 그 엄청난 희박함 속에서 이뤄졌을 때 얼마나 축복받을 일인가 하는 점에는 의문의 여지가 없다. 물론 살다 보면 악연이 되는 경우도 있지만 말이다.

또한 불가에서는 인간뿐만 아니라 세상만물, 특히 생명이 있는 것이라면 무엇이든 윤회(輪廻)의 참가자로 본다는 점이 두드러진다. 그런데 어느덧 우리 주변에서는 반려동물과 같은 생명체뿐만 아니라 디지털 기기들이 인간의 소통에 참여하거나 자기들끼리 소통하는 단계가 도래하고 있다. 그뿐인가. 첨단 과학기술은 사물인터넷을 만드는 단계에까지 이르렀다.

사물인터넷 세계에서는 사물(디지털 기기)이 인간과 인간의 소통을 매개하는 데 그치지 않고 인간과 사물, 나아가 사물과 사물이 서로 소통한다. 인공지능이나 로봇을 통해서 우리는 정보를 제공하는 기기뿐만 아니라 정보 자체와도 소통하게 되었으며, 이러한 측면을 일컬어 인간-정보 상호작용(human-information interaction)이라고 부르기에 이르렀다.

특히 인공지능은 인간의 지능을 모방하면서도 피로로 인한 집중력 저하, 감정의 기복으로 인한 인지적 능력 감소 등과 같은 단점을 갖지 않는다. 그러므로 인공지능은 규칙이 있는 게임에서 인간을 거의 모든 경우에 능가할 수 있는 역량을 선보였다. 영국계 인공지능 회사로 구글에 합병된 딥마인드(Deepmind)가 개발한 알파고(Alpha Go)가 좋은 예다. 인간은 1990년대 중반에 이미 인공지능에게 체스게임의 왕좌를, 그리고 채 20년이 못 되어 바둑의 최고수 자리까지 내주었다. 결국 사물인터넷이나 인공지능은 우리에게 많은 도움을 주겠지만, 계산 경쟁이나 게임과 같은 맥락에서는 인간에게 지속적인 수모를 안겨 줄지도 모른다.

사실 인간이 인공지능에게 패한, 그러나 우리가 수천 년간 취미로 즐겨온 바둑에 사용되는 바둑판 역시 거대한 점과 선 조합의 덩어리이다. 다시 말해 흰 돌 또는 검은 돌의 네트워크를 형성할 수 있는 관계망 플랫폼이 바로 바둑판인 것이다. 바둑판에서 놓을 수 있는 수의 경우의 수는 최대 250의 150제곱으로 알려져 있는데, 이는 우주의 모든 원자 수인 대략 10의 80제곱보다 훨씬 많다고 한다. 바둑판 위의 교차점들은 서로 근접하여 연결되어 있을 때 '집'을 이루며, 바둑은 집이라는 근접연결망을 누가 더 많이 확보하느냐에 승패가 달려 있는 게임이다. 인간은 한 수 한 수를 둘 때마다 자신의 집 개수를 최대화할 수 있는 전략을 수립, 점검, 관찰, 대응해야 하는데, 아무래도 인간의 한계 때문에 매번 최적 해(解)를 도출할 수 있는 확률은 인공지능보다 낮을 수밖에 없다. 우주의 모든 원자 수보다 많은 관계의 복잡성으로 인해, 경험에서 나오는 직관

이상의 무엇을 기대하는 것은 참으로 어렵기 때문이다.

인간이 위기감을 느끼는 이유는 단순히 복잡한 계산능력의 열위에만 있지 않다. 인간과 외모가 비슷한 로봇이 등장한다면 그 로봇은 우리의 명령을 단순히 수행하는 대상이 아닌 상호작용의 파트너로 인정해야 할지도 모른다. 일본 혼다 사가 개발한 휴머노이드 로봇의 자태를 보면, 인간과 거의 구분하기가 어렵다. 2013년에 개봉한 〈그녀〉(Her)라는 영화에서 스칼렛 요한슨이 연기한 사만다(Samantha)라는 인공지능은 한 '진짜' 인간의 마음을 완전히 사로잡아 버렸다. 인간을 게임에서 이길 뿐만 아니라 업무 역량에서도 압도하고, 심지어 인간의 마음까지 빼앗아 버리는 미래가 결코 웃어넘길 조크가 아닌 현실은 우리에게 도대체 관계란 무엇이며, 관계망은 무엇인지 다시금 질문하게 한다.

다른 영화 〈트랜센던스〉(Transcendence)에서도 천재적인 인공지능학자의 뇌가 복제되면서, 결국에는 이미 죽어 버린 육신을 인공지능이 스스로 다시 합성, 복원하는 데 성공하지만 그 과정을 열렬히 응원했던 아내는 나중에 복원되어 돌아온 '물리적' 남편에게 기쁨과 두려움을 동시에 느끼게 된다. 단순히 목소리만 들을 수 있었던 슈퍼컴퓨터 내의 인공지능이 인간의 물리적 자아를 복원, 재현하는 단계에 이르렀을 때의 공포감은 그것이 다만 영화일 뿐이라도 매우 충격적이었다.

결국 기술의 발전은 우리가 네트워크 상대로 삼아야 할 파트너가 인간과 인간을 모사한 고도의 지능체가 될 것임을 명백히 암시하고 있다. 이미 우리는 그러한 미래를 예견하면서 로봇이나 인공지능 형태의 사회적 관계 참여자를 환영의 눈빛으로 바라보아야 할지, 아니면 다만 우리보다 열등한 기계나 도구로만 바라보아야 할지 고민을 시작했다. 일본에서는 노인을 물리적으로 돌보고, 정담을 나누는 로봇이 이미 상용화되었는데, 이를 이용하는 노인들은 과연 도구로만 로봇을 바라보는 시선에 스스로를 정체시키는 데 만족할 것인가? 시간이 흘러 그 로봇들의 외관과 소통기술이 자식들이나 손자, 심지어 이성친구의 그것과 유사해진다면 혹시 자신들의 재산을 로봇에게 남기고 세상을 떠나려 하지는 않을까? 우리가 새로운 네트워크 시대를 준비하는 데에는 많은 정신적 준비도 필요할 것 같다.

우리를 더욱 고민케 하는 것은 바로 우리 신체의 일부가 기계로 대체될 수 있다는 점이다. 얼마 전 배낭처럼 생긴 새로운 기기가 소개되었는데, 이것을 등에 매거나 다리에 부착하면, 평균적인 인간보다 몇 배 더 오래 뛸 수 있게 된다고 한다. 뿐만 아니다. 눈에 안경과 같이 쓰고 다니면 실시간으로 현재 보는 대상에 관한 정보를 제공하는 구글 글래스와 같은 장비도 사실은 우리의 시각과 두뇌를 수시로 확장하는 일종의 확장팩 역할을 하고 있다. 우리가 구글 글래스, 스마트폰과 근육강화 기기를 착용한 사람과 소통한다면, 과연 우리는 인간과 소통하는 것일까, 아니면 인간과 기계가 조합된 반인반기(半人半機)의 제3의 '반 생명체'와 소통하는 것일까.

다시 인간들 간의 관계로 돌아와 보자. 물론 인간관계의 본질도 중요하겠지만, 관계의 과정 역시 매우 중요하다. 그렇다면 네트워크에서 사람들이 영향력을 주고받는 과정은 어떻게 일어나는 것일까? 커뮤니케이션학에서 라자스펠드 등(Lazarsfeld, Berelson, & Gaudet, 1944)은 2단계 유통가설(two-step flow hypothesis)을 통해 사람들 사이의 정보 흐름은 매스미디어에서 의견지도자(opinion leader)로, 다시 의견지도자에서 일반 대중으로 이어지는 2단계 과정을 거친다고 주장했다. 물론 1940년대는 인터넷도, 스마트폰도 없던 시절이므로 신문, 라디오와 같은 매스미디어가 주요한 정보원으로 기능했다는 점은 염두에 둬야 한다. 당시는 산업화 역시 성숙한 단계가 아니었으며, 디지털 기기 역시 존재하지 않았던 시기다. 그렇지만 사람이 미디어로부터 얻은 정보를 다른 사람들에게 전파하는 과정을 모델로 선보이고, 어떤 사람은 다른 사람들보다 이러한 전파력이 대단히 뛰어나다는 사실을 처음 보고했다는 측면에서 2단계 유통가설의 의미는 대단하다. 이후 그의 관점을 검증한 후속 연구들은 인간 사이의 정보 흐름이 반드시 2단계로 이뤄지는 것은 아니며, 정보제공자의 공신력이나 이슈의 특성에 따라 다양한 패턴을 갖는다고 주장했다. 정보의 흐름 속에서 주요한 역할을 하는 사람의 존재는 익히 알려져 있었지만, 그들을 '의견지도자'라고 개념화해 낸 것은 커뮤니케이션 연구자들의 기여였음은 부인할 수 없다.

2단계 유통가설이 주로 매스미디어에서 흘러나온 정보의 유통에 관한 모델이라면, 사람과 사람 간의 관계 맺기 과정은 어윈 알트만(Irwin Altman)과 달마스 테일러(Dalmas Taylor)의 사회적 관통 이론(*social penetration theory*; Altman & Taylor, 1973)에서 다룬다. 사회적 관통 이론은 인간이 서로를 알게 되면서 성별이나 직업과 같은 공식적 정보를 공유하다가 차츰 자신의 은밀하고도 중요한 정보를 공유하게 되며, 이런 공유가 균형되고 양 방향으로 이뤄질 때 관계가 건강하게 발전한다는 입장이다. 여기서 '관통'은 대인관계의 당사자가 상대방에게 자신의 직업이나 취향 같은 정보에서 개인의 독특한 성품이나 기질 같은 자아의 중심적 특성을 담은 정보까지 공유하게 되는 과정을 일컫는다.

이에 관련된 입장으로 티바웃과 켈리(Thibaut & Kelley, 1959)의 사회적 교환 이론(*social exchange theory*)이 있다. 사회적 교환 이론은 관계 발전을 위한 정신적, 시간적, 금전적 비용보다 이득이 상회할 때 사람들은 관계에 만족을 느끼고 그러한 관계를 계속 유지하려는 동기를 갖는다는 입장이다. 또한 관계의 발전은 어떤 종류의 만족이건 한쪽에서 일방적으로 취하는 경우보다는 양쪽이 서로 주고받는 상호성(reciprocity)이 충족될 때 더욱 가능성이 높아진다.

한편으로 레슬리 박스터(Leslie Baxter)와 바바라 몽고메리(Barbara Montgomery)는 관계 발전에서는 독립과 의존의 욕구, 사생활 은닉과 자기 공개의 욕구, 확실성과 불확실성에의 욕구 같은 모순적 욕구들이 서로 상충하기 마련이며, 이러한 변증법적 고려를 통한 상호작용 속에서 관계는 형성, 발전 또는 쇠퇴한다고 보았다(Leslie & Baxter, 1996). 이러한 입장은 관계의 변증법 이론(relational dialectics theory)이라고 부른다. 관계의 변증법 이론은 인간의 고뇌의 근원인 욕망이 인간관계 속에서 어떻게 작용하는지를 탁월하게 관찰한 이론이라고 하겠다.

찰스 버거(Charles Berger)와 리처드 칼라브리스(Richard Calabrese)는 불확실성 감소 이론(Uncertainty Reduction Theory: URT; Berger & Calabrese, 1975)을 통해, 대인 간 상호작용의 상당 부분이 계획적이고 목표 기반이라고 주장하면서, 다양한 인간관계 속에서 불확실성은 거의 언제나 존재하며 불확실성을 어떻게 다루느냐가 관계발전의 중요한 부분이라고 역설한다. 그들은 관계발전을 설명하기 위한 일련의 공리(axioms)들을 제안했다. 예를 들면 언어적/비언어적 소통이 증가할수록 불확실성은 감소하며, 불확실성이 감소할수록 언어적/비언어적 소통은 증가하는 상관관계를 보인다는 것 등이다. 인간관계의 발전을 탄탄한 공리, 공준, 가설, 이론화의 과정을 통해 설명코자 했다는 점에서 버거와 칼라브리스의 관점은 소통과 관계의 발전에 매우 체계적인 접근을 시도했다고 평가할 수 있다.

관계의 과정과 목적에 관한 이론은 위에서 예를 든 것 외에도 상당히 많다. 특히 대인 커뮤니케이션 이론들은 네트워크의 기초 단위인 개인 대 개인의 관계를 불확실성 관리, 목표 관리, 상호성, 개인 정보 공유, 모순적 경향의 공존 등의 관점에서 깊이 있게 다루고 있다. 그런데 이러한 일 대 일 관계가 차츰 연쇄적 관계로 발전하여 중·소규모 집단이나 대규모 집단으로 확산되면서 어떠한 질적 변화를 겪게 되는지에 관해서는 여전히 탁월한 설명이 없다.

대인 간, 집단 내, 집단 간 소통 이론들은 하나의 연속선상에 배열할 만한 고리를 충분히 제안하지 못하고 각자도생(各自圖生)하고 있는 형편이다. 따라서 커뮤니케이션 학자들이 이 미진한 부분을 이론적으로 설명해 낼 수 있다면 기존에 사회학이나 정치학, 심리학에 크게 빚진 네트워크 이론의 기초를 단단히 하는 데 크게 기여할 수 있을 것이다.

4. 네트워크의 양적, 질적 표현

각 개인을 네트워크상의 노드(node)로 표현하고, 사람 A와 B 사이에 소통이 있었을 경우 노드 A와 B를 연결하는 형식으로 우리는 특정한 조직의 커뮤니케이션 네트워크를 그려 낼 수 있다. 여기서 연결선의 두께를 커뮤니케이션의 빈도(frequency) 표현에 활용하면 해당 네트워크에서 어떤 사람이 가장 자주 소통상대가 되는지 분석할 수 있다.

이런 소통빈도 네트워크는 여러 방법으로 활용된다. 먼저 조직 내에서 정신적 지주 역할을 하는 비공식적 리더(informal leader)를 찾아내는 데 활용할 수 있다. 이상적으로는 조직의 공식적 리더가 비공식적 리더와 일치한다면, 그 조직은 상당히 효율적인 네트워크를 가지고 있다고 볼 수 있다. 하지만 이런 경우는 사실 드물다.

우리나라의 공공기관에서 직원은 수십 년씩 근무하지만 기관장은 수개월에서 수년만 머물다 떠나는 일이 많다 보니, 직원들 사이의 비공식적 리더들이 실질적인 힘을 갖고 기관장은 자신의 경력에만 한 줄 더 보태고 떠나는 일이 많은 게 좋은 예다. 때로는 이러한 비공식적 리더들이 자신들의 '라인'을 만들어 조직의 현재와 미래를 좌우하기도 한다. 또한 이들은 합종연횡(合從連橫)을 통해 자신들의 이익을 지켜 내고 외부의 혁신 압력에 저항하기도 한다. 소통빈도 네트워크는 실제로 조직 컨설팅에 활용되며, 특정 조직 내의 권력관계와 혁신지향성을 판별하는 데 중요한 참고자료로 인식된다.

가장 실질적으로 소통빈도 네트워크를 활용한 사례로는 톰 필리 등(Feeley, Hwang, & Barnett, 2008)의 연구를 들 수 있다. 그들은 미국의 한 패밀리 레스토랑 종업원들이 어떤 커뮤니케이션 패턴을 보이는지에 따라 그들이 다른 직장으로 이직할지 여부를 예상할 수 있었다고 보고하였다. 다른 직원들과 전혀 소통하지 않는 종업원들의 경우 단기간 내에 이직할 확률이 매우 높았다. 또한 2, 3인이 패거리를 지어 자신들끼리만 소통하는 경우에도 비슷했다. 반면 여러 부서 종업원들과 두루 자주 소통하는 직원들일수록 오래 재직할 확률이 높았다. 이렇듯 소통의 빈도는 매우 단순하지만 인간 행동을 예측할 수 있는 중요한 지표이기도 하다.

소통의 빈도로 예기치 못한 발견을 한 경우는 또 있다. 필자는 2005년 초 미국 상원의원들이 각자의 웹사이트에서 다른 상원의원을 얼마나 언급하고 그들의 웹사이트에 링크를 걸며, 웹사이트 주제가 다른 상원의원들과 몇 개나 겹치는지 분석했다. 이때 언급의 빈도, 링크의 빈도, 겹치는 웹사이트 주제항목의 수를 네트워크 연결 강도로 변환하여 보고, 그 강도를 환산하여 중심성(*centrality*)을 계산했더니 상위 랭커의 대부분이 힐러리 클린턴이나 존 매케인 같은 다선 상원의원들이었다. 그런데 단 한 사람의 예외가 있었으니 바로 버락 오바마였다.

당시 버락 오바마는 겨우 재선을 한 젊은 상원의원으로서 상원 의전 서열에서 하위권에 불과했지만, 그의 웹사이트는 대단히 많은 링크를 받고 있었고 민주당 웹사이트 간 연결 네트워크에서 지도적인 위치를 차지하고 있었다(Kim, Barnett, & Park, 2010). 아니나 다를까, 그해 하반기부터 오바마는 본격적으로 대선 주자로 부각되기 시작했으며, 민주당의 대선 후보가 되었다. 그리고 마침내 공화당의 8년 집권을 무너뜨리기에 이르렀다. 이렇듯 네트워크 데이터 분석은 예기치 않은 예측분석(*predictive analytics*) 파워를 보이기도 한다.

소통의 빈도 못지않게 중요한 것은 소통의 질이다. 소통의 질은 서로가 서로에게 느끼는 상호성(reciprocity), 신뢰도(trust), 그리고 사적인 친밀도(intimacy)의 영향을 받지만 소통의 질을 측정하는 것은 대단히 어렵다. 2000년대 중반부터 사람들의 온라인 커뮤니케이션을 주도하는 페이스북의 댓글을 예로 들어 보자. 페이스북의 댓글은 특정인의 포스팅(글, 사진 등)에 답글을 다는 과정에서 나타나기도 하고, 이미 올라온 댓글에 대한 답변이나 질문 형식인 경우도 있다. 댓글의 빈도나 댓글을 주고받는 상대 간의 네트워크로 중심성(centrality)을 계산하는 방식은 소통의 양을 측정하는 방법이고, 댓글을 하나하나 읽어 가며 그 의미를 분석하는 방법은 질적 측정이라고 할 수 있다.

소통의 질을 측정하는 좋은 방법은 소통 당사자들에게 소통의 만족도 (satisfaction)를 묻는 것이다. 하지만 이 만족도 역시 소통의 형식(예: 예의범절, 매너, 친절)인지 내용(예: 소통의 결과로 문제가 해결됨)인지, 아니면 양자를 포괄하는 만족도인지 주의 깊게 구분하지 않으면 대단히 모호한 의미일 수 있다. 심리학적 접근에서는 이러한 만족도마저도 5점이나 7점 척도를 이용해서 철저히 계량화하려는 경향을 보인다. 따라서 소통의 질을 질적으로 측정하기보다는 신장이나 체중과 마찬가지로 특정한 잣대를 적용해서 비교 가능한 수치로 표현하려 한다.

또한 인터넷이나 소셜미디어상에서 오가는 댓글들을 소프트웨어를 이용해 긁어 온 뒤 자주 등장하는 어휘나 그러한 어휘 간 거리를 분석하여 네트워크 형식으로 표현하는 분석은 일단 양적 연구방법의 범주에 들어가긴 하지만, 어휘의 의미에 기초한 연구라는 점에서 질적 성격도 갖는다. 비슷한 연구의 예를 들어 보자면, 필자는 2007년 하버드대에서 발간하는 *Harvard International Journal of Press/Politics*라는 학술지에 신문에 등장하는 단어 간의 의미 네트워크를 분석하여 기고했다(Kim,

Su, & Hong, 2007). 이 연구는 캐나다 미디어 시장의 미국 의존성이 상당히 크다는 점에 비추어 미국과 캐나다가 서로 달리하는 외교정책, 특히 이라크전에 관한 입장이 어떻게 달리 나타나는가를 단어 간의 거리 및 공출빈도(co-occurrence)를 기초로 덴도그램(dendogram)의 형태로 나타낸 것이다.

이 연구는 비록 캐나다 미디어의 논조와 수용자가 대단히 미국 의존적이긴 해도, 미국과 상이한 캐나다의 국제관계에 대한 관점이나 철학이 두 나라의 대표적인 미디어인 〈글로브 앤 메일〉(Globe and Mail, 캐나다), 〈뉴욕타임스〉(New York Times, 미국)의 논조에서도 여실히 드러난다는 점을 잘 보여 주었다. 이렇듯 단어의 절대적 출현빈도, 단어와 단어의 거리와 공출빈도가 보여 주는 미디어의 관점과 태도는 텍스트를 하나의 의미망 연결체로 보는 관점이 유효함을 잘 보여 준다.

또한 〈그림 7-2〉는 저자가 Global Media Journal (2015)에 기고한 이라크전에 관한 블로그 텍스트 분석 연구로부터 뽑아 온 내용이다(Kim, Kwon, & Barnett, 2015). 놀랍게도 이라크전에 관한 블로그에 등장한 단어들은 대체로 두 개의 덩어리(cluster)로 묶였다. 첫 번째 덩어리에는 전쟁의 관여자(미디어 포함), 전쟁의 동기 등이 나타났으며, 두 번째 덩어리에는 전쟁에 관한 지지와 반대 여론을 나타내는 단어들이 포함되어 있었다. 결국 블로그에서 오가는 담론은 전쟁에 관한 다양한 시각을 두루 담고 있으며, 찬성과 반대 등 의견에 관한 단어들이 많이 사용됨을 알 수 있다. 블로그 자체가 개인의 의견과 느낌을 표출하는 개인 미디어이기에 충분히 이해할 수 있는 결과였다.

그림 7-2 이라크전 블로그의 단어 연결망

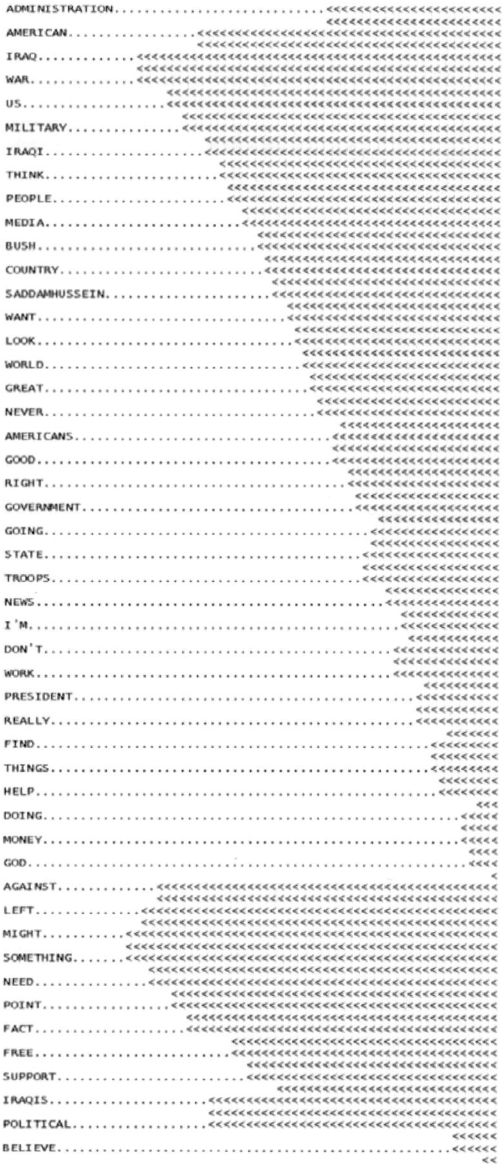

```
ADMINISTRATION........................<<<<<<<<<<<<<<<<<<<<
                                       <<<<<<<<<<<<<<<<<<<<
AMERICAN..............<<<<<<<<<<<<<<<<<<<<<<<<<<<<<<<<<
                      <<<<<<<<<<<<<<<<<<<<<<<<<<<<<<<<<
IRAQ...........<<<<<<<<<<<<<<<<<<<<<<<<<<<<<<<<<<<<<<<<<<<<
              <<<<<<<<<<<<<<<<<<<<<<<<<<<<<<<<<<<<<<<<<<<<
WAR...........<<<<<<<<<<<<<<<<<<<<<<<<<<<<<<<<<<<<<<<<<<<<
              <<<<<<<<<<<<<<<<<<<<<<<<<<<<<<<<<<<<<<<<<<
US.............<<<<<<<<<<<<<<<<<<<<<<<<<<<<<<<<<<<<<<<<<<<<<
               <<<<<<<<<<<<<<<<<<<<<<<<<<<<<<<<<<<<<<<<<<<<
MILITARY..............<<<<<<<<<<<<<<<<<<<<<<<<<<<<<<<<<<<<
                      <<<<<<<<<<<<<<<<<<<<<<<<<<<<<<<<<<<
IRAQI.................<<<<<<<<<<<<<<<<<<<<<<<<<<<<<<<<<<<<
                      <<<<<<<<<<<<<<<<<<<<<<<<<<<<<<<<<
THINK.................<<<<<<<<<<<<<<<<<<<<<<<<<<<<<<<<<<
                      <<<<<<<<<<<<<<<<<<<<<<<<<<<<<<<<<
PEOPLE................<<<<<<<<<<<<<<<<<<<<<<<<<<<<<<<<<<
                      <<<<<<<<<<<<<<<<<<<<<<<<<<<<<<<<<
MEDIA.................<<<<<<<<<<<<<<<<<<<<<<<<<<<<<<<<<<
BUSH.................<<<<<<<<<<<<<<<<<<<<<<<<<<<<<<<<<<<
                     <<<<<<<<<<<<<<<<<<<<<<<<<<<<<<<<<<
COUNTRY...............<<<<<<<<<<<<<<<<<<<<<<<<<<<<<<<<<<
SADDAMHUSSEIN.........<<<<<<<<<<<<<<<<<<<<<<<<<<<<<<<<<
WANT..................<<<<<<<<<<<<<<<<<<<<<<<<<<<<<<<<<
                      <<<<<<<<<<<<<<<<<<<<<<<<<<<<<<<<
LOOK..................<<<<<<<<<<<<<<<<<<<<<<<<<<<<<<<<<
WORLD.................<<<<<<<<<<<<<<<<<<<<<<<<<<<<<<<<<
                      <<<<<<<<<<<<<<<<<<<<<<<<<<<<<<<<
GREAT.................<<<<<<<<<<<<<<<<<<<<<<<<<<<<<<<<
NEVER.................<<<<<<<<<<<<<<<<<<<<<<<<<<<<<<<<
                      <<<<<<<<<<<<<<<<<<<<<<<<<<<<<<<<
AMERICANS.............<<<<<<<<<<<<<<<<<<<<<<<<<<<<<<<<
                      <<<<<<<<<<<<<<<<<<<<<<<<<<<<<<<
GOOD..................<<<<<<<<<<<<<<<<<<<<<<<<<<<<<<<
                      <<<<<<<<<<<<<<<<<<<<<<<<<<<<<<<
RIGHT.................<<<<<<<<<<<<<<<<<<<<<<<<<<<<<<<
                      <<<<<<<<<<<<<<<<<<<<<<<<<<<<<<
GOVERNMENT............<<<<<<<<<<<<<<<<<<<<<<<<<<<<<<
                      <<<<<<<<<<<<<<<<<<<<<<<<<<<<<<
GOING.................<<<<<<<<<<<<<<<<<<<<<<<<<<<<<
STATE.................<<<<<<<<<<<<<<<<<<<<<<<<<<<<<
TROOPS................<<<<<<<<<<<<<<<<<<<<<<<<<<<<
                      <<<<<<<<<<<<<<<<<<<<<<<<<<<<
NEWS..................<<<<<<<<<<<<<<<<<<<<<<<<<<<
                      <<<<<<<<<<<<<<<<<<<<<<<<<<
I'M...................<<<<<<<<<<<<<<<<<<<<<<<<<<
                      <<<<<<<<<<<<<<<<<<<<<<<<<<
DON'T.................<<<<<<<<<<<<<<<<<<<<<<<<<<
WORK..................<<<<<<<<<<<<<<<<<<<<<<<<<<
PRESIDENT.............<<<<<<<<<<<<<<<<<<<<<<<<
REALLY................<<<<<<<<<<<<<<<<<<<<<<<<
                                    <<<<<<<<<<
FIND..................................<<<<<<<<<
                                     <<<<<<<<<<
THINGS................................<<<<<<<<
HELP..................................<<<<<<<<
                                        <<<
DOING.................................<<<<<
MONEY.................................<<<<<
GOD...................................<<<<<
                                        <
AGAINST...........<<<<<<<<<<<<<<<<<<<<<<<<<<<<<<<<<<<<
                  <<<<<<<<<<<<<<<<<<<<<<<<<<<<<<<<<<<
LEFT...........<<<<<<<<<<<<<<<<<<<<<<<<<<<<<<<<<<<<<<
MIGHT.........<<<<<<<<<<<<<<<<<<<<<<<<<<<<<<<<<<<<<<
              <<<<<<<<<<<<<<<<<<<<<<<<<<<<<<<<<<<<<
SOMETHING......<<<<<<<<<<<<<<<<<<<<<<<<<<<<<<<<<<<<
              <<<<<<<<<<<<<<<<<<<<<<<<<<<<<<<<<<<
NEED..........<<<<<<<<<<<<<<<<<<<<<<<<<<<<<<<<<<
              <<<<<<<<<<<<<<<<<<<<<<<<<<<<<<<<<<
POINT.........<<<<<<<<<<<<<<<<<<<<<<<<<<<<<<<<<<
FACT..........<<<<<<<<<<<<<<<<<<<<<<<<<<<<<<<<<<
              <<<<<<<<<<<<<<<<<<<<<<<<<<<<<<<<<<
FREE.........<<<<<<<<<<<<<<<<<<<<<<<<<<<<<<<<<
SUPPORT.......<<<<<<<<<<<<<<<<<<<<<<<<<<<<<<<<
IRAQIS................<<<<<<<<<<<<<<<<<<<<<<<<
POLITICAL......<<<<<<<<<<<<<<<<<<<<<<<<<<<<<<<<<
                                       <<<<<<
BELIEVE...............................<<<<<
                                        <<
```

5. 구조와 개체

네트워크 분석의 대상은 매우 자유롭게 선택할 수 있다. 네트워크의 점 (*node*)이 한 사람을 나타낼 수도 있고, 긴 텍스트의 한 단어가 될 수도 있으며, 심지어 어항에 노니는 물고기 한 마리가 될 수도 있다. 서로 관계가 있는 것이면 무엇이든 그래프로 나타낼 수도 있고, 중심성(*central- ity*), 핵심성(*coreness*), 구조적 등위성(*structural equivalence*) 등의 지표로 표현할 수도 있는 게 바로 네트워크 분석의 매력이다. 앞서 소개한 2개의 그림 중 전자(〈그림 7-1〉)는 메르스에 감염된 사람들의 추정 경로를 도식화한 것이었고, 여기에는 전염장소(예: 병원)를 나타내는 노드와 환자를 나타내는 노드, 그리고 전염의 경로를 나타내는 선(링크)이 공존한다. 메르스 전파 네트워크 역시 하나의 네트워크이며, 개인별 속성을 모아 회귀분석을 하는 전통적 연구방법이 주지 못하는 전체적 통찰을 얻을 수 있는 게 바로 네트워크 분석이다. 물론 네트워크로 표현되지 않았다 해도 변수와 사례로 조합된 전통적 정형 데이터(*structured data*)로 어떤 장소가 가장 많은 전염을 일으켰는지 찾을 수는 있겠지만 1차 전염자와 2차 전염자가 어떤 장소나 맥락을 통해 연쇄적으로 전염되었는지를 알기는 쉽지 않다.

비록 중심성과 같은 양화된 네트워크 지표는 배제되었지만, 〈그림 7-1〉 자체의 그래프만으로도 우리는 연쇄적 전염과정의 동학(*dynamics*)을 추적할 수 있다. 2개의 그림 중 후자(〈그림 7-2〉)는 단어의 뭉침을 표현한 것이지만, 개별 단어와 문장을 읽을 때는 알 수 없는 단어들의 결합과 그로 인한 숨겨진 의미의 부상을 발견할 수 있다.

시스템 이론에 개별 구성원의 합은 전체와 같지 않다는 이른바 전체성의 법칙(*rule of wholeness*)이라는 것이 있다(Chen & Stroup, 1993). 전체성의 법칙은 개별 행위자의 속성을 분석하고 그 속성들이 특정한 종속변수에의 설명력을 얼마나 갖고 있는지 추적하는 기존의 선형적 인과관계 모델만으로는, 다시 말해 회귀분석으로 대표되는 전통적인 양적 분석만으로는 부족한 부분을 보완 내지는 만회할 수 있는 계기를 마련해 준다. 친구의 친구의 친구가 뚱뚱한 게 도대체 나의 비만과 어떤 상관관계가 있는 것일까? 내 아이의 친구의 친구가 이른바 '비행청소년'인 게 내 아이의 미래에 조금이라도 영향을 줄 가능성은 얼마나 될까?

그런데 네트워크 접근을 잘못 해석하면 구조결정론이나 환경결정론으로 흐를 위험이 있다는 점도 간과해서는 안 된다. 만약 내 주변의 사람들 중에 우울하고 불행한 사람이 많다는 것을 알게 되면, 나도 거기에 전염되어 함께 우울해질 수밖에 없는 운명인 걸까? 기존의 인과분석이 그렇듯이 네트워크 분석이 시사하는 연관관계(*association*)는 다만 하나의 확률이자 가능성에 불과하다. 만약 내 주변에 불행한 사람이 많다면 내가 새로 사귀는 친구는 조금이라도 행복감이 높은 사람을 찾으면 된다. 그리하여 시간이 지나면서 점점 더 행복한 친구의 비중이 올라간다면 나의 행복감 역시 상승할 확률이 높아진다.

최근 쏟아지는 금수저 상속론이나 사회적 불평등 확대론에 대한 우리의 대처 역시 '그냥 손 놓고 구조에 대해 불평하기'에 그쳐서는 안 된다. 구조에 대한 혁신안은 혁신안대로 수립해서 변화시키되, 개인의 행동 선택에서는 네트워크 효과를 역이용해서 네트워크상에 본인이 놓여 있는 위치를 조금이라도 벗어나려고 노력해야 한다는 게 네트워크 분석의 시사점이다.

네트워크 분석은 개인 또는 개체의 행동방향을 제시해 주는 데 그치지 않고 구조적 문제점을 발견하고 해결하는 데 더 요긴할 수 있다. 특히 테러리스트의 본부를 찾아내거나, 앞에서 살펴보았듯 전염병 확산의 허브를 규명하거나, 금융사고의 원천을 추적하는 데 네트워크 분석은 탁월한 성과를 보인다. 네트워크 구성원의 숫자가 늘어날수록 개체의 속성에서는 찾을 수 없는 구조적 특성을 찾아낼 수 있고, 네트워크 데이터에 시점 스탬프(각 데이터가 수집된 시각이 함께 저장)가 부여되어 있다면 시간에 따른 네트워크의 변화를 추적하는 시계열 네트워크 동학 분석이 가능하다. 사실 기존의 네트워크 분석 연구들은 특정 시점의 네트워크 특징을 마치 스냅숏 사진처럼 정태적으로 분석하는 데 그치는 경우가 많았다. 앞으로 개선해야 할 부분이다.

마지막으로 이 장의 한계에 관해 언급하고자 한다. 먼저, 이 책의 특성상 전문적인 학술서처럼 모든 참고문헌을 일일이 밝히지는 않았다. 다만 각 이론과 연구 사례의 저자 또는 주창자를 밝힘으로써 관심 있는 독자들이 해당 원전을 추적하는 데에는 어려움이 없도록 했다. 두 번째로, 중심성, 핵심성과 같은 네트워크 분석의 양적 지표를 직접 계산할 수 있는 계산식도 이 장에서는 배제했다. 전문적 방법론 전달을 목표로 한 책이 아니기 때문이다. 하지만 간단한 온라인 검색만으로도 이러한 지표들의 계산 방법은 쉽게 접근 가능하므로 독자 분들께 큰 어려움은 없을 것이다.

참고문헌

岸見一郎・古賀史健 (2013). 〈嫌われる勇氣〉. 전경아 역 (2014). 〈미움받을 용기〉. 인플루엔셜.

Altman, I., & Taylor, D. A. (1973). *Social penetration: The development of inter-personal relationships*. Holt, Rinehart & Winston.

Baxter, L. A., & Montgomery, B. M. (1996). *Relating: Dialogues and dialectics*. Guilford Press.

Berger, C. R., & Calabrese, R. J. (1975). Some explorations in initial inter-action and beyond: Toward a developmental theory of interpersonal com-munication. *Human Communication Research, 1*(2), 99-112.

Chen, D., & Stroup, W. (1993). General system theory: Toward a conceptual framework for science and technology education for all. *Journal of Science Education and Technology, 2*(3), 447-459.

Christakis, N. A., & Fowler, J. H. (2009). *Connected: The surprising power of our social networks and how they shape our lives*. Little, Brown.

Coleman, J. S. (1988). Social capital in the creation of human capital. *American Journal of Sociology*, S95-S120.

Dunbar, R. I. (1993). Coevolution of neocortical size, group size and language in humans. *Behavioral and Brain Sciences, 16*(04), 681-694.

Feeley, T. H., Hwang, J., & Barnett, G. A. (2008). Predicting employee turn-over from friendship networks. *Journal of Applied Communication Research, 36*(1), 56-73.

Kim, J. H., Su, T. Y., & Hong, J. (2007). The influence of geopolitics and foreign policy on the US and Canadian media: An analysis of newspaper coverage of Sudan's Darfur conflict. *The Harvard International Journal of Press/Politics, 12*(3), 87-95.

Kim, J. H., Barnett, G. A., & Park, H. W. (2010). A hyperlink and issue network analysis of the United States Senate: A rediscovery of the web as a relational and topical medium. *Journal of the American Society for Infor-*

mation Science and Technology, 61(8), 1598-1611.

Kim, J. H., Kwon, K., & Barnett, G. (2015). Are blogs more peace-journalistic than newspapers?: A dual method analysis. *Global Media Journal: American Edition, 13*(24).

Lazarsfeld, P. F., Berelson, B., & Gaudet, H. (1944). *The people's choice: How the voter makes up his mind in a presidential campaign.* New York: Columbia University Press.

Maxwell, J. C. (1865). A dynamical theory of the electromagnetic field. *Philosophical Transactions of the Royal Society of London, 155,* 459-512.

Milgram, S. (1967). The small world problem. *Psychology Today, 2*(1), 60-67.

Putnam, R. D. (2001). *Bowling alone: The collapse and revival of American community.* Simon and Schuster.

Thibaut, J. W., & Kelley, H. H. (1959). *The social psychology of groups.*

뉴스 비즈니스 변화와
뉴스생산 프로세스 재구성

김사승

1. 저널리즘 사회학 연구로서의 뉴스생산 프로세스 분석

1) 저널리즘 사회학의 진전

저널리즘 연구는 주로 언론자유나 객관주의와 같은 개념적인 논의에 초점을 맞추어 왔다. 저널리즘 현상을 단순히 사회, 정치, 문화의 재현 또는 전달 현상으로만 이해하기도 했다. 대부분의 미디어 분석들은 미디어 생산의 정치경제학, 미디어 텍스트의 기호학이나 미디어 소비의 사회심리학적 효과에 초점을 맞추었다. 저널리즘 연구도 마찬가지였다. 저널리즘 연구가 정치경제학과 문화연구에 의해 지배되면서 저널리즘이 내재적 이론기반을 가지고 있지 못하다는 지적을 받기도 했다. 다른 미디어 이론들과 마찬가지로 저널리즘 이론은 정치학의 한 분파로 여겨졌고, 이에 대한 분석은 저널리즘이 사회적 현상들을 단순히 전달하는 '빈 배'(empty vessels)라는 가정에 근거해 있다는 비판을 감당해야 했다

(van Loon, 2007). 1960년대 이후 저널리즘 연구를 지배한 정치경제학, 문화연구는 어찌 보면 저널리즘 고유의 이론적 체계라고 보기는 어렵다는 것이다(Hemmingway, 2008).

정치경제학은 시장, 소유권 등과 같은 경제적 요소가 지배한다는 경제적 가정에서 크게 벗어나지 못했다. 문화연구는 뉴스가 생산과정을 통해 어떻게 선택되고 구성되는지에 대한 정확한 분석 없이 뉴스스토리에 대한 이상주의적 분석으로 저널리즘을 설명하려고 했다. 이런 한계를 갖고 있지만 이들 연구는 저널리즘 상업화를 비롯해 저널리즘을 둘러싼 다양한 현상에 대한 이해를 확장하는 데 중요하게 기여했다. 그럼에도 불구하고 저널리즘과 관련된 이론적 분석틀로서 필요충분한 설명을 제공하지 못한 것이 사실이다(Cottle, 2003). 뉴스라는 문화적 구성물의 생산에 개입하는 복잡한 중재현상을 설명할 수 있는 보다 실체적인 설명이 가능한 접근방식이 필요한 것이다.

맥네어(McNair, 1998)는 보다 생산적인 저널리즘 연구를 위해서는 저널리즘이 경쟁적 목소리를 반영해야 한다는 규범적 경쟁 패러다임과 저널리즘은 현실적으로 지배집단에 의해 지배 이데올로기를 재생산한다는 비판적 지배 패러다임의 논의에서 벗어나야 한다고 지적하며, 뉴스생산의 역동성과 뉴스생산 환경에 내재된 다양한 요소들이 뉴스 형식과 내용에 미치는 상대적 영향력에 초점을 맞추어야 한다고 강조했다. 뉴스생산 지배세력에 관한 논의나 뉴스텍스트가 지향해야 하는 규범의 논의를 벗어나야 하는데, 그 한 방법이 뉴스생산에 초점을 맞추는 것이라는 것이다. 이 영역은 시장의 경제적 결정력과 뉴스스토리에 내재된 문화적 담론에 대한 분석 사이에서 제대로 된 연구도, 적당한 이론화 작업도 이루어지지 않은 영역이다(Born, 2004; Curran, 2002). 코틀(Cottle,

2003)이 지적한 것처럼 이는 정치경제학이나 문화연구의 접근방법으로는 분석할 수 없는 중간지대이다.

코틀(Cottle, 2003)은 특히 뉴스생산 프로세스에 주목했다. 프로페셔널 저널리스트들에 의한 일상적인 뉴스생산 노동이 수행되는 역동적 과정을 분석해야 한다고 본 것이다. 저널리스트의 뉴스생산 노동은 뉴스 스토리의 형식과 내용을 다양한 방식으로 촉진하거나 제약하는 경제적, 정치적, 규제적, 기술적, 문화적, 규범적 요소들의 복합적 현상들을 관리하고 중재하는 행위이다. 이 행위들이 수행되는 프로세스에 대한 분석은 결국 뉴스조직에 대한 분석으로 연결된다. 뉴스생산은 뉴스조직의 생산체제를 통해 이루어지는 것이다. 이런 태도의 저널리즘 연구를 '저널리즘 사회학'이라고 부른다.

물론 정치경제학이나 문화연구도 뉴스룸 안에서 일어나는 일상적 생산활동과 이를 위한 개별 저널리스트들의 행위들을 정치나 경제, 나아가 문화적 범주에 포함해서, 또 이 범주에 속하는 규범들의 하위요소로서 설명하려고 했다(Hemmingway, 2008). 그러나 뉴스생산을 주요 분석유목으로 다루지 않았기 때문에 충분하지 못했다. 저널리즘 사회학 연구 이전에는 뉴스생산을 직접 다루려는 연구, 즉 저널리즘이 세계를 뉴스로 연결하는 매개과정의 실체에 관한 연구는 찾아보기 어려웠다 (van Loon, 2007). 저널리즘 사회학이 전통적인 저널리즘 연구의 지평을 확장해 줄 것이라는 점을 알 수 있다.

저널리즘 사회학은 1960년대에 효과분석 중심의 커뮤니케이션 연구에서 벗어나 '뉴스는 만들어지는 것'이라는 인식이 등장하고(Reese & Ballinger, 2001), 1970년대 들어 저널리즘의 효과가 제한적이지 않다는 점을 발견하면서(Whitney & Ettema, 2003) 부각되기 시작했다. 뉴스생산이 저널리즘 구성에 중요한 의미를 가진다는 점을 포착한 것이다. 앞서 보았듯이 저널리즘 사회학은 정치경제학의 거시적 접근과 문화연구의 미시 연구가 놓치는 뉴스생산 및 뉴스조직이라는 중간지대를 개척했다. 그러나 지금까지의 저널리즘 사회학은 개별 저널리스트의 뉴스선택이라는 개인 차원의 행위와, 취재원 관행과 같은 특정 생산관행을 개별적으로 분석하는 데 그쳤다. 뉴스생산이 저널리스트 개인 차원은 물론 조직 차원, 나아가 시장에서 이루어지는 비즈니스 차원 등 다양한 수준의 다양한 요소들이 복잡하게 얽혀 통합된 하나의 프로세스라는 점을 간과했다. 뉴스생산은 생산자인 개별 저널리스트의 생산 역량에서부터, 뉴스생산을 통제하는 뉴스조직의 전략, 그리고 이들에 의해 생산되는 뉴스상품 등 다양한 요소들이 개입하는 복잡하면서도 총체적인 프로세스다. 저널리즘 사회학의 논의를 확장하기 위해서는 뉴스생산의 프로세스를 분석해야 하는 필요성이 여기에 있다.

2) 뉴스생산 프로세스의 의미

뉴스생산 프로세스에 관한 분석은 뉴스생산에 내재된 복잡성을 효율적으로 설명해 줄 수 있다. 전통적 저널리즘 연구의 개념들만으로 뉴스생산에 개입하는 이런 이질적이고 복잡한 요소들을 포괄적으로 설명하는 것은 거의 불가능하다. 특히 디지털 테크놀로지의 등장으로 기존의 이론 지평에서 보이지 않던 새로운 현상들이 나타나고 있다. 또 이런 현상들이 초래하는 변화는 점점 가속화되고 있다. 디지털 테크놀로지는 뉴스생산의 복잡성을 더욱 강화시키는데, 이에 따라 뉴스생산은 보다 역동적이고 개방적인 체제를 갖추어야 한다.

개인 저널리스트의 행위, 특히 자율성과 관련된 논의에 초점을 맞추거나 이의 한계를 극복하고자 조직 운용 차원에 주목했던 기존의 저널리즘 사회학 연구조차 이런 변화를 충분하게 분석하지 못하고 있다. 뉴스생산 프로세스에 초점을 맞춘 본 연구는 이런 지점에서 출발한다. 뉴스생산 프로세스는 일차적으로 뉴스라는 독특한 상품의 생산과정이다. 뉴스조직은 뉴스생산 프로세스를 통해 시장거래에서 우위에 설 수 있는 상품을 효율적으로 생산하고자 한다. 그러므로 뉴스생산 프로세스는 뉴스비즈니스 차원의 의미를 내포하고 있다. 뉴스조직은 뉴스생산의 효율성을 목표로 조직활동을 시간적 순차성에 맞추어 조율하고 조정한다. 이런 점에서 뉴스생산 프로세스는 조직 운용 차원과 관련 있다. 디지털 시대의 뉴스생산 프로세스는 비즈니스의 변화를 수용해야 하고, 이에 따라 조직운용 전략을 수정해야 한다. 뉴스생산 프로세스는 뉴스조직의 활동을 총체적으로 설명할 수 있는 틀이라고 할 수 있다.

이런 연구목적을 위해 본 연구는 크게 세 부분으로 나누어 논의를 전개하고자 한다. 먼저 프로세스에 관해 살펴볼 것이다. 앞서 말했듯이 프로세스는 비즈니스를 구체화하는 메커니즘이므로 이의 변화가 일어나면 프로세스는 재구성되어야 한다. 프로세스는 본질적으로 시간순차성을 중심으로 구성된다. 시간중심성이 이의 핵심이다(Langley, Smallman, Tsoukas, & Van de Ven, 2013). 시간중심성은 독립변수와 종속변수 사이의 인과관계 파악에 초점을 맞추는 분산 이론과 프로세스 이론을 구분해 주는 중요한 분석유목이다. 분산 이론은 시간을 무시하거나 단순한 지체요소로 평가함으로써 시간의 역할을 과소평가한다(Pettigrew, Woodman, & Cameron, 2001). 이와 달리 프로세스 분석은 시간중심성을 강조함으로써 변화와 되어 감(becoming)을 설명할 수 있게 된다. 그러나 시간순차성만으로는 프로세스를 완전히 설명하지 못한다. 프로세스의 시간순차성을 작동시키는 행위자나 의도, 방식 등에 대한 이해를 필요로 한다.

팬트란드(Pentland, 1999)는 프로세스를 하나의 서사로 이해하면서, 프로세스 서사는 시간순차성, 초점행위자, 관점, 평가프레임, 맥락지표 등 다양한 요소들로 구성된다는 점을 파악했다. 프로세스는 행위들에 의해 크게 영향을 받기 때문에 이는 중요한 의미를 갖는다. 뉴스생산에 개입하는 다양하고 복잡한 요소들의 상호작용과 관계들을 파악할 수 있기 때문이다. 프로세스 분석의 이론적 논의를 통해 뉴스생산이라는 일상적 생산과정을 분석하고 이의 변화, 그리고 이런 변화를 수용할 수 있는 뉴스생산 프로세스의 논리적 근거를 마련할 수 있다고 본다.

이어 뉴스 비즈니스의 변화에 대해 살펴볼 것이다. 1990년 초반에 저널리즘 분야에 등장할 당시 인터넷은 뉴스생산 도구로서의 의미를 가졌다(Garrison, 1995, 1997, 2000; Singer, 1997, 1998, 2001). 저널리스트가 새로운 테크놀로지를 어떻게 뉴스생산에 이용할 수 있는가 하는 점이 관심사였다. 그러나 10년 후인 2000년대 초반에 인터넷은 비즈니스 영역으로 들어섰다. 뉴스집적자인 포털은 새로운 뉴스유통 경로를 창출했고, 빠른 시간 안에 뉴스배포 시장을 지배했다. 급기야 전통적 뉴스조직의 지위를 단순한 뉴스콘텐츠 공급자로 격하시켰다. 포털은 물론 페이스북과 같은 소셜미디어들은 플랫폼 지배력을 기반으로 전통적 뉴스조직들에게 자신들의 폐쇄정원(*walled garden*) 안으로 들어올 것을 강요하고 있다(Pfeiffer, 2016; Piechoto, 2016). 뉴스 비즈니스의 이런 변화들을 후기산업모델(*post-industrial model*)의 관점에서 분석할 것이다.

마지막으로 앞의 내용들을 토대로 뉴스생산 프로세스를 재구성하고자 한다. 최근의 뉴스 비즈니스 변화는 플랫폼 지배력을 중심으로 진행되고 있다. 전통적 뉴스기업이 아니라 IT기업들에 의해 진행되는 이 변화는 이용자들의 뉴스접점을 확대하는 것에 초점을 맞추고 있다. 본 연구는 이런 맥락을 수용할 수 있는 뉴스생산 프로세스를 개념적 수준에서 구성하고자 한다. 뉴스소비자의 소비접점 다각화를 비롯해 플랫폼 지배 생태계가 요구하는 다양한 뉴스 비즈니스 요소들과 소셜미디어 성장에 따른 뉴스생산의 개방성 등을 포괄할 수 있는 뉴스생산 프로세스를 구성할 것이다.

2. 프로세스의 구성

1) 프로세스 분석의 의미

뉴스생산 전략을 수행하기 위해 뉴스조직은 전략에 적합한 뉴스생산 프로세스를 구성해야 한다. 뉴스생산 프로세스는 하나의 프로젝트를 추진하는 과정이라고 할 수 있다. 단순히 뉴스상품을 생산하는 물리적 과정만 의미하는 것이 아니다. 뉴스조직 구성원들이 원재료를 보다 가치가 높은 상품이나 서비스로 전환하기 위해 적용하는 의사결정, 조직 커뮤니케이션, 조직 내 조정과 상호작용 패턴까지 포함한다(Christensen et al., 2012). 따라서 뉴스생산 프로세스는 뉴스조직 구성원들이 반복적이며 일정하게, 지속적으로 과업을 수행하도록 만들어져야 한다. 뉴스를 생산한다는 것은 뉴스 비즈니스 목적을 실현하기 위해 미리 설계된 프로세스에 따라 활동한다는 것을 의미한다.

프로세스 이론의 주창자 중 한 사람인 모(Mohr, 1982)는 사회현상, 특히 변화현상을 과학적으로 설명하는 주요 방법론으로 분산 이론과 프로세스 이론을 들었다. 그에 의하면, 분산 이론은 특정 종속변수가 특정 독립변수의 영향에 따라 나타나는 결과의 분산 정도로 변화현상을 설명하려고 한다. 그러나 프로세스 이론은 장기간에 걸쳐 순차적으로 일련의 사건들이 일어나는 것을 표현함으로써 시간의 흐름에 따라 나타나는 변화를 설명하려고 한다. 따라서 분산 이론의 핵심요소는 변수들이지만, 프로세스 이론의 핵심은 사건들이다.

양자의 차이를 좀더 살펴보자. 분산 이론은 변수 사이의 인과관계를 설명하려고 하는데, 이때 전조변수는 결과에 대해 필요충분조건이 되지

302

만, 프로세스 이론에서는 단지 충분조건일 뿐이다(Ledford, 1985). 즉, 프로세스 이론에서 결과는 불가피하게 전조변수를 함의하지만 그 반대는 진실이 아니라는 것이다. 이런 점에서 모(Mohr, 1982)는 분산 이론은 푸시형 인과관계(*push-type causality*), 프로세스 이론은 풀형 인과관계(*pull-type causality*)라고 지적했다. 그런가 하면 애보트(Abott, 1992)는 변수 사이의 필요충분조건이 성립되지 않으므로 프로세스 이론은 변수관계를 따지는 이론이 아니라고 보았다. 프로세스에서는 특정 독립변수에 따라 동일한 결과가 항상 나타나는 것이 아니라는 것이다. 때문에 현상을 설명하기 위해서는 프로세스를 따라 전체 데이터를 추적하면서 해석학적으로 접근해야 한다(Markus & Robey, 1988).

그런가 하면 팬트란드(Pentland, 1999)는 무엇이 현상과 변화의 선행조건이고 무엇이 결과인가에 초점을 맞추는 분산 이론은 표층구조의 묘사에 그치기 때문에 현상의 심층구조를 이해하기 위해서는 프로세스 이론이 필요하다고 지적했다. 심층구조를 파악하자면 왜, 어떻게 등의 질문이 필요한데, 이는 분산 이론에서는 불가능하며 프로세스 이론에서 가능하다는 것이다.

이런 논의들은 현상, 특히 과정적 현상을 제대로 설명하자면 변수들 사이의 인과관계보다 이런 관계가 어떤 프로세스를 거쳐 형성되는가를 살펴보는 것이 중요하다는 것을 보여 준다. 즉, '무엇이 변화의 선행조건인가'라는 질문을 '어떻게 변화가 창발하고 발전하고 성장하고 소멸하는가'라는 식의 질문으로 수정해야 한다(Robey & Bourdeau, 2000). 프로세스 이론은 변수들 사이의 관계가 형성되는 메커니즘을 설명하고자 하는 이론이라고 할 수 있는 것이다. 반 데 벤과 풀(Van de Ven & Poole, 1995)은 이런 메커니즘을 '생성 메커니즘'(*generative mechanism*)이라고 부르면서, 구체적인 메커니즘으로 목적론적 메커니즘, 생애주기론적 메커니즘, 변증법적 메커니즘, 진화론적 메커니즘 등을 제시했다.

프로세스의 가장 기본적인 속성은 시간성, 또는 시간순차성이다. 분산 이론은 시간을 무시하는 정태적인 접근을 한다. 연속적인 시간의 흐름에 대한 이해가 없거나 그 의미를 축소해서 이해하는 경향이 있다(Pettigrew, Woodman, & Cameron, 2001). 시간을 이처럼 다룸으로써 분산 이론은 조직의 생애와 같은 장기적 변화를 설명하는 분석에서는 효율성이 떨어질 수밖에 없다(Langley et al., 2013). 나아가 변수들 사이의 관계를 형성하는 프로세스의 메커니즘을 제대로 설명해 낼 수 없게 된다. 이에 반해 프로세스 분석은 시간의 흐름에 따른 변화를 파악하기 위해 종단적 접근을 한다(Markus & Robey, 1988). 시간흐름을 통해 일어나는 변화를 분석의 대상으로 삼는다(Langley et al., 2013). 기업혁신(Pelz, 1985; Van de Ven, Angle, & Poole, 1989), 전략의 변화 또는 변화전략(Van de Ven, 1992) 등에 관한 분석들이 프로세스 이론을 적용하는 경우가 많은 것은 이런 이유에서다. 프로세스 분석을 통해 예외적인 결과로 연결되는 특정한 순간, 특정한 사건, 특정한 이슈 등의 의미에 초점을 맞출 수 있는 것이다. 크로스톤(Crowston, 2003)의 지적처럼 조직 변화를 받아들일 수밖에 없도록 만드는 예외적인 사건이나 예상치 못한 결과를 낳는 독특한 프로세스에 대한 분석이 프로세스 연구자들의 주된 관심사다.

2) 일상적 생산 프로세스

프로세스는 예외적 변화를 초래하는 과정에서만 일어나는 것은 아니다. 일상적 생산활동에도 프로세스는 존재한다(Crowston, 1997). 기업조직이 상품과 서비스를 생산하기 위해 일상적, 정기적, 반복적으로 수행하는 생산과정 역시 프로세스의 속성을 갖고 있다. 원재료 투입에서 최종 상품 생산으로 이어지는 생산 프로세스 역시 일종의 변화과정이다. 취재기자가 사건현장에서 수집한 사실정보들이 편집과정을 거쳐 최종 뉴스로 만들어지는 과정을 프로세스 분석을 통해 이해할 수 있다.

이런 일상적 생산 프로세스에 대한 분석에서는 변화뿐만 아니라 프로세스가 진행되는 과정에 개입하는 다양한 개입요소들 사이의 상호작용도 중요한 분석대상이다. 애보트(Abbott, 1992, p. 428)는 프로세스를 "사회현실이 제약적인 동시에 촉진적인 구조 안에 존재하는 행위들이 순서대로 일어나는 것"이라고 정의했다. 또 반 데 벤(Van de Ven, 1992)은 프로세스는 일들이 시간경과에 따라 어떻게 변하는지를 드러내는 사건과 행동들의 순서를 의미한다고 지적했다. 프로세스가 일어나는 과정에 개입하는 행위요소들과 이런 행위들과 조직의 구조적 요소 사이의 상호작용이 분석의 핵심이라는 것이다.

이런 맥락에서 크로스톤(Crowston, 2003)은 프로세스 분석은 생산 프로세스가 진행되는 과정에 나타나는 조직구성원의 개별적 행위들과 조직 차원의 현상들 사이의 연관성과 이들이 상호작용할 수 있는 환경에 대해서도 설명력을 제공하는 장점이 있다고 지적했다. 카플란(Kaplan, 1991)도 프로세스 분석은 변화의 설명이나 예측, 관리뿐만 아니라 프로세스 내부의 다양한 행위요소들 사이의 복잡한 상호작용 관계도 설명해 줄 수 있다고 파악했다.

　일상적 생산활동을 대상으로 하는 프로세스 분석은 시간의 흐름에 따라 이루어지는 생산활동의 순차성에 우선 초점을 맞춘다. 어떤 단계들이 상호연관성을 가지고 이어지는가를 파악해야 한다. 모(Mohr, 1982)는 조직연구에서의 프로세스 분석은 생산행위의 결과가 과업이 진행되는 순서와 어떤 연관성을 갖고 있으며, 또 순서에 따라 어떻게 발전되어 가는가를 살펴야 한다고 강조했다. 이 말은 곧 일상적 생산 프로세스는 생산단계들의 순차성이 안정화될 때 비로소 의미를 확보할 수 있다는 것을 의미한다. 이렇게 될 때 프로세스는 지속성을 갖게 된다.

　레드포드(Ledford, 1984)는 지속성이란 변화와 관련된 행위들의 진행 사이클이 안정적인 형태로 반복되는 것이라고 정의하면서 계획된 변화의 진행과정에 나타나는 특정한 단계들을 통해 지속성을 파악할 수 있다고 지적했다. 그는 또 프로세스를 구성하는 다양한 단계들이 더 이상 수정되지 않는 지점에서부터 지속성이 시작된다고 파악했다. 이는 지속성이 하나의 패턴으로 제도화될 때 안정화된다는 지적과 같은 의미이다(Goodman & dean, 1982).

　일단 지속성이 이루어지면 변화와 관련된 단계들은 안정적으로 정기적 반복을 한다. 지속성은 일정하게 반복적으로 나타나는 변화가 제도적으로 정착된 것을 말한다. 이런 점에서 뉴스생산 프로세스는 수집된 사실정보들을 완성뉴스로 변형하기 위해 생산단계들이 안정적, 정기적, 반복적, 지속적인 패턴을 갖는 것이라고 정의할 수 있다.

　크로스톤(Crowston, 2000)은 프로세스 분석을 최종 결과물 생산을 향해 진행되는 연속적인 조직행위들에 관한 분석이라고 지적했는데, 이는 지속성을 작동시키는 행위들이 중요한 분석대상이라는 점을 강조한 것이다. 생산단계들은 서로 분리되어 진행되는데, 생산단계와 이에 속하는 행위들의 관계는 안정적이며 다른 단계의 행위와 구분된다(Van de Ven, 1992). 그러나 서로 다른 단계들 사이의 구분도 관행에 의해 조정되면서 전체 프로세스는 유기적으로 연결되고 이를 바탕으로 안정성을 가질 수 있게 된다.

그러나 일상적 생산 프로세스 분석의 초점을 지속성, 안정성, 제도화에만 맞추는 것은 문제가 있다. 반 데 벤(Van de Ven, 1992)은 프로세스 순차성에 대한 분석은 각 단계가 사전에 규정된 순서에 따라 진행되면서 뒤에 이어지는 단계들을 고정한다는 전제를 갖고 있다고 지적했다. 이는 프로세스의 불변성을 가정하는 것이나 마찬가지라고 보았다. 그러나 실제에 있어 프로세스에 개입하는 행위들은 프로세스 각 단계 안에서는 항상 유동적이다. 때문에 살란치크와 레블레비치(Salancik & Leblebici, 1988)는 프로세스 분석에서 이런 행위들이 어떤 방향성을 갖는지, 어떻게 힘을 얻어 유지되는지, 또는 이 행위들이 왜 중단되는지를 분석하는 것이 중요하다고 강조했다. 행위의 작용이 중요하다는 인식은 특정 프로세스에서 제약된 특정 행위요소를 재배치하면 새로운 프로세스를 구성할 수 있다는 인식으로 이어진다(Malone et al., 1999; Salancik & Leblebici, 1988).

그런가 하면 프로세스를 단순한 순차성으로만 이해할 경우 순차성에 내재된 심층 의미를 파악하는 데 실패할 수 있다. 팬트란드(Pentland, 1999)의 지적처럼 시간적 순차성에 초점을 맞추면 이런 순서를 만들어 내는 요소들의 의미는 사장되어 버리는 교환관계가 일어난다. 말하자면 프로세스를 구성하는 자원과 행위 사이의 상호의존성과 같은 프로세스에 내재된 역동적 현상들을 설명하기 어려워진다는 것이다(Crowston,

2000; Malone & Crowston, 1994; Malone et al., 1999).

이런 맥락에서 팬트란드(Pentland, 1999)는 프로세스와 같이 시간의 흐름에 따라 변하는 것을 가장 효율적으로 표현해 주는 것이 서사(narrative)라고 보고, 서사 분석의 주요 구성요소인 순차구조, 주요 행위자, 이들의 관점이나 이들 사이의 관계, 문화적 가치와 가정 등의 평가 프레임, 프로세스의 안정성을 판단할 수 있는 지표 등을 프로세스 분석에 적용할 수 있다고 보았다. 이런 요소들은 행위요소들의 분석에 유용하게 적용할 수 있는 개념들이라고 할 수 있다.

이처럼 일상적 생산 프로세스는 프로세스의 구조와 프로세스를 이끌어 가는 행위들로 구성된다. 구조는 프로세스의 생산단계를 의미한다고 할 수 있다. 행위는 이 단계들이 배타적 성격을 구성할 수 있도록 해주며, 프로세스가 순차성을 가질 수 있도록 다음 단계로 이전하게 해주는 요소들이다. 주요 행위자와 이들의 관점, 이들 사이의 관계 등을 행위요소로 들 수 있다. 각 단계는 행위요소들의 작용에 따라 방향성을 가지며, 생산단계와 행위요소의 수정과 재배치를 통해 프로세스를 재구성할 수 있다. 이런 점에서 프로세스 분석을 통해 뉴스생산의 구조와 행위를 중심으로 뉴스생산 프로세스를 효율적으로 재구성할 수 있다고 본다.

그러나 이 연구는 뉴스조직의 생산 프로세스 재구성을 위해서는 구조와 행위를 연결하는 매개요소가 필요하다고 본다. 뉴스생산 프로세스 재구성의 목적은 디지털 환경에서 뉴스소비자가 필요로 하는 새로운 상품을 생산하는 데 있다. 새로운 뉴스상품은 뉴스생산자를 비롯한 뉴스생산 관련 행위요소들이 각 생산단계에서 어떤 방향성을 갖고 어떤 발전을 지향하는지를 가늠하는 잣대라고 할 수 있다. 구조요소로서의 생산단계는 상품의 변형과정을 구조화한다고 할 수 있고, 행위요소 역시 생산의 대상인 상품을 전제로 생산단계에 개입하기 때문이다. 이런 점에서 뉴스생산 프로세스의 재구성은 구조요소인 생산단계, 행위요소인 뉴스생산 행위, 이들의 매개요소인 뉴스상품 특성 등을 중심으로 접근하는 것이 타당하다고 본다.

이런 논의들을 종합하면, 뉴스생산 프로세스의 재구성은 '새로운 뉴스상품을 생산하기 위해 지속적 패턴을 갖는 생산단계와 이에 개입하는 행위요소들을 수정하고 이를 생산단계에 재배치함으로써 프로세스를 재구성하는 것'이라고 정의할 수 있다.

3. 디지털 환경의 뉴스 비즈니스

1) 뉴스 비즈니스 후기산업모델의 등장

근대 뉴스산업은 산업모델(*industrial model*)의 성격을 띠고 있다(Starr, 2009). 신문산업은 높은 고정투자, 설비 중심의 자산구성으로 높은 진입장벽을 세우고 매출을 확보한다. 신문을 인쇄하는 데 적용되는 복잡한 인쇄기술과 정보생산에 들어가는 엄청난 생산비로 진입장벽을 형성하면서 이를 근거로 수익을 올렸다(Shirky, 2009). 동시에 시장에서 저생산 저공급되는 대표적인 공공재로서 18세기에서 19세기 초반까지 다양한 형태의 정부 또는 정파의 보조를 받으면서 공급되었다. 이런 산업모델의 뉴스 비즈니스가 변하고 있다.

도크 설즈(Doc Searls)는 생산기계 중심의 규범으로 조직되는 뉴스생산 방식이 더 이상 유효하지 않은 저널리즘, 즉 후기산업모델(*post-industrial model*)의 저널리즘이 등장하고 있다고 주장했다(Anderson et al., 2012). 뉴스조직, 저널리스트 등 생산 중심의 저널리즘, 생산 지향적인 산업모델 저널리즘과 달리 이는 생산시설이나 생산시스템의 중력에서 벗어난다. 보다 본질적인 차이는 재원확보 메커니즘이다. 19세기 중반 페니 프레스의 등장 이후 뉴스조직들은 광고라는 독특한 메커니즘을 통해 재원보조를 받았다. 역사적으로 신문은 직접소비자인 독자로부터 이윤은 물론 생산비용을 회수한 적이 없다. 대신 독자를 광고주에게 재판매하는 광고 메커니즘을 통해 보조를 받았다(Starr, 2009).

후기산업모델은 광고보조 메커니즘의 붕괴와 밀접한 연관성이 있다. 앤더슨 등(Anderson et al., 2012)은 인터넷, 소셜미디어 등 디지털 테크놀로지의 등장에 따른 산업모델의 붕괴현상을 다음과 같이 진단했다. 먼저, 전통적 뉴스 비즈니스는 뉴스정보 수집−번들링 가공−배포전달 과정을 수직적으로 통합하면서 전달단계에서 창출되는 광고보조를 향유했는데, 인터넷이 이런 수직적 통합을 붕괴시키고 있다. 뉴스소비자들은 뉴스상품 소비의 대가를 뉴스조직이 아니라 통신망이나 디스플레이, 포털 등의 콘텐츠를 소비할 수 있는 기반시설에 대해 지불한다. 문제는 이들 하부구조들은 소비자들에게 무료로 뉴스콘텐츠를 제공한다는 것이다. 뉴스상품의 매출은 뉴스정보 수집이나 가공 단계가 아니라 가치사슬의 최종 단계인 배포 및 소매 단계에서 창출되는데, 뉴스조직은 이 단계에서 소외되어 버린 것이다.

둘째, 다영역 상품(*multiple dimension product*)인 뉴스상품의 특성을 구성하는 수평적 통합 역시 붕괴되고 있다. 수평적 통합은 다양한 정보들을 묶어 스토리로 구성하고 다수의 스토리들을 번들링해서 완성상품으로 구성하는 것을 말한다. 뉴스상품의 관습적 소비는 이런 수평적 통합의 결과물을 장기간에 걸쳐 형성된 습관으로 그대로 받아들인다는 것을 의미한다(Picard, 2006). 한데 모아 놓음으로써 소비자들이 일일이 뉴스를 찾아다니지 않아도 된다는 점이 관습적 소비를 강화했다. 그러나 모든 것들이 링크되는 인터넷 환경에서 소비자들은 원하는 것을 쉽게 찾아내면서 뉴스조직의 수평적 통합을 우회해 언번들링 뉴스를 소비한다. 포털을 통한 뉴스 소비가 바로 그것이다.

셋째, 소셜미디어의 영향은 광고 메커니즘을 바꾸어 놓는다. 소셜미디어 광고는 콘텐츠와의 관련성이 희박하다. 소셜미디어에 모이는 소비자들은 콘텐츠 가치보다 사람들과의 관계, 즉 사람들이 '모인다'는 점에 더 주목한다. 전통적 광고는 콘텐츠에 구속된 소비자를 겨냥하므로 콘텐츠를 전제로 하지만, 소셜미디어 광고는 모이는 사람들이 핵심이다. 사실 트위터의 콘텐츠 생산비는 거의 제로에 가깝다. 콘텐츠 생산자인 뉴스조직의 입지는 축소될 수밖에 없다.

넷째, 아마존과 같은 소비자 추천에 근거한 거래방식의 등장도 중요하다. 추천은 B2B, B2C 등의 광고를 끌어들인다. 소셜미디어 광고의 경우 콘텐츠 연관성이 전혀 없지는 않지만, 여기서의 광고는 오리지널 콘텐츠와 전혀 관계없다. 소비자들의 추천에 근거한 거래를 둘러싸고 광고시장이 형성됨으로써 콘텐츠 생산자에 대한 보조로서의 광고 메커니즘은 아예 들어설 수 없는 구조다.

이런 변화는 뉴스조직의 생산 기반을 무력화함과 동시에 비즈니스 기반을 무너뜨린다. 가장 큰 영향력은 뉴스 비즈니스 전 과정을 지배하는 IT 플랫폼에서 비롯된다. 후기산업모델은 뉴스생산 플랫폼에서부터 뉴스소비 플랫폼에 이르는 전 과정에 걸쳐 뉴스생산자는 소외되고 플랫폼이 비즈니스를 통제하는 플랫폼 중심의 비즈니스 모델이다. 2015년부터 시작된 최근의 변화는 이런 추세를 극대화하고 있다. 페이스북, 트위터 등의 소셜미디어들이 뉴스콘텐츠 배포의 지배력을 보다 강화하려하는 이른바 분산콘텐츠(*distributed contents*) 현상이다. 트위터가 제시한 이 개념은 '플랫폼 출판'(*platform publishing*) 이라는 이름으로 불리기도 한다(Pfeiffer, 2016). 분산콘텐츠는 뉴스콘텐츠가 생산자의 손을 떠나 다양한 유형의 플랫폼을 통해 분산 배포되어 소비자에게 전달되는 것을 말한다. 뉴스생산자가 배포권을 플랫폼에게 넘겨주는 것이다 (Pfeiffer, 2016; Piechoto, 2016). 이전에도 뉴스생산자는 뉴스콘텐츠를 포털에게 제공했지만, 지금은 인링크 방식을 강화해 플랫폼에서의 뉴스 표출과 관련된 모든 통제권을 플랫폼으로 완전하게 이양한다.

2) 뉴스 소비자의 변화

플랫폼 지배의 뉴스 비즈니스는 유동성이 커서 불확실성이 점점 커지고 있다. 이런 불확실성의 또 다른 원인은 소비의 불확실성이다. 뉴스생산자나 배포자인 플랫폼은 테크놀로지 발전과 연관해 비교적 예측 가능하지만, 소비행태는 상대적으로 예측 가능성이 더 낮다. 뉴스상품은 경험재로서 소비자의 주관적 경험에 의해 가치를 평가받기 때문이다(Caves, 2000; Chan-Olmsted, 2006; Picard, 2006; Reca, 2006). 뉴스소비자는 질 높은 뉴스 정보임에도 이를 무시해 버리는 합리적 무시(*rational ignorance*)를 행하는 존재이기도 하다(Downs, 1957). 더욱 심각한 문제는 뉴스생산자의 창의노동에 따른 생산의 불가측성과 소비자의 소비변덕에 의한 소비불가측성이 동시에 형성되는 대칭적 무시(*symmetric ignorance*)가 초래되는 상품이기도 하다는 것이다(Caves, 2000; Picard, 2005).

이처럼 뉴스소비의 불확실성은 본질적인 것이기도 하지만, 소셜미디어 발전과 같은 디지털 테크놀로지의 발전은 이를 보다 강화한다. 존슨과 데이비스(Johnson & Davis, 2015), 앤서니(Anthony, 2016) 등이 지적한 것처럼, 불확실 환경에서 뉴스조직이 초점을 맞추어야 할 대상은 뉴스상품이나 생산자가 아니라 소비자의 변화다. 이런 점에서 크리스텐슨 등(Christensen et al., 2012)은 뉴스조직이 소비자들이 가치를 부여하는 것, 즉 소비자가 해결해야만 하는 과제(*jobs-to-be-done*)가 무엇인가를 이해하는 것이 무엇보다 중요하다고 지적했다.

통상 뉴스소비자는 뉴스를 관습적으로 소비한다. 피카르드(Picard, 2005)는 뉴스상품을 지속적 창의상품(*continuous creation product*)이라고 분석했다. 이는 뉴스조직이 차별적 정체성을 드러내기 위해 종합지, 경제전문지의 편집전략 등의 개념을 중심으로(concept-driven) 생산하는 상품을 말한다. 지속적 정체성이 브랜드를 만드는데, 이것이 관습적 뉴스소비의 바탕이 되는 것이다. 그러나 개별 콘텐츠는 패키징을 통해 변화를 창출하고자 한다. 즉 카피 차원의 창의성을 추구하는 것이다. 잡지, 신문, 텔레비전 시리즈물이나 뉴스 등 정기성을 띠는 미디어 상품들이 이에 해당한다.

관습적 뉴스소비는 소비자의 충성도 때문에 가능하다. 위엔호벤(Wijnhoven, 2001)은 뉴스상품과 같은 정보재화는 생산자가 상품에 부여하고자 하는 의미와 소비자가 이해하는 의미가 서로 일치하기 어려워 의미일치성이 낮을 수밖에 없다고 주장했다. 또 정보필요성에 대한 공급의도와 수요의도가 일치하지 않는 상품이라고 지적했다. 이런 비일치성은 상품에 대한 소비자 필요성의 명확도는 낮고 이 때문에 필요성 자체에 대한 정의가 불완전하고 애매하기 때문에 일어난다. 뉴스소비자가 알아야 하는 것과 알고 싶어 하는 것 사이에 괴리가 있다는 해밀턴(Hamilton, 2004)의 진단 역시 뉴스상품이 본질적으로 낮은 의미일치성을 갖고 있다는 것을 지적한 것이다. 달리 말해 뉴스의 관습적 소비는 소비자들이 특별한 정보수요를 갖지 않은 상태에서 의미일치성이 낮은 소비를 지속적으로 행하는 것을 말한다. 관습적 뉴스소비를 통해 의미일치성의 한계를 극복하기 때문에 소비자 충성도가 구축되는 것이다.

앤더슨 등(Anderson et al., 2012)은 그러나 디지털 상황에서는 이런 논리의 유효성이 떨어진다고 주장했다. 이들은 뉴스에 대한 관습적 소비는 소비자 충성도가 아니라 사실은 소비자의 게으름 때문에 일어나는 것이라고 반박했다. 디지털 환경에서는 누구나 쉽게 자신이 원하는 정보를 구할 수 있다. 번들링해서 주어진 대충 수준의(good-enough) 뉴스를 읽는 것은 원하는 기사를 능동적으로 찾아 읽기가 귀찮은 게으름 때문이라는 지적이다. 관습적 소비의 논리에 바탕을 둔 뉴스소비자 인식으로는 디지털 상황의 소비자 변화에 제대로 대처하기 어렵다는 것을 보여 준다.

크리스텐슨 등(Christensen et al., 2012)도 뉴스소비자에 대한 전통적 전제는 잘못된 것이라고 지적했다. 대부분 뉴스조직들의 소비자 전략은 인구학적 속성, 가격 전략, 배포플랫폼 지배력 등을 전제로 한다. 말하자면 산업모델 환경에서 효율적으로 적용될 수 있는 논리들이다. 이 논리들은 소비자를 수동적 객체로 놓고 뉴스조직의 전략이 비즈니스를 주도한다고 본다. 뉴스소비자들의 보편적 관심사에 초점을 둔 종합지적 뉴스에 대한 수요가 있다고 보는 것은 이런 전제의 산물이다.

일반적 관심사 뉴스나 속보는 누가, 언제, 무엇을, 어디서 등에 관한 정보를 제공하는 것으로서 보통재(*commodity*)의 정보재화에 속한다. 그러나 디지털 환경에서 이런 전제들은 점점 변하고 있다. 뉴스생산과 함께 뉴스소비도 늘어나고 있다. 검색엔진, 포털을 통한 뉴스집적 서비스, 블로그, 소셜미디어 등 모든 미디어들은 소비자들이 뉴스를 생산하고 또 소비할 수 있는 플랫폼으로 기능한다. 뉴스는 어디서든 생산되고 소비되기 때문에 무료공급이 늘어날 수밖에 없다.

크리스텐슨 등(Christensen et al., 2012)은 뉴스의 폭증은 전통적 뉴스조직이 생산하는 일반적 관심사 뉴스의 상품가치를 떨어뜨린다고 지적했다. 때문에 일반적 관심사를 다루는 뉴스는 생산비용보다 그 가치가 더 낮아질 수밖에 없다고 보았다.

이런 논의를 통해 보통재 성격의 일반적 관심사 뉴스는 소비자들의 상황적, 맥락적 소비행태를 간과하고 있다는 점을 추론할 수 있다. 소비자가 딱히 해결해야 하는 문제가 없는 상황에서는 관습적 소비가 효력을 발휘하지만, 일단 문제에 부딪치면 해결책을 찾아 나서야 하기 때문에 자신의 필요성에 부합하는 내용을 찾는 맥락적 소비를 하게 된다. 디지털 환경은 보다 쉽게 맥락적 소비를 행할 수 있게 해준다. 관습적 소비에서 맥락적 소비로의 변화는 소비자가 특정한 상황에서 특정한 문제의 해결을 위해 뉴스를 찾아 나서는 뉴스소비의 개별성과 유동성이 커질 수밖에 없다는 것을 보여 준다.

관습적 소비와 맥락적 소비의 비교는 뉴스콘텐츠의 일반적 관심사 뉴스와 전문적 뉴스의 논의로 연결된다. 관습적 소비는 모든 이슈들을 뉴스화함으로써 촉진할 수 있지만, 맥락적 소비를 충족하자면 특정한 이슈에 대한 심층적이고 전문적인 해결책 제시를 담아야 하다. 위엔호벤(Wijnhoven, 2001)의 논의처럼 뉴스상품에 대한 정보필요성을 높이기 위해서는 뉴스소비자와 뉴스콘텐츠 사이의 의미일치성을 강화해야 하기 때문이다. 이를 위해 맥락(context)과 검증(verification)을 제공하는 것이 중요하다. 어떻게, 왜, 무엇에 관한 정보가 필요하다. 다시 말해 소비자의 개인적 이해관계의 수준, 즉 소비필요성의 명확도가 높고, 이에 대해 생산자가 뉴스상품의 의미일치성이 높은 뉴스를 제공할수록 맥락적 뉴스소비 가치는 높아진다.

대규모 소비자를 거래조건으로 하는 전통적인 광고보조 메커니즘에 부합하기 위해 뉴스조직은 소비자보다 광고주의 필요성을 우선했다. 소비자를 광고주에게 판매하는 대상으로 여겼다. 그러나 디지털 생태계에서 광고보조 메커니즘이 붕괴하면서 소비자는 뉴스조직이 가장 직접적으로 관계해야 하는 대상이 되었다. 롱테일의 논리는 이런 변화를 설명해 준다. 롱테일은 낮은 수준의 상품수요를 충족한다. 이는 미시분할적인 소비자 전략이 중요하다는 것을 의미한다(Aris & Bughin, 2009). 소비자는 더 이상 비즈니스의 간접대상이 아닌 것이다. 따라서 소비자를 얼마나 제대로 파악하고 있느냐가 관건이다. 소비자의 디테일한 개인정보를 가진 페이스북과 같은 소셜미디어가 뉴스 비즈니스에서 우위를 차지할 수 있는 근거가 여기에 있다.

뉴스소비자의 맥락적 소비는 구체적으로 기능혜택, 과정혜택, 감정혜택, 자기표현혜택, 관계혜택 등을 충족해 줄 때 이루어진다. 아리스와 버긴(Aris & Bughin, 2009)은 이런 혜택을 다음과 같이 설명했다. 기능혜택은 뉴스상품의 본질적 속성이 제공하는 혜택이다. 과정혜택은 뉴스상품 정보에 대한 접근이나 상품선택의 폭, 상품구매 의사결정의 단순성, 거래편의 등 상품소비를 위한 접근의 혜택을 말한다. 관계혜택은 소비자가 생산자와 상호작용을 통해 소비에 대한 감정적 관련성을 가질수 있을 때 형성된다.

피카르드(Picard, 2006, 2009)도 비슷한 맥락에서 뉴스의 혜택을 구분했다. 기능혜택은 유용한 정보나 아이디어를 제공하는 것을 말한다. 감정혜택은 소속감, 공동체 정서, 재확인, 안전함, 도피감 등을 제공하는 것이다. 그리고 자기표현혜택은 뉴스가 자신들의 생각을 대신해 표출하여 기능하는 것이다. 감정혜택이나 자기표현혜택은 소비자의 주관적 인식, 개별적 상황과 관련 있다는 점에서 관계혜택과 유사하다고 하겠다.

정리하면, 뉴스소비자의 맥락적 소비는 객관적 이용가치를 제공하는 기능혜택, 뉴스소비 과정의 접근가치를 제공해 주는 접근혜택, 개인적 이해관계가치로서의 관계혜택 등을 추구하는 소비라고 할 수 있을 것이다. 뉴스조직은 기능혜택, 접근혜택, 관계혜택에 초점을 맞추어 뉴스를 생산해야 하는 것이다.

3) 맥락적 관계혜택을 위한 뉴스소비 대응전략

뉴스소비자의 맥락적 소비를 위한 뉴스조직의 전략적 대응은 크게 두 가지로 나눌 수 있다. 하나는 브랜드전략이고, 다른 하나는 맞춤전략이다. 브랜드전략은 브랜드를 기반으로 고객 포박성을 형성해 뉴스소비를 촉발하는 전략이다(Andjelic, 2008). 고품질 뉴스에 대한 이용자의 적극적 관여, 뉴스 거래과정에 대한 생산자의 관리장치, 소비자 집단 차원의 공통인식 등이 고객 포박성을 만들어 낸다. 뉴스소비의 고객 포박성은 뉴스소비가 브랜드에 근거한 관습적 소비의 성향이 강하기 때문에 가능하다(Picard, 2005; Wijnhoven, 2001). 뉴스조직마다 가진 독특하고 차별적인 뉴스생산 방식이나 태도, 그리고 뉴스생산자가 이런 방식을 지속적으로 유지하고 관리할 것이라는 소비자의 신뢰가 관습적 소비를 이끌어 낸다. 그러나 고객 포박성이 소비자를 수동적 존재로 만드는 것은 아니다. 뉴스에 대한 적극적 관여와, 생산자가 개입하지 않은 상태에서의 소비자들끼리의 공동 경험과 인식을 구성한다는 것은 소비자의 개별적 맥락이 소비에 반영된다는 것을 의미한다.

맞춤전략은 또 다른 차원에서의 맥락적 소비를 위한 전략이다. 이는 소비자의 소비행태, 즉 소비평가, 페이지뷰, 구매규모 등의 소비 관련 데이터와 선호도에 기반해서 콘텐츠를 구성하는 것을 말한다. 안디예릭(Andjelic, 2008)에 의하면 맞춤생산에서는 특히 협력적 필터링(*collaborative filtering*)이 중요하다. 협력적 필터링이란 특정 소비자의 개인 선호도를 유사한 성격의 소비자 집단의 선호도와 결합하는 것을 말한다. 협력적 필터링을 통해 소비자에게 보다 자기 관련성이 높은 콘텐츠를 공급할 수 있다. 예를 들어, 어떤 이슈에 있어 과거에 동의했던 사람들은 미래에도 동의할 가능성이 높다. 같은 방식으로 과거의 소비행태에 근거해 미래의 소비를 예측할 수 있다. 이런 소비행위에 관한 정보들을 바탕으로 소비자가 필요로 하는 상품을 차별화해서 제공하는 것을 고도화한 것이 맞춤전략이다(Andjelic, 2008). 이렇게 함으로써 맞춤전략은 높은 수준의 소비자 개입을 끌어낼 수 있는데, 이는 소비자가 자신의 주관적 맥락을 소비에 투영할 수 있다는 것을 의미한다.

맞춤전략과 브랜드전략의 차이는 소비자의 개별적 맥락에 부합할 수 있는 소비혜택을 구성하는 방식에 있다고 할 수 있다. 맞춤전략은 수용자들의 속성에 맞추어 콘텐츠를 조직화하고 이를 스스로 고르도록 해준다. 이런 점에서 풀(pull) 방식이라고 할 수 있다. 이에 비해 브랜드전략은 푸시(push) 방식으로서 소비자의 브랜드에 대한 신뢰에 근거해 조직이 수용자를 위해 직접 상품을 조직화한다.

전통적 뉴스생산은 철저하게 푸시 방식의 브랜드 전략에 초점을 맞춘다. 디지털 환경에서도 이런 전략은 여전히 유효하다. 〈댈러스 모닝 뉴스〉(Dallas Morning News)의 PICA(Perspective Interpretation Context Analysis) 모델이 그런 예다. 이는 불특정 다수를 상대로 하는 일반적 관심사의 뉴스가 한계를 갖고 있다는 인식에서 만들어진 것이다. 이 신문의 발행인인 짐 모로니(Jim Moroney)는 뉴스산업은 더 이상 대규모 소비자들을 대상으로 하는 보통재 뉴스로는 감당할 수 없는 상황이라고 말했다 (Hermida, 2012). 대신 대규모의 지적 수용자(mass intelligent audiences)를 대상으로 해야 한다고 지적했다. 대규모 지적 소비자란 엘리트 계층만을 한정하는 것이 아니라 자신을 둘러싼 세계에 대해 관심을 가진 똑똑한 수용자(smart audiences)를 포괄하는 개념이다. 이들은 지적인 뉴스를 소비하는 소비자라고 보았다. 맥락적 뉴스소비의 논리와 같은 의미이다. 주목할 것은 〈댈러스 모닝 뉴스〉는 이런 소비자들은 단순히 뉴스를 소비하는 데 그치지 않고 뉴스나 정보들을 큐레이팅하고 집적하는 데도 관심이 있을 정도로 똑똑한 소비자들이라고 본 점이다. 때문에 이들을 시장으로 삼는 전략은 현실성이 있다는 것이다.

〈댈러스 모닝 뉴스〉는 이런 소비자들의 수요를 충족하기 위해 관련성(*relevance*)과 차별성(*differentiation*)을 제공하는 것이 중요하다고 보았다. PICA는 이를 위한 생산모델로서, 모든 뉴스는 관점(*perspective*), 해석(*interpretation*), 맥락(*context*), 분석(*analysis*)을 제시해야 한다고 판단했다. 이슈에 대한 소비자의 맥락적 연관성을 구성하기 위한 것들이다. PICA는 뉴스조직 중심의 푸시 방식 접근이지만, 이를 제대로 수행할 수 있는 뉴스조직의 생산수준과 이에 대한 소비자의 신뢰가 결합될 경우 디지털 환경에서도 비즈니스 유효성을 갖는다는 것을 보여 준다.

그런가 하면 전통적 뉴스생산체제로도 맞춤뉴스 전략을 추진할 수 있다. 〈블룸버그〉(*Bloomberg*)의 '블룸버그 정부'(*Bloomberg Government*: BGOV) 서비스가 그런 예다. 이는 원래 블룸버그가 서비스하던 금융데이터 서비스에서 파생된 것으로서, 원리는 거의 같다. 2011년에 본격적으로 서비스를 시작한 BGOV는 가입 기반 유료 온라인 서비스로서 입법, 규제정책, 정부지출 등 기업정책과 관련된 독점뉴스, 데이터, 정책분석들을 제공한다. 정부 인사나 비즈니스 분야의 리더들이 이의 주 고객이다. 의사결정권을 가진 소비자들이 효과적으로 이용할 수 있는 정보들을 제공하는 것을 목적으로 하는 것이다.

BGOV는 정책 관련 뉴스들이 정치뉴스에 의해 사장되고 있다는 점에 착안했다(Peter, 2010). 웹사이트, 블로그, 전통적 정책전문지들이 워싱턴의 정부기관 활동에서 쏟아져 나오는 정보들을 다루지만 대부분 이의 정치적 의미에 집중한다. 정치적 갈등을 다루는 정치뉴스에 비해 화제성이 약한 정책이나 입법 이슈들은 우선순위에서 밀려난다. 정부가 하는 일들, 규제정책 등은 기업을 비롯한 다양한 경제주체들에게는 중요한 영향을 미치지만 일반 독자들에게 화제성을 제공하는 정치현안과는 거리가 있다는 이유로 이에 대한 보도는 현저히 줄어들고 있다. 그러나 정부활동이 비즈니스에 미치는 영향력은 갈수록 커지고 있어 이에 대한 정확한 이해는 점점 중요해지고 있다. 비즈니스와 정부 정책활동을 연결하는 심층정보에 대한 기업들의 수요는 점점 더 커지고 있는 것이다. BGOV는 특히 이런 수요를 맞추기 위해 원스톱 쇼핑 서비스의 개념을 적용했다. 연방정부나 기업과 관련된 이슈들에 대해 데이터에서부터 분석에 이르기까지 일관된 정보를 서비스한다는 것이다. 이는 전형적인 맞춤전략의 성격을 보여 준다.

4. 디지털 환경의 뉴스생산 프로세스 재구성

1) 전통적 뉴스생산 프로세스

프로세스 이론의 논의에서 보듯이 프로세스의 구성은 각 생산단계와 이에 속한 다양한 행위들 사이의 상호작용과 관계들을 어떻게 조정하는가가 관건이다. 전통적 뉴스생산의 주요 행위들은 크게 뉴스 수집행위와 뉴스 가공행위로 구분할 수 있으며, 생산단계도 이 두 기능을 기준으로 구분할 수 있다(Bass, 1969). 수집행위는 취재기자가, 가공행위는 편집기자가 행위주체라고 할 수 있으며, 그 중간에 각 부서의 데스크급 간부가 존재한다. 이들의 행위를 어떻게 수정하고 재배치하는가에 따라 뉴스생산 프로세스는 새로운 의미를 확보할 수 있다. 생산단계의 수정과 재배치도 수집과 배치를 어떻게 변화시키는가를 중심으로 접근할 수 있다. 따라서 본 연구는 새로운 뉴스생산 프로세스 구성을 뉴스수집과 뉴스가공의 개념을 중심으로 접근하고자 한다.

아날로그 환경의 산업모델 뉴스생산은 크게 두 가지 성격의 프로세스를 통해 이루어진다. 하나는 일반적 관심사 뉴스의 생산을 목표로 하는 관습형 생산 프로세스로서, 관습적 소비에 초점을 맞춘다. 누구나 소비할 수 있는 보통재(commodity)의 뉴스를 생산하기 때문에 누구든지 이해할 수 있도록 정보의 코딩 명확도가 높다(Wijnhoven, 2001). 대신 뉴스생산자 의도와 소비자 의도 사이의 일치성은 높지 않다. 사실정보 전달을 강조하는 뉴스들이 이에 해당하며, 정보의 내재적 가치, 즉 사실정보를 기반으로 하는 기능혜택 제공을 목적으로 한다(Aris & Bughin, 2007).

취재기자는 주로 누구에게나 공개된 공식적 채널이나 독자적·배타적 관계를 기반으로 하는 비공식적 채널들을 취재원으로 삼아 정보를 수집한다(Sigal, 1973). 취재원 관계가 뉴스생산에서 중요한 부분을 차지하며, 그만큼 출입처 의존도가 높다. 뉴스 수집행위가 중심이 되는 프로세스인 것이다. 이 프로세스의 대표적인 뉴스유형은 불특정 다수의 관심사를 포괄할 수 있는 발생기사라고 할 수 있다.

다른 하나는 기획형 생산 프로세스이다. 저널리스트는 특정 소비자를 대상으로 한 의제를 주도적으로 설정한다. 특정 소비자 집단의 이해관계에 맞는 주제를 다룰 수 있어 주제와 무관한 소비자는 뉴스 내용을 충분히 이해하기 어려울 수 있다. 정보의 코딩 명확도가 높지 않다는 것이다. 이는 특정 소비자 집단의 개별적 관계를 충족하면서 이들의 맥락적 소비를 겨냥한다는 것을 보여 준다. 따라서 소비자는 자신과의 특정한 관계와 관련된 혜택, 즉 관계혜택을 얻을 수 있다.

탐사보도가 대표적인 기획형 생산 프로세스다. 탐사보도 저널리스트들은 사회과학 연구방법과 같은 과학적 방법으로 정보를 수집하고 이를 가설에 맞게 해석해 뉴스로 가공한다(Urneck, 1994). 따라서 취재원 관계보다 전문지식 등 저널리스트 개인의 취재역량이 보다 중요하다. 데이터 수집보다 이의 해석이 중요하다는 점에서 이 프로세스는 뉴스가공행위 중심의 프로세스라고 할 수 있다. 과학적 뉴스수집도 이후의 분석과 해석 등 뉴스가공의 정확성을 높이기 위한 것이다. 뉴스가공이 중요하다는 것은 뉴스생산과 관련된 뉴스룸 내부의 전략적 의사결정이 중요하다는 것을 시사한다. 기획기사가 이런 생산 프로세스에 해당하는 대표적 유형이며, 칼럼기사도 이에 속한다고 하겠다.

2) 뉴스생산 프로세스의 재구성

디지털 생태계에서는 전통적 뉴스생산 프로세스는 한계에 이를 수밖에 없다. 앞서 논의한 것처럼 생산 프로세스는 상품을 매개로 구조와 행위의 상호작용관계로 구성된다. 디지털 생태계에서는 특히 뉴스상품의 요구가 달라진다. 후기산업모델의 논의에서처럼 이는 두 가지로 좁힐 수 있다. 하나는 플랫폼 지배의 뉴스소비 환경에 적응하기 위해 뉴스소비 접점을 다각화하고, 이를 위해 뉴스소비의 라이프사이클을 확장하고 지속할 수 있어야 한다는 것이다. 다른 하나는 뉴스 내용에 대한 뉴스생산자와 소비자의 이해 일치도를 높이는 의미일치성 강화를 통해 뉴스소비자의 맥락적 소비 효율성을 강화하는 것이다.

이를 위해 본 연구는 뉴스생산과정을 확장하는 데 초점을 맞춘 김사승(2011)의 중층생산모델을 수정해 새로운 뉴스생산 프로세스를 재구성하고자 한다. 이 모델은 두 가지 점에서 앞서 프로세스 이론의 논의에서 추론한 안정성과 유동성이라는 일상적 생산 프로세스의 기본적인 두 속성을 충족하기 때문이다. 이미 안정화되고 제도화된 기존 생산단계들을 포함하고 있고, 동시에 새로운 생산단계를 수정하고 추가해 프로세스의 유동성 가능성을 담고 있다. 여기에 접점 다각화 요구와 맥락적 소비 효율성 강화의 요구를 수렴할 수 있도록 생산행위와 단계를 수정하고 재배치하고자 한다.

먼저 뉴스소비 접점을 다각화할 수 있는 프로세스의 구성이다. 이는 기존의 관습형 생산 프로세스를 연장하고 지속시키는 확장형 생산 프로세스를 구성함으로써 가능하다. 중층 뉴스생산모델은 뉴스생산 프로세스 확장이라는 목표는 일단 충족시킨다. 이 모델은 기사 계획 - 기사거

리 찾기−기사거리 선택−기사자료 수집−기사자료 평가−기사 작성−
필터링−편집 등의 1차 생산단계를, 기사 평가 및 피드백−수정 및 보
완−해체−재구성으로 구성되는 2차 생산단계로 확장하는 프로세스를
갖고 있다. 재구성 이후에는 다시 1차 생산의 첫 단계인 계획단계로 연
결한다. 2차 생산단계는 1차 생산단계를 거쳐 형성된 소비자 반응을 수
용하는 것을 목표로 구성되어 있어 이의 수정과 세부단계 재배치를 통해
접점을 확대할 수 있다고 본다. 확장형 생산 프로세스는 2차 생산단계
의 외부개방성을 확대하는 방법으로 접근할 수 있다.

중층생산모델은 최종 뉴스에 대한 소비자의 피드백을 수용하는 선까
지만 생산이 외부에 개방되는데, 이보다 더 개방하자면 2차 생산단계의
뉴스수집 기능을 외부개방하면서 강화해야 한다. 애초 피드백만 수용하
는 수준을 넘어 2차 생산단계에서도 새로운 정보를 추가 공급함으로써
연장생산 단계에 대한 소비자 수요를 보다 효과적으로 창출할 수 있다.
뉴스조직 중심의 뉴스수집은 이미 1차 생산단계에서 진행되었기 때문에
이 단계에서는 크게 달라지기 어렵다. 외부에서 생산한 정보들은 이와
차별성을 가질 수 있다. 따라서 이를 확보하기 위한 뉴스수집 개방성을
강화해야 한다. 통신사, 신디케이터를 비롯해 시민들이 수집한 정보들
을 큐레이팅하는 기능이 중요하다. 2차 생산단계를 재구성해 외부의 뉴
스수집 기능을 추가할 필요가 있으며, 이를 처리할 수 있는 새로운 행위
도 구성해야 한다. 다시 말해 확장형 생산 프로세스는 뉴스수집 기능,
특히 개방적 뉴스수집 기능의 구성이 관건이다.

디지털 생태계의 두 번째 요구인 소비의 맥락성 강화를 위해서는 뉴
스생산을 보다 높은 수준으로 개방하는 것이 필요하다. 이는 기획형 생
산 프로세스를 심화형 생산 프로세스로 재구성하는 방식으로 접근할 수

있다. 뉴스텍스트의 내용을 뉴스조직 내부의 전략 프레임과 통제에서 벗어나 외부에서 자유롭게 가공해 재생산할 수 있도록 함으로써 맥락적 소비를 가능하게 해주자는 것이다. 뉴스수집 기능의 수정에 초점을 맞춘 확장형 생산 프로세스와 달리 이는 뉴스가공 기능의 재구성이 핵심이다. 여기서는 뉴스텍스트를 소비자들에게 오픈 텍스트(open text)로 제공하는 것이 무엇보다 중요하다. 오픈 텍스트는 최종 뉴스를 뉴스조직 외부에서 어떤 방식으로든 재가공할 수 있도록 허용하는 것을 의미한다. 뉴스와 같은 미디어 상품은 소비자에 의한 창의적 소비가 가능하기 때문에 이를 강화할 수 있는 오픈 텍스트 전략은 중요한 의미를 갖는다 (Bilton, 2007).

뉴스의 창의적 소비는 소셜미디어 환경에서 점점 그 의미가 커지고 있다. 소셜미디어 플랫폼으로 뉴스콘텐츠 공급을 적극적으로 고려해야 하는 것이나 소비자들에 의한 소셜저널리즘 행위에 대응해야 하는 것 모두 창의적 소비행태 때문이다. 창의적 소비를 통해 몰입적 소비를 가능하게 해줌으로써 뉴스소비자의 맥락적 소비 효율성을 보다 강화할 수 있다. 소비자는 높은 수준의 관계혜택을 얻을 수 있게 되는 것이다. 뉴스조직 중심의 폐쇄적 생산의 결과물인 최종 뉴스상품이 외부에 의해 다양한 형태로 다양한 의미를 갖는 새로운 상품으로 가치를 파생시킬 수 있는 것이다.

요컨대 확장형 생산 프로세스나 심화형 생산 프로세스 모두 개방적 뉴스생산체제로의 수정을 필요로 한다. 단순하게 정보를 제공하는 것에서부터 새로운 뉴스의 생산에 이르기까지 소비자들이 개입할 수 있는 뉴스생산의 개방성을 어떻게 구성하는가 하는 것이 관건이다.

이런 새로운 뉴스생산 프로세스는 2006년 뉴욕대의 제이 로슨(Jay

Rosen) 교수가 수행한 실험적인 프로-암(pro-am) 프로젝트인 뉴어사인먼트 프로젝트(Newassignment Project)를 통해 실현 가능성 여부를 확인할 수 있다(김사승, 2009). 이 프로젝트의 생산 프로세스는 다음과 같다: 시민들이 취재 필요가 있는 이슈를 프로젝트 사이트에 제시한다→ 사이트 운영진이 관련 정보들을 수집한다 → 시민들이 알고 있는 정보나 지식을 추가해서 보다 진전된 정보를 구축한다→ 기부금을 모금해서 실제 뉴스생산을 위한 준비를 갖춘 관련 분야의 전문기자를 모집한다→ 프로페셔널 저널리스트가 시민들의 도움을 받아 뉴스생산에 들어간다 → 취재과정을 시민에게 공개하고 시민의 의견을 수용한다→ 편집장이 취재과정과 결과를 평가한다. 최종 뉴스가 생산되는 거의 모든 과정에 걸쳐 소비자들이 정보제공 형식으로 개입할 수 있도록 개방한 것이다.

이 프로젝트는 또 프로페셔널 저널리스트에 의한 뉴스생산체제와 별개로 소비자들끼리의 의사소통을 위한 커뮤니티 공간을 개설했다. 소비자들은 여기서 생산과정 동안 진행된 자신들의 토론을 바탕으로 직접 뉴스를 생산하기도 했다. 특정 뉴스인물에 대한 인터뷰기사가 그런 예이다. 뉴스에 대한 소비와 동시에 새로운 뉴스를 생산하는 이른바 창의적 소비행위를 한 것이다. 프로페셔널 저널리스트는 이들에게 기사작성 코칭을 제공하면서 창의적 소비와 외부 생산활동을 촉진했다.

그런데 뉴스생산 프로세스에서 소비자의 다양한 개입과 창의적 소비가 때로는 프로페셔널 저널리스트의 뉴스생산에 대한 간섭으로 나타나기도 했다. 개방적 뉴스생산 프로세스는 뉴스조직의 생산과정에 대한 외부통제 가능성이 있다는 것을 보여 준 것이다. 이런 문제와 관련해 이 프로젝트는 과제 제의, 과제 발전, 취재 준비단계 이후에 이어지는 실제 현장취재단계 및 기사작성단계, 그리고 뉴스의 평가단계에서는 시민

표 8-1 새로운 뉴스생산 프로세스의 구성

	프로세스 구조요소	프로세스 연결요소		프로세스 행위요소
	뉴스생산단계	상품		뉴스생산행위
		성격	소비자 혜택	
관습형 프로세스	1차 생산	발생기사 중심 보통재	기능혜택	취재원 관계 중심 폐쇄적 수집행위
기획형 프로세스	1차 생산	기획기사 중심 전문재	저수준 관계혜택	저널리스트 중심 전략적 가공행위
확장형 프로세스	1차 + 2차 생산, 중층생산	생산연장 기반 접점 다각화	기능 및 과정혜택	큐레이팅 기반 개방적 수집행위
심화형 프로세스	1차 + 2차 생산, 개방적 중층생산	창의적 소비 지향 오픈 텍스트	고수준 관계혜택	소셜저널리즘 지향 개방적 외부가공행위

의 개입은 제한된 수준에 머무르게 하고 편집장이 통제권을 행사하는 방식으로 대응했다.

아무튼 뉴어사인먼트 프로젝트는 확장형 생산 프로세스와 심화형 생산 프로세스가 현실적으로 충분히 개연성이 있다는 것을 보여 주는 사례라고 할 수 있다. 특히 소비자 개입을 어느 정도까지 허용할 것인가 하는 뉴스생산의 개방성을 중심으로 뉴스수집과 뉴스가공 단계를 구성하는 것이 중요하다는 것을 보여 준다. 그러나 개방성은 뉴스조직의 전략적 통제기제와 병행되어야 한다는 과제도 안겨 준다. 이런 상호견제 요소를 통해 새로운 생산 프로세스가 뉴스조직의 통제와 관리체제 아래서 이루어지는 브랜드전략은 물론, 소비자의 필요성에 초점을 맞추는 맞춤전략의 두 요구를 적절하게 수용할 수 있다는 것을 알 수 있다. 즉 뉴스생산 프로세스를 수정하고 재배치할 때 뉴스수집 및 뉴스가공 단계에 소비자가 개입할 수 있는 수준을 기준으로 접근해야 한다. 이런 논의를 정리하면 뉴스생산 프로세스는 〈표 8-1〉과 같이 정리할 수 있을 것이다.

5. 뉴스생산 프로세스의 후속 연구 제안

본 연구가 새로운 뉴스생산 프로세스로 제시한 확장형 및 심화형 프로세스는 뉴스생산 프로세스의 두 가지 행위요소의 수정을 반영하고자 했다. 하나는 뉴스수집 기능을 둘러싼 변화이고, 다른 하나는 뉴스가공 기능과 관련된 변화다. 전통 저널리즘의 뉴스수집 기능은 인터넷의 등장 이후 심각하게 와해되었다. 출입처 개방은 물론, 출입처를 벗어나 생성되는 수많은 정보들로 인해 저널리스트가 뉴스정보를 독점할 수 있는 환경은 거의 붕괴되었다. 확장형 생산 프로세스를 통해 외부생산 정보를 수용하고자 한 것은 이런 이유에서다.

다른 하나의 변화는 뉴스가공 기능 환경이다. IT 플랫폼의 콘텐츠 언번들링으로 뉴스조직의 가공 기능 효율성은 점차 떨어지고 있다. 패키징 콘텐츠에서 제외된 마이너 콘텐츠만 골라서 소비하는 롱테일 소비, 다양한 요소들을 패키징해 주는 플랫폼을 우회해 버리는 우회 소비, 생산자의 정체성을 알 수 없도록 언번들링해 버리는 포털과 같은 뉴스집적 서비스, '좋아요'와 '추천'을 기준으로 개별 콘텐츠를 선별하는 소셜미디어 등의 뉴스소비 맥락화 현상으로 편집이라는 전통적 뉴스가공 기능은 무효화되고 있다. 심화형 생산 프로세스가 생산과정을 외부에 개방하려고 하는 것은 뉴스가공 기능을 와해시키는 요소들을 역으로 생산과정에 끌어들이면서 가공과정을 유지하고자 함이다. 뉴스소비의 맥락적 소비 필요성을 뉴스생산 프로세스가 수렴할 수 있도록 한 것이다.

뉴스수집 기능과 뉴스가공 기능의 붕괴는 저널리즘의 상품플랫폼과 생산플랫폼이 무너진다는 것을 의미한다. 뉴스생산 프로세스를 물리적 생산요소만 고려하는 것을 넘어서 비즈니스 관점에서 접근하고자 한 것은 이 때문이다. 특히 분산콘텐츠 환경에서는 그렇다. 뉴스조직은 비즈니스 맥락을 내재한 다양한 콘텐츠를 생산한 뒤에 플랫폼에 공급하는 것이 보다 중요해진다. 플랫폼에 공급할 수 있는 콘텐츠를 보다 다양하게 생산해야 한다는 것이다. 두 생산 프로세스는 이런 목적을 효율적으로 달성할 수 있도록 생산단계 구조와 생산행위 요소를 연결하도록 구성되었다.

다시 말해 두 생산 프로세스는 뉴스생산의 수평적, 수직적 생산체제를 재구성함으로써 이런 목적에 부합할 수 있다고 보았다. 확장형 프로세스는 뉴스조직에서 수집한 정보에 외부에서 수집한 정보들을 통합할 수 있다는 점에서 새로운 의미의 수평적 통합 효과를 얻을 수 있다. 심화형 프로세스는 뉴스조직의 생산과 함께 소비자를 비롯한 외부에 의한 맥락적 생산 등 성격이 다른 생산과정을 전체 생산체제에 통합할 수 있게 되므로 수직적 통합 효과를 가져올 수 있다. 전자는 뉴스수집과정을, 후자는 뉴스가공과정을 외부에 개방함으로써 이런 효과들을 얻을 수 있게 된다. 따라서 새로운 뉴스생산 프로세스는 개방생산 프로세스라고 부를 수 있을 것이다.

본 연구는 새로운 뉴스생산 프로세스의 윤곽을 구성하고자 했지만 다양한 후속 연구문제들을 과제로 남겨 둔다. 무엇보다 뉴스생산 프로세스를 실제 작동하기 위한 뉴스조직의 태도, 생산역량을 분석하는 것이 중요하다. 크리스텐슨 등(Christensen et al., 2012)은 프로세스는 물리적 생산과정이 아니라 다양한 행위요소들이 개입하는 하나의 프로젝트로 이해해야 한다고 보았다. 때문에 뉴스조직은 뉴스생산 프로세스를 관리할 수 있는 프로젝트 관리역량을 갖추어야 한다고 지적했다. 뉴스생산 프로세스에 개입하는 변수들을 제어하고 통제하는 것에서 그치는 것뿐만 아니라 많은 변수들을 개방적으로 수렴하면서 끌어갈 수도 있어야 한다. 디지털 환경에서는 이런 역량은 더욱 복잡해질 수밖에 없다.

참고문헌

김사승 (2009). 프로-암 온라인 시티즌 저널리즘의 저널리즘적 의미에 관한 분석: NewAssignment 프로젝트 사례를 중심으로. 〈한국방송학보〉, 23권 1호, 50-87.

김사승 (2011). 〈디지털 생태계의 뉴스생산 모델〉. 서울: 관훈클럽.

Abbott, A. (1992). From causes to events: Notes on narrative positivism. *Sociological Methods and Research*, 20(4), 428-455.

Anderson, C. W., Bell, E., & Shirky, C. (2012). *Post-industrial journalism: Adapting to the present, tow center for digital journalism*. NY: Columbia Journalism School. Retrieved from http://towcenter.org/wp-content/uploads/2012/11/TOWCenter-Post_Industrial_Journalism.pdf

Andjelic, A. (2008). Transformation in the media industry: Customization and branding as strategies choices for media firms. In C. D. Zotto & H. van Kranenburg(Eds.), *Management and innovation in the media industry*(pp. 109-130). Cheltenham, U.K.: Edward Elgar.

Anothny, S. (2016). How to turn ambiguity into opportunity: A new approach to strategy under uncertainty. *Innosight Executive Briefing*, Summer.

Aris, A., & Bughin, J. (2009). *Managing media companies: Harnessing creative value*. West Sussex, England: Wiley.

Bass, A. Z. (1969). Refining the gatekeeper concept. *Journalism Quarterly*, 46.

Bilton, C. (2007). *Management and creativity*. Oxford: Blackwell Publishing.

Born, G. (2004). *Uncertain vision*. London: Secker and Warburg.

Caves, R. E. (2000). *Creative industries: Contracts between art and commerce.* Cambridge. MA: Harvard University Press.

Chan-Olmsted, S. M. (2006). Issues in strategic management in media management research. In A. B. Albarran, S. M. Chan-Olmsted, & M. O. Wirth (Eds.), *Handbook of media management and economics* (pp. 161-180). London: Routledge.

Christensen, C. M., Skok, D., & Allworth, J. (2012). Be the disruptor-breaking news, mastering the art of disruptive innovation in journalism. *Nieman Reports, 66* (3), 6-20. Nieman Foundation for Journalism at Harvard University.

Cottle, S. (2003). *Media organisation and production.* London: Sage.

Crowston, K. (1997). A coordination theory approach to organizational process design. *Organization Science, 8* (2), 157-175.

Crowston, K. (2000). Process as theory in information systems research. In R. Baskerville, J. Stage, and J. I. DeGross (Eds.), *Proceedings of conference on the social and organizational perspective on research and practice in information technology* (pp. 149-164). Kluwer Academic Publishers.

Crowston, K. (2003). A taxonomy of organizational dependencies and coordination mechanisms. In T. W. Malone, K. Crowston, and G. A. Herman (Eds.), *Organizing business knowledge: The MIT process handbook* (pp. 144-157). MA: The MIT Press,

Curran, J. (2002). *Media power.* London: Routledge.

Downs, A. (1957). An economic theory of political action in a democracy. *Journal of Political Economy, 65* (2), 135-150.

Garrison, B. (1995). *Computer-assisted reporting.* Hillsdale, New Jersey: LEA.

Garrison, B. (1997). Online services: Internet in 1995 newsroom. *Newspaper Research Journal, 18* (3-4), 79-93.

Garrison, B. (2000). Journalist's perceptions online information-gathering problems. *Journal of Mass Communication Quarterly, 77* (3), 500-514.

Goodman, P. S., & Dean, J. W. (1982). Creating long-term organizational change. In P. S. Goodman & Associates, *Change in organization.* San francisco: Jossey Bass.

Hamilton, J. T. (2004). *All the news that's fit to sell: How the market transforms information into news*. Princeton: Princeton University Press.

Hemmingway, E. (2008). *Into the newsroom*. London: Routledge.

Hermida, A. (2012). Local media as news for a mass intelligent audience. posted on *Reportr.net*. Retrieved from http://www.reportr.net/2012/04/20/local-media-as-news-for-a-mass-intelligent-audience/

Johnson, M. W., & Davis, R. N. (2015). A future-back approach to creating your growth strategy. *Innosight Executive Briefing*.

Kaplan, B. (1991). Models of change and information systems research. In H. E. Nissen, H. K. Klein, & R. Hirschheim (Eds.), *Information systems research: Contemporary approaches and emergent traditions* (pp. 593-611). Amsterdam: Elsevier Science.

Langley, Smallman, Tsoukas, & Van de Ven (2013). Process studies of change in organization and management: Unveiling temporality, activity, and flow. *Academy of Management Journal, 58*(1), 1-13.

Ledford, G. E. (1984). The persistence of planned organizational change: A process theory perspective. Unpublished doctoral dissertation, University of Michigan.

Ledford, G. E. (1985). Persistence of organizational change: Variance theory and process theory models. prepared for the Western Academy of Management Annual Meeting.

Malone, T. W., & Crowston, K. (1994). The interdisciplinary study of coordination. *ACM Computing Surveys, 26*(March), 87-119.

Malone, T. W., Crowston, K. G., Lee, J., Pentland, B., Dellarocas, C., Wyner, G., Quimby, J., Osborn, C. S., Bernstein, A., Herman, G., Klein, M., & O'Donnell, E. (1999). Tools for inventing organizations: Toward a handbook of organizational processes, *Management Science, 45* (March), 425-443.

Markus, L., & Robey, D. (1988). Information technology and organizational change: Causal structure in theory and research. *Management Science, 34*(5), 583-598.

McNair, B. (1998). *The sociology of journalism*. London: Arnold.

Mohr, L. (1982). *Explaining organizational behavior*. San Francisco: Jossey-Bass.

Pelz, D. C. (1985). Innovation complexity and the sequence of innovating stages. *Knowledge: Creation, Diffusion, Utilization, 6*, 261-291.

Pentland, B. T. (1999). Building process theory with narrative: From description to explanation. *Academy of Management Review, 24*(4), 711-724.

Peter, J. W. (2010, Oct. 10). Bloomberg plans a data service on the business of government. posted on *New York Times*. Retrieved from http://www. nytimes. com/2010/10/11/business/media/11bloombergnews. html?page-wanted=all&_r=0

Pfeiffer, A. (2016). *Distributed content*. Wan-Ifra report.

Piechoto, G. (2016). *Evaluating distributed content in the news media ecosystem*. INMA.

Picard, R. (2005). Unique characteristics and business dynamics of media products. *Journal of Media Business Studies, 2*(2), 61-69.

Picard, R. (2006). *Journalism, value creation and the future of news organizations*. Shorenstein fellow research paper series, Joan Shorenstein Center.

Picard, R. (2009). Blogs, tweets, social media and the news business. *Nieman Reports, 63*(3), 10-12.

Redmond, J. W. (2006). Issues in human relations management. In A. B. Albarran, S. M. Chan-Olmsted, & M. O. Wirth(Eds.), *Handbook of media management and economics*(pp. 115-144). London: Routledge.

Reese, S. D., & Ballinger, J. (2001). The roots of a sociology of news: Remembering Mr. Gates and social control in the newsroom. *Journalism and Mass Communication, 78*(4), 641-658.

Robey, D., & Bourdeau, M. (2000). *Organizational consequences of IT: Dealing with diversity in empirical research, framing the domains of IT management*. Zumd, Pinn Flex.

Roper, D. (2015, 26th Oct.). *The distributed content landscape*. Wan-Ifra. part 1-3. Retrieved from http://www. wan-ifra. org/microsites/distributed-content

Shirky, C. (2009, March). *Newspapers and thinking the unthinkable*. Clay Shirky. Retrieved from http://www. shirky. com/weblog/2009/03/newspapers-and-thinking-the-unthinkable/

Starr, P. (2009, March). *Goodbye to the age of newspaper* (Hello to a new era of corruption) : *Why american politics and society are about to be changed for the worse.* The New Republic. Retrieved from http://www.tnr.com/article/goodbye-the-age-newspapers-hello-new-era-corruption

Salancik, G. R., & Leblebici, H. (1988). Variety and form in organizing transactions: A generative grammar of organization. In N. DiTomaso & S. B. Bacharach(Eds.), *Research in the sociology of organization* (pp. 1-32). Greenwich, CT: JAI Press.

Sigal, L. V. (1973). *Reporters and officials: The organisation and politics of news-making.* Lexington, Mass. : D. C. Heath.

Singer, J. B. (1997). Changes and consistencies: Newspaper journalists contemplate online future. *Newspaper Research Journal, 18* (1-2), 2-18.

Singer, J. B. (1998). Online journalists: Foundations for research into their changing roles. *Journal of Computer Mediated Communication, 4* (1). Retrieved from http://www.ascusc.org/jcmc/vol4/issue1/singer.html

Singer, J. B. (2001). The metro wide web: Changes in newspaper's gatekeeping role online. *Journalism & Mass Communication Quarterly, 78* (1), 65-80.

Ureneck, L. (1994). Expert journalism. *Nieman Report, Winter,* 6-12.

Van de Ven, A. H., Angle, H. L., & Poole, M. S. (1989). *Research on the management of innovation: The minnesota studies.* New York: Ballinger/Harper and Row.

Van de Ven, A. H. (1992). Suggestions for studying strategy process: A research note. *Strategic Management Journal, 13,* 169-188.

Van de Ven, A. H., & Poole, M. S. (1995). Explaining development and change in organizations. *Academy of Management Review, 20* (3), 510-540.

Van Loon, J. (2007). *Media technology: Critical perspectives.* Maidenhead: Open University Press.

Wijnhoven, F. (2001). Models of information markets: Analysis of markets, identification of services. *Informing Science, 4* (3). Retrieved from http://inform.nu/Articles/Vol4/v4n4p117-128.pdf

Whitney, D. C., & Ettema, J, S. (2003). Media production: Individuals, organizations, institutions. In A. N. Valdivia (Ed.), *A companion to media studies* (pp. 157-187). London: Blackwell Publishing.

문화연구와 도시공간에 관한 사유
그리고 지리학적 상상력의 함의*

이기형

> 도시는 과거와 현재의 우연적 사건과 필연적 사건들이 복잡하게 얽혀 있는
> 시간, 물질, 기억의 흔적들이 적층된 퇴적체이다. 그 흔적들은 도시의 형
> 성물에 — 장소, 길, 건축물, 공간, 표면 등 — 파편화되어 숨겨져 있으며,
> 도시의 문제를 — 기억의 단절, 흐름의 단절, 맥락과의 단절 — 진단하고
> 실마리를 제공한다.
>
> — 여진원 · 장우권

도시는 사람들이 살아가는 물리적이고 사회문화적인 공간이다. 공간구조
로서의 도시는 물리적 위계와 유형들을 포괄하고 있으며, 사회문화적 의미

---

* 이 글은 학술지 〈언론과사회〉에 필자(2008)가 기고했던 비판적 에세이 "문화연구와 공
간"의 핵심적인 논의를 활용하면서, 동시에 내용을 보완한 작업임을 밝힌다. 이 글은
미디어 문화연구라는 특정한 전통과 지적훈련 속에서 연구와 글쓰기를 수행하게 된 주
체이면서 경계를 넘어서 추구되는 간학문적인 탐구에 관심이 큰, 동시에 미디어라는 재
현과 재매개의 틀 '너머'의 현실에 다가가려고 시도하는 한 연구자의 관심을 투영하기도
한다. 한편 이 글은 동료 문화연구자인 전규찬과 사회학자 조은의 작업에서 매우 큰 영
감과 통찰을 얻은 결과이기도 하다.

영역에서의 도시는 개인과 개인, 집단과 집단이 상호작용과 관계맺음을 통해 의미체계를 만들어 가는 일련의 축적의 시간이다. 도시공간의 물리적 특성과 이 땅에서 살아가는 사람들의 상호작용이라는 행위의 반복을 통해 특정 장소는 의미를 담으면서 도시 정체성(*urban identity*)을 획득하게 한다.

— 변미리

1. '공간'을 사유하는 작업들의 함의

미디어 연구자들은 사회·역사적으로 형성된 공간이나, 특히 그러한 유형의 대표적인 예시물인 거대도시 내에서 발현되는 특정한 공간들의 변화상에 관하여 어떤 반응이나 문제의식을 투사할까? 혹은 다양한 매체들의 역할과 동학에 관심이 큰 미디어 연구자들은 자신들이 목격할 수 있는 일련의 공간적인 재생산과 배치의 문제나, 나아가서 분과학문의 경계를 넘어서 강한 영향을 끼치는 '공간적 전환'(*the spatial turn*)이 발휘하는 일련의 지적인 함의들에 관하여 어떤 유형의 문제의식을 품고 있을까?

조금 다르게, 일상을 촘촘하게 관장하는 정보화 기술로 무수하게 확장된 가상공간들(*virtual space*)의 출현과 변화를 진단하는 데 관심이 큰 미디어 연구자들은 '사회적 공간의 재구성'이나 '공간적 실천과 경험'과 같은 생활세계 속의 주요 주제들에 관해서는 과연 어떠한 심화된 인식을 갖고 있을까?

필자는 서두에서 이런 (도시) 공간을 '화두'로 한 일련의 질문들로 이 글이 지향하고자 하는 지적 관심과 비판적 문제의식을 먼저 에둘러가며 환기시켜 보고자 한다. 이 글의 목적은 앞서 거론한 측면에 일정한 관심을 가진 이들에게, 개발과 재구조화라는 거시적 흐름 속에 특정한 사회·제도적 실행들, 인간주체들의 대응, 그리고 권력과 자본의 효과들이 생성·조합되고 또한 충돌하기도 하는 (도시) 공간의 특성과 동학 (*spatial dynamics*)에 관한 보다 진전된 이해와 성찰적 사유를 도모하는 것이다. 이 작업은 특히 도시공간의 구성 및 재생산이라는 측면을 복합적으로 조명하는 데 유용할 광의의 '지리학적 해석틀'과 비판적 탐구의 방식을 조명한다. 이 글은 또한 기억과 거리탐방 그리고 (참여) 관찰을 능동적으로 추구하는 일련의 성취들을 매개로, 도시공간과 특정한 장소들이 발현하는 간단치 않은 함의와 공적 쟁점을 다면적으로 다룬다.[1]

인간주체들이 살아가고, 또한 이들의 삶과 궤적에 심대한 영향을 발휘하는 — 동시에 변화를 끊임없이 수반하는 — 물적·상징적인 공간에 관한 일련의 탐구와 사유는 지리학이나 사회학 혹은 인류학이나 인문학과 미학 등의 영역에서 그간에 상당히 활발하게 추구되었다. 반면에 광의의 커뮤니케이션학은 이 중에서 매체를 통해서나 혹은 전자적 재현 (*electronic representation*)을 통해서 포착되는 사회적 공간의 일부나, 특

---

1 특히 데이비드 하비와 마누엘 카스텔로 대표되는 공간의 생성과 변화를 비판적으로 접근하는 영향력이 지대한 이론적인 틀과, 공간을 인류학적 탐방기와 문학적 몽타주의 일종인 '산책자 되기'로 감각적으로 접근하는 벤야민이 시도한 접근법, 그리고 공간과 기억과 생존의 문제를 연계시키는 자전적·대안적인 글쓰기와의 접합을 이 글 속에서 소개하고자 한다. 한편 이 작업은 (도시) 공간을 심도 있게 탐구하는 주요 이론들의 갈래를 상세하게 정리·제시하거나, 공간을 주제영역으로 설정하면서 어떤 통합적인 해석틀을 모색하는 성격의 '야심적인' 동시에 폭이 넓은 작업은 아님을 밝힌다. 그보다는 생활세계 속에도 낯익지만 종종 충분히 성찰되지 못하는 대상이며, 인접 학문이 주목하는 분석적인 시선 속에서나 간헐적으로 만나게 되는 특정한 유형의 사회역사적으로 구현된 도시공간의 특징과 다층적인 함의들을 탐색하는 일련의 지적인 접근들을 중심으로 논의의 핵심적인 흐름을 이어가고자 한다.

히 온라인과 가상공간의 특성과 역할에 지적 관심을 주력했다. 또한 다수의 미디어 관련 연구들 속에서, 도시공간이나 특정 사회적 주체들이 활동하는 장소와 현장은 현실 속에 이미 주어지거나 확립된 대상, 또는 특정한 지리학적 단위 정도로, 즉 상대적으로 정태적인 관습적 구성물로 종종 인지된다.

동시에 특정한 도시공간이 주는 분위기와 체험 혹은 기억을 신중하게 탐구하는 데 있어 커뮤니케이션학은, 소수의 사례를 제외하고는, 능동적이고 집중된 지적-비판적 관심을 크게 보이지 않는다. 매체가 그러한 주제를 담아내는 사안을 분석하는 과정에서도, 공간의 특(수)성을 세밀하게 포착하거나 그러한 측면을 치밀하게 '맥락화'하면서 상상력을 유연하게 개진하는 작업을 만나는 일은 상대적으로 흔치 않다.

시선을 조금 확장하면, (도시) 공간이 단순히 물리적 구현물이거나 고여 있는 '용기'(container) 와도 같은 정체된 산물이 아니며, 복수의 제도적, 물적, 기술적, 상징적, 그리고 감정적인 요소들과 흐름들이 불균등하게 결합되며 다층적으로 엮인 구성물이라는 긴요한 인식에 관해, 커뮤니케이션학은 대체적으로 '둔감'하며 적절한 분석 수단도 충분히 모색하지 못한 편이다. 즉 매체의 역할이나 동학을 연구하는 이들 다수에게, 도시공간이나 도시 내 특정 현장과 같은 사회적 공간은 종종 단순한 배경(background) 정도로 설정되거나, 느슨하고 주변적인 맥락성(context) 을 발휘하는 '성긴' 환경과도 같은 대상 정도로 다루어지는 것이다.

혹자는 이렇게 커뮤니케이션학 내에서 관찰되는 공간과 관련된 비활성화된 관심에 대해, 학술적 특성과 전문성의 심화를 둘러싼 지식생산의 분업이 존재하기에, 미디어 연구 속에서 관찰되는 공간이라는 매우 복합적인 구성물에 대한 상대적으로 '주변적인' 문제의식은 큰 문제점을 야기하지 않는다고 말할지도 모른다. 즉 커뮤니케이션학이 공간이라는 문제를 구체적으로 사유하는 데 미온적이거나 그러한 관심이 충분히 결집되지 못한 이유로, 분과학문의 경계 짓기(boundary-making) 속에 특화된 지식노동의 결과 정도로 이 사안을 '방어적'으로 풀어내는 이들도 분명히 있을 것이다.

하지만 필자의 생각으로는, 사회과학을 공부하며 공적인 지식 생산에 가담하는 지식생산의 주요 주체 입장에서 접근하면, 앞서 제시한 일견 현실적 판단이나 설득력이 일부 감지되는 답변은 동시에 상당히 경직되거나 다분히 자족적인 현실론의 한 갈래로 판단되기도 한다. 예컨대 거대도시에서 발현되며 인간주체들의 활동상에 적지 않은 영향을 미치는 특정 공간을 매개로 한 구조화된 리듬과 이동성(mobility)의 문제나, 공간적 흐름(spatial flows)들이 다양한 매체들이 발휘하는 역할과 끊임없이 접속되는 복합적 효과들에 관한 탐구와 진단은, 지리학이나 (도시) 사회학 혹은 (도시) 인문학 등의 특정 분과학문만이 추구해야 하는 분석적 대상이 아니라, 커뮤니케이션의 역할과 함의를 보다 역동적으로 그리고 풍요롭게 진단하고자 하는 이들도 마땅히 숙고할 필요가 있는 대상이라는 판단이 들기 때문이다. 공간과 매체 그리고 문화와 일상을 주요한 관찰 대상이자 복합적 교직(textures)으로 엮어 내며 탐구하는 작업은 지적으로도 상당히 유용하며, 분과학문의 경계를 넘어서는 통찰성이 발휘되는 기여를 할 수 있다는 반론도 충분히 가능해 보인다(김수철, 2010, 2014; 김승현 외, 2007; 전규찬, 2010, 2015 참고).[2]

---

2 예컨대 '감시사회'(the surveillance society)의 부상과 같은 현재 매우 빠르게 진행되고 있는 권력 작용이 (도시) 공간을 조율하고 재구성하는 측면과 긴밀하게 연계되는 탐구

이제 다음 장에서부터 사회적 공간 중에 특히 우리가 정주하며 익숙한, 동시에 매우 복합적인 존재감과 위상을 발현하는 도시공간을 세밀하게 읽어 내는 데 유용할 일련의 해석적인 '단서들' 혹은 '실타래들'을 중심으로 상호 연계된 논점을 하나씩 펴나가고자 한다.[3] 특히 거시적인 이론틀에 대한 부담이나 '집착'을 벗어나서, 연구대상과 일정한 분석적 거리를 유지하는 학술적 관행만이 아닌, (도시) 공간에 관한 참여적이고 촘촘한 탐방과 유연한 기술의 방식이 제기하는 대안적인 접근방식의 특징과 의의를 먼저 소개하고자 한다.

의 대상은, 사회적 · 학술적인 긴요함에도 불구하고, 광의의 커뮤니케이션학 영역에서 매우 간헐적으로만 다루어지고 있다.

[3] 여기서 실타래와 같은 서사적인 은유(*narrative metaphor*)를 활용하는 이유는, 몇 개의 핵심적인 개념과 구성으로 그리고 상대적으로 유연하게 분석의 초점을 교직으로 삼아 관련 논점을 유연하게 탐구하는 방안으로, 매우 복합적인 공간의 재생산과 인간주체들과 공간의 함의를 풀어내고자 하는 문제의식에 기반을 둔 것이다.

2. 자전적인 기억과 '산책자 되기'로 풀어내는 도시공간의 특성

도시는 우리에게 어떤 대상일까? 도시라는 존재와 도시를 복합적으로 구성하는 매우 다양한 경관과 지역들 혹은 주요 공간과 장소들을 떠올리면 우리는 어떠한 사유와 느낌 그리고 감정적 반응과 일련의 기억들을 떠올리게 될까?

먼저 일상의 영위를 포함해서 삶과 경제활동, 정치와 교육 그리고 미디어의 중심, 다양한 문화와 예술양식들이 생성되는 곳으로 도시의 주요 특징을 거론할 수 있을 것이다. 또한 도시는 개발과 불평등이 구조적으로 형성되는 영역이자, 경제적 교환과 생산에서 소비까지를 아우르는 일련의 관계망들이 끊임없이 생성되는 거대한 사회적 공간이기도 하다. 조금 다르게, 도시는 수많은 인공적 구조물들과 미로처럼 엉킨 권역이나 거리들을 포함하지만, 동시에 종종 쉽게 감지되지는 않지만 명백히 존재하는 일련의 차별적 문화와 삶의 양식과 '속살'을 포함하는 다면적 구성체이기도 하다. 한편 도시는 소비와 여가활동, 라이프스타일의 추구와 관광, 즐거움과 유행의 구심점, 각양각색의 사건, 사고와 범죄, 사회적 저항과 갈등들을 포함하는 매우 복잡하고 다채로운 정체성을 드러내기도 한다.

나아가서 혼돈스러움, 활기참, 그리고 속도감과 역동성 등이 복잡하게 교차하고 상존하기에, 도시라는 이 모든 복합적으로 얽힌 현상들이 벌어지는 대상과 도시를 싸안고 있는 독특한 분위기들을 떠올려 보면, 도시라는 주제는 실로 어지럼증을 동반할 만큼 매우 '다층적'이며, 학술적 스토리텔링의 방식으로도 풀어내기가 꽤나 버거운 대상이기도 하다 (김진송, 2006; 박해천, 2011, 2013 참고).

이 대목에서 도시공간의 역할과 함의를 진단하는 영향력이 상당한 작업과 관련하여, '산책자 되기'(flanerie)라는 지적-비판적 기획에 상당한 영감을 준 문화비평가 발터 벤야민의 도시공간에 대한 독특한 탐방작업으로 — 그가 '방황하는 기술' 혹은 '산만하고 분산된 형식'이라고 지칭했던 — 관심을 돌려 보자. 특정한 도시의 공간과 가로(街路)가 수행하는 역할을 어떻게 미시적으로 탐색할 것인지, 그리고 어떠한 비평과 글쓰기의 방식을 활용할지의 문제를 숙고할 때, 우리가 참고할 수 있는 주요한 길잡이는 의심할 바 없이 발터 벤야민이다(2007b; 류신, 2013; Buck-Morss, 1991 참고). 그는 도시공간의 역사·사회적인 변화상을 추적하는 섬세한 '인문학적' 문제의식과 혁신적 스타일의 문화비평을 결합함으로써, 대안적 공간분석과 사유의 발현인 가로 탐방(urban wandering)의 매우 중요한 모델을 제시한 바 있다.

특히 벤야민(2007a)에게 파리나 베를린으로 대표되는 거대도시는 팽창하는 상품문화, 심화되는 자본의 논리가 구축한 스펙터클한 이미지와 환영(幻影), 대중들의 욕망과 활동상, 그리고 도시거주자들이 발현하는 집합적인 기억들이나 체험들이 빚어내는 거대하고 중층적으로 구현된 저장소였다. 다기한 면모와 지역적으로 변화하는 '표정'을 발현하는 도시를 주요한 탐구의 매개체로 삼으면서, 동시에 '일시적이고, 덧없으며, 우발적인' 근대성의 전개과정이나 확장되는 상품화 과정 속에 스며든 물신주의(物神主義)의 논리를 예리하게 관찰하면서, 그는 다양한 기호와 이미지들 그리고 도시거주 대중들이 드러내는 습속들에 대한 자신의 감각적이고 번뜻이는 사유와 관찰을 제공했다.[4]

---

4 데이비드 하비(2005, p. 66)가 그의 책 속에서 인용한 발자크가 묘사한 파리의 가로 표

그에게 있어 파리로 상징되는 도시공간은 "상품의 고향이자, 상품의 건망증, 물신화의 고향"이었으며, 확장되고 도시를 사방팔방으로 수놓는 가로와 통행로들은 산책자들의 (일시적인) 거주지이자 활동의 근거이기도 했다(김왕배, 2000, 53쪽). 특히 벤야민의 저작 〈1900년경 베를린의 유년시절 연대기〉는 일련의 파편화된 텍스트나 '단장'(fragments)과 같은 대안적 서술의 형식으로, 자신이 활보하며 관찰한 도시정경(street-scape)의 특징과 의미들을 땀땀이 기록한 바 있다. 동시에 그는 거대도시 내 무수한 거리와 권역들이 발현하는 특정한 이미지와 색채, 소음과 움직임, 상업화의 단면과 그 과정에 채 흡수되지 않는 일련의 반응들을 '채집'하고 또한 기민하게 읽어 냈다.

한편 그는 이 독특한 텍스트가 "시민계급의 한 아이 안에 침전된 대도시 경험의 이미지들을 붙잡으려" 시도한 작업이라는 점을 유려하게 설파하면서, 자신이 대면하고 관찰한 정경의 함의를 회상의 매개물로 적극적으로 활용하기도 했다. 그는 도시라는 거대하고 복잡한 구조물과 미로들 혹은 '장치'들로 구현된 거대한 텍스트를 방대한 메모와 자료들의 수집 그리고 유동적 관찰을 통한 심화된 탐색의 길잡이로 삼으면서, 조밀하게 그러한 작업의 함의와 진단의 힘을 풀어내는 인상적인 글쓰기를 제시한 것이다.

정들 혹은 '골상학적인' — 마치 의인화되고 확장된 인간의 표정과도 같은 — 특징들을 들어 보자: "파리에는 오명을 뒤집어쓴 인간처럼 오명을 뒤집어쓴 거리들이 있다. 또 고귀한 거리도 있다. 또 그저 단순히 건전한 거리도 있고, 이른바 사춘기적 거리, 대중이 아직 그것에 대해 하나의 도덕성을 확정하지 않은 거리도 있다. … 한마디로 말해, 파리의 거리들은 인간적인 성질을 지니며, 그것에 대해 우리가 어떤 항의도 말할 수 없는 인상을 남기는 용모를 갖고 있다."

벤야민에게서 발원하는 이러한 독특하며 상상력이 넘치는 탐방의 방식은, 도시공간을 어떤 전문가 집단의 관행적이거나 관찰대상으로부터 상대적으로 떨어져 있는 고정된 시점이 아닌, 보다 자유롭고, 기민하며, 학술적 관습성과 관성을 답습하지 않는 대안적 발상과 접근법을 보여 준다. 그는 가로를 수없이 활보하고 유동하면서, 군중 속에 있으되 동시에 그 과정 속의 대표적 관찰자들이라 할 수 있는 날카로운 눈매의 탐정, 느리게 배회하는 산책자, 자의식 과잉의 신사(*dandy*), 혹은 수집가이자 재생의 대가인 넝마주이(*ragpicker*), 그리고 상품이 된 샌드위치맨과 매춘부 등과 같은 사회적 주변인들의 관점을 탄력적으로 빌려 가면서, 도시공간을 부유하고 활보하는 군중의 다면성과 흐름의 함의를 '촉각적'으로 그리고 집요할 정도로 세밀하게 그려 내는 작업을 제공한 것이다(질로크, 2005; Frisby, 2001).

도시 속 실핏줄처럼 이어지는 거리와 골목을 부유하면서, 벤야민이라는 산책자는 소비의 공간 속에 전시된 상품들이 뿜어내는 매력에 취하면서도, 동시에 물상들이 형성하는 독특한 질서와 스펙터클 속에서 옛것과 현재의 뒤섞임, 근대라는 거대한 환영과 환각의 등장, 그리고 과거로부터 물려받은 신화가 해체되고, 화석화되거나 새롭게 변주되기도 하는 제 양상들을 일종의 문화사 연구자의 치밀한 관찰과 행보로 꼼꼼히 풀어낸 것이다(심혜련, 2004; Gilloch, 2005 참고).[5]

다시 말하면 도시문화의 집요한 수집가이자 정련된 비평의 주체로서

---

5 기실 도시공간이 주는 매혹과 충격 그리고 표층적인 구성을 넘어서는 영역과 이면에 대한 심화된 발견과 진단을 두껍게 서술하며, 그러한 부단한 탐색의 함의를 감각적인 문화적인 해독과 '표류기'의 방식으로 포착하려 한 '미로 속의 길 찾기와 잃기'라는 문제의식은 벤야민의 작업을 관통한 핵심적인 모티브이자 동인이었다.

벤야민은 도시라는 공간에서 관찰되는 상품문화의 맹렬한 확산과 '물화' 되는 현실(reification)을 비판적으로 그리고 냉소적으로 뚫어 보았지만, 동시에 그 속에서 표출되는 대중의 갈망과 욕망의 복합적인 단면과 이면들, 그리고 물상문화에 대한 욕망과 기대가 일상 속에서 희구되지만 동시에 굴절되거나 내파되는 과정도 간과하지 않았다.

그에게 도시는 끊임없이 새로운 볼거리와 충격을 생성하는 '창조적 파괴'의 장(arena)을 넘어 '도취와 파멸' 그리고 감각의 확장과 균열이 중층적으로 생성되는 현장이기도 했다. 그가 주목한 것은 대도시 문화의 이러한 '양가적' 측면이었고, 그 자신이 주목했던 아케이드와 같이 도시를 압축한 예시적인 소비의 공간은 대중의 집단적 욕망과 내면의식에 물질적으로 대응해 낸 공간의 배치가 징후적으로 관찰되는 입체적 텍스트이기도 했다. 종국적으로 파리라는 공간은 그가 직관적으로 그리고 비범한 인문학적 사유와 미학적 글쓰기 방식으로 추출한 "봄과 앎의 변증법"(a dialectics of seeing)을 매개하는 '실험장'이 되었다(Buck-Morss, 2004).

이와 관련하여 형식 측면에서 벤야민이 초현실주의자들의 작업에 영향을 받으면서 시도한 작업의 특징으로, 도시 이미지들과 군중이 빚어내는 독특한 정경이나 삶의 단면들을 촉각적이고 정제된 '문학적 몽타주'의 연쇄로 엮어 내는 매우 독특하며 형식에 구애받지 않는 실험적 글쓰기를 들 수 있다. 벤야민은 상품미학과 물신주의, 그리고 유행과 습속의 형성을 선도하는 파리의 화려한 가로들에서 도박이나 매춘이 이루어지는 구석진 골목들에 이르기까지 수시로 배회하고 스케치하면서, 이러한 도시라는 대상에 관한 다면적 관찰이 집합적으로 주는 함의를 감각적인 시적 표현들과 철학적 경구가 번뜩이는 인상기들로 직조해 냈다.

또한 이렇게 연구실과 도서관의 아카이브를 뒤로 하고 '거리로 스스로 나간' 특이한 기획은 대도시가 자아내는 속도감과 구조화된 리듬에 능동적으로 대응하는, 나아가서 그러한 측면을 사려 깊게 반영하는 동적인 글쓰기이기도 했다. 그는 자신의 글쓰기 작업을 통찰력과 속도감이 배인 일종의 포토몽타주 작업이나 이미지와 서사가 창의적으로 녹아든 실험적인 ─ 복수의 장르를 변주해 내는 ─ 텍스트의 구성으로 다루었던 것이다. 그의 작업은, 때로는 난해하기는 하지만, 도시라는 문제틀을 직관이 감각적인 인상기와 시적 글쓰기의 한 유용한 모델로 유연하게 풀어냄으로써, 향후 문화지리학자와 문화비평가, 현실문화연구자, 그리고 도시인류학자 등이 공간과 도시전경 속에서 작동하는 상징과 신화, 상업화와 그 이면들, 그리고 욕망과 상상력의 힘을 다층적으로 포착하고 묘사하는 데에 긴요한 단서와 대안적 해석전략을 제공하였다.

조금 다르게, 벤야민이 주목한 기억과 감각적 관찰로 이루어진 도시에 관한 진단은 도시공간의 문제를 다루는 전문가나 정책입안자들이 생산하고 강조하는 일련의 담론들 속에는 잘 등장하지 않는다. 하지만 기억은 이미 풍화된 도시의 특정 공간과 장소들을 여전히 일깨워 주고 존재하게 하는 부드럽지만 강한 힘이자, 도시를 평범한 사람들의 목소리와 체험으로 '아래로부터' 구성하고, 직조할 수 있게 해주는 무시 못 할 기능을 발휘하기도 한다. 예컨대 이주와 가족사, 상실과 스러짐, 일과 유희, 새로운 공간에 대한 선망과 기대, 도시공간을 변화시켰던 주요 사건과 상처들을 포함하는 무수한 기억과 체험들이 교차하고 모여서 도시의 삶을 발현하는 집합적이고 급진적인 상상과 '기억의 터'를 구성하는 것이다. 이런 측면에서 특정 장소들에 대한 반응과 기억은 상당수 도시거주자들의 내부에 똬리를 튼 내밀한 특정 장소에 관한 체험과 감각들로 구성된 일종의 '심상지리'를 ─ 즉 마음과 기억의 풍경을 ─ 형성하게

되는 것이다〔Donald, 1999; King(Ed.), 1996 참고〕.[6]

거대도시라는 복합적 대상을 관찰하기 위한 하나의 방안으로, 필자는 개별적으로 체득한 기억의 흐름과 단상들로 구성되는, 벤야민이 선도적으로 제시한 산책자 되기의 특징과 함의에 관해 이야기했다.[7] 도시를 구성하는 수많은 기억의 사슬과 흔적들 그리고 체험과 욕망은 그래서 도시의 역사를 형성하는 일련의 복합적인 동시에 하나의 거대한 직조물로 그 안에 통합되기 어려운 매우 다면적인 나이테와 단층들을 이룬다(정기용, 2008a 참고). 이제 도시라는 복잡한 문제를 공략하기 위한 또 다른 발걸음으로, 공간연구와 문화비평 작업들 속에서 자주 활용되는 공간 관련 주요 개념들의 정의와 함의에 관해 살펴보자.

---

6 이러한 개인적이고 주관적인, 나아가서는 대중적이고 집합적인 층위에서 발현되는 도시의 변화하는 이력과 궤적들은 '도시공간을 재창조해 가는〔대안적인〕발견술'을 형성하게도 되는 것이다.

7 지면 사정상 길게 논하기는 어렵지만, 영국 지배하 아일랜드에서 식민지의 암울하고 자폐적인 상황을 더블린이라는 도시의 미로들 속을 부유하는 박제된 주인공의 방황과 궤적으로 치밀하게 조명한 제임스 조이스의 소설작업이나, 맨체스터를 일종의 사회학적 상상력이 투사되는 실험실로 삼아 노동자들의 열악한 주거환경 실태와 가난의 사회화가 끼치는 영향을 골목골목을 누비는 관찰자가 되어 세밀하게 기술한 프리드리히 엥겔스의 개입적인 글쓰기는 지금까지 서술한 예리하고 풍성한 '산책자 되기'의 선도적인 작업들로 분류된다(Highmore, 2002 참고).

3. (도시)공간이라는 문제틀의 부상과 '공간적 전환'의 함의들

> 현대의 도시를, 그리고 사회를 살아간다는 것은 … 다양한 공간이나 장면,
> 계층이나 양상, 담론이나 이미지의 중첩에 의해 구성되는 장소 어딘가에 몸
> 을 두고 특정한 접근 회로를 통해 도시를 읽고, 이야기하고, 또 새로이 읽
> 어 가는 것을 말한다. 도시는 단순한 물리적 장치의 집합이 아니라 다양한
> 경험이나 해석과 실천의 장이다. ── 요시미와 미키노

> 한 도시가 펼치는 새로움이 기존 도시경관과 맞물려 하나가 될 때 독창적인
> 새로움을 창출함을 보여 준다. 바로 이것이 독특한 도시미학으로서 '장소성
> 의 힘'이다. 한 도시의 장소성은 타고난 지형과 그 위에 뿌리 내린 역사문화
> 의 켜가 독특한 당대 문화의 특색과 어우러져 형성된다. ── 김민수

필자가 속한 지적 전통인 '문화연구'가 도시와 공간의 문제에 관심을
두게 된 문제의식이나 연원을 이해하는 것은 기실 그리 복잡하지만은 않
다. 언론학 내에서 소수의 문화연구자들이 교류와 통제 그리고 사회적
상호작용이나 갈등의 동학을 발현하는 (도시)공간의 문제에 주요한 관
심을 지니게 된 것은, 문화연구가 지향하는 매체와 대중문화를 넘어서
서 요동치는 현실에 다가가며 일정한 개입적 지식생산을 추구하는 '간학
문적' 문제의식의 발휘와도 밀접하게 연계되어 있다.

우리가 영위하는 삶에 물리적으로 큰 영향을 미치며, 상상과 이미지
그리고 스토리텔링의 공간으로도 수없이 재현·변주되며, 나아가서 집
합적 삶의 양식에 직간접적으로 개입하는 (도시)공간에 대한 관심과 이
해는 지식생산 영역에서 최근 20여 년 동안 집중적으로 부상하기 시작
하였다. 즉, 역사적으로 시간과 거시적 차원의 사회문화적 변동을 탐구

하는 일련의 지식작업들 속에서, '공간'이라는 대상은 과거에는 상대적으로 기능적이거나 부가적인 요인 정도로 인식되기도 했다. 하지만 공간의 역할과 문제를 깊이 있게 천착하는 지리학과 도시연구, 공간연구, 사회학, 인류학, 여성학, 역사학 등이 지적 관심과 영향을 점차 넓혀 가면서, 공간을 동태적 역할과 운동성을 발휘하는 구성물이자 집약적 분석의 대상으로 재인식하는 문제의식들이 크게 활성화된 것이다.

일단 공간에 대한 지식담론들의 관심이 어떻게 부상하고, 전개되었는지를 잠시 논해 보자. 흔히 '공간적 전환'(the spatial turn)이라고 불리는 이 확장된 인식론적 깨달음의 과정은, 공간이라는 문제틀을 심화시켜 사유하고, 공간이 발휘하는 복합적 역할에 예민하고 능동적 관심을 투영하는(space-conscious) 일련의 이론들의 등장과 불가분의 관계를 가진다. 짧게 정의하면, 공간적 전환이라는 집합적 인식은 공간이 구체적으로 행사하는 제도와 환경적 측면에서 발휘하는 복잡하고 강렬한 영향력에 대한 배가된 관심과 더불어, 거시적 지표나 제도 차원의 요인들을 집중적으로 분석하던 주류 지리학자나 도시학자들이 공간과 장소를 구성하고 재현하는 언어와 담론작용, 그리고 문화적 상징과 상상이 담당하는 기능과 중요성을 새롭게 인지하게 된 입장 변화에 기인하기도 한다(이무용, 2005).

이 과정을 집약해서 논하면, 흔히 다매체와 자본 그리고 이주의 주체들이 형성하는 일련의 효과들 속에서 보다 강하게 체감되는 '시공간 축약'의 상황이나, 기존의 확립된 경계와 관성적 인식을 해체하는 '탈(脫)영역화' 과정의 확산, 그리고 지구화 시대 거대도시의 삶에 관한 간학문적 탐구와 대안적 상상이 활성화되면서, 공간과 장소, 영토와 지역성, 공간의 구조화와 (재)생산, 비판적 공간연구 등의 개념들이 상당한 주목을 받게 되었으며, 다각도로 (재)정의되고 정련되는 과정을 겪게 된 것이다(신승원, 2016; 최병두, 2016 참고).

이제 공간과 도시와 같은 복합적 대상을 분석하면서 지리학, 공간연구, 도시학 그리고 사회학의 영역에서 이루어진 이론적 작업과 이들 분과학문이 제공하는 핵심적인 이론적 그리고 방법론적 단서들을 중심으로 기술해 보자. 대표적인 비판적 공간연구 또는 비판적 사회공간론 계열의 학자들인 르페브르와 하비는 공간에 작동하는 물리력과 정치적 효과들, 그리고 담론의 접합된 힘이 역사·사회적으로 전개되는 과정에 초점을 맞추면서, 다음과 같이 공간에 대한 역사지리학적 시각 혹은 '공간정치(경제)학'을 정의한다: 공간은 '사회적으로 구성되며', 동시에 사회적 층위들을 '동태적'으로 그리고 '불균등하게' 생산해 내기도 한다. 공간은 경험적, 담론적, 제도적, 문화적, 그리고 물리적 요소들을 포함하며, 동시에 나름의 '운동성'과 더불어 일정한 '자율성'을 발휘하는 것이다(민유기, 2006; Harvey, 2013; Crang & Thrift(Eds.), 2000 참고).[8]

한편 이러한 접근방식은 기존의 도시사회학적 입장과는 일정하게 차별화된다(김왕배, 2000; Gregory, 1994). 일반적으로 공간에 대한 (도

---

8 비판적 공간연구 혹은 비판적 사회공간학(*critical socio-spatial approach*)이라 불리는 접근법은 이 글에서 잠정적으로 사용하는 명칭이다. 보다 엄밀하게 세분화하자면 이 입장 안에는 공간에 대한 정치경제학적 접근, 급진적인 문화지리학, 비판적인 도시인류학, 공간과 장소성을 세밀하게 탐구하는 문화연구, 그리고 일련의 쟁점을 낳고 있는 도시문제들이나 공간과 사회정의의 측면에 주목하는 도시사회학적 접근들이 일정한 방법론과 개념 측면의 공유되는 인식 및 차이들을 갖고—나아가서 상호 간에 적지 않은 영향을 발휘하는 측면들이—존재한다. 비판적 공간연구는 도시공간을 '텍스트'로 간주하거나 도시문화라는 공간을 매개로 한 재현과 상징의 문제에만 주로 천착하는 좁게 설정된 문화주의적인 접근과는 대비된다.

시) 사회학적 관점은 공간을 사회적 관계망과 모순들의 확장 혹은 '연장' (*extension*) 정도로 정의한다. 하지만 공간에 대한 광의의 비판적 접근은 사회적 삶의 공간성(*the spatiality of social life*)의 중요성과 복합적 함의들을 강조하며, 이 공간성이 형성되는 과정과 단면에 보다 집중된 분석적 노력을 투사하기도 한다. 달리 말하면, 비판적 공간연구의 시각에서 보면, 공간은 기존의 도시학이나 도시사회학적 입장이 간주하듯이 역사사회적 측면의 분석이나 이론적 조망 속에 단순히 추가되거나 보완적으로만 활용되는 대상이 아니라, 훨씬 더 근원적인 중요성과 가치 그리고 역동성을 발휘한다.

예를 들면 도시공간을 대상으로 한 연구에 지대한 영향을 준 시카고학파가 주창했던 '도시생태론'에서 마누엘 카스텔의 초기 작업에 이르기까지, 도시사회학은 '도시문제'(*the urban problems*)들에 — 즉, 도시를 중심으로 전개되는 빈곤과 갈등 그리고 저발전의 재생산, 불균등한 공간의 분배와 사회적 모순의 부상 등 — 전통적으로 초점을 맞추어 왔다. 이러한 입장은 도시의 생태적 측면과 과밀화, 도시공간을 주요한 근거지로 삼아 발생한 빈곤의 사회적 재생산이나 인종문제, 도시공간의 차별화와 위계화 등의 측면들, 그리고 공간을 기반으로 부상하고 충돌하는 사회운동과 집합적 투쟁들이나 생존의 문제 등을 주로 다룬 것이다.

예컨대 시카고학파의 도시생태론과 '생활양식으로서의 도시성' 등을 통해서 조직적으로 문제의식과 방법론이 본격적으로 탐구되기 시작했으며, 광의의 마르크스주의와 결합된 도시사회학은 도시문제를 생성하는 구조적 요인들을 — 특히 자본주의의 동력과 거기에 가세한 국가권력의 역할을 중심으로 — 심층적이고 체계적으로 파악하는 데 상당한 통찰력과 더불어 경험적으로 세밀한 연구들을 제시했다는 평가를 받는다

(Katznelson, 1992 참고). 특히 카스텔 등에 의해서 체계적으로 진전된 도시사회학은, 특히 주택과 의료시설과 같은 '집합적 소비단위들'이 자본주의의 유지에 기여하는 역할에 주목함으로써, 자본 확장과 이윤 창출을 위해서 도시공간과 그 안에 발현되는 특정 제도적 기구들이나 정책이 개입하는 기능에 분석의 날을 가져다 댄다. 한편 방법론 측면에서 특정 지역에 거주하는 이들의 삶을 '근접해서' 관찰하고 조명하는 민속지학(ethnography)과 현장연구들이 시카고학파에 속하는 일군의 연구자들에 의해 선이 굵은 방식으로 수행된 측면도 기억할 필요가 상당하다 [Denzin & Lincoln(Eds.), 2011; Willis, 2000 참고].

이러한 도시사회학의 입장은 상당한 지적 기여를 했지만, 동시에 공간의 문제를 주로 '사회적 층위'(the social dimension)에 '귀속'시키고, (도시) 공간이 배태하고 발휘하는 다면성과 역동성을 상당 부분 '정체된' 방식으로 다루었다는 비판에 직면하였다. 기존의 도시사회학적 입장에 비판적인 주체들은, 공간이 사회관계나 도시거주자의 삶을 생성·배치하며, 현실의 구성에 개입하는 일종의 능동적 '행위자성'(agency)을 발현하는 측면을 지적한다. 이런 대안적 관점을 고려하면, 공간은 사회적 영역에 존재하는 제도와 특화된 실행들에 의해서 규정되는 수동적 영역이거나, 공간의 물리적 구현이나 변화와 결합되는 일련의 제도·정책적인 실행들만으로는 파악할 수 없는 것이다[King(Ed.), 1996; Westwood & Williams(Eds.), 1997 참고]. [9]

---

9 '사회적 공간화'(social spatialization)와 같은 개념은 도시공간이나 사회공간의 (재) 배치나 물리적인 변화상을 넘어서는, 훨씬 역동적으로 생성되고 구체적으로 전개되는 공간의 생산과 배치 과정을 뜻한다. 이 개념은 본문에서 언급한 르페브르의 삼분화된 공간개념화가 드러내기도 하는 모호함이나 일정한 '형식주의적' 단점(formalism)을 상쇄

동시에 하비나 르페브르 등으로 대표되는 비판적 공간연구의 전통에서, 공간적 층위(the spatial)와 사회적 또는 도시를 구성하는 포괄적 영역(the urban)은 '변증법적으로' 접합된다(Kofman & Lebas, 1996). 특히 공간이론의 영역에서 매우 영향력 있는 족적을 남긴 앙리 르페브르는 공간을 탐구하는 체계적 분석틀을 다음과 같이 3개의 상호 연계된 개념들로 정의한 바 있다: 그가 '공간적 실행'(spacial practice)이라고 부른 개념은 일상을 형성하는 다양한 유형의 사회적·물적 공간을 둘러싼 일련의 응집된 특성과 개입상 그리고 실천들을 포함하며, '공간의 재현'(representations of space)은 공간을 구획하고, 공간의 배치와 질서를 체계화하는 데 강한 영향력을 행사하는 전문가적 지식과 공적 (지식)담론들 그리고 지배적 의미화의 자원과 네트워크로 구성된다. 한편 '재현되고 체험되는 공간'(representational spaces)은 인간주체들이 경험하고, 살아가고, 조우하는 공간들 속에서 펼쳐 내는 다양한 활동상과 의미들, 특히 변화와 지배적 흐름의 전유 그리고 비순응과 전복을 표출·희구하는 일련의 실천과 상상, 그리고 욕망과 감정 등을 포괄적으로 포함한다(Lefebvre, 1992; Hubbard et al., 2004 참고).

르페브르는 이들 3개의 개념들이 변증법적 긴장관계를 형성하고 있으며, 일상을 가로질러 가며 발생하는 다변화된 유형의 공간들의 생성과 부상 그리고 유지와 변화를 추동한다고 보았다. 그를 포함한 비판적 공간연구 계열 학자들은 자본과 토건세력이 구축해 내는 공간 축적의 제 양상과 '공간적 재조직화'가 야기하는 공적 쟁점과 갈등적 측면들, 도시공간을 둘러싸고 생성되는 정치경제적 조정 작용과 역사적 배치의 단면

하기 위한 대안으로도 활용된다.

들, 그리고 이러한 거시적 효과들을 만들어 내는 권력 작용들을 체계적인 사례연구와 비판적 이론화의 노력으로 다루어 왔다(최병두, 2011, 2016 참고). 나아가서 이들은 거시적 조망을 넘어, 공간이 재편되고 변화하는 과정에서 무수히 산재하는 차이들(social differences)과 사회적 모순들, 그리고 타자들의 실천과 개입이 작용하는 측면에 관해서도 주의를 게을리하지 않았다.

특히 영어권의 대표적 지리학자인 데이비드 하비(1989)는 공간이 구현되고 추동하는 방식이, 사회적 실행들이 주도하고 그러한 역할이 단순히 반영되는 거대한 무대와도 같은 정태적이거나 고정된 객체가 아니며, 무수한 사회적 관계들과 단층들이 중첩적 방식으로 공간의 (재)조직화 과정에 개입하는 측면에 주목한다. 이와 관련하여 최병두(1996, 209쪽)는 "공간은 단순히 물리적 공간만이 아니며, 항상 그곳에 위치 지어져 있는 사물들과 함께 생성하고, 유지 발전하며 소멸되고 재생성"하는 특성을 발휘한다고 짚어 낸다. 하비는 이러한 공간의 특성을 구성하는 (도시) 공간의 능동적 역할과 동력(dynamics) 그리고 그 속에서 순치되지 않은 존재감이나 사회적 차이들 그리고 복수의 주체들이 제기하는 활동상을 강조하는 보다 중층적이고 관계론적인 접근법을 제기한 바 있다(Harvey, 1996, 2005, 2013). 정리하자면, 르페브르와 하비 등의 영향 아래서 부상한 공간에 대한 새롭고 대안적인 지식생산은 기존의 도시사회학적 입장이나, 공간이라는 층위에만 집중하는 '공간물신론'(spatial feitishism)의 한계를 비판하면서, 보다 복합적인 탐구와 '개입적인' 이론화의 노력을 기울인다.

이 계열에 속하는 학자들은 공간을 이미 주어지고 확정된 사물 혹은 느슨한 환경이나 정태적 대상으로만 고정시키지 않고, 기존의 입장에서 탈피하여 공간적 차원의 상대적 독립성, 그리고 공간의 생산성과 역동성을 체계적으로 파악하고자 하는 결집된 노력을 추구한 것이다. 부연하자면, 이들은 공간이 정치권력이나 자본의 잉여창출을 위한 제도적 실행과 이러한 확장된 과정에서 발현되는 물리적 효과들에 의해서 '구조화'된다는 인식에는 동의하지만, 동시에 공간이 다양한 담론들의 효과와 함께, 광의의 문화적인 그리고 인간주체들의 실천이나 대항에 의해서 끊임없이 재구성되고 '전유'되는 측면에도 주목한다.

예컨대 "자본이 만들어 낸 도시공간은 단순한 〔권력이 주도하는〕 투영물이 아니라, 상대적으로 자율적이면서도 위기담지적인 메커니즘에 따라 진화"하며(최병두, 2015, 18쪽), 이러한 공간의 동학과 재편은 필연적으로 특정 사회적 주체들의 저항과 사회적 불안이나 마찰과 대립을 증폭시키게 된다. 즉, 비판적 공간연구는 거대도시와 같은 대표적인 사회적 공간이 거시적 정책이나 제도에 의해 점유되고 배치되며 '침탈'되는 동학에 대한 개입적 관찰과 이론작업을 수행하면서, 동시에 공간이 필수적 조건이자 핵심적 매개체로서 상이하게 발휘하는 역량과 물질과 담론을 가로지르는 일련의 작용들이나 '사건성'(*eventalization*)의 생성에 관여하는 측면에도 주목하는 것이다.[10] 비판적 공간연구는 (도시) 공간의 재구성 과정 속에서 발현되는 공적 개입의 효과와 문제점들 그리고 개발의 이면에 대한 정치한 분석과 함께, 사회정의 추구와 사회적 주체들의 생존권 문제에도 매우 큰 문제의식을 투영하는 것이다.

---

[10] 주지하다시피 특정 지역이나 장소를 기반으로 한 집합적인 갈등이나 저항과 연대는 종종 사회운동이나 환경운동 혹은 빈민운동 등과 결부되는 무시 못 할 요소들이다. 용산의 남일당에서 대추리, 밀양, 그리고 강정 등에 이르기까지 생생한 사례들이 존재한다.

이러한 지향성과 관련된 사례를 들어 보자. 특히 비판적 공간연구 계열의 주요 성취 중에서 데이비드 하비(2005)의 〈모더니티의 수도 파리〉는 매우 시사적인 작업이다. 물경 500여 쪽이 넘는 이 방대한 저작은 자본과 국가권력에 의해서 주도된 파리라는 도시공간의 역사적 재구성과 그 과정에서 벌어지고 축적된 문화, 정치, 경제 측면의 역동적 변화 과정들을 매우 정확하고 섬세한 필치로 포착해 낸다. 특히 이 작업 속 인상적인 부분으로는 당대 파리의 풍물상과 사회정치적 변동의 측면들을 예증하는 풍부한 문서와 사진 등 일련의 공적 자료와, 발자크에서 보들레르와 플로베르에 이르는 도시화 전개과정을 예리하게 서술한 문학 작품들, 그리고 벤야민이 시도한 거리탐방을 복합적으로 활용하면서 풀어내는 매우 다면적인 서술방식을 들 수 있을 것이다.

부연하면, 하비의 작업은 파리라는 도시를 변화시킨 근대성과 자본과 정치권력이 주도한 사회경제적 배치의 단면과 전개과정을, 그러한 과정 속에서 불균등하게 접합되는 일련의 문화적, 사회경제적, 그리고 역사적 요인들에 관한 집요하고 정치한 관찰과 더불어 진전된 해석적인 유연성이 발휘되는 탐구를 통해서 유려하게 기술해 낸다. 그는 도시거주자들의 삶의 변화하는 맥락성이나 다채로운 문양을 미시적 변화상에서부터 거시적 제도 및 담론들의 효과까지도 유기적으로 포함하는 매우 치밀하고 동태적인 작업을 제공함으로써, 근대성의 전개과정과 기획을 '고현학'(考現學)의 방식으로 읽어 내는 주요한 전범을 제시하는 것이다. 11

---

11 고현학은 통상적으로 근대성이라는 거시적인 기획과 이 과정에서 부상한 일련의 변동을 일상과 문화 그리고 삶의 양식의 변화를 중심으로 탐구하는 접근이며, 인문학과 예술연구, 역사학과 지리학 그리고 문화연구 속에서 추구된다. 본문에서 다루었듯이, 이러한 작업은 종종 역사철학적인 사유와 문화적 해독 그리고 사회학적인 진단이 유연하

필자는 이러한 하비의 입장이 어지러울 만큼 복잡다단한 도시공간을 분석하고자 하는 이들에게 매우 의미심장하고 유용한 단서와 자원을 제공한다고 판단한다. 앞서 제시한 르페브르와 카스텔 등의 작업이 공간의 생산과 배치와 관련한 거시적 수준의 문제와 갈등들을 주로 논하고 이론화했다면, 미시적이고 일상적인 수준에서 도시공간이 체험되고, 상상되는 단면들을 포착하려는 노력 또한 공간과 장소의 역할과 같은 주요한 주제를 이해하는 데 매우 필수적이기 때문이다. 부연하면, 도시공간과 인간과의 불균등한 상호작용의 양상들을 상상과 은유 그리고 문학 텍스트에 필적할 진한 스토리텔링을 채용하는 대안적 글쓰기와 관찰된 사회현상을 촘촘하게 묘사하는 신중한 관찰로 결합시키는 것이 이러한 작업의 특징이다(Bridge & Watson(Eds.), 2000; Donald, 1999; Soja, 2010 참고].

국내에서도 이러한 공간적 전환 혹은 공간에 대한 인식의 재고와 관련된 일련의 이론화와 사례연구들이 1990년대 초반을 중심으로 부상한 바 있다. 예컨대 공간과 시간 사이의 변증법적 상호작용에서 거대도시의 변화상을 공간의 역학과 문법의 재구성으로 풀어내는 작업들, 공간을 재구성하는 자본의 유연한 축적양식에 관한 관찰들, 그리고 근대성의 개화와 도시화 그리고 도시문화의 생성을 논하는 일련의 기획들이 인문학과 사회과학을 가로질러 가며 생성된 것이다.

한국의 문화연구 역시 1990년대 이후 공동 기획이었던 〈압구정동: 유토피아 디스토피아〉나 김진송의 〈서울에 딴스홀을 허하라〉, 임동근

게 결합된 탐구와 서술의 방식을 추구하며, 근대성의 명암과 관련된 매우 많은 작업들을 생성하고 있다.

의 〈서울에서 유목하기〉, 강내희의 〈공간, 육체, 권력〉, 강내희 외의 〈서울, 그 공간의 정치경제〉 등과 같이 도시공간의 동학과 공간정치에 대한 상당히 시사적인 작업들을 꾸준히 제공했다. 이런 측면에서 언론학 영역 내 문화연구자들도 일부 가담했던 도시공간에 대한 관심과 논쟁은 공간에 대한 재사유와 공간 관련 개념들의 탐구, 그리고 공간의 작동 방식을 탐색하기 위한 기존의 의미론이나 협소한 문화론 위주의 — 그러니까 대중문화 내 특정 텍스트들에 대한 재현의 정치적 함의를 추구하는 비판적 해독으로 구체화되는 — 접근을 크게 넘어서서, 문화지리학, 도시학, 사회학, 역사학, 여성학, 인류학과의 상호작용을 통한 이론적인 그리고 방법론상의 확장을 가져왔다. 이 과정에서 특히 문화연구는, 기존의 매체와 대중문화에 관한 연구를 넘어서, 인접 학술영역들로부터 많은 이론적 관점과 단서들을 — 현장연구와 탐방작업, 도시공간의 생성변화에 대한 미시사적 입장이나, 거시적 해석의 틀을 설정하는 정치경제학적 시각들 등을 — 빌려오면서, '공간의 문화정치학'을 복수의 관점에서 조명하는 데 일조하기도 했다.

이제 도시라는 대상을 구획하고 재현하기도 하는 '공간의 문법'에 관해 조금 더 구체적으로 살펴보자. 단적으로 말해서 도시공간은 물리적, 담론적, 상징적, 그리고 제도적인 속성들을 복합적으로 발현하며, 자신의 존재감을 때로는 당당하게, 때로는 조용히 드러내는, 인간의 삶 속에서 떼어 놓을 수 없는 존재이다. 무엇보다도 도시라는 존재는 오랜 세월을 두고 정치와 경제를 아우르는 국가나 자본 등의 사회권력(social power)이 집중적으로 쏟아부은 특정한 정책과 비전들이 매우 물리적이고 구체적인 방식으로 — 또한 특정한 지배적 질서를 구현하면서 — 형성한 구조적 결과물이자 계속해서 변화하는 동력을 발현하는 구성체이기도 하다.

예를 들어 보자. 도시의 공간적 구획으로부터 특정 구역의 (재)개발이나 문화 클러스터의 구현 등에 이르기까지, 의심할 바 없이 도시계획과 개발은 도시거주자들의 삶과 그들의 생활세계에 커다란 영향과 흔적 그리고 때로는 깊은 상처와 갈등을 생성하는 집합적 실행이다. 주지하다시피 (도시)공간은 부와 잉여를 창출하는 주요한 수단이자 자원이기에 '효율적 조직화'와 특정한 이해관계를 통해서 매우 치밀하게 관리된다. 대단위 택지개발에서 한때 강하게 추진되었지만 상당한 반대에 부딪친 '뉴타운' 개발, '한강 르네상스' 기획이나 '문화의 거리'와 한류현상에 힘입은 'K 컬처 밸리' 등의 조성과 같은 사안들이 그러한 대표적인 개발 또는 난개발 사례에 속한다.

조금만 주의를 기울이면 개발과 성장 혹은 발전과 변화라는 슬로건으로 도시공간에 불균등하게 투영되고 자태를 드러내는 공간의 문법과 상품화는 명확하게 그러한 방향성과 효과를 우리의 눈앞에 드러낸다. 도시는 스카이라인을 구성하는 거대한 쇼핑몰과 기념물들, 신도시와 오피스타운, 그리고 고층 아파트와 주상복합물의 위용으로 상징되는 고도성장과 '발전의 지표'들을 드러낸다. 이창남(2010, 10쪽)이 짚어 내듯이 "국가와 자본을 통해서 이루어지는 이른바 근대적 중심화의 논리는 곧바로 (도시) 경관을 통해서 구체화되고, 발현"되는 것이다. 거대도시는 또한 현란한 네온사인과 광고판으로 덕지덕지 치장한 기호와 상징들이 난무하는 소비와 욕망의 공간이지만, 이 과정에서 주변화된 도시거주 빈민이나 정주(定住)의 장소에서 내몰리는 하층계급에게는 사회적 소외와 빈곤의 재생산이 종종 폭력적으로 이루어지는 갈등과 모순이 배태된 공간이기도 하다.[12]

또 다른 관련 사례들을 들어 보자. 양극화가 가파르게 전개되면서, 빈자의 처소에 사는 이들과 사회적으로 욕망되고 선호되는 주거양식에 사는 이들이 조우할 여지는 점점 줄어들었으며, 이들 간의 물리적인 동시에 상징적인 절단선(*social faultlines*)은 은밀하지만 확연하게 강화되는 추세이기도 하다. 이제 한국의 상황에서도 계급적이고 문화적인 동질성과 경제력을 보유하지 못한 이들에게는 문이 굳게 닫힌, 외부를 감시하는 CCTV들의 시선이 산재하는 빗장을 굳게 두른 주거의 공간들, 혹은 전통적 의미의 공동체라고 부르기 어려운 건조물과 단지들(*gated communities*)이 점차 늘어나고 있다. 즉, 누군가에게 투자와 안락한 거주의 대상일 수 있는, 화려하고 '부의 아이콘'으로 취급받는 일련의 랜드마크들은 다른 이들에겐 접근하기 매우 어렵고, 나아가서 거주할 수 없는 금지와 배제의 영역이기도 하다. 한편 관련 주체들이 축적한 각고의 노력으로 특정 장소와 거리의 특성과 매력이 크게 고양되지만, 이익의 독점과 탐욕의 발현으로 인해 자신들이 개척하고 일구어 낸 장소에서 밀려나는 '젠트리피케이션'의 가시적인 사례들도 종종 관찰할 수 있다(신현준·이기웅 편, 2016; 작가선언 6·9, 2009 참고).

부연하자면, 도시란 비어 있는 공간(空間) 또는 물리적으로 형성된 영역에 사회적 제도와 정책적 실행들이 덧씌워지고 채워진 정체된 대상

---

12 이러한 측면과 관련하여 도시공간의 변화상을 비판적인 관점으로 접근하는 연구자들은 '이중적 도시'(*dual city*)라는 개념을 활용하기도 한다. 즉, 도시공간은 특정 집단이나 주체들에게는 수혜와 기회, 성공과 성취, 안락함과 세련됨, 욕망과 과시의 공간이지만, 다른 이들에게는 잿빛으로 채색되고 쉽게 발화되기 어려운 응어리진 삶이 체화된 절망과 절연, 가난과 내몰림, 그리고 생존과 장기간의 정주 자체가 매우 불안정하고 위협받는 곳이기도 하다.

만은 아닌 것이다. (도시) 공간은 특정한 역사성과 장소성을 형성하는 데 개입하는 행위자로서의 기능을 발휘하며, 사회제도적 층위의 실행과 더불어 문화적이고 일상성의 개입에 의해서 끊임없는 변화상을 발현하는 구성물이기도 하다는 복합적 '구조화'의 단면들을 보이는 것이다.

이제 논의의 결을 조금 바꾸어서, 도시공간에 대한 비판적 분석틀과 필자가 전공하고 업으로 삼는 (미디어) 문화연구는 광의의 공간의 문제를 어떻게 다루어 왔는지를 잠시 알아보자. 무엇보다도 문화연구가 재현과 상징이라는 의미와 '언어중심적'(meaning-centered) 시각을 견지하던 와중에, 특정한 변화의 양상과 물리력 그리고 거시적 담론화의 효과들을 발휘하는 공간의 탐구와 공간 관련 주제들의 문제에까지 — 예컨대 도시경관(landscape), 건조환경(built environments), 장소(성), 로컬리티(locality), 이동성(mobility), 공간의 재생산과 변화의 차원(scale) 등 — 지적-비판적 관심이 대폭 확장된 측면을 기억할 필요가 있다(강준만, 2006; 김수철, 2010, 2014 참고).

문화연구가 이러한 '지리학적 상상력'과 공간에 관한 다양한 분석을 조직적으로 시도하면서, 다음과 같은 인식의 변화들이 부상하기도 했다. 예컨대 다수의 문화연구 작업들 속에서 공간은 역사·사회적으로 이루어지는 자본주의와 근대(화)라는 돌진적 변화의 과정이 불균등하게 투영되는 '무대'(stage)이거나 일종의 '화폭'(pallette)에서, 부상하는 감정구조나 감수성 등이 체감되는 '문화적 해방구'와 같이 독특한 감각의 표출과 실행이 부상하는 주요한 영역으로, 그리고 일상에서 벗어나는 '카니발' 등의 집합적 의례들이 발생하는 '역공간'(liminal space) 등으로 다면적으로 설정되기 시작한 것이다. 일례로 적지 않은 문화연구 관련 작업들 속에서, 압구정동이나 홍대와 같이 부상하는 청년문화나 하위문화의 단면과 감성, 그리고 새로운 문화적 기류를 추적할 수 있는 거점들이 연구자들이 주목하는 대표적 공간텍스트로 등장한 바 있다(강내희, 1997; 강수미 외, 2003; 김수아, 2015; 전규찬, 2015 참고).

한편, 이 대목에서 종종 공간과 대비되는 장소에 관한 심화된 문제인식을 인지해 볼 필요 또한 존재한다. 다수의 공간을 비판적으로 사유하는 작업들 속에서, '장소의 정치'(the politics of location)는 특정한 역사와 기억이 존재하는 장소를 해체시키는 자본과 테크놀로지의 강력한 유입과 역학에 대항하는, 특정한 장소를 중심으로 하거나 기반으로 삼는 (place-based) 문화운동과 대안적 정치(성)의 새로운 유형으로 제시되고 탐구되기 시작했다. 즉, 장소의 정치학은 시간의 켜와 수많은 이들의 삶의 체험, 애환과 기억, 상처와 감정, 의지와 실천상 등을 담고 있는 특정 장소의 특성과 연원, 그리고 그러한 장소성에 대한 깊은 '애착' (topophilia)과 복수의 결연들(associations)이 모여 엮어 내는 정체성의 정치에 주목하는 것이다.

예를 들면 압축적으로 전개된 근대화와 도시화에 의해서 애초의 형체를 알아볼 수 없을 만큼 변화하고 풍화된 특정 장소들은 — 마을과 소도시, 혹은 개발의 손이 덜 미친 자연과 지형이 존재하던 경관 등은 — 그럼에도 누군가의 기억 속에 끈질기게 남아 있으며, 장소의 정체성과 흔적들은 그곳에 정주했거나 머물렀던 이들의 기억과 경험 혹은 그들이 남긴 기록들 속에서 여전히 존재한다.

장소의 정체성과 정치성이라는 개념은, 발전론이나 공간에 대한 정치경제학적 입장에서처럼 장소를 특정한 정책이나 권력 작용의 부산물 정도로만 간주하거나, 장소의 가시적 성격을 구성하는 건축이나 물리·제도적 구성요소들에만 주목하는 것이 아니라, 삶과 경험 그리고 기억이

스며들고 배태된, 그럼으로써 공간의 개념보다는 훨씬 덜 추상적인 대상으로 설정되는 장소의 상을 제시하는 것이다. 조금 다르게, 특정 장소가 뿜어내는 독특한 분위기와 느낌(the sense of place)은 어떤 장소의 구체적 캐릭터와 고유한 특성을 형성하며, 장소는 그곳에 정주하거나 애착을 느끼는 이들과의 장기간에 걸친 교섭과 교감에 의해서 현존하고 상상되는 장소성과 결합된 특정한 정체성(들)을 발휘하기도 한다(임동근, 1999; Creswell, 2004).

단적으로 공간이 자본이나 (국가)권력과 같은 강력한 행위자들에 의해서 구현되고 변화되는 속성을 지닌다면, 장소는 일정한 정주(자)의 삶과 집단적 기억들 그리고 끈끈한 체험들이 직조되어 녹아든 곳이다. 예를 들면, 자본은 권력과 더불어 공간의 생성과 구획 배치 그리고 공간을 둘러싼 발전과 파괴를 추동하는 강력한 힘이자 거시적 행위자 중 하나이지만, 자본이 발휘하는 강력한 영향과 포섭의 힘에 저항하며, '희망의 영역'을 희구하는 장소를 매개로 한 현실 속 대안들의 추구와 급진적 집합행동들이 주기적으로 부상하는 것이다. 그러기에 장소를 매개로 한 '문화정치'는 개발론자들이 무관심하거나 경시하는 장소성과 특정 지역이나 장소에 발현되거나 침전된 특질과 일상적·문화적인 속성들에 초점을 맞추면서, 장소를 매개로 한 대안적 실천이나 저항과 연대의 가능성에 주목한다.

또한 장소 혹은 장소성은 공간 거주자들이 축적하고 공유하는 일련의 경험들, 사회적 차이들, 그리고 아래로부터의 시점이나 상상으로 구현되기도 한다. 따라서 특정한 장소는 외부로부터 밀려드는 자본과 국가를 포함한 주요 사회적 행위자들이 발휘하는 역학과 영향 아래 구체적이며 동시에 불균등한 변화를 맞게 되지만, 이러한 변화에 저항하는 실행이나 잠재적으로 '전복적인' 요소들도 포함하게 된다. 이런 측면에서, 다기한 사회적 주체들이나 타자들이 이끌어가는 장소의 정치는 공간에 대한 지배적 담론이나 물리력에 대비되는 저항적이고 대안적 요소들을 포함하며, 변화와 대응을 위한 일정한 출발점이자 지지대가 될 수 있는 것이다.

4. 문화연구자의 사려 깊은 행보로 가로의 특성과 함의를 풀어내기

그렇다면 문화연구자나 문화비평가의 관점을 빌려 서울이라는 거대도시 속의 특정 현장이나 가로를 탐구하고자 한다면, 어떠한 경로와 문제의식의 점화, 그리고 방법론을 활용하거나 투사할 수 있을까? 필자는 지금부터 이 질문에 대한 모색을 특정한 장소성을 발휘하는 대상에 대한 탐방기를 논의의 사례로 삼아 풀어 보고자 한다.

필자가 생각하기에 무엇보다 문화연구자를 포함한 인문학자 혹은 문화비평가가 서울이라는 도시공간을 분석하고자 할 때 참고하고 선택할 수 있는 매우 유용한 방식은, 앞서 거론한 벤야민의 작업과 더불어, 엥겔스가 맨체스터에 거주하는 노동계급의 열악한 주거상황을 탐사하는 과정에서 사용했던, 특정한 거리와 구역을 중심으로 이루어지는 '걷기'와 탐방이다. 엥겔스(2009)는 〈영국 노동계급의 상황〉(*The condition of the working class in England*)에서 맨체스터의 빈민과 부랑인들의 거리와 노동자 중심의 집합거주구역을 발로 직접 탐구하는 작업을 실행했으며, 이러한 발상은 도시공간을 매개로 표출되는 가난과 저개발의 실상을 생생하게 현장기로 담아내는 매우 유용한 '교본'이 되었다.

필자는 몇 해 전 이러한 산책자 되기를 매우 유려하고 인상적으로 실천한 동료 문화연구자 전규찬의 여러모로 의미 있는 작업을 대하고는 상당한 반가움과 더불어 깨달음을 느꼈다. 전규찬의 〈동대문운동장을 '우리 것'으로 만들려면〉은 동대문운동장 자리에 초현대식 디자인플라자를 세우겠다는 서울시의 야심적인 계획 아래 곧 소멸될 운명에 놓인 동대문이라는 특정 장소가 담지하는 대중적 함의와 역사성, 그리고 그곳에서 대면할 수 있는 독특한 풍경과 특성들을, 그가 수차례 수행했을 탐방과정에서 수집한 체험과 인상을 매개로 복합적으로 조명한다.[13] 그의 작업은 개발과 재건의 당위성과 투자효과, 장소마케팅 등을 강조하며 힘으로 밀어붙이는 권력집단이나 정책입안자들이 크게 주목하지 않는 특정 장소가 발현하는 문화적 유산과 특성 그리고 특정 지역 거주자들의 삶을 사려 깊게 그리고 촘촘하게 복기해 내는 텍스트를 제공한다.

그는 먼저 자신이 가르치는 과목의 학생들에게 곧 사라질 운명에 처한 동대문운동장과 부근의 시장거리를 거론했을 때 돌아온 그들의 답변에서 일정한 실망감을 느낀다. 아예 그곳에 가본 적이 없거나, 그 장소를 활용하는 시민과 상인들에게 갑작스레 밀어닥친 변화에 대한 일정한 비판적 의식은 견지하지만 현장을 찾는 행동으로 옮기는 일에는 유보적인 학생들의 반응을 접하면서, 그는 동대문운동장 주변의 민초(民草)들의 삶이 대안적으로 관찰되고 체험될 수 있으며 성찰적 사유가 부상할 수 있는 방안을 다음과 같이 땀땀이 제시한다.

약간의 호기심을 발휘해 〔동대문운동장 내의〕 풍물시장 안으로 직접 들어가 보시라. 거기서 무엇을 보게 될까? 청계천의 망실된 기억과 마주치게 될 것인가, 스펙터클한 건설을 위해 내몰린 도시 빈민의 상처를 엿보게 될 것인가? '뉴타운', '재개발'의 젠트리피케이션(gentrification·도심의 고급주택화

---

13 〈프레시안〉 2007년 11월 15일자 기고문 참고. 동대문운동장 철거계획이 밝혀지자 스포츠인들은 철거에 반대하는 선언을 발표했고, 600여 명의 노점상들이 생존권을 빼앗길 수 없다며 항의의 대열에 참여하였다. 이 장소의 철거 반대와 보존을 요구한 주체들인 문화연대, 민주노동당 서울시당, 전국빈민연합, 체육시민연대 등은 2007년 11월 12일부터 한 주간 동안 서울시청 앞에서 1인 시위를 전개하기도 했다. 동대문 풍물시장은 결국 2008년 4월 16일 새벽 서울시에 의해서 강제로 철거되었으며, 그 자리에는 동대문 디자인플라자가 들어섰다.

현상) 프로젝트가 내다 버린 쓰레기 더미의 고약한 냄새를 맡게 될 것인가? 그러나 그뿐이겠는가? 이태리 구제품이 있다. 중국산 골동품도 많다. 운 좋으면 북조선인민공화국 영웅 군공메달을 구할 수도 있다. 야한 성인 테이프가 팔리고, 그 옆에는 보기 민망한 자위기구들이 얼굴을 내민다. 모든 게 오직 노골적이고 솔직한 방식으로 출현하고, 필요로 하는 사람들에게 (되) 팔린다. 일방 정찰제가 아닌, 상호 흥정이 장터의 일반규칙이다. 양심적으로 사고팔며 정직하게 살아가는 보통사람들의 삶이 동대문운동장에 있다. 동대문에서 더 이상 축구를 볼 수는 없다. 그러나 대신 훨씬 흥미진진한 물건들의 운동이 있다. 분주한 삶의 연출, 격투하는 생활의 관전이 가능하다. 그 생활의 플레이어들과 한 팀이 될 수 있다. 생활을 책임져야 하는 '우리'의 선택이 이를 파괴하고 해체하는 권력, 즉 '그들'의 선택과 얼마나 어긋나 있는지를 본능적으로 체감할 수 있다. 이렇게 동대문운동장, 그 낡은 공간에서 펼쳐지는 삶의 경기에 몸으로 참여함으로써 나는 바로 '우리'로 변신한다.

… 동대문야구장부터 비우고 밀어낸다고 한다. 자본이 아닌, 시민의 이익을 위한 것이라고 강변한다. 서울을 살기 좋게 만드는, 미래를 위한 '뷰티피케이션'(beautification · 미화) 환경사업이라 선전한다. 그러나 도시의 생태적 미학화는 그런 부동산 재개발의 일방주의로 구성되지 않는다. 낡은 곳과 새 곳, 못난 계급과 잘난 계급, 자연과 인공이 평화롭게 공존하는 공간설계정치학이 정답이다. 동대문운동장은 그 자체로 아름답지만, 바로 이 생태적 조건을 위해 존재하기에 사회적으로 가치가 더욱 크다. 동대문운동장을 우리 것으로 점유하는 것과 서울을 인·민 다중의 것으로 전유하는 게 별개일 수 없다. 그러니 서둘러 그곳으로 산보를 나섬으로써 우리의 공통감각, 보편감수성을 일상적으로 단련함이 어떠할까.

전규찬의 글은 동대문운동장이라는 한때 대중의 관심과 사랑을 받았지만 시간이 지나면서 쇠락했고, 시 주도의 개발계획에 밀려 곧 사라질 한 장소가 담고 있는 거리의 풍경과 초상을 찬찬히 그리고 복합적으로 읽어 낸다. 그가 주목하는 것은 동대문운동장 부근에 발품을 팔아 들린 사람이라면 조금만 주의를 기울이면 바로 대면하고 체감할 수 있는 활기 있는 삶과 교역으로 매개되는 독특한 현장성이자 그 장소에 기반을 둔 특화된 문화적 정경이다.

그는 어쩌면 때로 궁상맞고 화려함과는 거리가 먼, 잡다하고 손때 묻은, 그리고 종종 조악(粗惡)하지만 신기한 물건들이 거래되며, 적지 않은 이들이 찾는 동대문과 황학동 부근 벼룩시장에서 주류 언론이나 개발 담론이 주목하지 않는 땀이 배이고 사람냄새가 나는 풍경을 포착해 낸다. 이러한 시도는 앞서 논한 벤야민의 도시공간을 관찰과 사유의 대상으로 하는, 즉 예리하며 참여적인 시선을 발휘하는 산책자가 되어 기술하는 글쓰기와 탐방의 방식이 어떻게 서울이라는 메트로폴리스 속에서 적용될 수 있을지의 가능성을 구체적으로 모색하는 작업이기도 하다. [14]

---

14 산책자 되기의 핵심적인 특성과 함의에 대해 전규찬(2015, 36쪽)은 다음과 같이 풀어 내기도 한다: "'산책'은 결코 복고적 의미로 쓰이지 않는다. 전술적 개념이다. 다소 한 가롭게 들릴 수 있는 '산보'라는 용어 대신에 이 말을 선택한 이유다. 산책은 한가로운 행보가 아니다. 위기의 순간에 섬광처럼 반짝이는 이미지와 스치는 기억, 돌출한 현상을 낚아채 붙드는 인식적이고 행위적인 모험이다. 역사 기록, 현실 채굴의 공간 실천적 기술로서 풀이될 것이다. 소설가, 역사가, 저널리스트, 민속지학자, 고현학자, 현실 문화연구자가 개발하여 각자의 자취를 남기는 사유와 현실 사이의 인터코스(inter-course), 즉 교통의 행위로 정리된다. 산책을 통해 우리는 시중잡인들의 삶이 펼쳐지는 일상성으로 나아간다. 거기서 현실의 모순과 모순의 현실을 직시하게 된다. 나아가 타개의 방법까지도 고심하지 않을 수 없게 되고, 참여의 정치윤리를 다지게 될 것이다. 그러한 점에서 산책은 현실과의 적극적인 교전, 현재와의 능동적인 관여에 다름 아니다." 한편 전규찬(2010, 2014, 2015)은 공간과 현장 그리고 문화정치의 역할을 유기

전규찬은, 필자가 추측건대, 앞 장에서 거론한 정치경제학이나 보다 거시적인 층위에서 작동하는 비판적 공간이론을 충분히 활용할 수 있었음에도 불구하고, 동대문운동장 부근의 정경을 사려 깊은 산책자이자 날렵한 다큐멘터리스트의 시선으로 '낮은 곳에서부터' 접근한다. 그는 자신에게 다가오는 사물과 공간 점유자들이 만들어 내는 생동하는 정경을 세밀하게 포착하려 하고, 지식인의 관찰이 관습적으로 견지하는 어떤 거리감(analytic distance)을 넘어서서, 자신이 목도하는 사물과 군중이 엮어 내는 특별한 풍경 속으로 '잠입'한다.

어떤 전지적인 시점 혹은 권위를 발휘하는 도시개발자의 시선으로 보면 시대에 뒤떨어지고, 경제적 잉여도 크게 산출하지 못하며, 사회적 주목도 별반 받지 못하는 한 누추한 장소와 주변을 타인들과 어깨를 스쳐 가며 배회하면서, 그는 세월을 두고 서민들의 취향과 애환이 서린 이 나들이와 교역의 현장이 발휘하는 생동감과 즉흥성 그리고 상호작용을 조밀하게 스케치해 낸다. 그럼으로써 그는 (재)개발의 논리와 이익이나 '효율성'을 강변하는 개발만능주의적 시선에서 벗어나서, 동대문운동장 부근을 상호교류의 장으로 삼아 표출되는 익명의 도시거주자들이나 서민들이 생성하는 생활문화의 단면과 나들이의 방식을 재평가하려는 노력을 선보이고, 나아가서는 그 장소에 배태된 생동감의 함의와 '생태학적' 가치들을 풀어낸다.

물론 전규찬의 글쓰기가 벤야민이 선도하고 예시한 도시 대중과 풍물들이 빚어내는 정경에 대한 매우 정교한 '관상학적 독해'나 그가 강조한

적으로 결합시키고자 하는 문제의식을 꾸준히 풀어내는 일련의 인상적인 작업들에 천착해 왔다.

의도적으로 '방황하는 기술'의 가능성을 충분히 설득력 있게 실행하는가 하는 판단은 독자의 관점이나 주관에 따라 달라질 수 있을 것이다. 필자는 그가 시도한 탐방의 방식이 이제까지 공간을 다루는 지식인의 관습적이고 제도화된 글쓰기에서 '의도적'으로 벗어났지만, 동시에 한 특정 장소에서 도시의 서민들이 모여들고 형성하는 특유의 생명력과 교감들 그리고 교차하는 박동의 현장을 매우 응집력 있게 포착하는 장점이 발현되는 글이라고 평가한다. 특히 대중적 글쓰기를 지향하며, 온라인 매체에 기고된 크게 난해하지 않은 흐름으로 독자들과의 소통을 시도하는 기획이라는 점에서, 그의 작업은 매우 시사적이다.

물론 애써 비판을 하자면 전규찬의 글은 상당한 기간의 참여관찰과 현장에 정주하는 작업이 필요한 정치한 민속지학(*ethnography*)의 가능성을 충분히 구현하고 있지는 못하며, 혹자는 동대문운동장 주변의 풍경을 다소 '낭만적'으로 다루고 있다고 말할지도 모른다. 일반적으로 공간의 의미구성이나 특정 구조물의 의미작용에 주목하는 기호학을 포함한 텍스트분석과 비교해서, 현장연구나 민속지학은 특정 공간이나 장소가 점유되고 체험되는 방식들을 상당한 기간과 노력을 통해서 그리고 거주자들과의 이어지는 상호작용을 매개로 관찰하고 진하게 기술된 기록과 진단을 제공한다는 점에서, 도시공간 내 특정 건조물이나 보다 한정된 장소에 주목하는 개별 텍스트 중심의 해독작업에 비해 '우월'하다는 평가를 받는다(조항제 외, 2015; Gregory, 1994).

하지만 특정 도시현장에 밀착해서 다가가는 민속지학적 방법론은 적지 않은 강점에도 불구하고, 적용의 현실성과 추진 등의 측면에서 상당한 어려움과 장애를 노출하기도 한다. 대부분 학교나 연구기관에 적을 두고 있는 연구자들에게 긴 기간의 정주와 거주민들과의 긴밀한 상호작

용을 필요로 하는 민속지학의 실행은 실제적으로는 매우 간헐적으로나 시도될 수 있기 때문이다.[15]

그렇다면 문화연구자가 실천할 수 있는 대안은 도시공간에 대한 주기적 탐방과 더불어, 특정 사안들에 — 예컨대 재개발이나 특정 공간을 기반으로 하는 새로운 문화의 부상 등과 같은 — 자신이 '전술적으로' 집중할 수 있는 기동적이고(mobile), 동시에 특정 공간에 내재하는 장소성과 독특한 분위기 그리고 관련 주체들이 발현하는 습속과 기억들을 두껍게 묘사하고 호출할 수 있는 감각적이고 실험적인 글쓰기의 방식을 실행하는 작업일 것이다. 부연하면, 이러한 결집된 노력과 노동의 핵심에는 특히 거대도시 내 복합적 리듬들을 기민하게 포착하고자 하는 촉각과 감응 그리고 성찰성의 발현이 충분히 감지되는 새로운 관찰법의 고안과 글쓰기를 위한 의지가 부단히 요구되는 것이다.

필자가 보기에 전규찬의 글은 동대문이라는 장소의 고유한 정체성과 일상성이 부각될 수 있는 방식들에 대한 진지한 분석과 더불어 그 장소를 대안적으로 상상하고 체험할 수 있는 '실용적' 사례를 제시한다. 이러

---

15 조금 다르게, 거대도시라는 공간은 인류학자가 전통적으로 정주하고 관찰하는 촌락과 같은 작은 지리적 단위와는 비교할 수 없을 정도의 복합성과 이질성 그리고 다차원적으로 구현되는 물리적, 사회경제적, 그리고 문화적 특성과 정체성들을 포함한다. 이런 환경에서 장기간에 걸친 참여관찰이나 현장연구가 도시문화와 도시공간의 재생산에 개입하는 요인들을 입체적으로 파악하는 데 분명히 상당한 도움이 되겠지만, 그러한 전통적인 방식의 정착 — 주민들과의 러포(rapport)와 상호유대의 형성 — 기록과 심화된 관찰기의 구성 등으로 정식화되는 민속지학적인 연구가 고정된 양식적인 규준(norm)이 되기엔, 현대의 메트로폴리스에 거주하는 다양한 사회적 주체들이나 '도시부족'들이 형성해 내는 정경과 삶의 양태들은 매우 복잡하며, 종종 이질적이고 또한 유동적이다 (Westwood & Williams, 1997 참고). 이러한 탐구의 조건과 대안적 전술을 적극 고려하는 기획과 작업이 요구되는 것이다.

한 기성 연구자들의 작업 속에서 보기 어려운 시도는, 앞서 논한 벤야민에서 유발된 도시에 대한 탐방기들이 지닌 유동적인 동시에 치밀한 글쓰기, 그리고 인간주체들과 물상들이 어우러진 풍경에 대한 지적 관심과 관찰을 창의적으로 체화시킨 유연하고 예민한 글쓰기의 실천과도 상당 부분 맥이 닿아 있는 작업이다.

물론 벤야민 자신이 자인했듯이 "눈으로 본 것에 맞는 단어를 찾는 것은 아주 어렵다"라는 말을 떠올릴 만큼, 산책자가 되어 구현하는 글쓰기는 — 혹은 벤야민이 "아스팔트에서 부유하기"(botanizing on the asphalt)라고 불렀던 유형의 작업은 — 결코 수행하기가 녹록하지 않으며, 전통적인 학문적 글쓰기 관행과 비교하면 지식인 독자에게도 여전히 상대적으로 낯설다. 예컨대 벤야민의 글쓰기는 사회과학적 논문의 형식과 규준(規準)을 과감히 벗어나는 번뜩이는 문학적 묘사와 감성의 표출, 철학적 아포리즘과 보다 치밀한 해석의 결합, 그리고 자신의 거리탐방과 관찰을 매우 감각적이고 치밀하게 제시하는 텍스트들의 연작으로 구성되기 때문이다.

거대한 텍스트라고 간단히 치부하기엔, 길들여지지 않은 생물과도 같이 쇄도하는 이미지의 움직임들과 사물이 자아내는 독특한 거대도시의 풍광 속에서, 대중의 습속과 욕망이 배어든 도시의 특정 가로와 공간을 탐방하며 부유하는 작업은 그만큼의 진중한 노력과 집중력, 그리고 일상의 단면들을 예민하게 포착하려는 문제의식을 필요로 한다. 동시에 도시공간과 장소의 함의들을 대안적으로 풀어내려는 이러한 작업은 종종 고단하고 발상의 자유로움을 필요로 하지만, 흔하게 접할 수 없는 가치와 잠재력을 지닌다는 판단을 필자는 내리게 된다.

5. 커뮤니케이션학과 비판적 공간연구와의 접점을 모색하기

앞서 예시로 든 전규찬의 작업은 도시공간 내 특정한 가로와 하위 주체들(the underclass)이 엮어 내는 매우 다양하면서 색채감 있는 정경이나 그 속에서 관찰되는 복수의 리듬과 문화적 의례(rituals)들을 근접해서 묘사하고 건조하지 않은 방식으로 기술함으로써, 현장 속으로 스스로 들어간 한 연구자의 동적인 관찰기가 어떻게 구현될 수 있는지를 예증해 준다. 이렇게 관성적인 학술 글쓰기에서 의도적으로 탈피하는 관찰과 소통의 시도는 공간의 사유와 연동되는 대안적인 교육적 효용성과 가능성을 — 아마도 '거리의 교육학'(pedagogy of the streets)이나 '산책자적 문화연구'라고 부를 수 있는 행보를 — 발현하기도 한다.

그의 작업은 언론학 연구자이자 문화연구자인 한 주체가 거대도시 공간 내 특정한 현장을 찾아가고 탐방하면서, 매체가 제공하는 틀과 주도적 프레임 바깥에 존재하는 — 동시에 주류매체에 의해 관심을 충분히 받지 못하는 — 서민들이나 주변인들이 살아가는 모습과 현실을 감각적으로 포착해 낸다. 이러한 작업은 연구자가 관행적으로 선택하는 분석 대상에 관한 종종 '내려다보는 사유'나 협소하게 설정된 범주를 적극적으로 탈피하며, '현장' 속으로 주체적으로 들어가려는 의지의 실행을 보여 준다(전규찬, 2010, 184쪽; 조은, 2012 참고).

거대도시 주변부에 존재하는 특정한 삶의 단면이나 비주류적 문화가 존재하는 양상을 예리하고 날렵한 상상력이 발현되는 방식으로 관찰하면서, 그는 공적 담론이나 제도적 담론들 속에서 정당한 위상과 관심을 종종 받지 못하는 이들의 활동상과 삶의 단면들을 놓치지 않고 복기해 낸다. 이러한 "삶의 문맥 속으로 걸음을 해 대중들과의 접촉면을 넓히고, 산책자의 예리한 감각과 안목으로 〔사회적·공적〕 위기의 표면을 짚어" 보려는 시도(전규찬, 2015, 37쪽)는 사회적 타자나 소수자들에 대한 신중한 관심과 감응 그리고 앎의 의지가 녹아든 탐색의 일환이자, 지식 생산의 주류적 흐름과는 상당 부분 관점과 결을 달리하는 '탈주'하는 글쓰기이기도 하다.

필자는 이 대목에서 그간 숱한 지식작업을 축적한 언론학 영역의 동료 연구자들이나 후학들에게, 이러한 작업이 담아내는 공간에 관한 숙고된 이해와 관심이 보다 유연하게 수용되고 활성화될 필요성이 적지 않음을 강조하고 싶다. 그러한 대안과 '외부'로부터 수용한 새로운 해석틀의 활용이, 보다 '낮은 곳'을 지향하는 공적 책무와 함께 성찰적 시선을 신중하게 풀어내는 하나의 활용 가능한 방편일 수 있다고 판단하기 때문이다.

전규찬(2010, 156쪽)이 예리하게 지적하듯이, 커뮤니케이션이라는 현상과 대상을 의미나 발화(發話) 혹은 메시지가 발현하는 효과 중심의 측면이 아닌 '교통'(交通)이라는 대안적 문제의식으로 전환할 때, 간과했던 일련의 쟁점들이 부상하게 된다. 특히 커뮤니케이션의 정의를 '상호 통합'이나 '상호작용'(social intercourse), 그리고 '서로 연결함'이나 '상호공존' 등과 같은 뜻을 지닌 대안적인 지적 문제의식으로 변환할 때, 커뮤니케이션학이 기존의 관습적 인식과 관성을 넘어 물질과 테크놀로지, 그리고 담론과 인간주체들의 대응이 결합된 공간과 장소의 문제에 관해 보다 결집된 관심과 성찰적 시선을 투사할 상당한 필요성이 제기되는 것이다.[16]

---

[16] 전규찬은 이를 '교환 = 교통 = 커뮤니케이션'의 복수적 활동이 생성되는 보다 새롭고 확

이러한 측면과 관련된 논점을 제기하자면, 조은(2012)과 최종렬 (2013), 정민우(2011) 그리고 김현미(2005) 등이 지적하듯이, 서울을 포함한 거대도시들에서 양극화가 심화되면서 일상적으로 일어나는 공간배치 속의 변화상과 폭력성, 주거와 삶의 영위에 가해지는 권력 효과들, 미시적 차원의 세계화 현상(micro-globalization)의 일환이라 할 문화적 혼종성이나 다문화 현실의 부상과 (잠재적) 갈등의 측면 등의 변화상을 숙고하는 작업을 수행할 때, 이 글에서 논한 산책자 되기와 현장연구 등과 같은 공간에 대한 진전된 탐구를 보다 주체적으로 시도하는 일련의 작업들이 발하는 함의들이 결코 작지 않다고 판단된다.[17]

장된 문제틀로 풀어낸다. 커뮤니케이션 영역의 비판적 전통 속에서, 해럴드 이니스나 레이몬드 윌리엄스, 스튜어트 홀, 그리고 제임스 캐리 등과 같은 외국 연구자들도 이러한 측면을 차별화시켜 탐구하는 선이 굵은 작업들을 이미 선보인 바 있다.

17 한편 김수철(2010, 2014)은 다양하고 복합적인 미디어 커뮤니케이션 기술과 거대도시를 포함하는 사회적 공간과의 동태적인 상호작용에 주목하면서, 기존 미디어를 의미와 재현작용, 이데올로기, 혹은 (협소하게 정의된) 문화의 문제로 풀어내기보다는, 특정 미디어를 주어진 환경의 일부를 구성하는 간과할 수 없는 동인으로 바라보는 보다 대안적인 관점의 필요성을 강조한다. '물질 공간론적인 접근'(spatial materialism)으로 명명되는 이 입장은 다양한 유비쿼터스 기술의 확산과 일상적인 활용 그리고 재매개(remediation) 작용 등이 특정 도시공간이나 장소성이나 정체성을 재구성하고 재배치하는 데 깊게 관여하는 측면에 보다 집중된 탐구의 노력을 기울이며, 그러한 과정의 '이면'에 존재하는 사회적 관계망의 재조직화와 권력작용 그리고 '지배와 통제'의 문제에까지도 분석적인 진단과 개입을 도모한다.

이 접근방식은 기존의 공간에 관한 문제의식을 매체가 재현하는 공간성이나 장소 정체성 등에만 주로 한정하는 시각을 넘어서, 다기한 매체와 교통수단 등 이동성(mobility)의 자원들이 사회·공간적 실행들과 불균등하게 접합되면서 특정한 사회적 현실과 단면들을 생성하는 데 분석적인 초점을 맞추는 것이다. 이 관점은 기존 미디어의 역할을 '특권화'하는 관성이나 고정관념을 '탈중심화'하면서, 유비쿼터스 컴퓨팅과 정보화의 확산이 당대의 사회환경과 생활세계를 심대하게 변화시키고 재구성하는 측면과, 이

나아가서 공간의 재생산과 그 과정에서 벌어지는 다기한 대응과 저항 등을 관찰하면서, 언론학자를 포함한 연구자들이 요동치는 현실에 거리를 둔 권위의 주체로서 관찰이나 정책적 제언을 주는 분화된 역할에만 주목하거나 몰입할 것이 아니라, '이야기꾼'이자 '감응의 주체'로서의 연대감과 자기성찰적 탐구를 정련하는 시도들을 배가할 필요성이 크다는 점도 곱씹을 필요가 상당할 것이다.

장기간에 걸쳐서 수행된 탁월한 현장연구이자 '가난의 사회문화사'를 신중하게 포착하는 영상다큐로도 변주된 복합적 텍스트인 〈사당동 더하기 25〉의 기획을 주도한 조은(2012)은, 자신이 시도한 도시공간의 재생산과 관련된 복합적 분석과정 속의 변주된 연구자의 위상을 짚어내면서 다음과 같이 술회하기도 한다. "이 불가분의 실천의 주체는 '연구자'였다가 '필자'였다가 혹은 '교수'였다가 심지어 '우리'였다가 때로 '아줌마'였다가 또는 '나'가 되었다. 이들 경계를 넘나들었다." 이런 술회 속에

러한 결과 기존의 도시공간이 광의의 맥락적이고 감각적인 그리고 인지적인 측면에서도 변화하는 제 양상에 주목한다. 예컨대 각양의 데이터와 시그널 그리고 이동성을 매개하는 통신과 전송, 교통망, 그리고 정보와 의미의 흐름을 포괄적으로 생성하는 도시 '네트워크 인프라'(networked infrastructure)는 "더 이상 단순히 기술공학의 대상으로 [혹은] 단순한 배경으로 취급될 것이 아니라, 적극적으로 도시공간 문화연구에 중요한 요소로, 다른 공간적 실천들과 다양한 삶의 경험(lived experiences)들이 생성해 내는 의미의 영역들과 접합되어 분석되어야 할 대상"으로까지 확대되는 것이다(김수철, 2010, 160쪽). 즉, 물질 공간론적 접근은 보다 확장된 커뮤니케이션 현상 속에서 발현되는 의미와 상징, 의례(ritual) 등의 '상징적인' 측면과 테크놀로지와 제도적인 관계망으로 조밀하게 구성되는 '비상징적인' 측면을 분리되거나 상호관련성이 적은 대상으로 간주하기보다는, 이 두 영역 사이에 존재하는 일련의 복합적인 상호작용과 융합 그리고 삼투현상이 일상과 물질적인 환경 속에서 어떻게 발현되면서 변화를 추동하는지를 세밀하게 탐구하고자 하는 것이다.

그는 연구자가 '익숙한 세계'와 '늘 하던 대로의 관성'을 뒤로 하고, 사회적 타자들의 목소리를 부단히 탐색하고 수렴하면서 문제의식을 배양해 온 작업의 특징을 곱씹는다.

이 글에서 필자는 도시공간을 분석하고 나아가서 복합적으로 사유하는 작업과 관련된 일련의 지적 자원들을 그간에 축적된 공간의 역할과 동학에 민감한 문제의식과 지리학적 상상력을 투사하는 사례들을 중심으로 논했다. 이 작업을 접하게 될 언론학자나 대중문화를 연구하는 이들이 매체가 구현하는 틀이나 관성적 담론작용을 넘어서서 공간의 역할과 함의라는 문제의식에 보다 큰 관심을 기울이고 자신들의 작업에도 반영할 수 있기를 기대하면서 이 글을 맺는다.

참고문헌

강내희 (1997). 〈공간, 육체, 권력〉. 서울: 문화과학사.

강수미 외 (2003). 〈서울생활의 발견〉. 서울: 현실문화연구.

강준만 (2006). 〈강남, 낯선 대한민국의 자화상〉. 서울: 인물과 사상사.

강준만 (2011). 〈특별한 나라 대한민국〉. 서울: 인물과 사상사.

김민수 (2009). 〈한국 도시디자인 탐사〉. 서울: 그린비.

김수아 (2015). 홍대 공간의 문화적 의미 변화. 〈미디어, 젠더 & 문화〉, 30권 4호, 83-123.

김수철 (2010). 유비쿼터스 커뮤니케이션 환경에 대한 이론적 고찰. 〈언론과사회〉, 18권 2호, 129-164.

김수철 (2014). 이동성, 장소, 문화 - 미디어공간으로서 서울의 정체성. 〈문화와 정치〉, 1권 2호, 125-147.

김승현 외 (2007). 공간, 미디어 및 권력. 〈커뮤니케이션 이론〉, 3권 2호, 82-121.

김왕배 (2000). 〈도시, 공간, 생활세계〉. 서울: 한울.

김진송 (2006). 〈기억을 잃어버린 도시: 1968 노량진, 사라진 강변마을 이야기〉. 서울: 세미콜론.

김현미 (2005). 〈글로벌 시대의 문화번역〉. 서울: 또 하나의 문화.

류 신 (2013). 〈서울 아케이드 프로젝트: 문학과 예술로 읽는 서울의 일상〉. 서울: 민음사.

민유기 (2006). 〈도시이론과 프랑스 도시사 연구〉. 서울: 심산.

박해천 (2011). 〈콘크리트 유토피아〉. 서울: 자음과 모음.

박해천 (2013). 〈아파트 게임〉. 서울: 휴머니스트.

박철수 (2006). 〈아파트의 문화사〉. 서울: 살림.

박철수 (2013). 〈아파트: 아파트 공적 냉소와 사적 정열이 지배하는 사회〉. 서울: 마티.

변미리 (2016). 도시공간에 대한 인문학적 시선. 〈국토〉, 29-33.

신승원 (2016). 〈앙리 르페브르〉. 서울: 커뮤니케이션북스.

신현준·이기웅 편 (2016). 〈서울, 젠트리피케이션을 말하다〉. 서울: 푸른숲.

심혜련 (2004). 놀이공간으로서 대도시와 새로운 예술체험: 발터 벤야민 이론을 중심으로. 철학아카데미(편), 〈공간과 도시의 의미들〉(189-221쪽). 서울: 소명출판.

여진원·장우권 (2013). 도시아카이브의 방향과 '파사주프로젝트' 적용에 관한 연구. 〈한국도서관·정보학회지〉, 44권 2호, 293-313.

이무용 (2005). 〈공간의 문화정치학〉. 서울: 논형.

이창남 (2010). 오스만과 근대 도시 파리의 경관. 〈문화와 사회〉, 8호, 7-38.

임동근 (1999). 〈서울에서 유목하기〉. 서울: 문화과학사.

임동근·김종배 (2015). 〈서울 메트로폴리스〉. 서울: 반비.

작가선언 6·9 (2009). 〈이것은 사람의 말〉. 서울: 이매진.

정기용 (2008a). 〈서울이야기〉. 서울: 현실문화연구.

정기용 (2008b). 〈사람, 건축, 도시〉. 서울: 현실문화연구.

조명래 (2002). 〈현대사회의 도시론〉. 서울: 한울아카데미.

조명래 (2015). 모빌리티의 공간(성)과 모바일 어버니즘. 〈서울도시연구〉, 16권 4호, 1-23.

조 은·조옥라 (1991). 〈도시빈민의 삶과 공간〉. 서울: 서울대학교 출판부.

조 은 (2012). 〈사당동 더하기 25〉. 서울: 또 하나의 문화.

조항제 · 김영찬 · 이기형 외 (2015). 〈미디어 문화연구의 질적 방법론〉. 서울: 컬처 룩.

전규찬 (2010). 지하철이라는 현대적 대중교통의 탄생. 〈언론과사회〉, 18권 1호, 153-188.

전규찬 (2014). 남산, 숨겨진 살인과 범죄의 공간. 〈언론과사회〉, 22권 4호, 5-53.

전규찬 (2015). 위기의 도시 문화연구 재문맥화. 〈한국언론정보학보〉, 70호, 35-65.

정민우 (2011). 〈자기만의 방: 고시원으로 보는 청년 세대와 주거의 사회학〉. 서 울: 이매진.

최병두 (1996). 데이비드 하비의 역사 · 지리유물론. 〈경제와 사회〉, 31호, 204-239.

최병두 (2011). 데이비드 하비의 지리학과 신자유주의 세계화의 공간들. 〈한국학논 집〉, 42호, 7-38.

최병두 (2012). 〈자본의 도시 신자유주의적 도시화와 도시정책〉. 서울: 한울아카데미.

최병두 (2015). 탈산업 자본주의의 발전과 도시공간의 재편. 〈황해문화〉, 86호, 16-42.

최병두 (2016). 〈데이비드 하비〉. 서울: 커뮤니케이션북스.

최종렬 (2013). 〈지구화의 이방인들〉. 서울: 마음의 거울.

현실문화연구 편 (1992). 〈압구정동: 유토피아 디스토피아〉. 서울: 현실문화연구.

현실문화연구 편 (1995). 〈공간의 문화정치: 공간 문화 서울〉. 서울: 현실문화연구.

吉見俊哉 · 若林幹夫 編著 (2005). 〈東京スタディーズ〉. 오석철 역 (2006). 〈도쿄 스터디즈〉. 커뮤니케이션북스.

Anderson, J. (2015). *Understanding cultural geography: Places and traces*. London: Routledge.

Benjamin, W. (1997). *One way street*. London: Verso. 조형준 역 (2007b). 〈일방 통행로〉. 새물결.

Benjamin, W. (2006). *Berlin childhood around 1900*. Cambridge, MA: Belknap Press. 윤미애 역 (2007a). 〈1900년경 베를린의 유년시절 연대기〉. 도서출 판 길.

Bridge, G., & Watson, S. (Eds.) (2000). *A companion to the city*. Oxford: Blackwell.

Buck-Morss, S. (1991). *The dialectics of seeing: Walter Benjamin and the arcades project.* Cambridge: MIT Press.

Crang, M., & Thrift, N. (Eds.) (2000). *Thinking space.* London: Routledge.

Creswell, T. (2004). *Place.* Oxford: Blackwell.

Denzin, N., & Lincoln, I. (Eds.) (2011). *The sage handbook of qualitative research.* London: Sage.

Donald, J. (1999). *Imagining the modern city.* Minneapolis: University of Minnesota Press.

Engels, F. (2009). *The condition of the working class in England.* Oxford: Oxford University Press.

Frisby, D. (2001). *Cityscapes of modernity.* Malden, MA: Polity.

Gilloch, G. (1997). *Myth and metropolis: Walter Benjamin and the city.* London: Polity. 노명우 역 (2005). 〈발터 벤야민과 메트로폴리스〉. 효형출판.

Gregory, D. (1994). *Geographical imaginations.* Oxford: Blackwell.

Harvey, D. (1989). *The condition of postmodernity.* London: Blackwell.

Harvey, D. (1996). *Justice, nature and the geography of difference.* London: Blackwell.

Harvey, D. (2003). *Paris, the capital of modernity.* London: Routledge. 김병화 역 (2005). 〈모더니티의 수도 파리〉. 생각의 나무.

Harvey, D. (2005). *Paris, capital of modernity.* London: Routledge.

Harvey, D. (2013). *Rebel cities: From the eight to the city to the urban revolution.* London: Verso.

Highmore, B. (2002). *Everyday life and cultural theory.* London: Routledge.

Hubbard, P,, Kitchin, R., & Valentine, G. (2004). *Key thinkers on space and place.* London: Sage.

Katznelson, I. (1992). *Marxism and the city.* Oxford: Oxford University press.

King, A. (Ed.) (1996). *Representing the city.* New York: New York University Press.

Kofman, E., & Lebas, E. (Eds.) (1996). *Writings on cities: Henry Lefebvre.* Oxford: Blackwell.

Lefevbre, H. (1992). *The production of space.* London: Wiley-Blackwell.

Short, J. (2006). *Urban theory: A critical reassessment.* New York: Palgrave.

382

Soja, E. (2010). *Seeking spatial justice*. Minneapolis: University of Minnesota Press.

Tester, K. (1994). *The flaneur*. London: Routledge.

Westwood, S., & Williams, J. (Eds.) (1997). *Imagining cities*. London: Routledge.

Willis, P. (2000). *The ethnographic imagination*. Malden, Ma: Polity.

사이버사회와 커뮤니케이션 연구

김미경

1. 사이버공간, 관계의 네트워크

사이버사회는 우리가 살고 있는 디지털 시대에 엄연히 존재하는 현실이다. 그렇다면 사이버공간과 사이버사회는 무엇인가? 또한 사이버사회는 우리에게 어떤 의미가 있는가? 이런 물음에 대한 해답은 사이버사회 연구의 의미를 보여 주는 것이다.

일원론에 갇혀서 세계를 물질공간으로만 바라보던 현대인들에게 사이버공간은 정신과 영혼의 공간이 부활한 것으로 간주된다. 사이버공간은 모든 사람들이 서로 편안하게 연결될 수 있는 국경을 초월한 공간이며, '사이버스페이스'라는 말을 처음 소개한 〈뉴로맨서〉(*Neuromancer*)의 윌리엄 깁슨(William Ford Gibson)이 언급한 것처럼, 물질성의 토대와 육체를 초월한 공간이다. 남성과 여성, 인종, 제 1세계와 제 3세계, 남과 북, 동구와 서구에 상관없이 동등하게 취급되는 디지털 세계이다.

사이버공간에 대해 관심을 갖게 된 이유는 이 공간이 현대 인간이 삶에서 느끼는 정신적 소외를 보완하고 사회적 공백을 메꿔 주는 연결망이기 때문이다. 사이버공간이 성공적이기 위해서는 관심을 공유하는 것 이외에도 그곳에서 풀고 싶은 잠재적 욕망과 심리적 공백이 있어야 한다. 사이버공간이 이러한 결핍을 충족해 줄 수 있어야 한다. 사람들은 가상공간에 서로 만나 교제할 수 있는 가상공동체를 만들고 있다. 사이버공간의 사이버조직들은 사이버시민들을 위해 만남의 장소와 공개토론의 장을 만들어 낸다. 이 공간에서는 아무리 독특한 관심을 갖고 있더라도 비슷한 관심사가 있는 사람을 만나는 것이 어려운 일이 아니다.

　초기의 사이버조직 혹은 공동체의 의사소통은 텍스트를 바탕으로 이루어졌다. 그러나 텍스트 대신 이미지와 영상으로 메시지를 전달할 수 있게 되었다. 동화상 아바타(*avartar*)가 대신하여 소통하기도 하고 가상세계에서 살아가기도 한다. 이 공간은 비물질적이지만 실재하며 '자아'를 위한 새로운 영역이 되고 있다. 셰리 터클도 지적한 것처럼 "인터넷은 포스트모던한 삶의 특징인 자아의 구성과 재구성을 실험할 수 있는 중요한 사회적 실험실이 되고 있다"(Turkle, 1995). 따라서 사이버공간은 단순한 정보공간 이상으로 발전하여 사회적 상호교류와 의사소통을 위한 장이 되었다. 게다가 사람들은 다양한 자아로 모습을 바꿔 복잡한 정신적 경험과 게임을 위한 공간으로 발전시키고 있다. 또한 적극적으로 자신들의 머드(MUD) 세계를 만들어 대체 자아(*alter ego*) 혹은 사이버 자아를 창조한다. 또한 짧은 문장과 이름만으로도 온라인 인물 혹은 분신을 만들기도 한다. 사이버공간은 하나의 자아를 보다 유동적이고 포용력 있게 바라보도록 해준다는 점에서 가치가 있는 것이다.

　이러한 사이버 자아들의 활동은 본질적으로 공동체적인데, 사이버공간에 펼쳐진 공동의 무대에서 가상사회의 얼개를 짜내 가며 자신들만의 방이나 거주지를 만들어 나간다. 이 공간은 서로 연결되어 있는 상상적이면서 사회적인 그물조직으로 이루어져 있기 때문에 여러 사람들의 가상적인 삶에 영향을 미친다. 장기적 시간 속에서 관계를 형성하고 신뢰를 구축하여 유대감을 형성한다. 그리고 이에 따른 책임이 뒤따른다. 사이버공동체는 가상적이지만 사회적 매트릭스로 짜인다.

모든 인문학적 기획이 그렇듯이 사이버공간은 보다 나은 인간 공동체를 만드는 데 기여해야 한다는 관점에서 접근해야 할 것이다. 물질과 정신의 공존하에서 인간과 인간을 유기적으로 연결하는 '관계의 네트워크'로 구성된 공동체라는 인식을 기본으로 해야 할 것이다.

사이버공동체는 거리의 장벽을 초월하고 성, 인종, 피부색, 빈부의 격차로부터 자유로운 탈계급적 공동체를 확립할 수 있는 한편, 아크로폴리스의 공론장을 형성할 수 있는 평등주의적 공간을 만들 수 있다. 반면, 권위가 재확립되고 소외가 가속화되는 계급적 공간으로 변화하는 부정적 모습으로 바뀔 수도 있다. 또한 사이버공간에서 벌어지는 폭력적 표현의 자유 문제, 문화제국주의, 인종차별주의와 극단주의, 반사회적·반정부적 표현의 문제, 포르노그래피가 사이버공간을 배설적 공간으로 변질시키는 쟁점에 대해서도 고민해야 할 것이다.

그러나 사이버공동체는 컴퓨터들의 물리적 네트워크로 구성되어 있는 그 자체가 관계의 네트워크이다. 인간 공동체도 혈연적 네트워크, 친교적 네트워크, 직업적 네트워크 등 무수히 많은 관계의 네트워크로 결속되어 있는 것을 고려하면 사이버공동체는 더 나은 인간 공동체를 건설하는 데 도움을 줄 것이다. 인간 공동체를 집단으로 묶어 주는 요소는 공통된 가치관과 세계관을 공유하고 있다는 점인데, 공동의 세계관을 공유할 수 있게 하는 핵심적 요소는 언어이다. 사이버공동체 또한 언어에 의해 만들어진 세계이기 때문에 사이버공동체의 언어와 비언어, 그리고 이것들로부터 만들어진 문화와 가치를 유지하기 위한 공동체적 책임을 검토해야 할 것이다.

이 장에서는 네트워크가 가속화된 사이버세계를 연구대상으로 하여, 먼저 사이버공간의 특징을 검토한다. 다음으로 사이버공간의 발전에 따라 사이버공동체 이용자가 상호작용과정을 통해 상징에 의미를 부여하고 정체성과 자아를 구축하는 과정에 주목하고자 한다. 또한 사이버공동체에 대한 관점과 시사점을 정리하고자 한다. 마지막으로 커뮤니케이션 연구 분야에서 사이버공동체, 사이버커뮤니케이션, 사이버정체성, 지식·정보, 사이버권력 분야 연구의 함의와 지평의 지향점을 제안하고자 한다.

2. 사이버공간과 진화: 가상현실과 사이버공간 모델 진화

역사적으로 모든 문화마다 현실세계와는 다른 유사세계가 존재했다. 중세 기독교 시대, 단테(Dante)의 〈신곡〉(神曲, *La divina commedia*)은 실재세계와는 다른 세계로서 영혼의 세계를 그렸다. 고대 그리스인에게는 올림푸스의 신과 같은 비물질적 세계가 있었다. 20세기 후반에는 텔레비전이라는 가상세계가 창조되었고, 21세기에는 컴퓨터와 인터넷을 통해 가상세계가 등장했다.

사이버공간은 기하급수적인 힘으로 팽창하고 있다. 매일 수천 개에 달하는 새로운 노드(node)를 통해서 전체의 영역은 점점 더 커지고 있다. 노드 하나가 생기면 그것으로부터 더 많은 노드들이 새로 생기기 때문에 노드의 수가 많을수록 팽창의 가능성은 증가한다. 사이버스페이스를 탄생시킨 세계 최초의 장거리 컴퓨터 네트워크 아르파넷(ARPANET)은 1969년 미 국방부의 자금지원과 선진연구사업국(*Advanced Research Projects Agency*: ARPA)의 기술개발에 의해 완성되었다. ARPANET에는 1972년 8월 29개의 노드가 설치되었고, 이는 1979년에 61개에 이르렀다. 1980년대에는 미국 국립과학재단(NSF)이 CS네트워크(*Computer Science Network*)의 개발을 지원하면서 전 지구적인 네트워크가 형성되었다. 이러한 과정에서 네트워크들끼리 서로 교류하려는 욕구가 늘어나면서 원활한 정보 교환을 위해 표준화된 절차, '인터넷 프로토콜'이 필요하게 되었다. 이렇게 만들어진 NSF네트(미국 국립과학재단 네트워크)는 사이버스페이스 역사의 전환점을 마련하였다(Wertheim, 2002, pp. 306-307).

사이버공간이라는 단어는 윌리엄 깁슨이 1984년 발표한 사이버펑크

소설 〈뉴로맨서〉에서 처음 만들어졌다. 사이버(*cyber*)의 어원은 조타수라는 뜻을 가진 그리스어 '퀴베르네시스'(*kubernetes*)에서 비롯되었다. 이는 사이버공간에서 메시지의 흐름과 방향이 전자적으로 조종되는 방식을 은유적으로 드러낸다(Wood & Smith, 2001).

새로운 디지털 영역인 사이버공간은 일상생활에서 점점 더 중요한 역할을 차지하고 있다. 가장 주목할 만한 점은 사이버스페이스가 사회적 교류와 놀이를 위한 새로운 장소라는 점이다. 전자메일(*electronic mail*), 게시판 시스템(*bulletin board systems*), IRC(*Internet Relay Chat*) 채널, 온라인 회의와 포럼, 머드(*Multiuser Domains*: MUD)로 알려진 세상 등 사이버스페이스는 상호교류를 위한 무한한 공간을 제공하고 있다. 또한 관심사가 유사한 친구들도 만들 수 있다(Rheingold, 1994, p. 27).

인터넷 게시판은 대학가나 우리 주변에서 흔히 볼 수 있는, 메시지가 적힌 커다란 광고판과 같은 역할을 한다. 어떤 사람이 한 컴퓨터 주소로 메시지를 보내고, 이 메시지가 게시된다. 그리고 사람들은 원할 때 언제든 이 메시지를 볼 수 있다. 게시판은 특별한 관심사 또는 뉴스그룹(*newsgroup*)별로 구성되어 있다. 인터넷릴레이채팅(*Internet Relay Chat*)은 채팅방에서 발생하는 것인데, 사람들은 이 방에서 실시간으로 특정 주제에 대해 이야기하기 위해 참여한다. MUD에서도 실시간으로 상호작용을 하면서 가상현실을 만든다(p. 568).

특히 MUD는 공동의 정신세계로서의 잠재력을 보여 준다. MOO, MUSH, MUCK, MUSE로 변형되기도 한 MUD[1]는 1970년대 후반에

---

1 원래 MUD는 게임에 참여한 사람들이 보물과 마술적인 힘을 쟁취하기 위해 용과 싸우면서 지하감옥 속의 미로를 뚫고 나아가는 중세적 판타지였지만, 오늘날의 MUD는 중

미국 대학과 고등학교를 휩쓴 〈지하감옥과 용〉(*Dungeons and dragons*) 이란 명칭의 롤플레잉(*role-playing*) 게임에서 유래한 최초의 가상현실사회이다. 낮은 차원의 가상현실이기는 하였지만, 자유도와 상상력만으로 자신이 들어온 가상현실을 재구성해야 하는 특유의 시스템을 바탕으로 한 복잡한 환상세계를 만들었다. 2

1) 사이버공간과 가상현실

가상현실과 사이버공간은 서로 뿌리가 다른 개념이다. 가상현실은 컴퓨터 시뮬레이션을 통해서 사람들로 하여금 마치 존재하는 현실인 듯 인식하도록 오감의 자극을 주는 기술이다. 반면 사이버공간은 컴퓨터 통신 네트워크의 발달과 보급으로 네트워크 사용자들 및 정보제공자들이 하나의 사회를 이루어 낸 것이다. 가상현실이 감각적 경험이라면 사이버공간은 사회적 경험이다. 인류가 컴퓨터로 궁극적으로 완성하고자 하는 것 중 하나는 가상현실이라는 마감재로 말끔히 단장된 사이버공간이다.

사이버공간과 가상현실이 가장 잘 접목된 것이 게임이다. 특히 인터넷의 발달과 함께 블리자드 사에서 개발한 〈디아블로〉(*Diablo*) 시리즈나 오리진(Origin) 사의 〈울티마〉(*Ultima*) 시리즈 같은 롤플레잉 장르

세적 배경을 훨씬 능가하는 거대한 규모의 가상세계로 탈바꿈했다.

2 한국의 MUD 게임은 1994년 LPMUD 기반으로 만들어진 〈쥬라기 공원〉과 〈단군의 땅〉에서 시작했다. *Mordor*라는 MUD 게임을 지역화해서 만든 〈무한대전〉도 유명했다. 나중에 컴퓨터 그래픽으로 MUD의 가상현실을 구현한 형태의 게임이 등장했다. 초기 온라인게임인 〈바람의 나라〉, 〈리니지〉, 〈마지막 왕국〉 등은 텍스트 기반의 MUD 게임의 흔적을 가지기도 했다.

게임에서는 가상사회를 잘 구축하게 한다. 여러 사용자들이 게임이 제공하는 공간에서 서로 만나 협력하거나 정보를 공유하고, 물건을 사고 팔기도 하고, 심지어 싸우기도 한다. 이러한 가상공간은 하나의 인생을 더 살도록 하는 셈이다. 〈디아블로〉와 같이 3인칭 시점을 지원하는 롤플레잉 게임도 있지만, 1인칭 시점을 지원하는 게임들은 게임이 제공하는 가상현실의 사이버공간에 존재하는 가상의 나에게 보다 쉽게 이입되도록 해준다. 게임에 몰입하여 게임 속의 인물이 자신의 새로운 인격으로 승화되는 순간 다중인격의 삶을 살게 된다.

가상현실에서의 습관은 현실에 반영된다. 특히 현실세계를 가상세계인 것처럼 느끼기보다는 가상세계를 현실세계처럼 받아들이게 된다. 삶의 공간이 확장되는 셈이지만, 가상세계에서만 허용되는 생활습관이 현실세계에서 받아들여지지 않는다는 점이 긴장상황을 유발하기도 한다. 이러한 긴장상황은 가상세계에서의 경험이 일상적으로 겪을 수 있는 것에 가까울수록 쉽게 발생한다.

2) 사이버공간 모델의 진화

사이버세계는 물질의 소립자나 힘이 아니라 비트(bit: 정보 전달의 최소단위. 2진법의 0과 1)와 바이트(byte: 정보 단위. 보통 8비트)로 이루어져 있다. 사이버스페이스의 존재론적 토대는 데이터 패킷(data packet: 정보통신에서 한 번에 전송하는 정보조작 단위)으로 구성된다. 사이버스페이스는 존재론적으로 물리적 현상에 근거를 두지 않기 때문에, 물리학 법칙의 한계에 의해서도 제한되지 않는다. 이 세계는 전 지구적으로 연결되어 있는 무수한 구성요소들의 상호작용으로부터 출현하고 있다. 물질성의 결여에도 불구하고 사이버스페이스는 실제로 존재하는 장소이다.

사이버스페이스는 데이터 공간이지만 단순 정보공간 이상의 것이다. 디지털 데이터들이 모여 구성된 사이버공간에서도 그것을 사용하는 사람들은 열리고, 닫히고, 들어가고, 방문하고, 차단되는 공간(사이트, 방, 도메인)을 만들어 낸다. 이 방에서 사람들은 가상사회의 직물을 조화롭게 엮어 나간다. 상상적이면서 사회적인 그물조직으로 이루어져 있기 때문에 다른 사람의 가상적 삶에 영향을 미친다. 물질세계에서처럼 사이버공간에서의 관계는 오랜 시간에 걸쳐 형성된다. 신뢰를 구축하고 유대가 형성되고 그에 따른 책임이 수반된다. 사이버 자아는 가상적이라고 해서 실재하지 않는 것이 아니라 사회적 매트릭스로 결속된다.

2000년 이전의 가상세계는 현실세계의 감각들을 전자적 환경에서 동일하게 경험하도록 하기 위해 노력했다. 주로 3차원 컴퓨터 그래픽 기반의 전자적 상호작용 공간으로 인식되었다. 웨어러블 장치(*data suit*, *head mounted display*)를 활용함으로써 몰입적이고 감각적인 공간을 마련하였다. 이 시기 주된 이슈는 가상화된 환경에서 인간 오감을 체험하는 것이었다(권보연, 2011, 127-148쪽).

2000년대 들어서 구글 어스(Google Earth)나 마이크로소프트 버추얼 어스(MS Virtual Earth) 등의 3D 지도 서비스들은 실사 콘텐츠 기반의 현실적 시각 요소와 텍스트 기반의 지리 정보를 혼합한 가상세계 모델을 제시하며 대중적으로 보급되었다. 현실세계와 관련성을 갖는 지리 정보와 공간적 은유 기반의 가상세계가 만들어졌다. 이 가상세계 모델의 특징은 가상환경에 축소 조형된 가상 신체인 '아바타'[3]를 진입시켜 다양한

---

3 육체가 드러나지 않는 문자만을 통한 커뮤니케이션은 서로의 육체가 드러나는 구어적,

표 10-1 **가상세계 모델의 진화**

가상세계 유형	주요 시기	주요 쟁점
시뮬레이션적 가상세계 (simulated virtual world)	2000년 이전 (1980~90년대)	- 인간의 오감에 대한 감각적 시뮬레이션 - 1인칭 시점이 다수 - 하드웨어 기술을 통한 시뮬레이션 환경 구축

재현적 가상세계
(represented virtual
world)
	2000년대 초반
	(2000~2006)
		- 외적 자아의 대리물로서 신체화된 아바타가
		  스크린 내부의 가상세계 진입
		- 3인칭 시점이 다수
		- 가상환경에서의 일상 사회적 경험 제공
		- 3D 그래픽 응용기술에 의한 실재세계의
		  시각적 재현

혼재적 가상세계
(pervasive virtual
world)
	소셜미디어 등장	- 공간 경험을 그래픽 효과에서 사회적
		  커뮤니케이션으로 이동
		- 현실과 가상의 혼재성
		- 가상세계 주체 형성의 중심이 신체성
		  (embodiment)에서 네트워크 정체성으로 변화

출처: 권보연 (2011), p. 133 재구성.

사회적 경험을 발생시켰다는 점이다. 또한 다양한 목적과 외형으로 가상세계를 세분화했다. '재현'이라는 근원을 공유하면서 게임을 추구하는 MMOG(*Massively Multiplayer Online Game*), 광범위한 일상세계와 사회적 경험을 추구하는 MMOW(*Massively Multiplayer Online World*), 캐릭터 채팅에 적합한 아바타 서비스 네트워크(*avatar based service network*) 등으로 분화되었다. 마지막으로 실재감 기반의 시각표현이 적극적으로 이루어졌다. 3D그래픽 기반 인공현실 기술은 가상세계가 추구하는 감각적 재현의 가치를 물리적으로 현실화하기도 하였다(권보연,

---

대면적 커뮤니케이션과는 다른 법칙을 따른다. 표준화된 활자로 대체되어 버린 인터넷 문자 커뮤니케이션에서는 육체성의 부재가 문제를 일으키는데 이를 보완하기 위해서 이모티콘, 아바타 등의 보조수단을 활용한다. 아바타는 가상 세계의 내적 자아로서 현실 세계에 존재하는 외적 자아를 대리한다.

2011, 127-148쪽).

페이스북, 유튜브, 트위터 등 소셜미디어가 등장한 2000년대 중반, 가상공간에 현실감이 개입되어 현실 부재의 공간이 아니라 일상적이고 사회적인 현실공간으로 변화하였다. 시뮬레이션 시각효과와 텍스트 기반의 MUD 효과가 접목됨으로써 커뮤니케이션 공간을 만들어 냈다. 가상세계 주체 형성의 중심이 신체성(*embodiment*)에서 네트워크 정체성(*identity*)으로 바뀌었다. 신체적으로 재현된 아바타 대신 사회관계와 교류, 수집 생성된 콘텐츠 기반의 네트워크 자아(*networked self*)가 중심이 되는 가상공간이 구현되고 있다(Bolter & Grusin, 2008, pp. 277-290).

3. 사이버공간의 정체성과 자아구성

사이버공간은 사회적 상호교류와 의사소통의 공간이다. 게다가 사람들이 제 2, 제 3의 자아를 만들고 참여하는 온라인 환상세계가 확산되면서, 쌍방향 엔터테인먼트를 위해서 이용되고 있다. 복잡한 정신적 경험과 게임을 위한 공간으로서 사이버공간은 일종의 전자적 사유를 위한 공간이 되면서 심지어 포스트모던한 삶을 특징짓는 자아의 구성과 재구성을 실험할 수 있는 중요한 사회적 실험실이 되고 있다(Turkle, 1995, p. 180). 또한 "사람들에게 복합적이고 때로는 아직 탐구되지 않은 자아의 측면을 표현할 기회를"(Turkle, 1995, p. 12) 공적으로 접근하고 안전하게 이용하게 한다.

정체성과 자아는 우리의 존재(are)가 아닌 우리가 하는 대화와 우리가 행동하는 무언가의 결과이다(Collier & Thomas, 1988; Hecht, Jackson, & Ribeau, 2003). 즉, 우리의 행동과 다른 사람에 대한 반응들이 맞물려 나타나는 일련의 특징들로 구성되어 있다. 자아를 구성하는 일은 사람들이 의사소통할 때 언제나 일어나는 과정이다(Stewart, Zediker, & Witteborn, 2015, p. 127). 사람들은 소통하면서 의도적으로 특정 정체성을 배제하기도 하고 선택하기도 한다.

사이버공간의 소통방법은 전자메일, 게시판 시스템, IRC, MUD, 월드와이드웹(World Wide Web)이다. 소통을 위해 "스크린으로 가상공동체로 들어서는 순간, 우리는 투명 유리 저편의 사이버공간에 새로운 정체성을 구축하기 시작한다". "이러한 행위는 현재진행형의 문화적 행위"이다(Turkle, 1995, p. 267).

1) 익명성의 소통과 사적 자아

유기체적 존재로서 혈연, 지연 등을 공유하는 연고를 바탕으로 자연적으로 구성된 전통사회는 면 대 면 공동체 구성원이 서로 정체성을 숙지하고 있는 반투명하거나 투명한 사회이다. 따라서 전통사회의 자아는 공적인 삶과 사적인 삶 간의 구분이 없는 총체적 자아(*total self*)의 모습을 띤다. 그러나 시민사회는 자신의 이익을 위해서 의도적으로 조성된 추상적 사회이며, 역동적이고 개방적인 열린사회의 모습을 보인다. 시민사회는 부분적 익명성을 바탕으로 한다. 자신을 노출했을 경우 상처받을 가능성이 높기 때문에 자아는 분열하여 공적인 공간에 대면하는 공적 자아(*me*: 의식되는 자아 혹은 관계적 자아)와 사적인 공간에 숨어 있는 사적 자아(*I*: 자신이 의식하는 자아)로 이원화된다(Jodi, 1996).

시민사회의 익명성과는 달리 사이버공간의 익명성은 훨씬 입체적이고 해방적이며 범죄적인 측면이 있다(황경식, 2003) 사이버공간에서의 익명성은 자아를 현실세계와는 달리 표현하게 하는 핵심 요소이다.

첫째, 사이버공간의 익명성은 게시판, 채팅 등에서 상대에게 욕설을 하고 인식공격을 하는 등의 플레이밍(*flaming*)[4] 가능성을 높이고 반규범적이고 자기조절이 불가능한 행동을 유발한다.

둘째, 사이버공간의 익명성으로 인해 공적 자아의식과 사적 자아의식이 모두 낮아짐으로써 자신의 내적 태도와 감정에 신경을 덜 쓰기도 한다(Prentice-Dunn & Rogers, 1982).

---

4 온라인상의 의사소통에서 사회적 상호작용의 기준을 의도적으로 어기는 메시지. 주로 상대에게 상처를 주거나 언어폭력성을 띤다.

셋째, 익명의 상황에서 공적 자아가 감소하고 사적 자아는 높아짐으로써 남의 시선에 신경 쓰지 않고 자신의 내적 소신과 태도를 실천한다. 또한 자신을 솔직하게 표출하며, 자기조절이 가능하다(Matheson & Zanna, 1988).

넷째, 사이버공간의 익명성은 자유로운 발언을 보장하는 장치로서, 사이버공간의 평등성을 확보하게 한다. 그러나 익명성을 이용하는 행태에 따라 반규범적이거나 해방적인 소통을 낳기도 한다.

다섯째, 사이버공간에서 개인의 정체성은 익명성으로 숨겨질 수 있고, 익명의 공간 속에서 개체의 이중성 내지 다중성이 자유로이 발현되는 다중자아가 출현한다. 다중자아는 자아의 해방인 동시에 자아의 분열이라는 양면성을 지니고 있다.

2) 탈신체성 아바타와 대리자아

2016년 7월 7일 미국 앱스토어에 〈포켓몬 GO〉가 등장했다. 〈포켓몬 GO〉 게임을 하려면 우선 앱을 설치한 후 로그인해 자신의 아바타를 생성하면 된다. 아바타 생성 후에는 사용자의 위치에 근거하여 주변 지역의 지도와 함께 게임 아바타가 현재 장소에 나타난다. 게임을 시작하면 게임상의 지도에 따라 움직이면서 포켓몬을 발견하면 포켓볼을 던져서 포켓몬을 포획한다. 네티즌들은 상호작용으로 사이버상에서 활동하며, 아바타는 2차원의 평면에서 제한된 아이템으로 치장한 비현실적 존재가 아니라 3차원에서 조합 가능성이 무한대로 확대된 다양한 아이템으로 더욱 분화된 정체성과 개성을 추구하고 표현하는 것을 넘어 네티즌을 대리하여 각종 행위를 사이버상에서 수행하는 대리자아로 기능한다(박성희, 2004, 376쪽).

초창기 사이버 영역에서의 커뮤니케이션은 문자로 된 아이디어를 기반으로 이루어졌으나, 기술발전에 의해 유저의 존재를 시각화하는 것이 가능해졌다. 이때 인간의 신체 대신 전자신호체계로 구성된 디지털 영역에 들어가 인간의 한계를 빗겨갈 수 있는 일종의 대리인이 필요한데, 그것이 바로 아바타이다. 이는 인터넷에서 가상현실이나 증강현실 게임이나 채팅을 즐길 때 사용자를 대신하는 그래픽 아이콘을 지칭하는 의미이다. 사이버네틱스에서는 신체 인식의 확장이라는 개념으로, 인문학에서는 포스트휴머니즘의 서곡으로 접근하였고, 공상과학의 영역에서는 사이보그와도 혼용되었다. 팀과 조던은 아바타를 온라인 정체성을 포괄하는 것으로 의미를 확장할 필요가 있다고 제안한다(Tim & Jordan, 1999, p. 109).

가상세계 속의 분신인 아바타는 채팅, 온라인 · 모바일 게임, 사이버쇼핑몰, 가상교육, 가상오피스, 애니메이션 등 다양한 장르에서 활용되고 있다. 아바타를 통해 인간관계를 맺고, 채팅이나 게임을 하거나 정보를 교환하고, 아바타를 통해 보고, 읽고 말하고 행동하는 법을 다시 배우기도 한다(Heim, 1993). 사이버사회에서는 이메일 주소, 닉네임, 가명의 사용 등을 통해 개인의 표현을 확장하는데, 아바타는 텍스트 중심의 자아표현(*self-presentation*)을 그래픽과 결합한 비주얼한 형태로 진화시켰다.

자아표현은 '인상관리'(*impression management*)와 유사한 개념으로 '자신이 다른 사람들에게 어떻게 보이는가를 조절하는 과정'이다(Goffman, 1959, p. 4; Leary & Kowalski, 1990). 가상사회에서는 '익명성'에 의해 보다 자유로운 자아표현이 가능하다(Ellison et al., 2006; Bargh et al.,

2002; McKenna & Bargh, 2000). 익명성은 사회적 지위나 선입관을 벗어나 현실에서 표현하기 힘들었던 자신의 모습이나 억제했던 욕구를 자유롭게 표현함으로서 자신이 추구하는 이상적 자아에 보다 가까운 자아표현을 가능하게 한다. 현실에서 다중적이고 변화하는 자아표현은 도덕적으로 바람직하지 않은 것으로 간주되는 반면, 가상사회가 가지는 익명성은 사회적 시선에서 벗어나서 자유로운 다중적 자기 제시를 가능하게(Kim & Papacharissi, 2003) 하기 때문에, 가상사회에서는 자아를 여러 개로 분리하기도 한다.

현실세계의 다중자아에 비해 사이버 다중자아는 사이버공간에서 한 개체가 여러 개의 캐릭터 혹은 상품체계로 자신을 표현한다. 사이버공간은 비물질적 정보만이 존재하는 공간이므로 이용자를 대신하여 행위할 사이버 대리자가 필요하다(박성희, 2004, 385쪽). 그리고 사이버상에서 아바타가 오프라인 유저의 신체적, 사회적 역할 및 심리적 역할을 체계적이고 의도적으로 수행하게 될 때 자아에 대해 더욱 분명히 인식하고 정체성이 확립되는 것이다(김연순·김응준·안상원, 2009).

사이버공간의 자아의 특징은 첫째, 자신이 드러내고 싶은 모습을 통제 없이 표현할 수 있으며, 동시에 자신에 대한 타인의 인식을 통제할 수 있다는 나르시시즘에 빠진다는 점이다. 따라서 자신을 당당하게 노출시킬 수도 있고 자신이 다른 사람들에게 어떻게 보이는가를 조절할 수 있다고 믿는다.

둘째, 사이버 자아는 육체를 가진 자아가 아니기 때문에 죽지 않는다. 만약 죽더라도 다시 부팅하거나 새로운 인물을 만드는 식으로 다시 시작할 수 있다. 따라서 초(超) 육체성 자아는 파편화되고 무한한 변형이 가능한 유동적인 자아를 만들기도 한다(Fisher, 1997, p. 120).

셋째, 사이버 자아는 데이터화된 속성으로 구성된다. 자아는 정보로 제시된 자신의 속성들을 조합하여 이미지화된 캐릭터를 만들고 그 캐릭터를 통해 자신의 욕구를 실현한다. 아바타를 통해 새로운 자신을 찾아 갈 수도 있게 된다. 이때 아바타는 고대 그리스 배우들이 사용하던 가면 페르소나(persona)의 기능을 수행한다. 상황에 따라 자유와 분열을 동시에 실행하면서 다중화를 체험하고 소통을 위한 매개 역할을 한다.

넷째, 사이버 자아는 컴퓨터 스크린을 매개로 실제세계와 가상세계에서 동시에 존재하면서 다양하게 펼쳐지는 상황에서 서로 다른 자아로 분열되고 그 분열을 통해 다중적 자아를 체험한다. 다양한 맥락에서 자연스럽게 형성된 자아의 복수화는 가상사회에 적응하면서 자아의 내면을 구성한다. 한 개인이 여러 개의 ID를 사용하거나 여러 명의 아바타를 통해 각기 성격이 다른 자아로 행세할 수 있다. 더욱이 타인과 자신의 속성[5]을 임의적으로 결합하여 무수히 많은 임의의 자아를 만들 수 있다. 되고 싶은 상상적 존재들이 사이버공간에서 실현되는 것이다.

3) 사이버언어와 비언어, 정체성 구성

가상공간의 커뮤니케이션은 컴퓨터에 의해 이루어지며, 텍스트 중심, 그래픽 중심, 시청각 중심의 상호작용이 이루어진다. 가상공간의 커뮤니케이션의 특징은 시간적, 공간적 제약으로부터 자유롭고 제한적 감각 경험으로 인해 비언어적 단서가 결여되어 있다는 점이다. 또한 익명성과 다중정체성, 탈(脫)억제, 평등성, 친밀성, 협동성, 다양한 인간관계

---

5 속성은 키, 외모, 성격 등 개인이 가진 특성을 말한다.

를 확립하게 하고, 융통성 있는 대인관계와 기록의 영구적 보존을 가능하게 해준다(박기순, 1997).

실제 세계에서는 '비도덕적'이거나 '잘못되었다'고 간주되더라도 사이버공간에서는 자신의 정체성을 숨기거나 대응적 정체성을 만들 수 있다. 또한 사이버공간 소통을 통해서 자신에게 필요한 다양한 정보를 얻고 논의에 참여할 수도 있다. 이렇게 함으로써 자신과 비슷한 사람들과 연결되기도 하고 다른 사람의 입장에서도 문제에 접근할 수 있다. 그러나 속임과 비윤리적 상호작용은 단점으로 지적될 수 있는데, 현실의 윤리적 기준이 가상세계에서도 중요한 지점이다.

사이버공간에서 언어는 정체성을 형성하고, 사이버용어들을 정확하게 사용하는 것 자체가 사이버공동체의 일원임을 보여 준다. 온라인에서 언어가 조작된다는 사실은 언어가 인간의 존재방식이라는 사실을 보여 주는 것이다. 인간은 새로운 단어를 발명하고, 알고 있는 문법을 이리저리 변형하고 적용하여 본다. 이는 인간이 지속적으로 새로운 환경에 언어를 적응시키는 생산적인 언어적 존재임을 보여 준다(Stewart, Zediker, & Witteborn, 2015).

사이버공간 언어의 주요한 특징은 구술성(*orality*)이다. 이동후(2010)는 옹(Walter Ong)의 구술성 연구를 확장하면서 다음과 같이 말했다. "제1의 구술성은 소리의 현존을 기반으로, 문자성은 문자 및 인쇄텍스트를 중심으로 커뮤니케이션이 이루어진다. 라디오와 텔레비전 등 전자미디어가 등장하면서 글과 인쇄의 선형성에서 벗어나고, 문자 커뮤니케이션에 있어 물리적으로 부재했던 상대방의 소리를 복원함으로써 커뮤니케이션 상대가 매개된 형태로 현존하게 된다. 이에 따라 시각주의적 감각체계가 다시 청각성을 회복하고, 고립된 개인이 사회적 연대감을 갖게 된다."

뉴미디어의 언어적 현존은 다형적(polymorphous) 성격을 띠게 된다. 이동후는 블로그, 소셜네트워크, 위키피디아, 마이크로블로그 등은 글, 음악, 사진, 동영상 등의 언어적 표현을 기반으로 소통하며 글이 중요하지만, 유튜브, 세컨드라이프와 같은 가상현실 사이트, 팟캐스팅(podcasting)에는 시각적 이미지와 오디오가 중요하다고 지적했다(이동후, 2010, 43-57쪽). 말은 면 대 면 상호작용에서 사용된다. 사이버공간에서는 글을 중심으로 한 소통이 말하는 것처럼 구술성을 보여 준다는 특징을 가지고 있다. 그래서 실재사회에서 사용하는 말은 사이버공간에서 글로 표현하는 구어체와 유사하다.

사이버공간 언어의 문자들은 종종 누군가 정말 당신에게 말하고 있다는 느낌을 준다. 예컨대, 사람들은 "흠"(hm)과 같은 휴지 메꿈(pause fillers)을 사용하기도 하고, "히히"(heh)나 "하"(haw)와 같은 웃음을 표현하는 단어들, 문장부호가 없는 불완전한 문장들, "왜냐하면"(because) 대신에 "bc"와 같은 약자를 사용하며, 동사를 생략하거나 "아니"(nope)나 "응"(yeah) 등의 구어체를 사용한다(Lewin & Donner, 2002). 예를 들어 "책 일거써", "추카함다", "기분 조쿠말구", "방가 친구", "아다당케, 아라쪄어" 등 우리나라 사이버공간의 언어들도 음성언어와의 유연성을 구축한 구술성을 보여 준다.

또한 사이버공간의 언어는 창의성(creativity)과 경제성(economy)이 있다. 사이버세계에서 구축된 언어 현상들이 일상세계로 침투해 들어오기도 한다. 사이버공간에서의 어휘는 특정한 인터넷 서퍼(internet surfers) 혹은 게이머(gamers) 집단 등 동일 문화에서 만들어지고 그 안에서 사용되는 속어와 비슷하다. 사람들은 뉴스그룹과 MUD들을 빠른 속도로 들

표 10-2 **사이버언어의 창의성**

사이버 새말	의미	활용사례
ㄱㅅㄱㅅ	감사감사	수거염 #ㄱㅅㄱㅅ
냉텅텅	내용 없음	Re: 아뇨옷~~ 안나오더라구여...(냉텅텅)
럽하다	사랑하다	오빠영원히럽할꼬샤~!!!!
비번	비밀번호	버그 차잤음~ 비번필쑤~
쇠욜	금요일	낼은 내가 가장 조아하는 쇠욜...
캠사딘	캠코더로 찍은 사진	까하-_-;캠사딘. 올릴까말까.
할룽	안녕	할룽!!!!! 나누군지 알징????

어갔다 나왔다 하기 때문에 새로운 용어들이 계속해서 생겨나고, 특정 포럼에 로그인하는 사람들은 빨리 대화에 참여하는 법을 배운다. 많은 단어들이 온라인 매체를 위해서 발명되고 단어와 숫자의 역자나 조합의 형태로 새로 만들어진다. 새로운 단어를 올바로 쓰고 해석하며, 단어와 숫자의 약자와 조합을 잘 사용할 수 있는 사람들은 사이버공간의 내부자 (insiders)라고 할 수 있다. 따라서 이들 간에 사용하는 언어는 특정 사이버공간에서 구성원으로서의 정체성을 구성하는 요소이다. 사이버 용어를 정확하게 사용하는 것 자체가 온라인 공동체의 일원임을 보여 준다 (Stewart, Zediker, & Witteborn, 2015, pp. 576-577).

새롭게 창조된 대부분의 언어들은 가장 적은 수의 단어나 철자를 가지고 최대한 많은 의미를 담으려고 한다. 이것을 말의 경제성(speech economy)이라고 한다(Stewart, Zediker, & Witteborn, 2015, pp. 576-577). 언어가 경제성을 갖는다는 것은 최소한의 노력으로 최대한의 효과를 거두는 경제원칙을 보인다는 것이다. 이때 언어는 음성언어를 말한다. 음성언어는 발음 경제의 법칙, 발음에 드는 에너지를 최소한으로 줄이면서 최대한으로 의미를 전달하려는 법칙의 적용을 받는다. 사이버언어가

표 10-3 **사이버언어의 경제성 (축약)**

BCNU: Be seeing you (곧 보자)	OBTW: Oh, by the way (아, 그나저나)	즐팅: 즐거운 채팅
BTW: By the way (그나저나)	WTH: What the hell (뭐야)	비번: 비밀번호
FYEO: For your eyes only (당신만 보세요)	F2F: Face to face (면대면)	남친: 남자친구
FYI: For your information (참고로)	PANS: Pretty amazing new stuff (새로운 것)	개빙모: 개방을 빙자한 모임
ROTF: Rolling on the floor (바닥에 구르며 웃음)	EOM: End of message (메시지 끝)	설남: 서울 남자

출처: Stewart, Zediker, & Witteborn (2015), p. 578; 한동원 (2003), 365쪽.

문자로 전달되기는 하지만 음성언어와 같은 속도로 전달되어야 하고 또 가능한 한 음성으로 전달되는 효과를 얻으려 하기 때문에 경제성이 적용된다. 이 경제성은 음운, 통사, 의미의 전 층위에서 일어난다. 마치 음성언어가 그러한 것처럼 상황맥락, 곧 발화 장면에서 그 의미가 복원될 수 있는 것이라면 과감히 생략해 버린다(한동원, 2003).

웹 유저들이 사이버 대화에서 창의적으로 단어를 만들고 구어체 대화를 적힌 형태로 사용하는 것은 그들이 지속적으로 새로운 환경에 언어를 적응시키는 생산적인 언어적 존재임을 나타낸다. 이외에도 '구분짓기' 은어를 만들어 새로운 감성적·상징적 공동체 하위문화를 만들어 내는 경우도 있는데, 대표적 사례가 인터넷 폐인문화인 '아햏햏 신드롬'과 '폐인어' 등이다. '아햏햏'은 문법파괴적 유행어지만 엽기적 상황에서, 어이없이 웃길 때, 조롱하고 싶을 때, 재미있다고 느낄 때, 멋지다고 느낄 때 포괄적으로 사용한다. 또는 어떤 말로 형용할 수 없는 상태를 나타내는 감탄사이기도 하다.

온라인 의사소통에는 언어적 표현뿐만 아니라 언어적 메시지를 강조하고, 보충하고, 명확하게 하는 역할을 하는 비언어적 표현도 있다. 면대 면 소통에서처럼 표정, 자세, 준언어학, 눈빛교환 등 비언어적 신호들을 교환하기 위해서 보충하는 방법을 취하게 된다. 온라인에서 비언어적 요소가 언어적 의사소통을 보완하는 방법은 의성어 표현(onomato-poetic words), 신체활동 서술(narrations of physical actions), 강조 형태 (forms of emphasis), 이모티콘(emoticon) 등이다. 예를 들어, ^-^, *^^* (웃는 모습), T_T, ㅠ.ㅠ, !_!(우는 모습), @.@, #.#(놀라는 모습), :〈, :((시무룩한 표정), -_-, -.-(심심해하는 모습) 등이 있다.

사이버상에서는 다른 사람들이 자신을 보거나 목소리를 들을 수 없기 때문에 자신을 명확하게 표현하려고 한다. 이러한 표현은 타인에게 자신의 정체성을 표현하는 행위이다. 타인이 지각하게 될 자신의 인상과 느낌에 영향을 미칠 자원을 적극적으로 활용한다. 일부는 텍스트를 이용하여 커뮤니케이션을 하기도 하고, 아바타와 디지털 아이템을 이용하여 다른 이미지를 창출하기도 하며, 사진을 업로드하거나 배경음악을 트는 등 다양한 방법 또한 이용한다.

상징적 커뮤니케이션으로서 자기표현의 한 방법인 비언어적 표현은 정체성의 표현이다. 사이버정체성은 현실 정체성과 마찬가지로 협력적으로 만들어지며, 언어적 그리고 비언어적 신호를 사용하여 만들어진다. 사이버대화는 문자로 쓰여 있지만 구두적인 특성을 많이 가지고 있다. 비언어적 신호는 언어적 메시지를 강조하거나 강화하는 데 사용되며, 언어적 메시지를 좀더 명확하게 전달하게 해준다.

4. 사이버사회의 유대와 공동체

공동체는 사람들의 연계망(*network*)이다. 사이버사회의 공동체는 탈 근대시대에 나타난 네트워크를 바탕으로 한 가상공간의 공동체이다. 우리 모두는 상호관계적이며 유동적인 자아들의 망 안에서 서로 결속되어 있다. 이러한 자아공간은 공동체적 공간으로서 우리를 사회적이며 정신적인 존재로 결합시킨다. 사이버공간은 인간 상호 간의 관계와 공동체 의식을 함양하고 사회적 존재로서의 인간의 삶을 더욱 풍요롭게 해주는 공간이다.

사이버공동체에 대한 연구는 사이버공동체의 사회적 영향을 중심으로 검토되었다. 먼저, 낙관적 입장은 사이버공동체가 해방, 자유와 평등, 유연성과 다양성, 시민권력 강화, 능동적 수용자, 참여와 공론장 형성의 역할을 한다고 주장한다. 라인골드는 사이버공동체가 보다 나은 공동체를 이미 창출했다고 믿는다. 그는 "교류하고 싶은 사람을 우연에 의해서보다는 서로 간의 공통적 관심과 목표에 따라 선택할 수 있기 때문에 온라인에서 보다 행복한 삶을 살 수 있을 것"(Rheingold, 1993)이라고 주장한다. 말콤 팍스와 그 동료들은 인터넷으로 자신의 감정을 더 잘 표현할 줄 아는 사람들이 좀더 가까운 온라인 관계를 맺을 확률이 높다는 것을 발견했다. 이러한 관계들은 사이버공간에서만 머무는 것이 아니라 면 대 면 상호작용으로 발전할 수 있으며, 상대적으로 좀더 안정적일 수 있다(Parks & Floyd, 1996; Parks & Lynne, 1998)는 것을 보여 준다. 사이버공간의 익명성, 신뢰의 부재, 무책임, 다중정체성 등이 진정한 공동체 형성을 어렵게 만든다는 비판에 대해서는 인터넷의 한 특성인 익명성이 삶의 은밀한 부분에 대해서도 커다란 반감이나 즉각적인 제재를 크게 두려워하지 않고 공유할 수 있게 한다고 하며(McKenna & Bargh, 2000), 다중정체성은 사이버공동체의 창조적 활력을 만들어 낸다고도 한다(Tuckle, 1995; Casey, 1995). 또한 개인이 다양한 상호작용의 맥락에서도 행위의 일관성을 스스로 유지하는 성찰적 활동을 수행하기 때문에 무책임과 분열을 우려할 필요가 없다고 주장한다(황주성 외, 2002, 43쪽). 이들 낙관론자들은 사이버공동체가 나름의 호혜성과 신뢰를 구축함으로써 협동심을 증대시키고 스스로 공론장과 공동체를 발전시킬 수 있다고 믿는다.

두 번째 입장은 사이버공동체가 지리적 근접성과 혈연관계가 아닌 관심의 공동체이기 때문에 전체 사회의 다른 사람들과의 접촉 필요성을 감소시켜 사회파편화를 가속화한다는 비관적 입장이다. 사이버공동체는 기존의 공동체를 해체하고, 이해관계를 기반으로 한 공동체로서 상업화와 사익을 추구하여 사회적 유대와 통합 및 연대성을 약화시키며, 상품화 전략의 도구로 전락할 수 있다(Holmes, 1975, pp. 38-40)고 진단한다. 또한 사이버공동체는 협소한 공통이해를 갖는 개인들의 토론 모임에 불과하고(Putnam, 2000), 전통적 상호작용의 특징인 친밀감과 자기노출이 결여되어 사회적 연대를 만들 수 없으며(Cerulo, 1997), 대면접촉의 욕구를 감소시켜 현실세계와 괴리되어 사회적 결속이 약화되고 원자화된 공동체를 초래하는 '의사공동체'라고 비판한다(Beniger, 1987). 또한 다중정체성은 정체성을 파편화함으로써 극단적인 개인주의를 초래하므로 사이버공동체가 민주적, 참여적 공론장의 기능을 하는 데는 많은 한계가 있다고 주장한다.

세 번째 입장은 사이버공간을 현실공간과 분리하여 진단하지 않고, 사이버공동체를 구성원들에 의해서 선택된 사회적, 문화적 결과로서 바라보아야 한다고 주장한다. 이러한 구성주의적 관점은 사람들이 인터넷으로 무엇을 추구하느냐, 어떻게 사용하느냐와 같은 주관적 의미와 상징의 공유라는 측면을 강조한다. 구성주의적 관점은 사회적 구성주의와 상징적 구성주의로 구분할 수 있는데, 사회적 구성주의는 기존 현실세계의 개인의 사회문화적 요소들이 사이버세계에 반영되어 나타난다면서 사이버세계와 현실세계와의 유기적 연관성을 강조한다. 이들은 사이버공간은 현실공간의 연장선에 있다는 관점에서 대면적 접촉, 온라인과 오프라인의 상호연결을 중시한다. 인터넷이 기존의 오프라인 네트워크를 유지하거나 강화시키기 위해 사용되며(Howard, Raines, & Jones, 2001), 오프라인의 인간관계를 증가 혹은 감소시키기보다는 보완한다(Wellman et al., 2001)고 주장하기도 한다. 이러한 사회적 구성주의는 사이버공동체가 오프라인과의 밀접한 결합을 통해서 사회적 자본을 증대시킬 수 있음을 설명하는 데 유용한 관점이 될 수 있다.

또 다른 입장인 상징적 구성주의를 보면, 사이버공동체를 분석한 대표적 연구자인 펀백은 공동체의 속성으로서 장소, 상징, 가상의 개념을 제시한다(Fernback, 1999). 사이버공간의 자발적 참여에 의한 개인 간 상호작용은 상징적으로 구성되는 의미공동체 혹은 문화공동체를 만들어 낸다고 한다. 즉, 사람들은 상징적 자원을 통해서 공동체를 의미 있게 구성하며, 가치, 규범, 도덕적 코드체계를 통해서 구성원들에게 정체성을 제공한다는 것이다. 따라서 공동체는 사회적 관계들의 기계적 연결이 아니라 구성원들을 위한 의미의 구성체로 보아야 한다(Cohen, 1985, pp. 11-38)는 것이다. 상징적 구성론에서 보면 사이버공동체는 인지적이고 상징적으로 구성된 공간이며, 이모티콘, 통신언어 등은 '상징적으로서의 경계' 역할을 한다. 상징적 구성론은 개인들의 자발적 의지와 의미 공유를 중시하는 '약한 유대'의 사이버공동체 설명에는 적합하지만, 정치적, 사회적 연대와 실천을 수행하게는 못 한다는 한계가 있다(Harwood & Lay, 2001).

사이버공동체의 유형을 모임의 생성방식에 따라 분류하면 자생적 가상공동체, 의도적 가상공동체, 온라인 가상공동체, 오프라인 가상공동체로 분류할 수 있다. 자생적 가상공동체는 어떤 사이트에 좋은 정보가 있다는 것이 빠른 속도로 알려지면서 게시판이나 대화방을 중심으로 이용자들이 모여들고 담론을 형성하면서 만들어진 문화적 공동체이다. 대체로 팬클럽 형식으로 모인다. 의도적 가상공동체는 어떤 사이트의 기획자가 커뮤니티 형성에 중점을 두어 대화방, 게시판 공간을 의도적으로 마련하여 구성된 경우이다. 대부분 회원제로 운영되고 현실공간의 공동체(동문회, 종친회, 각종 학회, 팬클럽)에게 무료로 공간을 마련하고 후원하기도 한다. 온라인 가상공동체는 사이버공간에서만 활동하고 인터넷에 접속해야만 커뮤니케이션을 이룰 수 있는 공동체를 의미하며, 오프라인 가상공동체는 현실공간에서 활동하는 가상공동체를 의미한다. 생성방식에 따른 편의적 분류라고 할 수 있지만 각 공동체는 단편적 특징이 아니라 복합적 성격을 가지고 있다.

사이버사회의 3계층 발달구조에 따르면(Fuchs, 2006), 1단계는 기술인프라 단계로, 공동의 하드웨어와 상호작용을 위한 소프트웨어의 유형에 따라 가상공동체의 유형이 달라진다. 2단계는 지속적인 온라인 커뮤니케이션 단계로, 지속적 상호작용과 이를 원활히 할 수 있는 안내구조, 그리고 상호작용의 규칙 등이 나타난다. 3단계는 협력과 인정 단계로, 사이버공동체는 협력과 경쟁의 혼재 속에서 상징적 차이를 생산하는 공간으로 거듭난다. 이 단계에서는 온라인을 통한 의미의 협력적 공유와

표 10-4 **사이버공동체의 3계층 발달 구조**

계층 구조	계층 단계	특징
1계층	기술 인프라 단계	공동의 하드웨어와 상호작용을 위한 소프트웨어 유형에 따라 가상공동체 유형이 변화
2계층	온라인 커뮤니케이션 단계	지속적인 상호작용과 안내구조, 상호작용 룰의 등장
3계층	협력과 인정 단계	협력과 경쟁의 혼재, 상징적 차이를 생산

출처: Fuchs, C. (2006), pp. 29-68.

새로운 의미의 공동생산이 의미를 갖게 되며, 회원들은 온라인에서 세상에 대한 해석을 교환함으로써 다른 의미(관심, 아이디어, 취향, 경험, 감각 등)를 만나게 된다. 이 단계에서는 공동의 기술과 공동의 관심사, 공존감을 넘어 새로운 차원을 얻게 된다.

한국의 사이버공동체는 크게 공동체성과 집단적 가치를 우선시하는 폐쇄형 사이버공동체와 개인의 자발적 선택과 참여가 중요시되는 약한 유대의 사이버공동체로 구분할 수 있다.

한국의 폐쇄형 사이버공동체는 현실공간의 공동체에서 진화 · 발전된 것이다. 예를 들어 동창회 사이트, 향우회 등 연고형 공동체가 사이버화된 경우, 지역에 기반한 현실공동체가 사이버공간으로 확장 · 발전된 경우, 종교에 기반한 현실공동체가 사이버공간으로 확장 · 발전된 경우 등이다. 또한 한국의 사이버공동체는 오프라인 모임을 지향한다. 이는 한국의 지역적 특수성에 기인하기도 하지만 번개(벙개), 정모, 번팅 등 직접적인 면 대 면 모임이 신뢰를 형성하게 하는 문화적 성향에서 발생하기도 한다. 한국의 폐쇄형 사이버공동체는 자유로운 가입과 탈퇴를 보장하지만, 개인의 자율성에 대해 회원등급제 같은 것으로 일정한 제한을 유지한다.

약한 유대의 사이버공동체는 누구나 일원으로 참여할 수 있다. 이러한 사이버공동체는 나름대로의 독특한 상징이나 언어, 담론과 하위문화 등을 통해 소속감과 동질감을 확보한다. 오프라인의 현실적, 사회적 관계와 크게 연관이 없기 때문에 개인들 간의 이해, 관심, 취미 등의 유사성이 공동체를 형성하는 데 중요한 관건이다. 따라서 개인의 이해, 관심, 취미에 따라 다양한 사회적 관계를 맺으려는 '네트워크화된 개인주의'(networked individualism)가 발현되는 개인 중심의 공동체이다(서이종, 2002). 또한 구성원들이 상징에 대한 이해를 바탕으로 소통의 영역에 자발적으로 참여하여 자신의 소속감을 확인하는 '의미공동체'이며 '문화공동체'이다. 예컨대 디시인사이드(www.dcinside.com)와 서프라이즈(www.seoprise.com) 같은 인터넷 폐인문화를 그 예로 들 수 있다.

5. 커뮤니케이션 연구의 확장

새로운 매체나 커뮤니케이션 수단이 등장할 때마다 새로운 경향의 커뮤니케이션 연구도 등장하였다. 인터넷의 등장에 따라 CMC(*Computer Mediated Communication*) 연구가 활성화되었고, 이에 따라 사이버커뮤니케이션 연구의 지평도 확대되었다. 사이버사회를 연구하는 이유는 CMC가 야기하는 현실 구조를 이해하기 위해서이다. 따라서 사이버사회에 대한 연구는 사이버공동체, 사이버커뮤니케이션, 사이버정체성, 지식·정보, 사이버권력 분야의 쟁점에 대해 접근한다(Jones, 2002). 다음의 각 연구 분야의 함의와 시사점이 사이버공간에 대한 연구의 필요성과 지평을 확대하는 데 기여하기를 바란다. 이러한 연구목적을 기축으로 다양한 연구의 지류를 형성할 수 있을 것이다.

먼저, 사이버사회는 컴퓨터와 인터넷을 통해 참여자들 상호 간에 의사소통이 이루어지는 공간이다. 신체에 대한 단서 없이 익명성, 비대면성, 표현의 자유, 통신언어의 사용으로 상호작용이 가능하다. 이러한 사이버 의사소통 연구의 시사점은 사이버공간이 일상의 면 대 면 상호작용과는 차이가 있기 때문에 현실공간의 억압적 구조를 해체하고 새로운 관계를 형성할 것이라는 점이다. 사이버공간에서의 의사소통의 질서와 현실공간을 비교함으로써 사이버공간 구조를 진단할 수 있다. 이로 인해 현실공간의 대안적 공간으로서의 의미를 가늠할 수 있다.

둘째, 사이버공간에 주어진 물리적 조건하에서 구성하는 언어적, 비언어적 소통, 의미의 해독과 의미 생성과정을 검토하는 핵심은 이용자가 새로운 의미를 만들어 가는 행위가 사회적으로 어떤 함의를 만들어내는가에 대한 것이다. 이러한 분석을 통해 사이버공간이 현실사회의 경제적, 상징적 자본 분배의 질서로부터 상대적으로 자유로운 재현공간으로 보이지만, 기성의 상징적 권력으로부터 완전히 자유롭지 않으며, 아날로그 상징권력은 디지털 상징권력으로 재매개·재생산되고 있고 있음을 제시할 수 있을 것이다(김예란, 2007).

셋째, 사이버정체성에 대한 것이다. 사이버공간에서 이용자가 스스로를 어떻게 형성하는가에 대한 문제의식으로부터 출발한다. 사이버공간에서의 정체성을 올바로 이해하면서 실재세계와의 차이점을 인식하는 것은 두 세계에 교차하면서 이루어지는 행위들을 이해하게 한다. 사이버공간에 대한 정체성의 탐구는 사이버공간의 윤리적 규범을 정립하는 데 실마리를 제공할 수 있다. 사이버 자아정체성 연구는 주로 자아정체성 파악이 아니라 정체성에 의미를 부여하는 방식에 집중할 필요가 있다. 자아정체성에 관한 기존 문헌에서도 사이버 상황에 기초하여 발현된 정체성에 '의미'를 어떻게 부여하는지와 정체성과 관련하여 '행위'에 어떻게 의미를 부여하는지의 관계를 살펴보았다(Callero, 1985; Callero, 1992; Burke & Franzoi, 1988; Nuttbrock & Freudiger, 1991; Stryker & Serpe, 1994). 사이버공동체의 상호작용에서 커뮤니케이션 이용행위는 자아정체성의 발현 정도, 자아에 의미를 부여하는 정도를 나타낸다. 자아정체성과 관련된 소통행위의 유형과 강도를 파악함으로써 주체로서의 욕망과 실천의 양태를 알 수 있고, 나아가 사이버공동체나 실재사회에서 타인과 조화롭게 소통하기 위한 전략적 함의를 찾아볼 수 있다.

넷째, 사이버공동체에 대한 기존 학문적 관심은 주로 전통적 커뮤니티와의 유사성과 차이, 사회적 관계에서의 역할과 특성, 정치참여 등 사회적 이슈에 집중되어 있다. 사이버공동체가 현실공동체와 같은 소속감을 제공하는지에 대해서는 일관된 결과가 나타나지 않는다. 베임

(Baym, 2007)과 닙(Nip, 2004)은 온라인 활동을 통해서 면 대 면 공동체에서처럼 정보 공유, 개인적 표현, 사회적 연결감, 의사소통과 소속감을 느낀다는 결과를 제시했지만, 라이히(Reich, 2010)는 네트워크화된 개인주의로서 집단에 대한 소속감이나 공동체 의식을 형성하지는 못한다는 결과를 제시했다. 사이버공동체에 대한 연구의 지평을 더욱 확대하여 사이버 커뮤니티의 구성과 성장, 작동방식이 어떻게 이루어지는지에 대한 연구가 필요하다. 더욱이 디지털 미디어와 네트워크에 기반한 소통구조의 발달로 사회구조의 복잡성이 현저하게 증가함으로써 똑같은 메시지라도 누구에 의해 발화되느냐, 얼마나 많은 사람들에 의해 논의되거나 지지되느냐에 따라 그 의미가 달라진다. 따라서 일상의 작은 실천의 작은 차이들이 반복됨으로써 커다란 사회변화가 발생하는 것처럼 사이버공간에서의 작은 자발적 참여와 행위의 중요성이 강조되는 것이다(박근서, 2012). 황주성과 오주현은 사이버 커뮤니티의 자생적 작동방식에 대해서 연구하였다(황주성·오주현, 2011).

다섯째, 사이버공동체가 탈권력화, 탈계급화된 공간인지, 권위가 재확립되고 배제의 관습이 적용되는 사회인지를 연구하기도 한다. 윌리엄 미첼(Mitchell, 1996)은 사이버공간이 우편번호와 같은 물리적 공간을 표시하는 사회적 표식의 규범으로부터 자유롭다고 한다. 이른바 '지리적 코드'(geocode)는 인간이 서로를 지각하는 데 엄청난 계급적 힘을 발휘한다. 네트에 의한 인간 상호작용의 탈공간화는 지리적 코드의 열쇠를 제거해 버림으로써 평등주의적 공간의 잠재력을 갖고 있다는 것이다. 또한 사이버공간은 사이버 시민광장으로서 민주주의적 잠재력을 갖고 있다. 정부의 통치과정으로부터 소외되었다고 느끼는 사람들은 공동체의 공적 토론과 공동체 정책결정에 참여할 수 있게 됨으로써 민주주의

꿈을 실현하게 된다는 것이다. 그러나 사례연구를 통해 사이버공동체 내에서 '권위'가 얼마나 빨리 재구축되는지를 확인한 연구에서는 공동체의 정체성을 유지하기 위해서 내부의 규율을 필요로 하고, 동등한 표현의 기회를 주지 않고 권위가 재확립되며, 배제하는 관습이 만들어진다고 주장한다. 사이버공간이 시민광장으로서 배타적인 장소라고 주장하는 입장에서는 모든 사람들에게 격차와 상관없이 동등한 이용 기회를 보장해야 한다는 정책에 직면한다. 공동체의 규범 생성과정에 주목하는 연구는 사이버공간이 유지되기 위한 최적 규범체계, 그리고 규제 시스템의 정책적 함의를 찾아 가기도 한다.

마지막으로, 이 외에도 사이버공간에서 모든 문화가 동등하게 환영받지 못하고 문화의 식민화가 이루어지는 사이버 문화제국주의 문제, 법인단체와 회사가 돈과 죽음에 관한 엄청난 정보를 거래할 수 있는 기회를 제공함으로써 발생하는 사이버범죄, 인종차별주의·극단주의, 반사회적·반정부적인 배설적 공간의 탄생, 포르노그래피 사이트의 창구 역할을 하는 공간의 문제점도 진단할 필요가 있다.

참고문헌

권보연 (2011). 가상세계진화모델로서 소셜미디어의 공간 특성 연구. 〈인문콘텐츠〉, 21호, 127-148.

김연순·김응준·안상원 (2009). 디지털콘텐츠 표현양식과 다중정체성 양상. 〈디지털컨버전스 기반 미래연구〉, 1, 09-05. 정보통신정책연구원.

김예란 (2007). 디지털사회, 소통의 문화. 〈언론과사회〉, 15권 3호, 39-70.

박근서 (2012). 소통환경의 변화와 복잡계 이론. 〈커뮤니케이션 이론〉, 8권 2호, 65-98.

박기순 (1997). 가상공간에서의 인간커뮤니케이션. 〈한국커뮤니케이션학〉, 5집, 380-417.

박석철 (2005). 자아 정체성과 인터넷 커뮤니티 이용행위. 〈방송통신연구〉, 통권 61호, 255-285.

박성희 (2004). 사이버 공간의 대리자아 아바타의 역할 유형분석. 〈한국언론학보〉, 48권 5호, 375-405.

이동후 (2010). 제3의 구술성, 뉴 뉴미디어 시대 말의 현존 및 이용양식. 〈언론정보연구〉, 47권 1호, 43-76. 서울대 언론정보연구소.

한동원 (2003). 언어매체적 특성으로 본 인터넷 통신언어. 〈어문연구〉, 31권 2호(여름), 353-375.

황경식 (2003). 사이버 공간, 자아 정체성과 익명성. 〈철학사상〉, 16호(spc1-5), 697-713.

황주성·오주현 (2011). 인터넷 커뮤니티의 자기조직화에 대한 사례 연구. 〈한국언론학보〉, 55권 5호, 261-285.

황주성 외 (2002). 사이버문화 및 사이버공동체 활성화 정책방안 연구. 정보통신정책연구원.

Bargh, J. A., McKenna, K. Y. A., Fitzsimons, G. M. (2002). Can you see the real me? Activation and expression of the 'true self' on the internet. *J. Soc. Issues, 58*(1), 33-48.

Baym, N. (2000). *Tune in, log on: Soaps, fandom, and online community.* Thousand Oaks, Calif.: Sage.

Beniger, J. (1987). Personalization of mass media and the growth of pseudo-community. *Communication Research, 14*(3), 352-371. In S. G. Jones (Ed.), *Cybersociety 2.0: Revisiting computer-mediated communication and community.* Thousand Oaks, CA: Sage. 김미경 역 (2002). 〈사이버사회 2.0〉(47쪽). 서울: 커뮤니케이션북스.

Bolter, J. D., & Grusin, R. (2000). *Remediation: Understanding new media.* 이재현 역 (2008). 〈재매개, 뉴미디어의 계보학〉(277-290쪽). 서울: 커뮤니케이션북스.

Burke, P. J., & Stephen, L. F. (1988). Studying situations and identities using experiential sampling methodology. *American Sociological Review, 53,* 559-568.

Callero, P. L. (1985). Role identity Salience. *Social Psychology Quarterly, 48*(3), 203-215.

Callero, P. L. (1992). The meaning of self in role: A modified measure of role identity. *Social Forces, 1992,* 485-501.

Cohen, A. (1985). *The symbolic construction of community.* London: Tavistock.

Collier, M. J., & Thomas, M. (1988). Cultural identity: An interpretive perspective. In Y. Y. Kim and W. B. Gudykunst (Eds.), *Theories in intercultural communication. International and intercultural communication Annual, 12*(pp. 99-120). Thousand Oaks, CA: Sage.

Dean, J. (1996). *Solidarity of strangers.* University of California Press.

Ellison, N., Heino, R., & Gibbs, J. (2006). Managing impressions online: Self-presentation processes in the online dating environment. *Journal of Computer Mediated Communication, 11*(2).

Femback, J. (1999). There is there: Notes toward a definition of cybercommunity. In S. Jones (Ed.), *Doing internet research.* Thousand Oaks, CA: Sage.

Femback, J., & Thomson, B. (1995). Virtual communities: Abort, retry, failure?. http://well.com/user/hlr/texts/VCcivil.html

Fisher, J. (1997). The postmodern paradiso: Dante, cyberpunk, and the technology of cyberspace. In D. Porter (Ed.), *Internet culture* (p. 120). New York: Routledge.

Fuchs, C. (2006). The self-organization of virtual communities. *Journal of New Communications Research, 1*, 29-68.

Goffman, E. (1959). *The presentation of self in everyday life.* New York: Anchor Book. 김용환 역 (1995). 〈오점: 장애의 사회 심리학〉. 강원대 출판부.

Harwood, P. G., & Lay, J. C. (2001). Surfing alone: The internet as a facilitator of social and political capital?. Paper prepared for delivery at the 2001 annual meeting of the American Political Science Association, San Francisco, August 30-September 2.

Hecht, M. L., Jackson, R. L., & Ribeau, S. (2003). *African American communication: Exploring identity and culture* (2nd Ed.). Mahwah, NJ: Lawrence Erlbaum Associate, Inc.

Heim, M. (1993). *The metaphysics of virtual reality.* 여명숙 역 (1997). 〈가상현실의 철학적 의미〉. 서울: 책세상.

Holmes, D. (1997). Virtual identity: Communities of broadcast, communities of interactivity. In D. Holmes (Ed.), *Virtual politics: Identity and community in cyberspace* (pp. 26-45). Sage Publications.

Howard, P. E. N., Raine, L., & Jones, S. (2001). Days and nights on the Internet: The impact of a diffusing technology. *American Behavioral Scientist, 45*, 383-404.

Jones, Q. (2000). Time to split, virtually: Expanding virtual publics into vibrant virtual metropolises. Proceedings of the 33rd HICSS.

Jones, S. G. (Ed.) (1995). *Cybersociety: Computer mediated communication and community.* Thousand Oaks: Sage Publication. 김미경 역 (2002). 〈사이버 사회 2.0: CMC가 만들어낸 새로운 세계상〉. 서울: 커뮤니케이션북스.

Jordan, T. (1999). *Cyberpower: An introduction to the politics of cyberspace.* London: Routledge. 사이버문화연구소 역 (2000). 〈사이버파워〉. 서울: 현실문화연구.

Kim, H., & Papacharissi, Z. (2003). Cross-cultural differences in online self-presentation: A content analysis of personal Korean and US homepage. *Asian Journal of Communication, 13*(1), 117-136.

Leary, M. R., & Kowalski, R. M. (1990). Impression management: A literature review and two-component model. *Psychological Bulletin, 107*, 34-47.

Lewin, B. A., & Donner, Y. (2002). Communication in internet message board. *English Today*, *71*, 29-37.

Matheson, K., & Zanna, M. P. (1988). The impact of computer-mediated communication on self-awareness. *Computers in Human Behavior*, *4*, 221-233.

McKenna, K. Y. A., & Bargh, J. A. (2000). Plan 9 from cyberspace: The implications of the internet for personality and social psychology. *Personal. Soc. Psychol. Bull.*, *4*, 57-75.

Melucci, A. (1989). *Nomads of the protest: Social movements and individual needs in contemporary society*. Philadelphia: Temple university Press.

Mitchell, W. J. (1996). *City of bits: Space, place, and the inforbahn*. 이희재 역 (1999). 〈비트의 도시〉. 서울: 김영사.

Nip, J. (2004). The relationship between online and offline communities: The case of the queer sisters. *Media, Culture and Society*, *26*(3), 409-428.

Nuttbrock, L., & Freudiger, P. (1991). Identity salience and motherhood: A test of Stryker's theory. *Social Psychology Quarterly*, *54*(2), 146-157.

Park, M. R., & Floyd, K. (1996). Making friends in cyberspace. *Journal of Communication*, *46*, 80-97.

Park, M. R., & Lynne, D. R. (1998). Making moosic: The development of personal relationships on-line and a comparison to their off-line counter-parts. *Journal of Social and Personal Relationships*, *15*, 517-537.

Prentice-Dunn, S., & Rogers, R. W. (1982). Effects of public and private self-awareness on deindividuation and aggression. *Journal of Personality and Social Psychology*, *43*, 503-513.

Putnam, R. D. (2000). *Bowling alone: The collapse and revival of American community*. New York: Simon & Schuster.

Reich, S. M. (2010). Adolescents' sense of community on Myspace and Facebook: A mixed-methods approach. *Journal of Communication Psychology*, *38*(6), 688-705.

Rheingold, H. (1993). *The virtual-community: Homesteading on the electronic frontier*. Addison-Wesley Publishing Company.

Stewart, J., Zediker, J., & Witteborn, S. (2005). *Together: Communication interpersonally, A social construction approach.* 서현석·김윤옥·임택균 역 (2015), 〈소통: 협력적 의시소통의 방법 - 사회구성주의적 접근〉. 서울: 커뮤니케이션북스.

Stryker, S., & Serpe, R. T. (1994). Identity salience and psychological centrality: Equivalent, overlapping, or complementary concepts?. *Social Psychology Quarterly, 54*(3), 16-35.

Tuckle, S. (1995). *Life on the screen: Identity in the age of the internet.* New York: Simon & Schuter.

Weinreich, F. (1997). Establishing a point of view towards virtual communities. *CMC Magazine.* www. december. com/cmc/mag/1997/feb/weinon. html

Wellman, B., Haase, A. Q., Witte, J., & Hampton, K. (2001). Does the internet increase, decrease, or supplement social capital?. *American Behavioral Scientist, 45,* 436-455.

Wertheim, M. (1999). *The pearly gates of cyberspace.* 박인찬 역 (2002). 〈공간의 역사〉. 서울: 생각의 나무.

Wood, A. F., & Smith, M. J. (2001). *Online communication: Linking technology, identity, and culture.* Mahwah, NJ: Lawrence Erlbaum Associates.

'생태학'의 은유적 전유와 탐구

이동후

미디어 연구와 생태학의 만남

1. 생태학의 은유적 전유

생태학(*ecology*)이라는 단어는 고대 그리스어로 '사는 곳', '집안 살림'을 뜻하는 oikos와 '학문'을 의미하는 logos의 합성어로서, 1866년 독일 생물학자 에른스트 헤켈(Ernst Haeckel)이 처음 사용하였다. 그는 생태학을 "동물과 그 동물의 무기적, 유기적 환경과의 모든 관계 — 무엇보다도, 직간접적으로 접하는 다른 동식물과의 좋고 나쁜 관계들을 포함하여 — 에 대한 연구인 자연경제학 지식의 모임"이라고 정의했다(Smith & Smith, 2015/2016, p. 2). 그는 다윈이 〈종의 기원〉에서 제시한 자연선택설을 생존경쟁의 개념으로 받아들이고, 이러한 생존경쟁의 조건들이 갖는 "모든 복잡한 상호관계"를 연구 대상으로 삼고자 하였다. 생태학은 "생물과 그들의 환경 간의 관계에 대한 과학적 학문"이다. 이러한 의미에서 생태학은 단순히 환경을 의미하지 않으며, 환경을 개선하고자 하는 행동주의적 목적을 가진 환경보호주의(*environmentalism*), 자연사,

혹은 환경과학 등과 다르다고 할 수 있다.

생태학이 주목하는 환경은 각 생물이 생존경쟁을 수행하는 시공간적으로 물리적 위치를 차지하는 장소로서, 물리적 조건뿐만 아니라 유기체의 주변을 구성하는 생물 또는 살아 있는 요소를 포함한다. 또한 관계는 유기체와 환경 간의 상호작용을 뜻하는 것으로서, 유기체와 환경의 비생물적 요소와의 상호작용뿐만 아니라 유기체 간의 상호작용을 포괄한다. 생태학자들은 유기체와 환경이 혹은 살아 있는 생물적 요소와 살아 있지 않은 비생물적 요소가 상호작용을 하면서 하나의 단위로 작동하는 실체를 생태계(ecosystem)라고 부른다. 예를 들어 숲과 같은 자연생태계를 보면, 대기, 기후, 토양, 물 등과 같은 비생물적 요소와 식물, 동물, 미생물 등 숲에 서식하는 다양한 생물적 요소가 복잡한 상호작용을 하면서 하나의 생태계를 이룬다. 동식물은 물리적 환경에 반응하여 성장하고, 또한 생명이 다했을 때 썩어서 스스로 환경의 일부가 되기도 한다. 생태계는 개체, 개체군, 군집 등에서부터 경관, 생물군계, 생물권(biosphere)에 이르기까지 다양한 수준의 계층으로 이루어져 있다.

따라서 생태학은 개체 수준에 집중하는 생태학에서부터 전 지구로 시야를 확대하는 지구생태학에 이르기까지 다양한 범위에서 이루어진다. 생태학자들은 한 종으로 구성된 집단에 초점을 둘 수도 있고, 많은 종의 집단으로 구성된 군집에 관심을 갖거나, 군집 내에서 혹은 생물권 내에서 이루어지는 물질과 에너지의 이동에 초점을 둘 수도 있다. 무엇보다 생태학은 유기체 간, 유기체와 환경 간의 생리적, 행동적, 물리적 반응과 상호작용을 포괄하여 연구하기 때문에 생물학뿐만 아니라 생리학, 생화학, 유전학, 지질학, 수문학, 기상학 등의 분야를 참고하는 다학제간 과학이라고 볼 수 있다. 그동안 생태학은 유기체의 생명과정, 환경

적응, 종간 상호작용, 군집의 구조와 생태계의 천이적 발달, 생태계의 물질 및 에너지의 순환과 흐름 등을 연구했다(Smith & Smith, 2015).

유기체와 환경, 혹은 유기체와 유기체 간의 상호작용을 연구하는 생태학적 시각으로 인간이나 사회를 살펴보고자 하는 시도는 자연과학으로서의 생태학이 태동할 때부터 존재했다. 생태학이란 용어를 직접적으로 쓰진 않았지만 영국 사회학의 창시자라고 할 수 있는 허버트 스펜서(Herbert Spencer)는 사회를 유기체로 바라보며 그것이 단순한 것에서 복잡한 것으로 '진화'한다고 믿었다. 그는 강한 사람만이 살아남을 수 있다는 '적자생존'이라는 말을 처음 만들었다.

1890년 말 미국 시카고대학에 자리 잡은 사회학자 알비온 스몰(Albion Small)은 조지 빈센트(George Vincent)와 함께 미국의 첫 사회학 교과서인 〈사회연구개론〉(An introduction to the study of society, 1894)를 쓰는데, 이 책의 서론에서 이들은 자신의 책을 사람들을 연구하는 일종의 '실험실 안내서'라고 표현한다. 이들은 자신의 책을 생물학 실험실 안내서와 비교하면서, 마치 조류학자가 자연 환경의 새를 연구하듯이 사회를 관찰하고 사회와 물질적 환경의 관계에서 일상생활을 연구해야 한다는 입장을 보였다(Gross, 2004). 이들은 생태학이라는 단어를 명시적으로 쓰지는 않았지만 "사회는 자신의 일관성을 유지하고 지속적으로 발전하기 위해 자연적이고 인공적인 조건에 맞춰 자신을 끊임없이 재적응"해야 하고, 따라서 자연은 사회에 영향을 미치고 사회는 끊임없이 자연을 변경하는 상호관계를 갖는다고 보았다(1894, p. 336).

사회학 분야에서 생태학이라는 용어는 시카고대학의 파크(Robert E. Park)와 버지스(Ernest W. Burgess)가 1921년에 펴낸 〈사회과학개론〉 (Introduction to the science of sociology)에 처음 공식적으로 등장한다.

1920년대와 1930년대 초기 사회학의 시카고학파를 이끈 파크는 생태학이란 렌즈로 통해 인간 조직의 형태를 바라보며 경험적으로 접근하고자 하였다. 파크는 도시를 "물리적 메커니즘이자 인공적 구조물"로서 그것을 구성하는 사람들의 사회적 삶의 과정에 관여한다고 보면서, 이를 "자연의 산물, 특히 인간 본성의 산물"로 분석하고자 하였다(Park, 1925, p. 1). 그는 도시 공동체가 인구, 인공물(기술문화), 관습과 믿음(비물질적 문화) 그리고 천연자원 등 4가지 요인들의 상호작용에 의해 형성된다고 보았고, 특히 사회가 유기체로 기능하고 하나의 결속력을 가진 공동체를 구축하는 데 신문과 같은 미디어가 중요한 역할을 한다고 보았다(Wahl-Jorgensen, 2016). 시카고학파는 도시 공동체의 사회적 과정이 생물학적 과정과 똑같지 않고, 보다 복잡한 동학을 가졌다고 보았다. 그리고 이러한 시각을 통해 집단과 개인, 이들이 사용하는 기술, 문화적 배경, 그리고 물질적 자원 등의 상호작용을 구체적이고 체계적으로 분석하려고 했다. 생태학을 하나의 메타포로 가져와 사회 조직의 형태와 도시 공동체의 변화를 설명했고, 이러한 사회적 과정에 미디어의 중요성을 주목하기 시작했다.

1960년대를 전후하여 생태학과 인문사회학적 연구를 접목한 다양한 학문 분야가 등장한다. 예를 들어, 사회학과 생물학 모델을 조합하여 사회 조직과 자연 환경의 관계를 연구한 '문화생태학'(*cultural ecology*)(예: Steward, 1955), 인간-환경(문화-자연)의 관계를 다루면서 인구가 환경에 미친 영향과 이러한 관계가 사회적, 경제적, 정치적 삶을 형성하는 방식을 다룬 '생태인류학'(*ecology anthropology*)(예: Rappaport, 1968), 정치적, 경제적, 사회적 요인과 환경적 쟁점과 변화의 관계를 연구하는 '정치생태학'(*political ecology*)(예: Wolf, 1972) 등을 들 수 있다(Scolari,

2012). 이 시기 생태학은 일종의 메타포로서 여러 학문 분야에 응용되었고, 미디어 생태학도 이러한 사회적 맥락에서 등장한다. 인간 경험의 환경을 형성하는 미디어를 본격적으로 다루는 학문적 시각이 전면에 나타나기 시작했다.

2. 미디어 생태학의 출현

'미디어 생태학'(*media ecology*)이라는 용어는 1967년 마셜 매클루언(Marshall McLuhan)이 뉴욕의 포담대학을 방문했을 때 아들 에릭 매클루언(Eric McLuhan), 닐 포스트만(Neil Postman)과 대화하면서 나왔다고 한다. 그리고 1968년 미 영어교육자협의회 연례학술대회에서 포스트만이 처음 공식적으로 언급했다(Strate, 2005). 포스트만은 다음과 같은 의미로 미디어 생태학이란 용어를 사용했다.

> 사람과 이들의 커뮤니케이션 기술의 상호작용을 연구하고자 한다. 특히 미디어 생태학은 커뮤니케이션 미디어가 인간의 지각, 이해, 감정, 가치에 어떻게 영향을 미쳤는지, 혹은 미디어와의 상호작용이 우리의 생존 기회를 어떻게 가능하게 하거나 방해하는지를 살펴본다. 생태학은 환경에 관한 연구, 다시 말해 그것의 구조, 내용, 인간에 대한 영향력에 관한 연구를 뜻한다. 환경은 무엇보다 인간에게 특정 방식으로 사고하고, 느끼고, 행동하도록 만드는 복잡한 메시지 체계이다. … 미디어 환경의 경우, 그 조건이 종종 내재적이고 비공식적이고, 우리가 다루는 것이 환경이 아니라 단순히 기계라는 가정 때문에 반쯤 감춰져 있다. 미디어 생태학은 이러한 조건을 명료하게 드러내려고 한다.
> ─ Postman, 1970, p. 161

포스트만은 미디어 생태학을 "환경으로서의 미디어에 관한 연구"라고 정의하면서 자신이 그 분야를 새롭게 만들어 낸 것이 아니라 "이름만 붙였을 뿐"이라고 말한다. 다시 말해, 그는 그동안 다양한 학문 분야에서 언어와 문화, 미디어와 문화, 미디어와 인간 등의 관계에 관심을 가졌던 학자들을 '미디어 생태학자'라고 명명하면서 이들이 주목한 '관계'를 미디어 생태학이란 개념으로 이해하고자 했다. 그는 언어와 미디어의 문제를 다루기 위해 '생태학'을 일종의 메타포로 가져왔다.

메타포는 현상을 새롭게 인식할 수 있게 해주는 비유로서, 새로운 개념을 전파하는 데 유용하게 쓰일 수 있다. 예를 들어, 침묵의 나선 이론이나 탄환 이론 혹은 피하주사 이론 등은 나선, 탄환, 피하주사 등과 같은 메타포를 통해 기존의 패러다임에서 표현하기 어려운 여론이 한쪽으로 쏠리는 현상이나 매스미디어의 효과를 설명한다(Scolari, 2012). 미디어 생태학은 1960년대 전후 생태학이 하나의 메타포로서 응용되던 시대적 맥락에서 나왔고, 포스트만은 미디어 연구에 생태학이란 메타포를 결합함으로써, 단지 미디어에만 관심을 가지는 것이 아니라 "미디어와 인간의 상호작용이 문화의 특성을 구성하는 방식, 더 나아가 문화의 상징적 균형이 유지되도록 돕는 방식"을 주목해 보고자 했다(Postman, 2006). 포스트만은 "언어, 숫자, 이미지, 홀로그램, 기타 모든 상징, 기법, 기계 장치" 등으로 구성된 미디어 환경이 현재의 우리를 만드는 조건이 된다고 보면서, 자연 환경뿐만 아니라 미디어 환경을 주목할 필요가 있다고 제안한다. 그가 제시한 미디어 생태학은 하나의 체계화된 학문 전통에 기반을 둔 학술 분야라기보다는, 언어와 미디어를 환경으로 바라보는 학자들을 발견하고 이들을 '미디어 생태학자'라고 부르는 데서 출발한다.

사피어와 워프의 언어학적 상대주의에서부터 화이트헤드, 러셀, 비트겐슈타인, 랭거 등의 상징 형식에 관한 철학, 코지브스키와 하야카와의 '일반 의미론'(general semantics), 홀, 카펜터, 매클루언, 이니스 등의 미디어와 문화에 대한 관심, 그리고 멈퍼드와 엘륄의 기술 사회에 대한 문명사적 이해에 이르기까지 다학제적 배경을 가진 학자들이 '미디어 생태학'이란 지적 전통에 소집되었다(Lum, 2006, 2014; Strate, 2011). 매클루언, 옹, 포스트만 등이 미디어 생태학의 초석을 놓았고, 인간 의식과 삶, 사회 조직과 역사를 형성하는 주요 배경으로 미디어와 기술을 주목한 다학제적 배경의 학자들이 미디어 생태학적 지식 생산에 기여했다.

따라서 미디어 생태학은 뚜렷한 학문적 경계를 갖거나 하나의 특정한 기원으로 거슬러 올라갈 수 있는 학문 체계, 학설(doctrine), 주의(-ism)는 아니다. 미디어 생태학은 우리의 느낌과 행동 양식을 조건 짓고 우리가 보고 말하고 실천하는 것을 구조화하는 미디어 환경을 주의 깊게 살펴보고자 하는, 즉 "연관과 관계를 극대화하는" 생태학적 사상(Ong, 2002, p. 7)을 보여 준 학자들의 지적 전통이나 시각 혹은 공유된 감수성이라고 할 수 있다.

환경으로서의 미디어에 관한 관심은 특정 학문을 중심으로 전개되었다기보다는, 20세기 다양한 학문적 배경을 가진 학자들이 공유한 문제의식이라고 볼 수 있다. 이들은 고전학, 교육학, 기술사회학, 도시연구, 문화인류학, 사이버네틱스, 언어학, 역사학, 영문학, 인지심리학, 정치경제학, 철학, 행동과학 등 각자의 전공 분야에서 미디어와 기술의 영향력에 주목하였고, 미디어와 각종 사회문화적 현상의 관계에 천착했다. 대부분의 주류 커뮤니케이션 연구가 미디어를 메시지를 전달하는 도구로 보면서 기능주의적으로 접근했다면, 미디어 생태학적 시각을 가진 학자들은 미디어, 인간, 문화 간의 복합적인 상호작용을 주시했다.

지난 10여 년간 미디어 생태학이라는 이름으로 매클루언, 옹, 포스트만, 멈퍼드, 이니스, 아이젠스타인, 랭거, 해블록, 엘륄 등의 지적 유산이 정리되거나 확장되었고, 미디어, 언어, 사회문화 등의 관계를 살펴보는 다양한 연구들이 이루어졌다(이동후, 2015). 미디어 생태학은 인간이 만들고 사용하는 미디어 기술과 인간 간의 공생적이고 공진화적인 관계, 미디어 간의 상호작용, 미디어 환경 변화의 역사 등을 탐구하면서, 미디어를 커뮤니케이션의 도구로 바라보거나 커뮤니케이션 콘텐츠에 관심을 가졌던 커뮤니케이션 연구 전통에 도전한다.

　다음은 미디어 생태학적 전통을 중심으로 생태학적 시각이 어떻게 커뮤니케이션 미디어 연구에 적용되었는지를 살펴보고자 한다. 이를 위해 생태학적 시각이 투사된 주요 개념들을 주목하고자 한다. 이러한 개념에는 ① 환경으로서의 미디어, ② 적응: 인간 유기체의 확장으로서의 미디어, ③ 종(species)으로서의 미디어: 종간 상호작용과 공진화 등이 포함된다.

3. 환경으로서의 미디어

1) '물고기는 물이 완전히 오염될 때까지 물의 존재를 모른다'

매클루언은 종종 '물을 의식하지 못하는 물고기'라는 메타포를 통해 인간이 얼마나 미디어 기술이 만든 환경을 잊고 지내는지를 묘사한다. "물고기는 자신이 사는 요소를 지각하게 할 수 있는 반-환경을 가지고 있지 못하기 때문에, 정말 모르는 하나가 바로 물이다"(McLuhan, 1968), "미디어 효과는 마치 물고기에게 물처럼 지각할 수 없는, 대부분 무의식적인 새로운 환경이다"(McLuhan, 1969, p. 22), "나는 이러한 자기도취적 자기-최면 상태의 특이한 형식을 마치 물고기가 자신이 헤엄치는 물을 의식하지 못하듯이 새로운 기술의 정신적, 사회적 효과를 의식하지 못한 채 남아 있는 증상이라 부른다"(McLuhan, 1969), "비가시적 환경: 물고기는 물이 완전히 오염될 때까지 그 존재를 모른다"(McLuhan, 1970, p. 191) 등 그는 반복해서 미디어를 물과 같은 환경으로 바라보고 의식하라고 촉구한다.

그는 미디어가 환경으로서 작동하는 방식에 대한 이해 없이 사회문화적 변화에 대한 이해는 불가능하다고 생각했고, 따라서 '미디어가 메시지'라는 주장을 펼친다(McLuhan, 1964/2010). 그는 어떠한 정보나 메시지도 진공 상태에 존재할 수 없으며 물질적 혹은 상징적 기반이 있어야 비로소 구현될 수 있다고 보았고, 따라서 미디어의 비가시적 형식을 주목하라고 말한다. 생태학이 유기체와 그것의 과거, 현재, 미래 환경과의 관계를 연구하는 것이라면, 미디어 생태학은 이러한 유기체와 환경과의 유기적 관계를 연구하며 생태학적 시각을 미디어 연구에 확장한 것이라고 할 수 있다. 특히 미디어를 우리의 느낌과 행동 양식을 통제하고 우리가 보고 말하고 실천하는 것을 구조화하는 환경으로 바라보면서, 미디어가 구성하는 환경과 인간과의 유기적 관계를 주의 깊게 살펴보고자 한다.

'사용 초기'의 미디어는 새롭고 낯설어서 그것이 갖는 효과가 눈에 띌 수 있지만, 점차 익숙해져 지배적인 미디어 환경의 일부가 되는 순간 비가시적이 되고 만다. 이와 같은 사례는 우리 주변에서 흔히 볼 수 있다. 지금 우리가 사용하는 수많은 기술과 미디어는 처음 등장하였을 때는 신기하고 놀라운 대상이었지만, 점차 일상생활에 이용되면서 그것이 가져온 변화를 의식하기가 쉽게 않게 된다. 불과 몇 년 전만 하더라도 스마트폰은 새로운 유형의 미디어 기기로 신기함의 대상이었지만, 이제는 없으면 불편하다 못해 불안까지 한 생활필수품이 되었다. 포스트만의 말처럼 스마트폰은 우리가 쓰는 미디어 기기 중 하나로 추가된 것이 아니라 미디어의 이용 방식에서부터 생활양식까지 모든 것을 바꾸는 '생태학적' 변화를 일으킨다.

> 기술적 변화는 단순히 더하느냐 혹은 빼느냐의 문제가 아니다. 이것은 생태학적 문제이다. 여기서 생태학적이라는 말의 의미는 환경학자들이 사용하는 개념 그대로이다. 하나의 중대한 변화는 총체적 변화를 수반한다는 의미를 갖는다. 만일 어떤 자연 서식처에서 특정 곤충의 유충을 제거한다고 가정해 보자. 이것은 동일한 환경에서 단순히 유충만 빠진 것을 의미하지 않는다. 이것은 완전히 새로운 환경을 의미하는 것이고, 전과는 다른 생존 조건이 새롭게 구성된 것을 의미한다. … 새로운 기술은 기존에 없었던 무엇인가를 단순히 더하거나 빼는 것이 아니라, 모든 것을 바꾸어 놓는 것이다.
>
> — Postman, 1992/2005, pp. 30-31

예를 들어, 셰리 터클(2015)은 스마트폰이 일상생활에 이용되면서 우리 사이에 스마트폰이 있다는 것만으로 (사용하건, 하지 않건 간에) 우리를 "서로 덜 연결시키고 덜 살펴보게 된다"고 말한다. 그는 스마트폰의 이용과 함께 인간적 대화가 줄어들고 우리의 공감 능력, 친밀성, 사회적 유대, 창의성 등의 성격이 바뀌고 있다고 보았다. 지루함에서 벗어나고 효율적인 커뮤니케이션을 하기 위해 스마트폰을 일종의 도구로 이용하지만, 이러한 도구적 이용에만 그치지 않고 우리의 일상생활뿐만 아니라 삶의 방식과 본질 자체를 변화시키고 있다.

생태학적 시각으로 볼 때, 미디어 환경이 가져온 변화는 단순히 개별 미디어의 기능과 효과 혹은 원인과 결과라는 선형적인 논리로 이해하기 어렵다. 매클루언에 따르면, 미디어의 '배경 원칙'(ground rules)이 잘 보이지 않고 우리의 감각을 특정한 방식으로 마비시키거나 자기 최면 상태로 유도하기 때문에 환경으로서의 '미디어의 이해'가 쉽지 않은 것이다. 포스트만도 사람들이 기술을 필연적인 것으로 받아들이며 마치 자연 질서의 일부인 것과 같은 신화적 지위를 부여하기 때문에 미디어 환경이 갖는 효과를 의식하기 어렵다고 말한다.

커뮤니케이션 학계에서는 전통적으로 미디어를 메시지를 주고받는 채널(Shannon & Weaver, 1949)로 인식하였고, 따라서 미디어란 용어는 주로 텔레비전, 라디오, 영화, 신문, 잡지, 책 등과 같이 특정 유형의 내용을 담아내는 대중매체를 언급하거나 언론을 지칭할 때 쓰였다. 반면, 미디어 생태학적 시각을 가진 학자들은 미디어를 중립적(neutral)인 하드웨어로 보지 않는다. 더 나아가 미디어가 전달하는 내용(메시지)이나 미디어를 사용하는 의도보다는 환경으로서의 미디어의 속성에 관심을 갖는다. 다시 말해, 인간의 지각이나 경험을 조건 짓는 모든 기술을 포함하여 미디어로 바라보면서, 이러한 미디어의 '비가시적인 배경 원칙'을 의식하고 드러내고자 한다. 이들은 미디어가 이용자의 의도와 용도에 따라 해가 되거나 득이 될 수 있는 것도 아니고, 그렇다고 그것이 담아내는 콘텐츠나 기능으로 파악할 수 있는 것도 아니라고 보았다. 스트레이트는 이와 같은 시각을 다음과 같이 표현한다.

> 미디어를 환경으로 보는 시각은 미디어를 인과관계로 생각하는 것에 대한 해독제이다. 미디어는 다른 공을 맞추는 효과를 갖는 당구공과 같지 않다. 오히려 게임이 전개되는 당구 테이블과 더 비슷하다. 다시 말해 미디어는 행위자가 아니라 인간 행위자들이 자신이 맡은 역할을 수행하는 무대이다. 환경으로서의 미디어는 우리의 행위를 결정하지는 않지만 우리가 취할 수 있는 행동 범위를 규정하고, 어떤 행동은 지원하지만 어떤 것은 어렵게 만든다.
> — Strate, 2008, p. 135

미디어 생태학은 미디어를 사람들이 상호작용하는 정보환경으로 보면서 환경으로서의 미디어를 가시화하는 연구라고 할 수 있다. 이는 미디어의 환경적 특징을 구체적으로 검토해 보고, 우리의 지각, 느낌, 이해력, 가치 등에 어떠한 영향을 미치는지, 우리가 보는 것, 행동하는 것을 어떻게 구성하는지를 살펴본다. 포스트만은 "미디어 생태학 연구는 몇 개의 단편적 정보를 연구하거나 정보를 송신하고 수신하는 과정을 연구하는 것이 아니라, 특정 행동이 의미를 갖게 되는 시스템 또는 환경에 대한 연구"라고 말하면서 인간과 미디어 환경의 상호작용에 관한 보다 전체론적(holistic) 관점을 가지자고 제안했다(Postmna, 1985).

매클루언과 포스트만을 비롯하여 미디어 생태학적 시각을 가진 학자들은 모든 인간 경험과 활동의 배경이 되는 비가시적 환경으로서의 미디어에 주목하며, 미디어와 인간·사회 간의 복합적인 상호작용과 관계를 살펴보고자 했다. 다시 말해, 미시적 혹은 거시적 차원에서 인간 경험의 배경이 되는 '환경으로서의 미디어'의 특성에 관심을 가지며, 이것이 사회적 상호작용이나 문화 형성에 있어 어떠한 조건을 구성하는지를 살펴보고자 한다.

2) 환경 요인: 미디어의 편향성

생태학의 주요 연구 중 하나는 생물에 직접적으로 영향을 미치는 수(水) 환경이나 육상환경의 물리적 특성을 조사하는 것이다. 예를 들어 깊이, 유속, 염도와 같은 물의 물리적, 화학적 성질이 살아 있는 생물의 중요한 생존 조건이 되기 때문에 이러한 수환경의 성질을 이해하는 것이 중요하다. 마찬가지로 미디어 생태학자들은 인간과 커뮤니케이션 미디어의 상호작용에 대해, 더 나아가 미디어와 인지적 혹은 문화적 변화의 상관관계를 파악하기 위해 환경으로서의 미디어의 특성을 이해하고자 한다. 다시 말해, "커뮤니케이션 테크놀로지와 테크닉이 정보의 형태, 양, 속도, 분배, 방향을 어떻게 제어하는지, 그리고 이러한 정보 구성 혹은 편향성이 사람들의 지각, 가치, 태도에 어떠한 영향을 미치는지"를 주목한다(Postman, 1979, p. 186).

그리고 우리의 지각, 이해, 경험 등을 특정하게 구조화하는 미디어 환경의 특성을 종종 '편향성'(bias)의 개념으로 접근한다. 예를 들어, 해럴드 이니스(Innis, 1951)는 미디어에 따라 정보를 저장하고 전송하는 고유한 물리적 형식이 다르기 때문에 서로 다른 시간적, 공간적 편향성을 갖는다고 보았다. 진흙, 돌, 양피지 등과 같이 세월을 버텨 내며 시간을 통제할 수 있는 시간 편향적 미디어는 관습, 권위, 공동체, 영속성, 역사성, 신성화 등을 구축하거나 유지하는 환경적 기반이 되는 반면, 파피루스와 같은 빠른 속도로 운반이 용이한 공간 편향적 미디어는 세속적 제도의 확대나 제국의 팽창을 지원했다고 보았다. 미디어의 시간적, 공간적 편향성에 따라 선호되는 사회 조직이나 정보의 운영체계가 달라진다고 본 것이다.

이니스가 정보의 배분과정을 조직하는 미디어의 물질적인 매개 작용에서 미디어 환경의 특성을 찾았다면, 매클루언은 감각적 상호작용의 수준에서 이를 이해해 보고자 하였다. 매클루언은 미디어마다 서로 다른 감각배합의 비율(sense ratio)을 유도하는 감각적 편향성(biases)을 가지고 있다고 본다. 인간이 가진 시각, 청각 그리고 후각과 같은 오감 전체가 상호의존관계를 가지며 균형상태(synesthesia)를 유지하는데, 인간 감각의 확장인 미디어가 특정한 감각을 확대하거나 강조함으로써 새로운 감각 배합의 비율을 발생시킨다고 본 것이다. 예를 들어, 서구 알파벳은 청각적이고 촉각적인 구어 세계를 시각적 기호로 변형함으로써 시각과 청각 비율의 균형을 깨뜨렸고, 이로 인해 알파벳 이전의 다원적이고 복합감각적인 "청각적 상식의 공간"과 대조적인 시각적, 선형적, 이성적 패턴을 가진 문자 문화가 도래했다고 보았다.

미디어 생태학자들은 미디어의 물리적 또는 상징적 형식에 따라 그것이 전달하는 정보의 성격이 달라지고 우리의 지각, 이해, 경험 등이 특정한 방식으로 구조화된다고 말한다. 여기서 물리적 형식은 정보의 부호화, 전송, 저장, 수용, 유포 등을 위해 필요한 물리적 조건과 특성을 가리키고, 상징적 형식은 정보를 전달하는 언어나 담론의 약호와 구분 혹은 문법의 특성을 의미한다. 이들은 미디어에 따라 물리적, 상징적 형식이 다르기 때문에, 시공간적, 지적, 정서적, 정치적, 형이상학적, 내용적, 인식론적 편향성을 가질 수 있다고 보았다(Lum, 2006).

미디어 편향성 개념을 통해 우리의 의식, 사고, 표현에서부터 사회적 상호작용의 동학이나 사회 조직에 이르기까지 미디어가 우리의 경험을 어떻게 조건 짓는지를 살펴볼 수 있게 해준다. 미디어 편향성 개념은 미디어 환경의 특성과 조건을 드러내고 미디어와 인간이 상호작용하면서 일어나는 변화의 과정을 추적할 수 있는 일종의 단서를 제공한다. 물론 미디어 생태학은 단일 미디어 환경의 편향적 특성을 살펴보는 데서 그치는 것이 아니라, 멀티미디어 환경이나 학교, 직장과 같은 사회적 환경의 미디어 편향적 특성을 살펴봄으로써, 우리가 보고 말하고 행동하는 것을 구조화하는 모든 환경적 요인에 주목한다.

4. 적응: 인간 유기체의 확장으로서의 미디어

생태학은 환경을 유기체와 분리되어 유기체에게 일방적으로 영향을 미치는 고정 요인으로 보는 것이 아니라, 유기체와 상호작용하면서 서로를 변화시키는 상호의존적 변인으로 바라본다. 미디어 생태학은 사람과 사람이 만들고 사용하는 미디어 기술 간의 공생적 관계를 연구한다. 미디어의 본질적 형식이나 구조가 인간 커뮤니케이션이나 경험에 결정적 역할을 한다는 점은 인정하지만, 그렇다고 직접적이고 선형적인 기술결정론적 접근을 제시하지는 않는다. 미디어를 환경으로 연구한다는 것은 미디어를 따로 떨어뜨려 인간 사회에 영향을 미치는 고정 요인을 보는 것이 아니라 인간과 미디어 그리고 여러 사회적 힘 간의 복잡하고 다중적인 상호작용을 강조하는 것이다(Lum, 2015).

매클루언의 포담대학 동료였던 존 컬킨은 "우리가 도구를 만들고 이후 이들이 우리를 만든다"는 표현으로 매클루언의 접근을 설명하였다(Culkin, 1967, p. 52). 그는 "미디어가 메시지"라고 말한 매클루언의 시각이 결코 기술결정론적이 아니라 생태학적이라는 점을 간파한 것이다. 매클루언은 미디어를 자신이 의도한 목적과 필요에 따라 만들어 낸 도구라기보다는 우리들의 눈, 귀, 근육, 신경조직 등 인간감각의 확장이라고 정의한다. 자동차의 바퀴는 발의 확장이고, 서적은 눈의 확장이고, 의복은 피부의 확장이며, 전자회로는 중추신경체계의 확장이라고 본다(1967, pp. 26-41).

매클루언에 따르면 우리는 미디어를 통해 주변 세계와 상호작용하는데, 이러한 미디어는 본질적으로 우리 감각기관의 확장일 뿐만 아니라 자연의 확장이기도 하다. 인간은 생존하기 위해 환경에 적응하는데, 생존가능성을 보다 높이려고 미디어를 이용해 자신의 환경을 변경해 간다. 따라서 미디어 기술은 인간의 확장일 뿐만 아니라 "인간은 자신을 만든 자연을 다시 만드는 자연의 확장"이라고 본다(McLuhan & Nevitt, 1972, p. 66).

그런데 이러한 확장 과정에서 인간은, 마치 나르시스가 물에 미친 자신의 이미지가 자신의 확장이라는 사실을 인식하지 못하듯이, 미디어 기술이 인간으로부터 나왔음에도 불구하고 "외부 공간에서 온 낯설고 이상한 침입자로 느끼며" 우리와 독립된 "저기 있는 물건"으로 바라본다(McLuhan & Stern, 1967, p. 280). 미디어 기술이 인간 유기체의 능력을 "증폭"하거나 "향상"시킴으로써 몸이 견딜 수 없는 "새로운 행위 강도"를 만들어 내는데, 인간은 나르시스적 마취와 "자기 절단"을 통해 이러한 감각의 불균형이나 고통을 잊게 된다(McLuhan, 1964/2010). 나르시스적 마취는 자신을 확장하는 미디어가 우리로부터 나왔다는 것을 망각하게 만든다.

매클루언의 미디어 개념은 커뮤니케이션 미디어뿐만 아니라 자동차, 시계, 무기 등 인간이 만든 모든 물질적, 비물질적 인공물을 포괄한다. 매클루언은 모든 인간의 인공물을 "인간 신체나 정신의 발화 또는 외화", 혹은 인간이 해왔거나 할 수 있는 능력을 다른 형태로 "번역"하는 것이라고 생각했다(McLuhan, 1964, p. 116). 그는 미디어와 인간을 서로 분리된 실체로 보면서 미디어 기술을 인간에게 주어진 외부의 중립적 도구로 바라보는 것이 아니라 인간 유기체의 확장으로서 인간과 미디어의 분리불가능 혹은 상호작용성을 주목한다(김상호, 2009).

미디어 생태학자들은 이러한 확장, 번역, 상호작용성 등의 과정에 관심을 가져 왔다. 예를 들어, 아귈라(Aguila, 2011)는 텍스트, 오디오,

영상을 통해 지리적 거리에 상관없이 즉각적으로 메시지 교류를 할 수 있게 해주는 스카이프와 같은 인터넷전화가 어떻게 인간 능력을 확장하는지를 현상학적으로 살펴보았다. 컴퓨터 스크린, 웹 카메라, 마이크로폰, 스피커 등은 우리의 눈과 귀의 기능을 확장하여 멀리 있는 사람과 물리적으로 접촉하지 않으면서도 '접촉'하는 상황을 만들고, 떨어져 있으면서도 함께 있는 느낌을 갖는 '모사된 현존'을 전달한다. 스카이프를 통해 연결된 가족 구성원들은 스카이프 인터페이스를 '잊음'으로써 사적 공간을 공유하는 것 같은 느낌을 갖게 되고, 미디어로 확장된 집에서 함께함의 느낌을 가질 수 있다. 스카이프로 교감하면서 '여기도 아니고 거기도 아닌' 추상적으로 같이 있는 느낌을 가질 수 있게 된다. 이러한 확장은 가족 구성원을 시공간적으로 가깝게 연결시키지만, 이러한 가까움은 스카이프의 양식에 의해 특정한 방식으로 허용된 것으로서 친밀성의 복잡성을 디지털화하고 단순화한다.

이동하면서 오디오 콘텐츠를 소비할 수 있도록 도와주는 모바일 청취용 미디어 기기는 자신의 주변에 자신이 선택한 소리 공간을 구축함으로써 자신만의 음악을 들으며 시공간을 돌아다니고 자신만의 사적 혹은 내면적 공간감을 가질 수 있도록 해준다. 사와츠키(Sawatzky, 2013)는 모바일 청취 기기가 특정 지각, 현존, 상호작용의 양식을 확대하거나 축소함으로써, 특정 공간 혹은 장소(상상적 그리고 실제적 공간과 장소)에서의 존재감을 재구성한다고 보았다. 그는 모바일 청취 과정이 물결의 흐름에 따라 살아 움직이는 '말미잘'처럼 유동적이고 상호작용적이며 다차원적 경험의 과정이라고 보았다. 모바일 청취 기기가 자신만의 청각 공간 혹은 사적 공간을 '펼치는' 능력을 갖게 해주지만, 자신이 선택한 이외의 소리는 청각 공간 주변으로 물러나게 만듦으로써 청각적 소외, 일종의 '사회적 귀먹음'을 야기할 수 있다고 말한다. 모바일 청취 공간에 침잠하면서 스스로 소리를 내려는 의욕을 저하시킬 수 있고, 기기에 맞춰 청각이 길들여지면서 다른 청취 양식이나 강도에 대한 관심과 능력을 잃을 수도 있다.

마찬가지로 자신의 운동량, 칼로리, 수면 패턴, 생체정보 등을 측정하고 분석해 주는 웨어러블 기기나 모바일 앱과 같은 자기추적기술은 개인이 보다 능동적으로 건강과 신체활동을 다룰 수 있도록 도와주지만, 단순히 인간의 능력을 확장하는 것이 아니라 사람들의 실존 방식에 영향을 미칠 수 있다. 반 덴 이데(Van Den Eede, 2014)는 이러한 확장의 복잡한 과정을 매클루언의 '테트라드'(tetrad)를 적용해 설명하고자 하였다. 매클루언의 테드라드는 그의 아들 에릭 매클루언과 함께 인간의 모든 인공물의 사회문화적 효과를 탐구하기 위해 제안한 "발견을 돕는 장치"이다(McLuhan & McLuhan, 1988). 매클루언은 미디어 환경 안의 변화를 살펴보기 위해, 선형적인 일방향적 인과관계를 추론하기보다는 동시에 진행되는 복합적 상호관계를 발견해 보라고 권했다.

> 그것은 무엇을 강화 혹은 촉진하는가.
> 그것은 무엇을 쓸모없는 것으로 만들거나 대체하는가.
> 그것은 과거에 버려졌던 어떤 것을 부활시키는가.
> 그것은 극에 도달했을 때 무엇으로 역전되는가.
>
> — McLuhan & McLuhan, 1988, p. 7

반 덴 이데는 강화, 퇴화, 부활, 역전이라는 테트라드의 렌즈를 통해 자기추적장치가 무엇을 확장하는지를 살펴볼 수 있다고 말한다. 우리는 자기추적장치를 이용해 우리 몸의 상태나 활동을 측정하고 추적하는 능력을 향상시킬 수 있다. 하지만 여기서 그치는 것이 아니라 자기추적장치의 알고리즘적 자료 수집 및 분석 방식은 우리 주변 세계에 대해 직관적으로 느끼는 습관을 약화시키고, 센서를 통해 추적 불가능한 우리 몸의 다른 신호들을 무시하고 '마비'시킬 수 있다. 자기추적기술은 자기 몸 관리와 효율성을 중요시하는 현대 문화에 대한 기술적 반응이며, 이러한 문화적 습관을 정당화하고 강화할 수 있다. 또한 건강 관련 결정을 외주화 혹은 자동화하고, 자신의 신체 활동이 늘 관찰의 대상이 되는 것을 별다른 의식 없이 자연스럽게 생각하게 만든다.

매클루언에 따르면 테트라드는 문화와 테크놀로지에 "숨겨진 특성"을 의식하게 만드는 수단으로서, 무엇보다 유기체로서의 인간과 미디어의 상호관계를 복합적으로 이해할 수 있게 해준다. 테트라드는 2개의 형상(figure)과 배경(background)으로 구성되었기 때문에, 강화, 퇴화, 부활, 역전의 4개의 현상은 인과관계를 가지고 일어나는 것이 아니라 동시적으로 일어난다. 어떤 것이 부활한다는 것은 다른 것이 퇴화한다는 것이고, 이와 마찬가지로 어떤 것이 강화된다는 것은 다른 것이 역전된다는 것이다(김상호, 2004). 생태학적 접근은 "기술, 기법, 정보 양식, 커뮤니케이션 코드가 인간사에 주역이 되고 있다고 생각"하지만, 그렇다고 단순하고 선형적인 인과론을 제시하지는 않는다(Strate, 1999, p. 1). 미디어 생태학적 시각은 인간 유기체의 확장 개념을 통해 미디어와 인간을 이분법적으로 구분하기보다는 이들 간의 복잡하고 다중적인 상호작용을 주목하고자 한다.

5. 종(species)으로서의 미디어: 종(種) 간 상호작용과 공진화

1) 종 간 상호작용: 혼종화와 재매개

생태학은 자연 환경이 매개하는 동일한 종 내 개체군 개체들의 상호작용과 생리적, 형태적, 행동적 적응을 다룰 뿐 아니라, 종 간 상호작용을 탐구한다. 종 간 상호작용 관계를 공생, 경쟁, 포식, 기생 등의 개념으로 분류하고 생태적으로 밀접한 관계를 가진 둘 이상 종들의 공동 진화를 주목하기도 한다. 미디어 생태학은 미디어를 일종의 종으로서 바라보며 미디어 '종 간 상호작용'에 관심을 갖는다.

미디어 간의 관계는 환경으로서의 미디어를 이해하는 중요한 문제의식 중 하나인 것이다. 미디어 생태학적 시각은 변화하는 미디어 환경을 탐구하고자 할 때, 개별 미디어의 독립적 특성이나 기능을 살펴보는 것이 아니라 미디어 간의 역학 관계를 통해 이해해 보라고 제안한다. 특히 새로운 미디어 환경의 특성과 문화를 살펴볼 때 단순히 그 새로움의 효과에 매료되기보다는 기존 미디어(old media)와의 상관관계 속에서 보라고 한다.

매클루언은 〈미디어의 이해〉(1964/2011)에서 "새로운 미디어의 콘텐츠는 좀더 오래된 어떤 미디어"라고 말하며 모든 미디어가 "다른 미디어와의 끊임없는 상호작용을 통해서만 의미를 갖거나 존재한다"고 주장한다. 스피치는 쓰기의 콘텐츠가 되고, 쓰기는 인쇄의 콘텐츠가 되며, 소설과 같은 인쇄물은 다시 영화와 같은 영상미디어의 콘텐츠가 되는 것과 같이, 하나의 미디어는 다른 미디어 콘텐츠의 상징적 형식을 제공할 수 있다.

새로운 미디어 환경은 백지 상태에서 기술자의 아이디어로 창안되고 의미를 갖는 것이 아니라 기존 미디어와의 상호작용 가운데 나온 것이라고 보는 것이다. 매클루언에 따르면 "두 미디어의 혼종 혹은 만남이 진리와 계시의 순간"으로서 여기서 새로운 형식이 탄생하고 문화를 변화시키는 강력한 에너지가 나온다. 미디어 종 간 상호작용이라는 혼성화 과정을 통해 환경 변화가 일어나는 것이다. 앞서 언급한 매클루언의 '테트라드'도 미디어 환경의 과거와 현재와 미래가 함께 공존하며 관계를 맺는 과정을 탐구하기 위한 장치라고 볼 수 있다.

월터 옹(1967, 1982) 또한 미디어 환경이 단선적으로 발전하기보다는 신구 미디어 간의 상호관계 속에서 재구성된다는 관계주의적 시각을 제시한다. 뉴미디어의 등장은 기존 미디어를 폐기시키지 않고 그것의 "의미와 적절성을 바꿔" 놓기 때문에(Ong, 2002, p. 314), 기존 미디어는 뉴미디어 문화의 기반이 되는 동시에 그 존재 방식은 뉴미디어로부터 영향을 받는다고 말한다. 예를 들어, 라디오와 텔레비전과 같은 전자 미디어의 등장으로 제2의 구술성이 나타났다고 말한다. 이러한 제2의 구술성은 라디오와 텔레비전 같은 전자 미디어가 쓰기와 인쇄에서 물리적으로 부재했던 상대방의 소리를 복원한다는 점에서 제1의 구술성과 유사하지만, 이러한 제1구술성의 부활은 인쇄문화에 기반을 두고 있기 때문에 과거의 그것과 다르다고 본 것이다. 제1구술성과 문자성의 동학이 '상호작용'하면서 만들어진 제2구술성은 문자 문화에 기반을 둔 논리적 계획성과 제작자의 자의식에 의해 구성되고 '사물화'된 소리의 세계를 제공하는 일종의 혼종화된 미디어 환경이다.

옹은 또한 새로운 미디어 환경 속에 남아 있는 기존 미디어의 실천 방식을 "잔존"(residue) (Ong, 2002) 이라는 개념으로 표현하면서, 기존 미디어가 이전과 다른 성격과 의미를 가지며 새로운 미디어와 공존하고 있음을 시사한다. 그는 미디어의 "잔존" 개념이나 "이차적"이라는 표현을 통해 과거의 지배적 미디어 문화가 새로운 미디어 텍스트의 배경적 조건으로 작용하고 있음을 설명한다. 새로 등장한 미디어가 과거의 지배적 미디어를 대치하거나, 과거의 지배적 미디어가 새로운 미디어 시대에 사라져 버린다는 인식 대신, 과거의 미디어가 "변형"된 형태로 잔존하거나 새로운 미디어에 의해 "보완"되고, 새로운 미디어의 "언어 표현"은 과거의 미디어 의식에 영향을 받아 "혼종화"된다는 점을 강조한다(Ong, 2002, pp. 204-207). 옹은 제2의 구술성 개념을 통해 미디어의 발달이 단선적이고 혁명적인 '진보'의 패턴으로 이루어지는 것이 아니라 신구 미디어의 복합적인 상호작용 가운데 이루어진다는 점을 주목했다.

한편 디지털 미디어 시대의 미디어의 종 간 상호작용을 탐구할 개념으로 볼터와 그러신의 '재(再)매개' 개념을 들 수 있다(Bolter & Grusin, 1999/2000). 이들의 재매개 개념은 매클루언의 "뉴미디어의 내용은 올드 미디어"나 "테드라드" 개념을 디지털 미디어 시대에 걸맞게 수정한 것처럼 보인다. 그들은 뉴미디어의 진화가 미디어 내용이나 메시지에 즉각적으로 접근할 수 있고 좀더 가깝게 대면하고자 하는 "투명한 직접성"(*transparent immediacy*)과 현실을 매개하는 미디어를 추구하는 "과매개성"(*hypermediacy*)을 따르는 과정이라고 보면서, 이러한 과정을 재매개 과정이라고 표현한다.

예를 들어, 데스크탑 컴퓨터의 인터페이스 역할을 하는 윈도에 포함된 다양한 미디어 표상들(예를 들어, 문서, 그래픽, 비디오 등)은 이용자의 시선을 끌기 위해 경쟁을 벌이고, 아이콘, 메뉴, 툴바 등은 또 다른 시각적, 언어적 층위를 제공한다. 이러한 디지털 미디어는 "매개를 다

446

중화함으로써 실재적인 것을 추구"하고, 경험의 "충만감"을 만들어 간다 (p. 62). 기존 미디어를 전유하거나 통합하는 재매개 과정 속에서 한편으로는 다양한 미디어 형식이 공존하는 '과매개성'이 유지되고, 다른 한편으로는 미디어 간의 불연속성을 최소화하는 인터페이스를 가짐으로써 실재에 직접적으로 다가가는 경험의 강도를 높이고 있다. 이들의 재매개 개념은 디지털 미디어 환경의 특성을 기존 미디어와의 변증법적 연속성과 불연속성상에서 이해해 보는 이론을 제공한다.

현재의 디지털 미디어 환경은 과거에는 상상할 수 없었던 복합적이고 다중적인 미디어 융합을 가능하게 한다. 예를 들어, 스마트폰은 전화기, 전신, 시계, 캘린더, 전화번호부, 편지함에서부터 TV, 라디오, 책, PC, 인터넷, 미디어 재생기, 게임기, 카메라, PDA, 네비게이터, GPS, 신용카드, VR 등 각종 하드웨어적 미디어 형식과 이메일, 메신저, 소셜네트워크 사이트, 검색엔진 등 다양한 소프트웨어적 미디어 형식을 재매개한다. 각종 미디어 형식이 분산적이고(divergent) 개별적인 개체성을 유지하면서 공존할 수 있고, 더 나아가 복합적이고 혼종적인 인간-기술의 인터페이스가 구현될 수 있다.

미디어 생태학의 관계주의적 시각에서 미디어를 이해할 때, 기존 미디어와 새로운 미디어를 서로 대비시켜 구분하고 둘 간의 관계를 경쟁, 보완, 대체 등으로 단순화하기보다는, 보다 유기적인 관계 속에서 살펴볼 수 있다. 무선 네트워크에 연결된 휴대 가능한 모바일 스크린이라는 물리적 조건에 맞춰 다양한 미디어 형식들이 '개조'되고(refashioned), 이용자들은 이러한 스마트폰 인터페이스를 통해 미디어 기능을 개별적으로 혹은 조합하여 이용할 수 있다. 예를 들어, 카메라 앱을 통해 사진을 찍고 편집하며 앨범에 저장하고 소셜미디어에 올려 전시하거나 공유할 수 있고, 대화나 참고의 소재로 활용할 수도 있다.

새로운 미디어 환경에서 기존 미디어는 '죽었다' 혹은 '대체되었다' 식으로 단순화할 수 없고, 그렇다고 이전과 똑같은 '의미와 적절성'을 갖는다고 말하기도 어렵다. 미디어 간의 상호작용과 관계 속에 미디어 경험의 양식이 재구성되면서 미디어 환경은 늘 변화한다. 예를 들어, 과거에는 텔레비전 프로그램을 시청하는 주된 수단이 가정용 텔레비전 수상기였다면, 지금의 미디어 환경에서는 TV 수상기이외에 스마트폰, 데스크톱 컴퓨터, 노트북, 타블릿 PC 등 다양한 기기를 통해 접할 수 있게 되었다. 텔레비전 시청 경로가 다변화되고 소셜미디어 이용과 연결되면서 기존 TV 수상기의 비중이 줄어들었고, 텔레비전 인터페이스의 성격이 바뀌면서 텔레비전 경험 양식이 바뀌게 된다. 가족들과 함께하면서도 개인 미디어 기기를 통해 자신만의 미디어 공간을 따로 만들어 머무는 '집단적 개인화'와 물리적으로 함께하지 않지만 네트워크를 통해 연결된 집단과 정보와 경험을 공유하는 '개인적 집단화'가 가능해졌고, 미디어 '보기'의 경험은 미디어 '이용'의 경험으로 바뀌고 있다(이동후, 2012).

2) 공진화: 미디어-인간, 미디어-문화의 관계에 관한 통시적 접근

유기체와 환경의 상호작용을 연구하는 생태학은 진화론과 밀접하게 관련된다. 찰스 다윈은 〈종의 기원〉에서 새로운 종이 형성되는 과정을 진화의 개념으로 설명한다. 생물 유기체는 자신의 생존을 위해 한정된 자원을 놓고 다른 유기체와 싸워야 한다. 진화는 이렇게 생물이 주어진 환경 안에서 생존하고 대를 이어 가는 과정에서 발생한 변화를 의미한다. 진화론은 세대에 걸친 유기체의 유전적 특성과 계통성의 변화를 분석하면서 개체의 멸종과 탄생, 돌연변이, 적응과 다양화, 자연선택 등의 문제를 다룬다. 생물의 계통적 역사를 다룬 진화론은 생태계의 변화를 통시적 차원에서 접근하고 이해하는 이론적 토대를 제공했다.

미디어 생태학자들은 미디어를 환경으로 바라보고 미디어와 인간, 혹은 미디어와 미디어 간의 상호작용과 관계를 살펴보기 위해 진화론의 통시적 접근을 전유해 왔다. 앞서 살펴보았던 '미디어 종 간 상호작용' 역시 단순히 공시적, 공간적 차원에서 2개 이상의 미디어 상호관계를 살펴보는 것이 아니라, 서로가 서로에게 영향을 미치며 통시적으로 공진화하는 과정을 주목한 것이다. 예를 들어, 옹이 말한 '제 2의 구술성'이나 '잔존' 개념은 미디어의 발달이 단선적이고 혁명적인 '진보'의 패턴으로 이루어지는 것이 아니라 신구 미디어의 복합적인 상호작용 가운데 이루어진다는 점을 주목한다. 그는 "인간이 쓰기를 배웠을 때에도 말하기를 계속했고", "활자 인쇄술을 배웠을 때에도 말하고 쓰기를 계속했으며", "라디오와 텔레비전을 발명한 이후에도 말하기와 쓰기, 그리고 인쇄하기를 계속했다고" 말하면서 이러한 연속성을 강조한다(Ong, 2002, p. 314). 그렇다고 과거의 미디어 양식이 그대로 유지되는 것은 아니다. 미디어 양식은 새로운 미디어 환경에서 재구성되고 따라서 '진화'하고 있음을 시사한다.

진화의 관점에서 미디어 환경을 바라볼 때, 파피루스, 전보, 타자기, 축음기, 원고지 등이 물질적 인공물로서 더 이상 사용되지 않고 '멸종'했다고 볼 수도 있지만, 휴대성을 가진 미디어 형식, 메신저, 키보드, 디지털 음악 재생기, 워드프로세서 등의 개조된 형태로 재매개되어 현재의 미디어 환경에 '생존'하고 진화하고 있다고도 볼 수 있다. 이와 같은 재매개의 양상을 인지하기 위해서는 미디어와 인간 혹은 미디어와 미디어 관계의 시간적 차원을 고려해야 하고, 이를 위해 '통시적 접근' 혹은 '테트라드'식 순환론적 접근을 시도한다.

예를 들어, 페티트(Pettitt, 2012)는 서구 사회의 500년간의 인쇄 기반 정보시대를 '구텐베르크 괄호'로 묶으면서, 괄호로 묶인 시대 전후 문화의 유사성을 주목한다. 특정 미디어 시대의 시작과 끝은 다른 미디어 시대의 중단과 복원 과정을 포함한다고 보았고, 따라서 구텐베르크 인쇄 문화 시대의 후기는 인쇄문화 시대를 중단하고 제1구술성과의 '연결성'을 복원하는 제2구술성의 시대라고 보았다. 그는 이러한 통시적 접근을 통해 미디어 환경의 변화를 미디어 간의 '관계도' 안에서 이해했고, 순차적이고 단선적인 과정이 아닌 순환적이고 변증법적인 과정으로 이해하고자 했다.

멈퍼드, 매클루언, 옹, 포스트만 등의 1세대 생태학자들은 인류 문화가 개인 혹은 사회가 다양한 환경적 조건과 상호작용하면서 공존한 결과라고 본다. 이들은 문화, 커뮤니케이션, 기술의 공생관계를 살펴보고 시대에 따른 차이와 유사성을 분석함으로써, 지배적 미디어 환경의 물질적, 상징적 편향성이 문화 발전에 어떠한 기여를 했는지를 살펴본다. 미디어-인간/사회를 하나의 체계로 바라보고 이것의 시대적 변화를 통시적으로 접근하면서 진화 혹은 변화의 내용을 알아내고자 한 것이다.

앤톤(Anton, 2014)은 미디어 환경의 변화를 통시적으로 접근함으로써 그것이 우리 경험의 다양한 '본질'를 어떻게 역사적으로 '수정'하고 있는지를 추적할 수 있다고 말한다. 그는 미디어 환경이 변하면서 정보, 학습, 언론, 강의, 표절, 확신, 권위, 문제와 해답, 주의 집중과 지루함, 신뢰성, 배움, 만남, 공동체 등의 본질과 의미도 변하고 있다고 보았다. 그리고 이러한 본질과 의미의 변화는 특정 시점 중심의 공시적 접근으로 인식하기 어렵다고 보았다.

통시적 접근을 시도하는 미디어 생태학 연구들은 구술, 문자, 인쇄술, 전자/디지털 미디어, 인터넷 등 지배적 미디어 환경의 변화에 따라 미디어 간 상호작용이나 개별 미디어의 양식이 변하고, 인간 경험의 본질도 함께 진화한다고 본다. 그리고 변화와 공진화의 성격은 통시적으로 그리고 전체론적으로 접근했을 때 비로소 그 윤곽이 드러날 수 있다고 보았다. 예를 들어, 스콧(Scott, 2011)은 지난 20년간 가상현실과 같은 몰입형 미디어 시스템이 발전함에 따라 서구에서의 몸, 자아, 정체성의 경험이 바뀌고 있다고 보았다. 하산(Hassan, 2009)은 근대적 미디어 환경의 시계-시간성에 기초하여 구축되었던 자유민주주의라는 정치적 제도가 자동화와 디지털화를 통해 모든 것을 가속화하는 미디어 환경을 맞이하여 위기를 맞고 있다고 보았다. 미디어 생태학자들은 현재의 미디어 환경과 문화 현상을 이해하기 위해 이러한 현상이 유래된 혹은 상관관계를 갖는 과거의 현상을 주목하고 이들의 변천 과정을 추적한다. 이들은 미디어 환경의 변화에 따라 기존 문화와 다른 경험이 만들어진다고 보면서, 미디어 환경의 변화에 따라 공진화하는 문화 시스템을 구분하고 비교하며 대조하려고 한다.

따라서 미디어 환경의 이해를 돕기 위한 통시적 접근은 일반적인 역사적 접근과는 다르다고 볼 수 있다. 2010년 아랍의 민중 봉기와 소셜미디어의 상호관계를 살펴본 멜런(Mellen, 2012)은 역사학자와 미디어 생태학자 모두 미디어를 역사적 변동의 동인으로서 바라보지만 시각의 차이를 갖는다고 보았다. 둘 다 단순한 기술결정론에서 벗어나고자 하지만, 역사학자는 구체적인 역사적 사례에 집중하면서 미디어를 여러 요인 중 하나로 바라보는 반면, 미디어 생태학자는 미디어가 역사 변동의 동인으로 작동할 뿐만 아니라 정치적, 사회적 구조를 기존과 다르게 변화시킨다고 보는 전체론적 시각을 가지려 한다.

미디어 생태학의 통시적 접근은 역사주의를 지향하며 상세한 역사적 사실을 수집하고 재현하려는 목적을 갖기보다는, 미디어와 인간의 공진화적 과정의 특성을 포착하려는 것이다. 따라서 비역사주의적이고 형식주의적인 접근으로 비춰질 수도 있다. 하지만 이러한 접근은 나무가 아닌 '큰 숲'을 바라보면서 미디어 환경의 비가시적 배경 원칙과 인간 경험의 상호작용을 전면에 부각시키기 위한 하나의 전략이라고 볼 수 있다.

그렇다면 이러한 미디어 환경과 인간 경험의 공진화 방향과 성격은 정해진 것인가? 새로운 기술이 도입되고 미디어 환경이 변화할 때, 사회적으로, 문화적으로, 경제적으로, 정치적으로 영향을 미치게 된다. 이때 기술자가 미디어 기술에 주입한 기능들이 어떠한 즉각적이고 직접적인 효과를 낼지는 어느 정도 예측해 볼 수 있다. 새로 나온 버전의 스마트폰이 갖는 정보처리 속도와 저장 능력, 제공하는 미디어 기능 등은 제품설명서에 나온 대로 손쉽게 파악할 수 있다. 그런데 이렇게 명시된 기술의 기능을 근거로 미디어 환경과 인간 경험의 변화의 성격을 가늠해 볼 수 있을까? 예를 들어, 필사의 수고를 덜고 정보를 대규모로 재생산할 수 있도록 고안된 활자 인쇄술이 르네상스, 과학혁명, 종교개혁이 일어날 수 있는 무대를 만들어 줄 수 있다는 것을 구텐베르크가 미리 알았을까?

미디어 생태학자들은 미디어 환경의 변화와 공진화의 성격을 예단하기 어렵다고 본다. 왜냐하면 미디어 환경은 거시적 차원의 사회적, 경제적, 정치적, 문화적 조건과 미시적 차원의 인간의 지각, 동기, 감정 등이 상호 연관되어 전개되는 복합적이고 중층적인 과정이기 때문이다.

마치 생태학자가 개체로부터 생물권에 이르기까지 생태계의 서로 다른 수준의 양상과 과정을 살펴보기 위해 서로 다른 질문과 접근을 가지듯이, 미디어 생태학자도 미디어 환경의 수준에 따라 질문과 접근을 다르게 가져간다. 개별 미디어 환경에 초점을 맞추느냐 혹은 보다 융합된 시스템으로서의 미디어 환경에 초점을 맞추느냐, 전 지구적 차원의 미디어 환경을 주목하느냐 혹은 미시적 차원의 미디어 환경을 주목하느냐, 보다 통시적 접근을 시도하느냐 혹은 보다 현재적 현상에 집중하느냐 등에 따라 던지는 질문과 접근방식이 달라질 것이다. 이렇게 규모와 수준을 달리하여 접근할 수 있겠지만, 미디어 생태학자가 가진 일관된 문제의식이 있다. 바로 미디어 환경에 대한 관심과 미디어-인간의 상관관계의 전개 양상이다.

6. 미디어 생태학적 시각의 공유와 확장

미디어 생태학자들은 생태학이라는 메타포를 가져옴으로써 미디어 현상을 이해하는 새로운 시각과 질문의 방식을 가시화하고자 하였다. 환경으로서의 미디어, 종(種)으로서의 미디어, 미디어-미디어 혹은 미디어-인간의 공진화 등의 개념을 통해, 전통적인 미디어 커뮤니케이션 모델과 효과 연구의 틀을 벗어난 미디어 연구를 시도할 수 있게 되었다. 포스트만은 생태학적 시각을 통해 미디어를 도구로 여기며 이용하는 사람들에게 "반쯤 가려져 있고", "암시적이고", "비공식적인" 미디어 환경의 구체적 여건을 명료하게 드러내고자 했다. 생태학적 시각을 전유해 언어, 기술, 현실, 인간, 문화 등의 관계를 전체론적으로 살피고 미디어를 도구적 매개체 이상의 의미를 가진 인간 경험의 맥락으로서 이해할 수 있다. 미디어 생태학은 미디어를 "개인과 현실, 개인과 개인, 개인과 집단, 집단과 집단, 집단과 문화, 문화와 문화 간 상호작용"의 맥락에서 2개 이상의 별개 요소를 연결하는 환경이자 행위자로 주목한다 (Postman, 2006, p. 8).

미디어 생태학은 미디어의 메시지나 도구적 기능보다는 미디어의 물질적, 상징적 형식에 따른 편향성이 어떻게 인간의 감정, 지각, 경험, 인식, 행동 등에 영향을 미치는지에 주목했다. 미디어 환경을 미디어의 기능이나 기술 자체로 대상화하지 않으면서, 미디어와 인간, 미디어와 미디어, 미디어와 다른 사회문화적 조건 간의 상호작용 혹은 상호연관성을 통해 살펴보고자 했다. 이와 같이 광범위한 미디어 환경의 영향력을 '관계주의적'으로 접근함으로써 미디어 결정론이나 사회구성론이라는 선형적 인과론과는 다른 입장을 갖는다. 또한 다양한 미디어 형식 간의 관계와 상호작용에 대한 통시적 접근을 시도함으로써 새로운 미디어를 혁명적이거나 낯선(exotic) 대상으로 바라보지 않는다.

매클루언, 포스트만, 옹, 이니스와 같은 학자를 중심으로 형성된 미디어 생태학적 연구전통 외에도 '생태학적' 시각을 직간접적으로 차용한 미디어 연구가 등장한다. 예를 들어, 풀러(Fuller, 2005)는 '미디어 생태학'(media ecologies)라는 용어를 책 제목으로 전유하면서 미디어 체계의 비물질적 요소에 대한 물질성을 강조하였고, 이러한 물질성을 사회적, 정치적 맥락과 결부시켜 살펴보고자 했다.

파리카(Parikka)는 미디어의 물질성 혹은 '기술 체제의 비문화적 요소'에 관심을 가지며 사물, 과정, 현상으로서의 미디어의 물질적 '존재 조건'에 역사적으로 다가간 '미디어 고고학'(media archaeology)을 제안한다(Parikka, 2012). 미디어 고고학 역시 "기계와 이용자를 연결하는 인터페이스뿐만 아니라 서로 다른 미디어를 서로 연결하는 데 집중"한다(Parikka, 2011, p. 119).

또한 ANT(Actor Network Theory)를 제안한 라투어는 '블랙박스'라는 표현을 통해 기술적, 도덕적, 정치적 선택의 배경이 감춰진 채 최종적 형태로만 가시화된 기술 개념을 제시한다. '보는 것이 다가 아닌' 블랙박스로서의 기술, 인간-비인간 네트워크의 행위소(antant)로 작동하는 기술, 네트워크를 통해 구성된 인간-비인간의 '배치'(assembalge) 등 라투어가 제시한 개념은 매클루언의 '비가시적 환경', '상호작용', '번역과 확장' 등의 개념과 유사성을 갖는다(Eede, 2013).

한편 앤더슨은 "특정 지리적 공동체에서나 특정 쟁점을 둘러싸고 언론의 생산 및 소비에 관여하는 개인, 조직, 기술의 전체 앙상블(ensemble)"을 "뉴스생태계"로 정의하면서, 뉴스 공동체에서 이루어지는 커뮤니케이션 실천이 미디어 기술을 포함한 비인간적 미디어 체계의 다양한 행위자 간의 관계에 의해 어떻게 구성되는지를 살펴보고자 하였다 (Anderson, 2016). 이밖에 스티븐스(Stephens, 2014), 맥스웰과 밀러 (Maxwell & Miller, 2012) 등은 우리의 물리적 환경에 영향을 미치는 미디어 기술의 생산, 분배, 이용, 폐기 등의 문제를 다루며 '실질적'(*substantial*) 차원의 생태학을 해야 한다고 주장한다.

이들은 이론적 기반이나 문제의식에 있어 차이를 갖지만 미디어의 물질성을 주목하고 이러한 물질적 요소가 비물질적 요소와 어떠한 상호작용과 관계를 갖는지를 살펴보고자 하였다. 더 나아가 미디어와 인간, 비인간과 인간, 물질과 비물질, 기술과 생명, 사회와 자연, 물리적 세계와 형이상학적 세계 등을 나누어 바라보는 이분법적 시각에서 벗어나 이들이 상호연관관계 속에서 형성되고 변화해 간다는 관계주의적이고 '생태학적인' 입장을 공유한다.

생태학적 시각이 물질문화, 미디어 고고학, '실질적' 미디어 생태학, 뉴스생태계 연구 등에서 전유되거나 확장되는 가운데, 기존 미디어 생태학적 전통 또한 다양한 이론과의 연결고리를 찾으며 하나의 학문체계로 자리를 잡아 가고자 했다. 1990년대 말 창립된 미디어생태학회가 2002년부터 펴낸 학회지 〈미디어 생태학의 탐구〉를 보면, 구술 전통에서부터 디지털 미디어 환경에 이르기까지 다양한 미디어 환경을 거시적 혹은 미시적으로 고찰하고, 이러한 미디어 환경이 인지적 영역에서부터 언론, 교육, 종교, 정치, 음악 등 다양한 사회문화적 영역에 이르기까지 다양한 영역과 어떻게 상호관계를 갖는지를 살펴본다. 이론적 기반으로 매클루언, 포스트만, 옹, 엘륄, 이니스, 캐리 등의 사상이 재해석되기도 하지만, 더 나아가 미디어 생태학의 관계주의적 시각과 유사한 사상

456

을 가진 샤르뎅, 들뢰즈, 가타리, 프로이트, 짐멜, 깁슨, 베이트슨, 하이데거, 푸코, 비릴리오, 라투어, 카우프만, 보드리야르 등 다양한 분야의 학자들의 이론을 미디어 생태학적 맥락에서 재조명하기도 한다.

현재 〈미디어 생태학의 탐구〉의 편집장을 맡고 있는 그로스와일러 (Grosswiler, 2014)는 학계에서 미디어 생태학의 오랜 전통을 참고하지 않거나 무시하며 '미디어 생태학'이라는 용어를 '도용' 혹은 전유하는 풍조에 대해 전향적인 태도를 취한다. 그는 새로운 미디어를 대하는 매클루언의 태도에 빗대어 이러한 풍조를 개방적으로 수용하고 의식하는 것이 '좀더 생산적인' 접근이라고 보았다. '미디어'와 '생태학'이라는 새로운 용어에 대한 관심이 커졌던 1960년대의 시대정신에서 매클루언과 포스트만의 미디어 생태학적 시각이 나온 것처럼, 미디어 환경에 대한 다른 학파들과의 생각을 혼용하는 '절충주의'가 미디어 생태학의 핵심이라고 보았다. 미디어의 물질적, 환경적 요소를 주목하며 이것의 상호작용성을 탐구하는 다학제적 배경의 연구자들의 지적 네트워크는 '절충'과 '혼융'을 계속해서 진화시키고 있다.

국내·외 미디어 환경이 빠르게 변화하고, 인공지능, 사물인터넷, 스마트카, 웨어러블, 초연결사회, 증강현실, 알고리즘, 프로그래밍, 드론, 핀테크, 클라우드 컴퓨팅, 빅데이터 등 수많은 기술들이 앞으로 살아가기 위해 필수적으로 알아야 할 대상이 되고 있다. 커뮤니케이션 개념은 인간들 사이에서만 이루어지고 미디어 기술은 이러한 상호작용의 매개체 역할만 한다고 전제했지만, 이제는 기계와 인간 혹은 기계와 기계 간의 커뮤니케이션을 포함한 보다 포괄적인 개념이 필요해졌다 (Gunkel, 2012). 빠르게 변화하는 미디어 현상을 이해하고 기술하기 위해 '생태학'의 메타포는 유용한 것처럼 보인다.

그런데 요즘 우리 사회의 미디어 관련 정책이나 사업을 기술하는 담론에서 유행처럼 쓰이는 '미디어 생태계'란 용어는 주로 미디어 사업자들이 구성한 시장 개념이라는 협소한 의미로 쓰인다. 이들에 따르면, 미디어 생태계는 정책 입안자에 의해 '조성'될 수 있고, 미디어 사업자들이 '만드는' 결과물일 수 있다. 이러한 개념은 미디어 생태학적 시각이라기보다는 도구주의적이고 미디어 결정론적 시각이라고 할 수 있다. 미디어 혁신은 불가피하고 미디어를 활용하여 사회경제적 효과를 창출할 수 있다는 시각은 미디어 생태학적 시각과 차이가 있다. 미디어를 사물이나 도구로 대상화할 때, 이것이 갖는 환경으로서의 성격은 '비가시적'이거나 '블랙박스'로 남아 있게 된다. 미디어-인간 혹은 미디어-미디어의 관계와 상호작용을 단편적이고 단순한 인과론으로 접근하면서 미디어 생태계에 대한 이해가 피상적으로 이루어지고, 다양한 정치경제적 이해관계와의 상호작용의 문제 혹은 '본질적인' 사회문화적 변화와 관계가 잘 드러나지 않게 된다.

'생태학적' 시각은 미디어를 기능이나 기술 자체로 대상화하지 않고, 미디어와 인간, 미디어와 미디어, 미디어와 다른 사회문화적 조건 간의 상호작용 혹은 상호연관성을 통해 살펴볼 수 있게 해준다. 또한 다양한 미디어 형식 간의 관계와 상호작용의 역사적 맥락을 염두에 두고 특정 미디어 환경을 이해하려고 하기 때문에, 새로운 미디어를 혁명적이거나 신기한 대상 혹은 숭고한 우상으로 바라보지 않는다. 역사적, 지역적 맥락에 따라 다양한 수준의 미디어 환경을 탐구할 수 있게 해주고, 우리의 삶 전반에 자연스럽게 침투해 익숙해 버린 미디어 환경의 힘을 인식하고 '가시화'하며 성찰할 수 있게 해준다.

이와 함께 미디어 환경의 복합적인 상호작용 과정을 관계주의적으로 이해하면서, 미디어-인간, 미디어-미디어-미디어의 상호작용과 네트워크에 어떻게 개입할 수 있는지를 상상할 수 있게 해준다. 이때 미디어는 비가시적인 편향성을 지닌 매개의 과정이자 인간 경험과 문화가 형성되는 터전이고, 더 나아가 물리적 생태계에 직접적인 영향력을 미칠 수 있는 물질적 실체이다. 생태학의 메타포는 인간-비인간, 물질-비물질, 사회적인 것-기술적인 것 등의 이분법을 넘어 미디어와의 유기적 관계를 이해하면서 우리와 미디어 환경의 공진화 과정에 어떠한 인식론적, 실천적 개입을 할 것인지를 질문할 수 있게 해준다.

참고문헌

김상호 (2004). 엔텔레키를 중심으로 해석한 맥루한의 미디어 개념. 〈언론과사회〉, 12권 4호, 79-116.

김상호 (2009). 확장된 몸, 스며든 기술: 맥루한 명제에 관한 현상학적 해석. 〈언론과학연구〉, 9권 2호, 167-206.

이동후 (2012). 포스트 TV 시대의 텔레비전 시청 경험에 관한 질적 연구. 〈한국언론정보학보〉, 60호, 172-192.

이동후 (2015). '뉴'미디어의 이해 - 미디어 생태학의 지적 실천과 함의. 〈한국방송학보〉, 29권 5호, 32-66.

Aguila, A. (2011) Time and space on Skype: Families experience togetherness while apart. *Explorations in Media Ecology*, *10*(3-4), 303-312.

Anderson, C. W. (2016). The news ecosystem. In C. Anderson, T. Witschge, D. Domingo, & A. Hermida (Eds.), *Handbook of digital journalism studies* (pp. 410-423). London: Sage.

Anton, C. (2014). Diachronic phenomenology: A methodological thread within media ecology. *Explorations in Media Ecology, 13,* 9-36.

Bolter, J. D., & Grusin, R. (1999). *Remediation: Understanding new media.* Cambridge: MIT Press. 이재현 역 (2006). 〈재매개: 뉴미디어의 계보학〉. 서울: 커뮤니케이션북스.

Culkin, J. (1967). Each culture develops its own sense ratio to meet the demands of its environment. In G. Stearn (Ed.), *McLuhan: Hot and cool* (pp. 49-57). New York: New American Library.

Fuller, M. (2005). *Media ecologies: Materialist energies in art and technoculture.* Cambridge, MASS: MIT PRESS.

Gross, M. (2004). Human geography and ecological sociology: The unfolding of human ecology, 1890 to 1930 - and beyond. *Social Science History, 28* (4): 575-605.

Grosswiler, P. (2014). Editorial. *Explorations in Media Ecology, 13,* 97-101.

Gunkel, D. J. (2012). Communication and artificial intelligence: Opportunities and challenges for the 21st Century. Communication +1:1.

Hassan, R. (2009). The media of politics: Writing, networks and the temporal disconnect of democracy. *Explorations in Media Ecology, 8,* 161-180.

Innis, H. (1951). *The bias of communication.* Toronto, Canada: University of Toronto Press. 윤주옥 (2016). 〈커뮤니케이션의 편향〉. 서울: 한국문화사.

Lum, C. (Ed.) (2006). *Perspectives on culture, technology and communication: The media ecology tradition.* 이동후 역 (2008). 〈미디어 생태학 사상〉. 서울: 한나래.

Lum, C. M. (2014). Media ecology contexts, concepts, and currents. In R. Fortner & M. Fackler (Eds.), *The handbook of media and mass communication theory* (pp. 137-152). Chichester, West Sussex: Wiley.

Maxwell, R., & Miller, T. (2012). *Greening the media.* New York: Oxford University Press.

McLuhan, H. M., & Stern, E. (1967). *McLuhan hot and cool: A critical symposium.* New York: The Dial Press.

McLuhan, H. M., Fiore, Q., & Angel, M. (1968). *War and peace in the global village.* New York: Bantam Books.

McLuhan, H. M. , & Nevitt, B. (1972). *Take today: The executive as dropout.* New York: Harcourt Brace Jovanovich.

McLuhan, H. M. (1964). *Understanding media: The extensions of man.* New York: McGraw-Hill. 김상호 역 (2011). 〈미디어의 이해〉. 커뮤니케이션북스.

McLuhan, H. M. (1969). *Counterblast.* Toronto: McClelland and Steward.

McLuhan, H. M. (1970). *Culture is our business.* New York: McGraw Hill.

Mellen, R. (2012). Modern Arab uprisings and social media: An historical perspective on media and revolution. *Explorations in Media Ecology, 11,* 115-130.

Ong, W. (2002). Ecology and some of its future. *Explorations in Media Ecology, 1,* 5-11.

Parikka, J. (2012). *What is media archaeology?.* Cambridge: Polity.

Park, R. E. (1925). The city: Suggestions for the investigation of human behavior in the urban environment. In R. E. Park & E. W. Burgess (Eds.), *The city: Suggestions for investigation of human behavior in the urban environment* (pp. 1-46). Chicago, IL: University of Chicago Press.

Pettitt, T. (2012). Bracketing the Gutenberg parenthesis. *Explorations in Media Ecology, 11,* 95-114.

Postman, N. (1970). The reformed English curriculum. In A. C. Eurich (Ed.), *High school 1980: The shape of the future in American secondary education* (pp. 160-168). New York: Pitman.

Postman, N. (1979). *Teaching as a conserving activity.* New York: Delta.

Postman, N. (1985). *Amusing ourselves to death: Public discourse in the age of show business.* New York: Viking. 홍윤선 역 (2009). 〈죽도록 즐기기〉. 서울: 굿인포메이션.

Postman, N. (1992). *Technopoly: The surrender of culture to technology.* New York: Vintage Books. 김균 역 (2005). 〈테크노폴리〉. 서울: 궁리.

Postman, N. (2006). The humanism of media ecology. In C. Lum (Ed.), *Perspectives on culture, technology and communication: The media ecology tradition* (pp. 61-70). Cresskill, NJ: Hampton Press. 이동후 역 (2008). 〈미디어생태학 사상〉. 서울: 한나래.

Sawatzky, H. (2013). Reconfigurations: Unfolding the spaces of mobile listening.

Explorations in Media Ecology, 12, 45-57.

Scolari, C. (2012). Media ecology: Exploring the metaphor to expand the theory. *Communication Theory, 22,* 204-225.

Small, A. W., & Vincent, G. E. (1894). *An introduction to the study of society.* New York: American Book Co.

Smith, T., & Smith, R. (2015). *Elements of ecology* (9th Ed.). 강혜순 외 역 (2016). 〈생태학〉. 서울: 라이프사이스.

Stephens, N. (2014). Toward a more substantive media ecology: Postman's metaphor versus posthuman futures. *International Journal of Communication, 8,* 2027-2045.

Strate, L. (1999). Understanding MEA. *Medias Res, 1* (1), 1.

Strate, L. (2005). Taking Issue: Review of *Media ecologies: Materialist energies in art and technoculture. After-Image, 33* (3), 55-56.

Strate, L. (2008). Studying media as media: McLuhan and the media ecology approach. *Media Tropes eJournal, 1,* 127-142.

Strate, L. (2011). *On the binding biases of time and other essays on general semantics and media ecology.* Fort Worth, TX: Institute of General Semantics.

Turkle, S. (2015). *Reclaiming conversation: The power of talk in a digital age.* New York: Penguin Press.

Van Den Eede, Y. (2013). Opening the media-ecological black box of Latour. *E, 12* (3&4), 259-266.

Van Den Eede, Y. (2014). Extending "extension": A reappraisal of the technology-as-extension idea through the case of self-tracking technologies. In D. Weiss, A. Propen, C. Reid (Eds.), *Design, mediation, and the posthuman* (pp. 151-172). Lanham: Lexington Books.

Wahl-Jorgensen, K. (2016). The Chicago school and ecology: A reappraisal for the digital era. *American Behavioral Scientist, 60* (1), 8-23.

진화론과 미디어

김병선

1. 미디어가 진화한다는 것은 무엇을 의미하는가

'기술과 미디어가 진화하고 있다'는 말이 유행처럼 사용되고 있다. 기술이 진화하여 인간의 능력을 뛰어넘을 수도 있으며, 미디어는 기능적으로 점점 더 향상된 방향으로 변화할 것이라는 말도 들린다. 새로운 기술의 등장 속도가 매우 빠르고, 미디어 기술 분야에서 특히 그러한 현상이 두드러지는 오늘날, 이처럼 진화라는 용어는 발전, 미래 지향, 진보 등과 유사한 의미로 사용되는 경우가 많다. 미디어 기술환경 변화와 관련해서도 마찬가지다. 미디어는 올드 미디어에서 뉴미디어로 '향상되고' 있는 중이며, 복합적 매체 환경에 적응하는 데 성공하여 살아남은 미디어는 '적합한 미디어'이자 가장 진화한 형태의 미디어로 취급받는다. 이러한 선형적 방향성을 지닌 '진화'의 개념에서 본다면 현재의 미디어가 과거의 미디어보다 더 나아진 것이고, 미래의 미디어는 현재의 미디어보다 더 나은 것이 될 거라고 믿게 된다. 그런데, 과연 그럴까?

넓은 의미의 '진화'(evolution)라는 말의 의미는 모든 것들이 이전의 유래로부터 변화해 왔다는 것, 즉 다윈의 정의에 따르면, "변화를 따르는 유래"라고 말할 수 있다(Darwin, 1859). 그러나 진화의 개념에는 흔히 오해하는 우열에 대한 가치 판단이 존재하지 않는다. 즉, 진화의 방향은 '자연스럽게 선택'되는 것이지, 인격화된 '위대한 자연'이 가장 최선의 것을 선택하는 과정이 아니라는 것이다. 어떤 생물 개체는 아예 변화하지 않는 방향으로 적응하기도 한다. 진화의 과정에서 어떤 생물체도 하등하거나 고등하지 않다. 말하자면, 진화는 목적이 존재하지 않는 변이의 과정 그 자체를 주목하는 관점인 것이다.

그렇다면, 생물이 아니라 미디어가 진화한다는 것은 무엇을 의미하는가? 미디어학자 매클루언이 〈미디어의 이해〉(Understanding media)에서 제기하는 핵심적인 주장은, 잘 알려져 있듯이, "미디어가 메시지"(the Medium is the Message)라는 것이었다. 즉, 미디어에 담긴 특정한 내용이 아니라 미디어 그 자체가 어떤 의미와 영향력을 가지는데, 그것은 결국 지속된 미디어 기술의 변이 과정에서 인간 삶에 발생하는 규모, 속도 혹은 패턴의 변화가 바로 미디어의 메시지라는 것이다(McLuhan, 1964, p. 32).

따라서 우리 삶 속에 새로운 미디어가 등장한다는 것은, 우리가 처해 있는 현재 상태에 단순히 새로운 것이 추가되는 것을 의미하지 않는다 (McLuhan, 1964, p. 37). 왜냐하면, 새로운 기술이 등장하면 기존의 모든 기술이 화학적 변화를 일으키며, 이에 따라 미디어 환경 전체가 변할 수밖에 없기 때문이다. 미디어를 진화론의 입장에서 인식하는 관점은 이처럼 지속적인 변화와 생성의 시각으로 미디어 기술 변화를 이해하는 것이라고 말할 수 있다.

지금까지 미디어 진화를 다루는 논의들은 미디어 간의 경쟁, 생존과 소멸, 기술의 발생 기원, 미디어 산업 생태계, 미디어의 생태학적 적소 (niche), 유사성과 다양성, 기술 변화 등을 보다 쉽게 논의하기 위해 미디어 환경을 일종의 생태계로 보고, 그들 사이의 경쟁과 생존을 진화 과정으로 보는 은유를 사용했다(김병선, 2012, 69쪽). 그러나 기술을 유기체로 파악하고 미디어가 진화한다고 사고하는 것은 설명의 편이를 위한 은유만이 아니라 보다 더 근본적인 인식론적 관점이라고 할 수 있다.

다시 매클루언의 주장대로 기술이 신체라는 물리적 대상의 확장이라면, 그 기술들은 자신들을 탄생시킨 바로 그 인간의 몸에 다시 영향을 미치게 된다. 확장된 신체의 힘과 속도에 대한 반응이 다시 새로운 확장을 만들어 내게 된다는 것이다(McLuhan, 1964, p. 326). 미디어는 인간을 둘러싼 가장 중요한 환경 중 하나로, 인간과 미디어는 진화의 과정에서 지속적으로 함께 변이하고 있다.

이렇게 미디어를 인간과 연결된 유기체적 존재로, 또한 특정한 목적이나 방향도 없이, 지속적으로 진화하는 산물로 보는 관점은 보편적 다윈주의(universal Darwinism)라 불리는 진화론의 중요한 관점 중 하나이다(Dawkins, 1983). 말하자면 변이와 선택, 경쟁, 그리고 유전이라는 4가지 요소가 존재하는 모든 곳에서 진화가 일어난다는 것이다.

미디어 기술의 변화 과정은 결코 단선적이거나 일방향적인 상승의 과정일 수 없으며, 생물 진화의 계통도와 마찬가지로 다양한 분기적인 진화 계통수를 통해서 더욱 적절하게 묘사될 수 있다. 말하자면 미디어 기술의 변화는 천재 발명가들의 획기적 발명들로 이어져 내려온 일관된 발전의 흐름이 아니라, 수많은 기존 기술들의 작은 변형 또는 조합들이 누적된 복합적 결과라는 것이다. 이에 따라 하나의 미디어는 현존하는 다른 모든 미디어, 그리고 후행하는 모든 미디어에도 영향을 미치게 된다. 다시 말해 미디어는 독립적으로 존재하지 않고, 기존 미디어, 새로운 미디어, 미디어 이용자, 사회문화적 환경 등이 모두 모인 생태학적 순환 고리 안에 존재한다.

이런 생태학적 순환 고리 안에서, 새로운 미디어는 낡은 미디어가 새로워진 미디어 환경에 맞는 새로운 형태와 자리를 발견하는 순간까지 쉬지 않고 압박을 가하기도 하고(McLuhan, 1964, p. 312), 기존 미디어가 새로운 미디어 속에 포함되기도 하며, 매체 사용에 의한 사용자의 감각 비율 및 신체 변화가 발생하기도 하는 것이다. 오늘날처럼 등장 속도가 더 빨라짐에 따라, 기술의 도입 단계와 소멸 단계가 뒤섞이고 있으며, 그 사이에서 기술이 타격하는 거대한 힘과 영향력은 인간의 정신과 몸에 매우 다양한 충격파를 안긴다(김병선, 2012, 72쪽). 이것이 정보와 미디어가 주도하는 오늘날의 환경 변화를 더 정확하게 보는 입장이라 할 수 있다. 미디어 기술 변화를 진화론적 관점에서 살펴봄으로써, 우리는 현재의 미디어 기술이 놓여 있는 적응의 단계와 이를 둘러싼 생태학적 환경 전체에 대한 통찰을 얻을 수 있을 것이다.

이 글에서는 미디어가 진화한다는 것이 무엇을 의미하는지를 이해하기 위해, 우선 변화의 원리로서의 진화론이 어떤 논리적 구조를 지니고 있는지를 살펴보고, 미디어 연구에 진화론적 접근이 어떻게 적용될 수 있는지를 논의해 볼 것이다.

이를 위해 이 글은 크게 세 가지 영역을 다룬다. 첫 번째로, 진화라는 개념에 대한 오해의 근거들을 찾아보면서 우연적이고 지속적인 생성과 변화라는 진화론의 핵심적 관점이 철학적으로는 어떻게 논의되는지를 탐색할 것이다. 두 번째로, 주로 유기체와 생물에게 적용되던 진화론이 어떻게 비생물과 기술, 그리고 미디어까지 적용될 수 있는지에 대해 살펴볼 것이다. 마지막으로, 이러한 논의를 바탕으로 현재의 미디어 진화 방향과 생태학적 존재로서의 미디어와 인간의 의미에 대해 질문할 것이다. 이를 통해 미디어를 진화론적으로 본다는 것이 어떠한 사유 방식인지 이해할 수 있을 것이다.

2. 변화의 원리로서의 진화론

1) 진화 개념에 대한 오해의 근거들

먼저, 지금까지 왜 진화라는 개념이 목적성과 방향성을 지닌 것으로 이해되었는지를 생각해 보자. 일차적으로 이것은 진화(進化)라는 번역어 자체의 문제처럼 보일 수도 있다. 하지만 사실 이것은 다윈의 진화론이 탄생된 시기에 진화를 바라보았던 서로 다른 관점과도 밀접하게 연관되어 있다.

　1859년, 다윈(Charles Robert Darwin)의 〈종의 기원〉이 처음 출판되었던 당시 유럽의 지식 사회에는 생물이 진화한다는 생각이 이미 널리 퍼져 있었다. 〈종의 기원〉이 출판되기 2년 전인 1857년에 사회학자 스펜서(Herbert Spencer)는 "진보: 그 법칙과 원인"(*Progress: Its law and cause*)이란 에세이를 *Westminster Review*에 게재했다. 인간의 심리는 물론이고 사회, 인류 전체가 자연의 법칙을 따르는 것으로 믿었던 스펜서는, 이 글에서 대부분의 사회 구조가 단순성에서 복잡성으로 나아가는 진보의 법칙을 따른다고 주장한다. 여기서 그는 evolution과 progress를 동일한 의미로 본 것이다. 강한 개체, 우월한 개체가 살아남는다거나, 경쟁에서 이긴 개체가 더 좋은 개체라는 가치 판단이 개입된 '적자생존'(適者生存, *survival of the fittest*)이라는 용어 역시 스펜서가 고안했는데, 이것이 진화 개념을 발전이나 진보와 혼돈하게끔 만들었다는 혐의가 짙다. [1]

―――
1 이 용어는 스펜서의 〈생물학의 원리〉(*Principles of biology*, 1864)에서 나온 용어로,

evolution이라는 단어에 포함된 위계적 뉘앙스 또한 오해를 가중시켰다. 어원상으로 evolve라는 단어는 바깥(e)으로 펼쳐지는 것(volve)을 의미하며, 이 단어는 '미리 예정되어 있는 것을 펼쳐 보인다'는 의미를 지닌 그리스어 'evolvere'에서 파생되었다. 다윈은 애초에 이러한 위계적 의미를 지닌 'evolution'이란 용어의 사용을 꺼리고 대신 '세대 간 돌연변이(transmutation)' 또는 '변이를 수반한 유전'(descent with modification)이라는 표현을 주로 썼다고 한다(최재천, 2009). 그는 한 편지에서 생물의 구조를 표현할 때 절대로 '고등'(higher)이나 '하등'(lower)이라는 말을 하지 않겠다고 다짐했다고도 전해진다(Gould, 1977).

1878년에 동경대학 이학부 생물학과 동물학 교수로 취임한 미국인 모스(Edward Sylvester Morse)의 강의 노트를 이시카와 지요마쓰(石川千代松) 등이 번역하여 〈동물진화론〉(1883)이라는 일본 최초의 진화론 관련 서적으로 출판했을 때 evolution에 대한 번역어로 나아갈 진(進)을 채택한 이유도, 당시 일본 학계에서는 다윈의 진화론 이전에 스펜서의 사회진화 사상을 먼저 접하였기 때문이라고 추론하기도 한다(鈴木修次, 1981). 이렇게 일본어에 정착된 '진화'라는 번역어가 20세기 초엽을 전후하여 조선어로 차용되었다는 것이다(송민, 2000).

송민에 따르면, evolution의 중국어 번역은 '천연'(天演)으로, 엄복(嚴復)이 헉슬리(Thomas Henry Huxley)의 〈진화와 윤리〉(Evolution and ethics, 1893)를 번역한 책이 바로 〈천연론〉(天演論, 1898)이었다(송민, 2000, 126쪽). 헉슬리의 말년 저작인 이 책은 약육강식을 주도적인 법칙

다윈은 외적인 절대적 힘의 존재나 인위적인 느낌을 주었던 '자연선택'이라는 용어를 대신해서 〈종의 기원〉 5판(1869)에 '적자선택'이라는 용어를 처음으로 사용했다.

으로 강조하는 스펜서의 사회진화론에 반박하면서, 생존경쟁이라는 '우주적 과정'(*cosmic process*)을 억제하고 이를 인간의 '윤리적 과정'(*ethic process*)으로 대체하는 것이 진정한 사회적 진보라고 주장한다. 또한 헉슬리는 evolution에는 단순한 상태에서 복잡한 상태로의 변화뿐만 아니라, 반대 방향의 변화, 즉 복잡한 상태에서 단순한 상태로의 변화 역시 포함된다고 말한다(Huxley, 1893, p. 40).

진화론을 중국 사회에 소개하면서 스펜서와 헉슬리의 진화론적 관점을 절충하고자 했던 엄복은, 헉슬리와는 달리 자연 그 자체에 일종의 조화 작용이 내재되어 있다고 보았다. 즉, 동양적 개념인 '천'(天)이 그 속에 사회적 조화 능력을 내재하고 있다고 생각하고 evolution을 생존경쟁을 강조하는 스펜서적 의미의 진화(進化)가 아니라 천연(天演)으로 번역한 것이다(박홍규·조계원, 2012). 이 말의 본래 의미는 '하늘이 운행하는 모습'(天之所演者)이라는 뜻이다(박홍규·조계원, 2012, 35쪽). 여기서 천(天)은 말하자면 스스로 생성하는 것, 즉 자연(自然, *nature*)이라는 의미로, 생성과 변화의 원리를 내재하는 존재 양식을 가리킨다. 변화의 방향성을 가정하지 않는 이 번역어가 실제로 다윈이 의도한 원래 의미에 더 가깝지만, 당시 동아시아를 둘러싼 제국주의적 정치 질서 안에서 조선은 중국어 번역이 아니라 일본어 번역을 택할 수밖에 없었을 것이다. 실제로 일본에서는 생물진화론이 처음 소개된 이후 이를 사회의 진화, 나아가 강력한 사회의 생존 및 약한 사회의 도태를 당연시하는 논리에까지 적용시켰다.[2]

---

2 가토 히로유키(加藤弘之)는 이 시기 일본의 진화론 수용 과정에서 핵심적인 역할을 한 인물로, 주로 사회학적 방향에서 일본의 진화론 논의를 이끌었다. 그는 "인위 도태

다윈의 진화론은 이와 같이 탄생 초기, 그리고 동아시아에 소개되는 단계에서부터 다양한 오해에 휩싸여 있었으며, 나아가 20세기 초반 제국주의의 세계 지배를 정당화하는 논리로도 이용된 것이다. 진화론에 대한 이와 같은 오해는 오늘날까지도 이어지고 있다.

다윈의 진화론을 관통하는 핵심 원리는 우열이나 발전을 당연시 여기는 것이 아니라 다만 '변화가 지속적으로 이어진다'는 것이다. 이것은 매우 단순한 논리 구조로 구성되어 있다. 그것은 스펜서가 생각했듯이 단순함에서 복잡함으로 나아가는 일방향적 발전 과정이 아니라, 단지 생성된 변이가 유전되고, 개체들이 제한된 환경 속에서 경쟁하면서 더 잘 적응할 수 있는 형질을 지닌 개체가 살아남아 더 많은 자손을 남기는 우연적인 과정을 보여 준다. 이때 환경에 잘 적응할 수 있는 형질은 결코 더 복잡하거나, 우월하거나, 고등한 것이 아니라 우연히 그 환경에 적합한 형질일 뿐이다. 만약 환경이 변화한다면? 당연히 적응하는 개체의 형질도 다르며, 살아남아 자손을 남기는 개체도 변한다. 변이, 유전, 경쟁, 적응 혹은 자연선택이라는 4가지 요소가 있는 어떤 환경에서도 진화가 발생한다는 것이 다윈 진화론의 핵심 원리이다.

목적도 지향성도 없이 무심하고 우연한 자연. 어쩌면 다윈의 진화론을 열렬히 전파했던 말년의 헉슬리가 지녔던 불안감은, 진화를 발전이

에 의하여 인재를 얻는 기술을 논한다"(人爲淘汰ニヨリテ人才ヲ得ルノ術ヲ論ズ) (1881), "자연 도태법 및 이를 인류에 적용한다면 어떨까를 논한다"(自然淘汰及之ヲ人類ニ及ボシテハ如何ヲ論ズ) (1882) 등의 글을 〈동양학예잡지〉(東洋學藝雜誌)에 게재하고, 사회진화론에 바탕을 둔 〈인권신설〉(人權新說, 1882)을 저술하여 일본에서 진화론 도입을 주도하였다. 그러나 그가 발표한 글들의 제목에서 보듯이, 그의 진화론적 입장은 우열과 진보, 발전의 개념을 기반으로 하는 것이었다.

라고 믿은 스펜서의 단순함 때문이 아니라 그러한 무심한 우주적 과정에 의한 인간과 인간다움의 궁극적인 소멸에 대한 두려움 때문이었는지도 모른다. 지속적인 생성과 변화의 과정 안에서 무엇이 더 큰 가치를 가지는지, 무엇이 선하고 도덕적인 것인지를 고민하는 것은 인간에게 주어진 보다 근본적인 문제일 수도 있다. 다윈이 진화에 대한 이론을 완벽하게 완성하고도 20여 년간 발표를 미룬 근본적인 이유는 이 이론이 지닌 유물론적 관점이었다고 보는 학자도 있다(Gould, 1977, pp. 25-26). 당시의 진화론자들 중에서는 신이 창조가 아니라 진화를 통해 이 세계를 설계하고 운용한다고 주장하는 이들도 있었지만, 다윈은 신이 철저하게 배제된 진화를 생각한 것이다. 다윈과 당시 다른 진화론자들의 이론의 가장 큰 차이점은 바로 생성과 변화의 의도성, 방향성, 유기체의 노력과 그에 따른 진보 등 절대적인 존재와 인간 정신의 존재에 근본적 의문을 품게 만드는 철학적 유물론에 있다. 다윈의 진화론을 둘러싼 철학적 관점은 이와 같이 지속적이고 우연적인 생성과 변화가 우주의 근본 원리이며, 그러한 원리 속에서 인간 존재의 의미를 다시 사유해 보는 것이라고 말할 수 있다.

2) 우연적인 변이와 관계론적 철학

"판타 레이"(Πάντα ῥεῖ, panta rhei). 2010년 1월부터 현재까지 네이버 웹툰에서 장기 연재 중인 양영순 작가의 SF 웹툰 〈덴마〉에 등장하는 예언자 종족 '데바림'들은 서로 만나거나 헤어질 때 항상 이 구호를 외친다. 일어나지 않은 미래를 예언하는 이들이 우리말로 "만물은 흐른다"라고 번역될 수 있는 이 말을 사용하는 것이 모순된 것처럼 보이기도 하지만,

이 예언자 종족은 아주 사소한 현재의 변화에 의해서도 미래 전체가 바뀔 수 있다고 믿는다.

사실 이 말은 기원전 5세기경 에페소스 출신의 철학자 헤라클레이토스(Heraclitus of Ephesus)가 한 말로, 플라톤(Platon)의 대화편 〈클라튈로스〉(Κρατύλος, *Cratylos*)에서 소크라테스의 입을 빌려 전해진다. '변화'를 세상의 가장 중요한 원리로 본 헤라클레이토스는, 실제로는 모든 것이 변화하고 생성하는 것처럼 보이는 세계에 질서를 부여하는 조화의 원리인 로고스(*logos*)를 더 강조하면서, 그것은 영원히 존재하며 변화하지 않는다고 생각했다. 플라톤은 헤라클레이토스의 로고스 개념에 더 강조점을 두고, 변화하는 현상 세계와는 전혀 다른 변화하지 않는 세계를 상정한다. 즉 우리가 살아가는 이 변화하는 현상 세계는 결코 변하지 않는 본질적인 이데아(*Idea*) 세계의 그림자에 불과하다는 것이다.

이후 우리가 알고 있는 것처럼 수많은 서양 철학자들은 여러 가지 방식으로 세계의 변화하지 않는 본질을 찾아내고, 세계를 구성하는 실체가 무엇인지를 알아내려고 애를 썼다. 이러한 관점을 우리는 '실체론적 사유'라고 부른다. 서양철학의 대표적인 사유 방식인 실체론적 사유에서는 어떤 것 '그 자체'를 '있는 그대로' 관찰하여 그것이 지닌 '객관적 본질'이 무엇인지를 질문한다. 세상을 구성하는 가장 근원적인 것은 무엇인지, 그러한 근원을 어떻게 알 수 있는지, 그것을 알 수 있다는 것은 어떻게 확신할 수 있는지, 안다는 것은 어떤 의미인지 등을 연이어 질문하면서 근대에 이르기까지 서양 특유의 분석적 사유 방식을 확립했다.

변화하는 만물의 저편에 있는 이데아는 결코 변하지 않는 절대적인 것이다. 중세의 신학은 그러한 플라톤의 이데아를 기독교의 신으로 대치시켰고, 데카르트(René Descartes)는 그 신을 생각하는 주체의 확신,

즉 합리적이고 이성적인 사유의 확실성으로 다시 대치시켰다. 그리하여 지속적으로 변화하는 현상 세계는 변화하지 않는 이데아의 그림자였다가, 모든 것의 원인이 되는 신의 섭리였다가, 생각하는 이성적 주체의 인식 대상이라고 해석된 것이다.

그런데, 만약 세상 모든 것이 끊임없이 변화하고 있으며, 변화한다는 것 이외에는 어떠한 의도도, 방향도, 목적도 없다면, 세상의 의미를 찾아내기 위한 질문은 달라진다. 즉, 의미는 실체를 관찰하거나 분석해서 알 수 있는 것이 아니라, 모든 존재들이 서로 어떻게 관계를 맺고 있는지, 그 관계를 어떠한 지점에서 바라보는지, 존재와 존재 사이의 관계가 어떻게 변하는지에 따라서 바뀐다는 것이다. 이러한 사유 방식을 우리는 '관계론적 사유'라고 부른다.

관계론적 사유에서는 관계의 특성이 관점을 결정하며, 그 관계 속에서 어떤 것이 무엇으로 존재하고 있어야 하는지를 질문한다. 말하자면 변화 이면에서 그 변화를 관장하는 절대적 존재 혹은 본질적 근원이 무엇인지를 끊임없이 질문하는 것이 실체론적 사유라고 한다면, 관계론적 사유에서는 모든 것이 변하고 변하지 않는 것은 없다는 사실만이 변함없는 진리라는 생각 안에서, 지속적으로 생성하고, 소멸하며, 변화하는 존재들 사이의 관계가 지금 어떤 의미를 구성하는지를 질문한다.

다윈의 진화론이 촉발한 20세기 이후의 주도적인 세계 사유 방식은 바로 이와 같은 관계론적 사유와 철학적 유물론이었다. 변화한다는 것 이외에는 아무것도 확신할 수 없고, 그러한 변화가 지속적으로 이어진다는 것만이 유일한 원리라는 것이다. 판타 레이를 지배하는 로고스가 아니라, 로고스 없는 판타 레이 말이다.

이렇게 보았을 때, 우리가 오랫동안 진리라고 믿었던 수많은 것들이 무너진다. 다윈의 시대에 진화론 논쟁의 핵심이 되었던 신의 절대성과 무결성, 전지전능함은 물론이고, 그동안 우리가 가치 판단의 중심에 놓았던 인간의 위치 또한 흔들린다. 예를 들어, 오늘날 많은 이들은 중세 시대 사람들처럼 어떤 기술을 신의 의도대로 사용하는 것이 옳다고 생각 하지는 않지만(물론, 여전히 그렇게 생각하는 많은 중세인들이 우리와 동시 대를 살아가고 있다는 것이 오늘날의 비극이지만), 인간을 위해서 사용하는 것은 옳다고 생각한다. 신을 위해 다른 종을 희생시키는 것은 중세적인 생각이라고 보지만, 인간을 위해 다른 종을 희생시키는 것은 불가피하다고도 생각한다. 그런데, 우리는 과연 무엇을 근거로 그렇게 확신할 수 있을까?

기술과 미디어에 국한해서 조금 더 생각해 보자. 얼마 전 바둑 대결에 서 이세돌 9단을 이긴 알파고를 보면서, 많은 이들은 인간을 뛰어넘는 지능을 가진 인공물의 등장에 한편으로는 공포심을 드러냈다. 어떤 보도에서는 인공지능 기술의 발달로 곧 사라질 직업들을 소개하면서, 인간과 인공지능 사이의 생존경쟁을 진심으로 염려하기도 했다(이호건, 2016). 또 인간을 위협하는 기술과 인간에게 도움이 되는 기술을 구분하고, 기술의 인간중심적 활용 방안을 깊이 고민하기도 한다. 그런데, 기술의 진화 방향을 통제하거나 기술을 특정한 의도대로만 활용하는 것은 과연 가능할까?

기술의 도입과 확산은 인간이 주도했지만, 더 이상 인간의 의도대로 이루어질 수는 없다. 변화의 시작이 의도적이었고 방향성을 가지고 있었다고 하더라도, 어떤 변화가 계속 이어지기 시작했다면, 다시 말해 그것이 진화적 과정을 거치기 시작했다면, 그것에 개입하는 그 어떤 의도도 원래대로 실현되기는 어렵다. 제 1, 2차 세계대전과 냉전시대를 거치면서 대립 세력들을 효과적으로 소멸시키고자 했던 대량살상무기 기술이 그러하고, 식량난을 해결하고 생명체의 생성과 변화를 통제하려 했던 생명공학 기술이 그러하며, 정보의 소통과 생활의 편리를 의도했던 미디어 기술 또한 그러하다. 기술은 애초의 의도를 벗어나 독자적인 진화 과정을 거치게 되는 것이다. 사실상 세상의 모든 기술 진화에서 발명자의 의도는 거의 실현되기 어렵다. 미디어 기술의 진화 과정을 살펴보면서 어떻게 그러한 일이 일어나게 되는지 살펴보자.

3. 미디어 기술환경의 진화

1) 미디어와 기술을 보는 진화론적 관점

다윈은 16세가 되던 1825년에 아버지의 직업을 물려받기 위해 에든버러 대학(University of Edinburgh) 의대에 진학한다. 그러나 적성에 맞지 않아 2년 만에 그만두고, 다시 성공회 신부가 되기를 원했던 아버지의 뜻에 따라 케임브리지대학에서 신학을 배웠지만, 정작 본인은 생물학과 박물학에 더 큰 관심을 가지고 있었다. 케임브리지대학을 졸업한 1831년, 그의 나이 22살이 되던 해에 다윈은 해군 함정 비글호(HMS Beagle)를 타고 5년 동안 전 세계를 탐험하는 기회를 얻는다. 이 항해를 통해 그는 수많은 생물 표본을 관찰하고 수집하며, 깊은 사유를 통해 '종간 변이' 이론의 뼈대를 구상했다.

다윈이 진화를 사유하기 시작한 질문은 어떻게 보면 매우 직관적인 것이었다. 즉, '세계는 매우 오랫동안 지속되었으며, 생물의 종류는 매우 다양하고, 그 다양한 생물들이 엄청나게 많은 자손을 끊임없이 생산하는데, 왜 이 세계는 생물들로 넘쳐 나지 않는가?' 하는 것이었다.

그는 비글호 항해가 끝나고 돌아온 1838년 가을 어느 날 우연히 접한 맬서스(Thomas Robert Malthus)의 〈인구론〉(*An essay on the principle of population*, 1798)에서 자연선택(*natural selection*)이라는 진화론의 핵심적 원리를 떠올리게 된다. 즉, 비글호 항해 기간의 오랜 관찰을 통해서 어디에나 생존 경쟁이 있다는 것을 알고 있었던 그는, 어떤 환경에서든 적합한 변이는 보전되고 불리한 변이는 제거되는 경향이 있다는 사실을 깨닫게 된 것이다. 만일 모든 생물들이 살아남을 수 있는 수준보다 훨씬 더 많은 자손을 낳는다면, 자연선택은 그 환경의 생활 조건에 더 잘 적응한 형질의 개체들을 생존하게 만든다는 것이 그 사유의 핵심이었다.

미디어를 진화론적 관점으로 설명할 수 있는 가장 큰 이유는 무엇보다 생물에 대해 다윈이 가졌던 이 질문을 미디어와 미디어 환경에 대해서도 유사하게 던질 수 있기 때문이다. '기술이 등장하는 속도는 매우 빠르고, 다양한 미디어들이 끊임없이 등장하는데, 왜 이 세계에서는 특정한 미디어만이 살아남는가?' 하는 질문이 그것이다(김병선, 2012, 71쪽). 생물의 다양성과 비교할 바는 못 되지만, 기술의 등장 속도가 그 어떤 시대보다 빠른 전자 미디어 시대에도 사라지지 않고 살아남는 미디어나 미디어 기술의 특정한 형질들이 존재한다. 그리하여 미디어 환경은 어떤 시점에 마치 생물 종과 유사한 미디어 종들을 번성시키는 것처럼 보인다. 그것들은 그 환경에서 어떤 적응성을 지니고 있는 것처럼 보이기도 한다. 미디어 환경을 진화론적 관점으로 보는 것은 이처럼 미디어 환경에도 변이와 경쟁, 적응과 유전이라는 요소가 존재하며, 이에 따라 특정한 진화의 경향성이 분명하게 관찰될 수 있을 것이라는 입장이라 할 수 있다.

미디어뿐만 아니라 기술적 대상들 전반에 대해서도 이러한 보편적 다원주의 관점이 적용될 수 있다. 예를 들어, 조지 바살라(George Basalla)는 진화론적 관점으로 기술의 다양성을 분석하면서, 기존 기술로부터 다양한 변이가 복제되고, 변이된 기술이 속한 환경의 선택압(selection pressure)에 따라 기술이 분기적으로 진화했다고 주장한다(Basalla, 1988). 즉, 현존하는 기술의 다양성은 사회적 합의나 필요의 산물이라기보다는 인간의 놀이, 욕망, 상상력 등으로 구성된 환경의 우연한 자연선택이라는 것이다. 말하자면 기술은 그것이 발명되고 사용되는 문화 속에서 평가되고 채택된다. 그런데 기술 변이는 개인이나 집단의 의지에 따라 의도적인 방향으로 채택이 이루어지거나, 인간에 의해 변이가 재생산될 수 있기에, 비목적적이고 우연적인 생물의 진화와는 전혀 다른 과정이라고 생각할 수도 있다. 하지만 우리를 둘러싼 인공물 대부분은 기존 인공물들의 변이 및 조합의 누적된 결과이며, 특정한 개인이나 집단의 의지가 의도한 대로 실현되지는 않는다.

질베르 시몽동(Gibert Simondon)은 기술적 대상들을 도구적 대상으로만 사용되는 완전한 인공적 존재로 생각해서는 안 된다고 지적한다(Simondon, 1989, p. 383). 그 이유는 기술적 대상 또한 나름의 발생과 진화를 겪기 때문이다. 시몽동에 따르면 인공성이란 인간의 '인공화하는 행동' 속에 내재된 것인데, 그것은 자연적 대상이나 인위적으로 제작된 대상 그 어느 것에 대해서든 마찬가지로 개입한다(Simondon, 1989, p. 9). 이에 따라, 어떤 기술적 대상도, 또 어떤 자연적 대상도 완전한 인공적 존재라거나 자연적 존재라고 말하기는 사실상 어렵다. 예를 들어, 인간이 개입하여 '만들어진' 온실 속의 꽃은 완전한 자연적 대상인가, 아니면 인공적 대상인가? 인위적으로 제작된 것처럼 보이는 기술조차도 마찬가지로 완전히 인공적 존재라고 말할 수는 없다. 기술적 대상들은 인간과의 관계 맺음을 통해, 또한 기술적 대상들 사이의 관계 맺음을 통해 생태학적 환경 안에서 드러나고, 시간의 흐름에 따라 남겨지거나 사라지는 것이다.

기술적 존재의 진화 과정은 이처럼 기술만의 기계적이고 자동적인 과정이 아니며, 인간만의 의지적 과정도 아니다. 그것이 기존의 기술환경 안에 놓인 인간이 기술에 개입하는, 하지만 완전히 인간의 의도대로 진행되지는 않는 적응의 과정이라고 말할 수 있다. 시몽동은 이러한 관계에 대해 "인간이 기술적 대상에 대해 갖는 적합한 관계 맺음은 생명체와 비생명체 사이의 접속으로 파악되어야만 한다"고 지적한다(Simondon, 1989, p. 385). 그러한 접속을 통해 인간과 기술, 인간과 미디어, 인간과 비인간 모두는 거대한 생태학적 환경을 구성하게 된다는 것이다. 물론 그 환경은 다시 계속해서 변화한다.

미디어 기술은 바로 그러한 변화무쌍한 생태학적 환경 안에서 함께 변이하는 기술적 대상이라고 말할 수 있다. 특정한 시점에 존재하는 어떤 미디어는 당시에 현존하는 다른 모든 미디어, 그리고 후행하는 모든 미디어에 영향을 미칠 수 있다. 또한 그것은 그 미디어를 이용하는 사람들의 행동과 감각, 커뮤니케이션 상황 정의,[3] 그리고 심리적 상태 등에도 영향을 미친다. 말하자면 미디어는 독립적으로 존재하는 것이 아니라 기존의 미디어, 새로운 미디어, 미디어 이용자, 사회문화적 환경 등이 모두 모인 생태학적 환경을 형성하고 있다는 것이다.

미디어의 변화 양상을 이와 같은 변화하는 환경 속에서 살펴보는 것이 바로 미디어를 진화론적으로 보는 관점이다. 새로운 미디어가 낡은 미디어를 위협하여 변화시키고, 그것이 다시 새로운 미디어를 위협하며, 기존 미디어의 특정한 형질이 새로운 미디어 속에 포함되거나, 미디어 사용에 의해 사용자의 감각 비율 및 신체가 변화하고, 그로 인해 지배적 미디어 형태가 다시 변하는 등, 생태 환경 안에서는 변이가 지속된다. 그러한 변이들 중에서 해당 환경에 가장 잘 적응한 변이는 다른

---

3 미디어가 커뮤니케이션 상황 정의에 미치는 영향에 대해서는 Meyrowitz, J. (1985). *No sense of place: The impact of electronic media on social behavior.* 김병선 역 (근간). 〈장소감의 소멸: 전자 미디어가 사회적 행동에 미치는 영향〉. 서울: 커뮤니케이션북스 참조.

기술들로 복제되어 살아남으며, 그렇지 못한 변이들은 사라진다. 이런 과정으로 미디어와 인간의 관계 안에서는, 마치 생물 종의 특징과 마찬가지로, 한시적이긴 하지만 구체적인 미디어 형질 혹은 이용자 특징이 드러나게 된다.

2) 미디어 변이 진화와 환경의 변화

완전하게 동일하지 않은 복제물들을 만드는, 다시 말해 변이를 일으키는 복제자가 있고, 복제물들 중에서 일부만 생존한다면 진화는 반드시 일어난다(Dawkins, 1983). 생물 개체 내에서 그러한 복제자는 바로 유전자(gene)이며, 유전자의 유일한 목적은 스스로 복제되어 다음 세대로 전달되는 것이다. 유전자는 결코 개체의 생존이나 개체군 전체의 번영, 종의 생존을 위해 작동하지 않는다. 리처드 도킨스(Richard Dawkins)는 스스로의 생존을 위해서만 행동하는 이러한 유전자의 성격을 이기적(selfish)이라고 표현한다(Dawkins, 1976). 특정한 기술, 혹은 기술의 구성 요소 역시 무심하게 복제되어 퍼져 나간다. 도킨스가 밈(meme)이라고 이름 붙인 '비유전적 복제자'이자 넓은 의미의 '문화적 요소'들은 인간의 모방 능력을 매개로 퍼져 나간다. 미디어 변이 진화는 바로 이와 같은 비유전적 요소의 복제에 의한 변이의 확산에서 시작된다. 비유전적 요소의 복제와 확산 과정은 유전자의 복제나 유전과 마찬가지로 특정한 목적과 방향성을 가질 수 없다. 모방자의 의도는 변이의 확산 과정에서 또다시 변형된다.

생물의 변이 진화 이론에 따르면, 환경에 가장 잘 적응할 수 있는 특징들은 대체로 유전자에 의해 결정되기 때문에 이러한 개체들의 유전자형(*genotype*)이 자연선택 과정에서 선호된다. 모든 개체군에서 유전자 조성은 끊임없이 변화하며, 이 유전자형들 사이에 경쟁이 일어난다. 그런데, 개체군의 변이 과정에서 실제로 관찰되고 자연선택의 대상이 되는 것은 유전자형이 아니라 그것이 생물의 신체 특징과 관련된 구체적 속성으로 드러나는 표현형(*phenotype*)이다.

유전자형은 직접적으로 관찰하기 어렵다. 예를 들어, 멘델의 유전법칙에서 노란색 완두와 초록색 완두의 1세대 잡종 완두 중에서 노란색 완두라는 표현형으로 드러난 개체들의 유전자형은 서로 매우 다를 수 있다. 1세대 잡종 개체들을 다시 교배시켜 나온 2세대, 혹은 3세대가 지나서 그 개체의 표현형이 달라진 것을 관찰해야만 유전자형의 차이를 알수 있다. 인간의 혈액형 유전자의 경우에서도, A형이라는 표현형으로 드러나는 유전자형인 AA와 AO는 다음 세대에 O형이라는 표현형이 태어난 경우에야 AA였는지, AO였는지 확신할 수 있다(물론, 혈액형 유전자의 돌연변이로 인해 확신하기 어려운 경우도 있다).

동일한 유전자형조차도 서로 다른 환경 조건에 놓여 있을 때 표현형의 변이가 달라질 수 있다. 간단한 예로, 수국(Hydrangea macrophylla)의 꽃잎 색깔은 토양의 산도에 따라서 산성에서는 파랗게 되고, 알칼리성에서는 붉거나 분홍색이 된다. 수국의 세포 조직에는 안토시아닌(*anthocyanin*)이라는 것이 있어 이것이 알루미늄 이온(AL3+)을 만나면 청색으로 변하기 때문이라고 한다. 그러나 어떤 수국의 세포에는 안토시아닌에 영향을 미치는 성분이 있어 토양의 산도와는 상관없이 꽃잎이 강한 붉은색이나 청색을 띠기도 하며, 또 꽃잎 색이 유전적으로 토양의 산도에 전혀 영향을 받지 않는 수국도 있다고 한다.

다시 말해, 동일한 유전자형을 지닌 수국이지만 꽃잎의 색이라는 표현형이 다른 개체도 있으며, 유전자형이 아예 다르지만 꽃잎의 색이 같은 개체도 있다는 것이다. 가령, 붉은색 꽃잎의 수국에만 반응하는 꿀벌들만이 그 생태계에 살고 있어서, 꿀벌이 붉은색 수국만을 수분(受粉)시켜서 다음 세대에 자손을 남길 수 있다고 해도, 다음 세대에는 푸른색 수국이나, 흰색 수국, 보라색 수국이 다시 다양하게 나타날 수 있다. 자연선택의 대상으로 노출되는 것은 각 개체의 이러한 표현형이지만, 변이는 유전자형에서 이미 발생하며, 이에 따라 표현형의 자연선택을 통해서 어떤 유전자형의 변이가 유전될 수도 있다는 것이다. 이는 말하자면 자연선택이 이루어지던 당시의 환경에서는 드러나지 않았던 유전자의 변이가 다음 세대로 유전되는 것이고, 이를 통해 세대를 거치면서 변이의 다양성이 증가하는 과정이다.

미디어 변이의 진화에서도 마찬가지의 자연선택 과정이 일어난다. 미디어 기술에는 겉으로 드러난 인터페이스와 숨겨져 있는 기술 혹은 지침, 코드가 함께 포함되어 있다. 예를 들어, 우리가 흔히 GUI(Graphic User Interface)라고 부르는 컴퓨터나 휴대전화의 익숙한 인터페이스 이면에는 숫자와 명령어, 계산식, 논리적 구문 등과 같은 언어적 코드가 감추어져 있다. 우리가 노트북과 휴대전화를 구매할 때, 컴퓨터의 OS나 애플리케이션(application)을 설치하거나 업그레이드할 때, 우리는 그것이 지닌 사용자 편의성이나 디자인, 겉으로 드러난 기능들을 살펴볼 뿐, 대부분의 경우에 그것을 구동할 수 있게 만드는 데이터 처리방식이나 영상 처리방식, 내부 부품들 간의 구동 언어들을 자세히 살피지는 않는다.

개인용 컴퓨터가 시장에 소개되던 초기에는 거의 모든 이용자들이 컴퓨터 내부 부품들의 모델명과 연결방식, 각 부품들을 구동시키는 프로

그래밍 언어와 코드 등의 지침들에 대해 알고 있었다. 1990년대 용산 전자상가 컴퓨터 매장의 판매사원와 소비자 사이에서는 그러한 컴퓨터 내부 부품의 명칭과 특징에 대한 용어들이 마치 일상 언어처럼 소통되었다. 그러나 오늘날 일부 전문가 집단을 제외하고는, 컴퓨터 인터페이스 뒤에 감추어진 그러한 지침들에 굳이 관심을 기울이지 않는다. 프로그래밍 언어를 모르더라도 우리는 직관적으로 컴퓨터를 구동시킬 수 있다. 하지만, 인터페이스에 따라 선택된 미디어에 포함된 다양한 기술적 구성 요소들 역시 인터페이스의 다양성만큼 지속적인 변이와 복제를 거듭하고 있으며, 그것은 어떤 미디어 환경에서 다시 구체적인 인터페이스로 전환되어 나타날 수 있다.

게슈탈트 심리학이나 에른스트 곰브리치(Ernst Gombrich)의 〈예술과 환영〉(Art & illusion, 1960), 그리고 이에 영향을 받은 매클루언의 〈미디어의 이해〉에서 논의된 '대상(figure)과 배경(ground)'이라는 개념은 바로 이 '유전자형과 표현형' 개념과 거의 일치한다. 즉, 대상이 한 문명이나 문화 내에서 관심의 초점이 되는 표현형이라면, 배경은 그러한 대상이 속해 있는 맥락인 유전자형이라 할 수 있는 것이다. 새로운 미디어 기술이 출현했을 때, 주목의 대부분은 드러나는 미디어 인터페이스 그 자체에 주어지지만, 선택과 복제로 인해 함께 확산되는 것은 그것의 숨겨져 있는 배경, 다시 말해 드러나지 않은 내부적 지침과 코드들로 구성된 복제 요소들이다. 그러한 비유전적 복제자에는 새로운 미디어가 기존 미디어 기술환경 및 인간 감각경험과 맺고 있는 관계 역시 함께 포함되어 있다. 미디어 기술의 채택과 확산에 따라, 드러난 미디어 기술과 숨겨진 미디어 기술이 함께 변이되고 복제되어 퍼져 나가면서, 미디어 환경 전체의 변화가 일어난다. 이렇게 환경이 변화하면 그로 인해 선택되는 미디어 대상은 또다시 영향을 받는다. 미디어 기술 변이의 진화는 이러한 순환적 고리를 형성하는 것이다.

다시 휴대전화라는 오늘날 대표적 미디어 기술을 생각해 보자. 상대적으로 매우 짧지만 격렬한 경쟁이 존재했던 미디어 생태계 안에서, 통화가 잘 되고, 화면이 크고, 사진이 선명하고, 용량이 크고, 데이터 전송 속도가 빠르고, 배터리가 오래가고, 단단한 휴대전화가 살아남았다. 이동하면서 전화할 수 있게 했던 이 디바이스는 이제 더 이상 전화기가 아니다. 통화 품질에 주목하다가 데이터의 압축과 대역 확장, 그리고 인터페이스 뒤에 숨겨진 코딩 체계의 변이가 함께 복제되었고, 그 과정에서 확장된 전송 용량에는 기존 미디어인 신문과 책과 텔레비전과 라디오 등이 내용으로 담겼다. 단지 통화를 위해 휴대전화를 선택하는 순간, 우리는 데이터 형태의 다른 수많은 기존 미디어들, 그리고 네트워크로 연결된 사람들과의 관계를 어쩔 수 없이 함께 받아들일 수밖에 없다.

데이터 용량 확장 경쟁의 와중에 서로 유사한 형질을 지닌 것처럼 보이지만 지금은 사라진 휴대전화도 있고, 작은 화면과 최소한의 기능 등 전혀 다른 형질을 지닌 것처럼 보이는 휴대전화도 있었다. 겉으로 보기에는, 휴대전화 기술의 변이 과정은 마치 기술 발명가와 디자이너들의 의도와 사용자들의 요구가 합리적으로 타협되는 가시적인 합의 과정으로 보이기도 한다. 그러나 특정한 미디어 기술 제작자들이 특정한 의도를 가지고 효율성과 혁신성 등을 추구한 기술이 전혀 다른 방식으로 활용되거나 오히려 채택을 기피하는 요소가 될 때도 있다.

휴대전화의 활용이 다른 생활을 방해한다고 생각하는 미디어 환경에서는 화면과 용량이 작고 기능이 매우 제한적인 폴더 폰, 혹은 통화를 손쉽게 제한할 수 있는 휴대전화가 주도적으로 선택될 수도 있다. 거대한 화면과 눈이 시린 선명성을 넘어 가상현실 경험까지 줄 수 있는 오늘날의 휴대폰 기술 경향성이 언제까지 이어질지는 아무도 장담할 수 없다. 미디어 기술 내부에 감추어져 있는 또 다른 기술 요소들이 어떤 미디어 환경에서 또 다른 표현형으로 드러날 수도 있다. 어떤 미디어 환경에서 선택되지 않은 기술 요소들은 완전히 사라진 것이 아니라, 다른 미디어 기술의 배경으로 남겨져 있는 것이다.

가장 핵심적인 사실은, 미디어 환경 안에서는 이와 같은 변화가 단계적이거나 순차적이 아니라 총체적으로 발생한다는 것이다. 예를 들어 새로운 기술은 인간의 감각과 신체, 기존의 기술 및 지식을 강화할 수 있다. 그러나 동시에 그것은 과거의 기구나 작업관행, 실행방식, 기술과 지식, 감각 균형 및 배치방식을 쇠퇴시킨다. 이러한 변화는 매우 가시적인 기술 대상, 다시 말해 기술 표현형의 자연선택 과정이다. 하지만 어떤 기술이나 미디어가 너무나 일반적으로 보급되어 어디에나 있는 것이 된다면, 그때는 그것들이 뒤집어진 역전(reverse)이라는 현상으로 드러난다. 한때 새로웠던 것들이 이제는 다른 새로움을 창조하기 위한 원천이나 근거, 혹은 배경이 되는 것이다.

이전의 숨겨졌던 배경이 다시 대상으로 드러나고, 새로웠던 기술은 배경으로 숨어드는 이 과정은 당대 미디어 기술의 생태학적 환경을 공유하던 인간들의 감각 불균형을 일으킬 수 있다. 예를 들어, 우리의 눈을 쉬지 않고 자극하는 오늘날의 휴대전화와 텔레비전은 과도한 시각 중심의 감각 불균형을 일으키고 있다. 그러한 불균형이 지속적인 스트레스로 작용한다면 결국 미디어 이용자들은 감각의 평형 상태로 되돌아가기 위해 또 다른 기술이나 미디어로 되돌아가려는 재생(retrieve) 혹은 회복(recover) 단계를 요구할 수도 있다. 매클루언은 강화, 퇴화, 역전, 재생이라는 이러한 변이의 과정을 테트라드(tetrad)로 개념화하는데, 이것은 순차적이거나 반복적인 현상이 아니라 동시적이며 총체적인 변화의 과정이다.

예를 들어, 현재의 미디어 환경을 휴대전화가 주도하면서, 그것은 다른 사람이나 세계의 정보, 기존 미디어의 내용들과 언제 어디서나 연결될 수 있도록 우리의 능력을 **확장**시켰다. 하지만 이는 동시에 사람과 사람의 직접적 만남이나 정보를 찾아가는 과정에서의 사유나 지식의 구성이라고 하는 전통적 관계 맺기 및 계통적 사유 방식을 **쇠퇴**시킨다. 요즘의 우리는 누군가와 얼굴을 마주보고 앉은 채 거기에 없는 다른 사람과 온라인으로 소통하는 것이 자연스럽다. 검색어 몇 개로 손쉽게 찾을 수 있는 잘 요약정리된 정보에 주로 머물 뿐, 개념의 역사와 계통의 연관관계를 찾아내며 오랫동안 사유해야만 이해할 수 있는 지식은 기피한다.

또한 휴대전화는 개인들이 서로 연결되어 있다고 느끼는 감각을 **회복**시키는 동시에 다른 이들과의 연결에서 벗어나지 못하는 억압적 상황으로 **역전**되었다. 이러한 감각의 회복과 역전은 동시에 일어나는 현상이기에, 거꾸로 된 진술도 가능하다. 즉, 다른 이들과의 지속적인 연결이 주는 과도한 감각 불균형에서 벗어나고 싶어 하는 감각의 **역전**이 일어나는 동시에, 타인과 진정으로 공감하려는 감각을 다시 **회복**시키고 있다는 것이다. 원치 않는 전화와 스팸 문자, 개인 위치정보 노출, 퇴근 후와 주말에도 업무에서 벗어나지 못하는 노동의 연장 등과 같은 '연결되어 있음'의 과잉-증식은 휴대전화를 어느 순간엔가 족쇄로 느끼게 만든다(김병선, 2012, 89쪽). 동시에, 이렇게 과도하게 연결되어 있음에도, 우리는 타인을, 그리고 우리 스스로를 진심으로 이해할 수 있는 또 다른 소통을 꿈꾼다.

이미 미디어 기술의 배경, 유전자형은 변했을지도 모른다. 머지않은 장래에, 우리는 현재 미디어의 배경으로 남아 있는 변이된 미디어 요소가 구체적인 미디어로 드러나는 것을 목격하게 될 것이다. 그것은 어쩌면, 우리가 잘 알고 있던 예전의 미디어 요소가 변이된 것일 수도 있다.

3) 미디어 수용자와 변이의 유전

지금까지 미디어 환경에서 비유전적 복제 요소들의 변이가 존재하고, 상이한 복제자들 및 미디어 사이의 경쟁이 발생하며, 그것이 환경 내에서 자연선택된다는 것을 살펴보았다. 이제 미디어가 진화한다는 것을 보이기 위한 단 하나의 조건만이 남았다. 바로 미디어 환경에서도 복제된 변이가 세대를 이어 유전된다는 것이다.

생물의 유전자가 세대를 이어 유전되는 것은 생식(reproduction)이라는 작용을 통해서이다. 하지만, 모든 생물의 생식작용이 서로 유사하지는 않다. 서로 다른 2개의 성이 각각 감수분열한 절반의 염색체를 서로 섞어 새로운 유전자 조합을 구성하는 양성생식(bisexual reproduction)도 있지만, 암컷 홀로 자손을 생식하는 단성생식(parthenogenesis), 세포분열에 의한 무성생식(asexual reproduction)도 있다. 어떤 개체는 환경이 좋으면 단성생식으로 빠르게 개체를 증가시키다가 환경이 나빠지면 다시 양성생식을 통해 생존에 적합한 유전자의 다양성을 늘리기도 한다. 유전자가 스스로를 복제시켜 살아남을 수 있도록 개체가 환경에 적응하는 것이다. 따라서 오직 성의 유무가 생식 가능성을 결정하는 것은 아니며, 생명체인지 인공물인지 여부가 생식 가능성을 결정하는 것도 아니다.

미디어를 구성하는 다양한 복제 요소의 집합들은 인간에 의해 모방되는 방식으로 복제가 확산된다. 말하자면 미디어라는 비유전적 복제자들은 인간의 모방을 통해 생식, 혹은 재생산된다는 것이다. 물질적 존재로서의 미디어는 일단 인간에 의해 '사용'되는 순간, 말하자면 인간과 연결되는 순간, 잠재적 가능성의 형태가 구체적으로 현재화(actuated)한다. 하지만, 이 현재화한 미디어는 잠재적인 형식으로 존재하던 미디어의 보이지 않는 부분과 등치되거나 환원될 수 없다. 인간이 미디어를 사용하는 순간, 다시 말해 인간과 미디어가 연결되어 미디어-이용자라는 존재태로 실현되고 난 뒤에는, 그것은 나름의 독자적인 생명력과 변이의 궤적을 그린다.

예를 들어, 휴대전화의 다양한 기능을 전부 사용하는 이용자는 거의 없다. 어떤 사람은 통화를 주로 하고, 어떤 사람은 문자나 카카오톡을 더 자주 이용한다. 일상 행동들을 사진으로 찍어 인스타그램(Instagram)에 올리는 데 휴대전화를 주로 사용하는 이들도 있는 반면, 그런 기능이 있는지도 모르는 사람도 있다. 특정 텔레비전 프로그램이나 스포츠 중계를 놓치지 않고 보고 싶어 한 이들에게 휴대전화는 훌륭한 이동형 텔레비전이 되고, 게임을 좋아했던 이들에게는 이동형 게임기가 되며, 뉴스와 정보 검색을 중요하게 여기던 이들에게는 이동형 데이터베이스 단말기가 된다. 이용자의 기존 미디어 이용 경험의 특성에 따라 '휴대전화-이용자'의 표현형은 달라질 수도 있다는 것이다.

이용자가 주로 어떤 이용 환경에 속해 있는지 또한 중요하다. 직장과 가정, 학교, 놀이 공간, 이동 공간 등에서 휴대전화의 주로 활용하는 기능은 다르며, 이에 따라 휴대전화-이용자의 행동 방식 자체가 달라질 수도 있다. 즉, 미디어 이용 환경에 따라서도 '휴대전화-이용자'의 표현형은 달라지는 것이다.

미디어 변이의 진화에서 자연선택의 대상이 되는 것은 이용자와 동떨어진 잠재적 상태의 미디어가 아니라, 다양한 환경에 따라 서로 다른 표현형으로 드러나는 '미디어-이용자'라는 개체라 할 수 있다. 매클루언은 이를 "마치 벌이 식물의 생식기이듯이, 인간은 말하자면 기계 세계의 생식기로서 언제나 새로운 형태들을 수태시키고 진화시킨다"고 표현한다(McLuhan, 1964, p. 107). 미디어 기술은 이용자를 통해서만 생태 환경과 접촉할 수 있다. 이러한 '미디어-이용자'를 매클루언은 '인간의 확장'으로 파악하며, 키틀러는 한 걸음 더 나아가 "자율성을 지닌 기술이 인간을 통제하고 있다"고 본다(Kittler, 1999, p. 67). 부르노 라투르(Bruno Latour)는 행위자라는 차원에서 인간과 비인간의 차이는 없으며, 그들 모두는 행위자-네트워크(actor-network)를 형성하여 움직인다고도 말한다(홍성욱 편, 2010). 즉 미디어와 이용자를 분리해서 인식하는 것은 불가능하며, 그와 같은 공생적인 상태로 인해 인간의 변이와 미디어의 변이, 그리고 나아가 그들 모두를 둘러싼 생태학적 환경의 변이가 동시에 일어난다는 것이 이들의 공통적인 관점이라 할 수 있다. 이러한 인간과의 공생 상태를 통해 미디어의 변이는 세대를 이어 확산되는 것이다.

4. 현재의 미디어 진화 방향과 생태학적 존재로서의 인간

미디어의 입장에서 보면, 이용자는 복제를 확산시키는 생식기관인 동시에 미디어의 생존을 가능케 하는 제한된 자원이다. 미디어들 간의 경쟁은 다름 아닌 한정된 이용자 그리고 그 이용자의 한정된 시간 및 공간 때문에 발생한다. 이용자 수나 시간과 공간 그 자체를 물리적으로 증가시키기는 어렵기 때문에, 미디어 설계자들은 이용자 자원의 증대를 위해 미디어 환경 내에 미디어-이용자가 지속적으로 생성될 수 있는 새로운 조건들을 구축한다. 예를 들면 신규 이용자가 쉽게 가입하도록 단말기 가격이나 가입비 등과 같은 진입 장벽을 낮추고, 중도 탈락을 쉽게 못하도록 해지 조건을 복잡하게 구성한다. 한 미디어 이용자가 다른 미디어까지 함께 이용하게끔 미디어들 간의 결합상품으로 가입을 유도한다. 또한 미디어를 이용할 수 있는 시간과 공간을 세분화하여 이동하는 공간, 집에 머무는 공간, 놀이하는 공간, 쉬는 공간, 노동하는 공간 등, 거의 모든 시간과 공간에서 미디어-이용자가 생성되도록 미디어를 편재(遍在)시킨다.

이렇게 어떤 미디어 설계자들은 깨어 있는 거의 모든 시간 동안 모든 공간에서 미디어-이용자가 되도록 우리를 밀어붙이지만, 미디어-이용자는 의도대로 단일한 종(種)이 되지는 않는다. 겉보기에 휴대전화-이용자는 기존의 신문-이용자, 텔레비전-이용자, 책-이용자 등과는 다른, 오늘날의 미디어 환경에서 가장 지배적인 종으로 고착된 것처럼 보인다. 그러나 지속되는 변화는 어쩌면 두 가지 방향에서 이미 시작되었는지도 모른다.

첫 번째 방향의 변화는 언급한 바와 같이, 모든 휴대전화-이용자가 단일한 종이 아니기 때문에 일어난다. 주로 사용하는 세부 애플리케이션에 따라, 혹은 그/그녀가 사용했던 이전의 미디어나 그/그녀를 둘러싼 다른 미디어-이용자와의 관계에 따라, 휴대전화-이용자는 '게임-이용자', '카카오톡-이용자', '페이스북-이용자', '인스타그램-이용자', '구글-이용자', '지도-이용자' 등 다른 그 무엇이든 될 수 있으며, 더 세분화될 수 있다. 그것은 개인이 휴대전화를 이용하는 시간과 공간에 따라서도 지속적으로 변화한다. 세분화된 이용자 개인들 사이에서도 모방과 복제를 위한 사소한 협력과 경쟁들이 발생하며, 이용자 개인이 자신의 한정된 시간과 비용을 배분하는 과정에서도 내부적 경쟁이 일어날 수 있다. 요컨대, 휴대전화-이용자는 매우 다양한 세부적인 종으로 지속적으로 변이되고 있으며, 멀지 않은 장래에 그것은 휴대전화라는 디바이스 자체를 넘어설 수도 있을 것이다. 유사하고 기회비용에 큰 차이가 없지만 더 좋은 자극을 주는 디바이스가 있다면 이용자들은 언제든 그 미디어와 접속하려고 할 것이기 때문이다. 따라서 겉으로 보이는 미디어-이용자, 혹은 미디어 기술 그 자체에만 집중해서는 현재 미디어 환경의 단기적 변화 방향조차도 짐작할 수 없을 것이다.

두 번째 방향의 변화는 기존 미디어의 복제 요소가 현재의 미디어 요소 안에 변이된 채 포함되었거나, 기존 미디어가 스스로 기술적 변이를 이미 시작했기 때문에 발생한다. 마치 소멸했거나 자연선택의 대상에서 제외된 것처럼 보이는 기존 미디어-이용자, 예를 들어 책-이용자, 신문-이용자, 텔레비전-이용자, 라디오-이용자는 가시적 표현형이 줄어들었을지는 몰라도, 휴대전화-이용자의 복제 요소 내부에 이미 포함되었으며, 동시에 이용자들을 다시 포섭하기 위해 또 다른 형태의 미디어 기술로 계속 변이하고 있다. 필사된 두루마리의 내용이 말씀이었고, 책의 내용이 필사된 두루마리였고, 라디오의 내용이 책이었고, 텔레비전의 내용이 라디오였던 것처럼, 언제나 새로운 미디어의 내용은 기존 미디어였다. 새로운 미디어는 기존 미디어를 그 내부에 복제 요소로 포함시킨다. 왜냐하면 그것이 이용자를 포섭하는 가장 효과적인 방법이기 때문이다. 사람들은 언제나 친숙한 것들에 두려움을 덜 느낀다. 이에 따라 오늘날의 휴대전화는 전화이자, 책이자, 라디오이자, 텔레비전이자, 영화이자, 사진기이자, 오디오 기기이자, 신문이 되었다. 그러나 동시에 그것은 그들 중 어떤 것으로도 자신의 정체성을 드러내지 못한다. 그것은 전화만큼 대인 간 커뮤니케이션에 집중하게 해주지도 못하고, 책만큼 깊게 사유하게 해줄 수도 없으며, 텔레비전만큼 동시대적이지도 않고, 영화만큼 풍부한 이미지를 제공하지도 못하고, 사진만큼 사유적이지도 않으며, 오디오 기기만큼 풍성하지도 않고, 신문만큼 정치적 힘을 누적시키지도 못한다. 대신 그것은 그 모든 것을 품은 상태로, 조금씩 더 많은 이용자들을 포섭하고 있다.

우리나라의 휴대전화 가입자 수는 이미 전체 인구 수를 넘어섰다. 휴대전화-이용자들은 아마도 휴대전화가 제공하는 기존 미디어의 유사 기능에 결코 만족하지 못할 것이다. 어쩌면 휴대전화가 주는 너무나 복합적인 다기능과 감각 자극들에 지쳐 있을지도 모른다. 이용자들의 이러한 감각 불균형과 피로도가 커질수록, 사라진 것처럼 보이는 기존 미디어의 복제 요소들이 또 다른 미디어의 표현형으로 다시 드러날 수도 있다. 예를 들어, 책이 주도하고 있었고 시간과 공간에 따라 서로 다른 커뮤니케이션 상황이 적용되었던 시대에 새로운 시간과 공간을 보여 줌으로써 상황과 맥락을 다시 정의하여 이용자를 포섭한 미디어는 보다 직관적 이미지와 음성을 강조한 텔레비전이었다(Meyrowitz, 1985). 텔레비전이 주도하던 시대에 그것이 주는 일방향적 정보 주입에 숨이 막힌 이용자들을 포섭한 미디어는 그 이전의 책의 형질이 양방향으로 진화한 하이퍼텍스트 네트워크 미디어와 이동형 미디어였다. 그렇다면, 오늘날 휴대전화가 주도하는 시대에 그것이 주는 과도한 기능성과 연결성을 부자연스러운 것으로 느끼게 만드는, 기존 미디어의 형질을 지닌 새로운 미디어가 다시 이용자들을 포섭할지도 모른다.

그러나 문제는 어쩌면 현재가, 우리를 둘러싼 환경 전체가 이미 변해 버린 후여서, 그러한 미디어의 과도함들을 너무나 자연스러운 것으로 받아들이고 있는지도 모른다는 사실이다. 미디어에 의해 변화된 환경은 새로운 적응을 만들어 낸다. 혹시 우리는 이미 휴대전화가 만든 커뮤니케이션 관계의 소용돌이 속에 휩쓸려 들어가서, 주고받는 단편적이고 일상적인 잡담으로만 구성된 '서로 함께 있음'(being-with-one-another) (Heidegger, 1927, p. 178)에 너무 깊이 몰입해 있는 것은 아닐까?

오늘 먹은 음식에 대해서, 레스토랑 직원의 불친절함에 대해서, 길에서 우연히 마주친 풍경에 대해서, 택배 상품 포장을 뜯는 과정에 대해서, 새로운 디지털 기기의 성능에 대해서, 여행지에서 들렀던 쇼핑몰에 대해서, 일면식도 없는 연예인의 사랑에 대해서, 싫어하거나 좋아하는 정치인에 대해서, 우리는 휴대전화를 붙들고 끊임없이 잡담한다(김병선, 2013, 204쪽). 휴대전화의 알림음은 그러한 잡담에서 벗어나지 못하게 자꾸만 우리를 붙들고, 그 속에서 침묵하고 있는 것은 현존재(dasein)의 과묵함을 드러내는 것이 아니라 존재 자체를 숨기는 일처럼 느끼게 만든다. '좋아요!'를 누르고, 링크하고, 태그하고, 댓글을 달면서, 우리는 평균적인 세계의 일상성에 점점 더 빠져든다. 잡담의 모방과 복제 속도가 더욱 빨라지고, 자동화되고, 공간적 한계를 초월하면서, 우리는 하이데거(Martin Heidegger)가 말한, 항상 애매하면서도 불명확하고 자기 존재의 개별성을 망각하고 살아가는 평균적인 "사람들"(*das Man*, 世人)이 되어 버렸다(Heidegger, 1927, p. 175).

관계에서 버려지지 않기 위해서, 그 관계를 벗어나는 것이 두렵기 때문에, 주위의 다른 모든 이들도 그렇게 살아가는 것처럼 보이기 때문에, 우리는 끊임없이 잡담하는 '소셜미디어-이용자'로 적응한다. '소셜미디어-이용자'가 머무는 이 '일상성'의 세계는 평균적인 이해 가능성으로 해석될 수 있는 안정적 세계이며, 이러한 세계 속에서 우리는 본래적인 (*authentic*) 우리 자신을 잃어버린 채 살아간다. 다시 말해 우리 자신의 본래적 존재 가능성을 매우 가상적이자 평균적인 다른 사람들이 앞서 해석하고 분류한 세계에서 찾고 있다는 것이다. 그것은 언제나 내 것이 아닌 다른 사람의 욕망을 욕망하는 일이다.

그러나 비본래적(*inauthentic*) 존재 속에서 함께 있다는 이런 유혹적 안정감은 정지 상태나 행위를 하지 않는 것으로 유혹하는 것이 아니라, 오히려 억제를 모르는 분주함 속으로 우리를 몰아넣는다(김병선, 2013, 205쪽). 이러한 분주함으로 가득한 환경 속에서, 미디어의 한정된 먹이이자 생식기인 이용자들은 소진되어 버릴 수도 있다(한병철, 2012). 수많은 관계로 분주한 오늘날의 미디어 환경 안에서, 우리는 스스로 평균적인 남들보다 더 평균적으로 나아 보이도록 스스로를 다그친다. 단순한 분주함 속에서 새로운 것은 탄생되지 못하고 이미 존재하던 관계들만이 강화되는 것처럼 보인다(한병철, 2012).

목적도 방향도 없는 무심한 진화의 과정 속에서, 기술과 미디어, 관계들, 그리고 이용자 모두가 변이하는 지속적인 생태학적 순환 고리 안에서, 이런 과도한 경쟁과 적응으로 우리 스스로가 소진되거나 소멸되지 않기 위해서는 우리를 둘러싸고 변화하는 환경 전체를 있는 그대로 살피는 수밖에 없다. 그 변화가 현재 우리를 어떤 방향으로 이끌어 가고 있는지를 주의 깊게 관찰하고, 변화의 소용돌이 속에 있는 생태학적 존재로서 우리는 어느 순간 의도적으로 개입해야만 한다.

물론, 지금까지 논의한 바와 같이 그러한 관찰과 개입의 결과가 결코 우리가 의도한 대로 흘러가지는 않을 것이다. 하지만 진화 과정에서 생태학적 존재들의 개입은 그 아무리 미약한 행동과 그로 인한 사소한 변이라고 할지라도 누적되면 환경 전체를 변화시킨다. 따라서 우리가 할 수 있는 일은 우리가 진화의 방향을 결정할 수 있다고 믿는 근대적 사유가 아니라 생태학적 존재로서의 우리가 다른 생태학적 존재들, 즉 다른 생명들, 기술들, 비인간 행위자들과 함께 진화 과정에 속해 있다는 것을 인식하면서, 모든 존재들이 서로에게 영향을 미치고 있다는 사실을 인정하는 것이다. 그러한 인정 안에서 진화 과정에 개입하는 일은 인간을 둘러싼 환경 전체를 적어도 지금과는 다르게, 소진되지 않게 만들 수는 있을 것이다.

지금까지의 논의에서 살펴보았듯이, 미디어 연구에서 진화론적 입장이란 분석의 방법론이나 해석적 범주가 아니라 미디어와 인간을 바라보는 관점 그 자체라고 말할 수 있다. 미디어를 정보를 담는 채널이나 통로가 아니라 우리를 둘러싼 환경으로 보는 미디어 생태학 연구 중 몇 가지 경향들은 이러한 관점을 공유하고 있다. 생물계에서 다윈적 진화가 변화하는 환경에 대한 생물의 반응인 것과 마찬가지로, 미디어에서의 다윈적 진화 역시 변화하는 환경으로서의 미디어에 대한 인간의 반응이다. 하지만, 환경으로서의 미디어란 인간 외부에 동떨어져 있는 외적인 존재나 도구로서의 환경이 아니다. 대신 그것은 기존 미디어와 새로운 미디어, 인간과 결합한 미디어, 인간들, 제도들, 문화들 모두가 생태학적 순환 고리를 이루며, 지속적으로 생성되고 변화하는 네트워크로서의 총체적 환경이다. 그러한 환경에서의 변이가 바로 미디어의 진화라 할 수 있을 것이다.

참고문헌

김병선 (2012). 진화론의 관점에서 본 미디어 변이에 관한 연구: 매클루언의 미디어 이론과의 연관성을 중심으로. 〈커뮤니케이션 이론〉, 8권 1호, 61-100.

김병선 (2013). 소셜 미디어의 계보와 소통의 현상학. 〈사회과학연구〉, 24권 3호, 187-209.

박홍규·조계원 (2012). 옌푸(嚴復)와 번역의 정치: 〈천연론〉에 담긴 '천' 개념을 중심으로. 〈한국정치학회보〉, 46권 4호, 29-51.

송 민 (2000). 근대어 '생존경쟁'의 주변. 〈새국어생활〉, 10권 3호, 121-126.

이호건 (2016. 03. 19). 인간 일자리 위협하는 인공지능 … 내 직업은?. SBS 뉴스. http://news. sbs. co. kr/news/endPage. do?news_id=N1003476238

최재천 (2009). 진화는 진보인가?. 〈생물산책: 최재천 교수의 다윈 2.0〉. http://navercast. naver. com/contents. nhn?rid=21&contents_id=318

한병철 (2012). 〈피로사회〉. 서울: 문학과지성사.

홍성욱 편 (2010). 〈인간·사물·동맹: 행위자-네트워크 이론과 테크노사이언스〉. 서울: 이음.

鈴木修次 (1981). 進化論'の日本への流入と中國(진화론의 일본 유입과 중국). 〈日本漢語と中國-漢字文化圈の近代化〉. 中央公論社.

Basalla, G. (1988). *The evolution of technology*. Cambridge: Cambridge University Press.

Darwin, C. (1859). *On the origins of species by means of natural selection.* 송철용 역 (2009). 〈종의 기원〉. 서울: 동서문화사.

Dawkins, R. (1976/2006). *Selfish gene.* 홍영남·이상인 역 (2010). 〈이기적 유전자〉. 서울: 을유문화사.

Dawkins, R. (1983). Universal Darwinism. in D. S. Bendall (Ed.), *Evolution from molecules to men* (pp. 403-425). Cambridge: Cambridge University Press.

Gombrich, E. (1960). *Art & illusion.* 차미례 역 (2008). 〈예술과 환영〉. 서울: 열화당.

Gould, S. J. (1977). *Ever since Darwin.* 홍욱희·홍동선 역 (2008). 〈다윈 이후〉. 서울: 사이언스북스.

Heidegger, M. (1927). *Sein und Zeit.* 이기상 역 (1998). 〈존재와 시간〉. 서울: 까치.

Huxley, T. (1893). *Evolution and ethics.* 김기윤 역 (2009). 〈진화와 윤리〉. 서울: 지식을만드는지식.

Kittler, F. (1999). *Gramophone, film, typewriter.* CA: Stanford University Press.

Malthus, T. R. (1798). *An essay on the principle of population.* 이서행 역 (2011). 〈인구론〉. 서울: 동서문화사.

McLuhan, M. (1964). *Understanding media: The extensions of man.* 김상호 역 (2011). 〈미디어의 이해〉. 서울: 커뮤니케이션북스.

Meyrowitz, J. (1985). *No sense of place: The impact of electronic media on social behavior.* 김병선 역 (근간). 〈장소감의 소멸: 전자 미디어가 사회적 행동에 미치는 영향〉. 서울: 커뮤니케이션북스.

Simondon, G. (1989). *Du mode d'existence des objects techniques.* 김재희 역 (2011). 〈기술적 대상들의 존재 양식에 대하여〉. 서울: 그린.

Spencer, H. (1857). Progress: Its law and cause. *The Westminster Review,* 67. P. Halsall (ed.), *The modern history source book: Social Darwinism.*

교호체계로서의 사회, 사회적 체계 작동으로서의 커뮤니케이션

정준희

1. 인간, 동물, 기계 그리고 사회

어느 가을날 당신은 간편한 복장을 하고 혼자 뒷산을 오른다. 처리해야 할 과제를 놓고 며칠 동안 골머리를 앓던 터라, 문득 번잡한 머리를 비우고 맑은 공기를 가슴에 채우고 싶었다. 평일 오후 시간이라선지 산길을 오가는 사람이 드물다. 모처럼 호젓한 분위기. 싱그러운 녹음 아래로 작은 새가 지저귀고, 계곡을 적시는 시냇물 소리가 정겹다. 빡빡하게 뭉쳤던 마음이 조금씩 풀어지자 세상을 바라보는 눈도 한결 부드러워짐을 느낀다.

그렇게 천천히 산책로를 걷고 있는데, 별안간 뒤편에서 웅얼거리는 음성과 함께 밭은 발자국 소리가 들린다. 순간 긴장해서 뒤를 돌아다보니, 초로의 사내가 어깨춤에 라디오를 단 채 거침없는 발걸음으로 산을 오르는 중이다. 이렇게 추월당하고 나면 야릇한 패배감이 찾아들 테지만, 고즈넉한 숲길 산책을 숨 가쁜 경보 레이스로 바꾸고 싶지는 않다.

당신은 옆으로 물러나 길을 터준다. 초로의 사내는 자못 점잖은 음성으로 인사를 건네며 이 꾸물대는 후행자의 무운장도를 기원해 준다. 말하는 품을 보면 적어도 수백 번은 같은 길을 오고가며 필경 수천 번도 넘게 당신 같은 이들에게서 길을 양보 받아 본 듯하다. 뒤에 있을 때보다 더 힘차고 잰 발걸음으로 그의 뒷모습이 사라지고, 라디오에서 흘러나오던 수다스런 대화도 저 멀리 잦아든다. 잠시 흩뜨려졌던 고요가 제자리를 찾자, 당신은 다시 묵묵히 길을 걸으며 작은 새의 지저귐과 발밑에서 바스락대는 모래흙의 음성에 귀를 기울인다.

한두 번쯤은 겪어 보았음 직한 상황이다. 고즈넉한 숲속에서 좁은 산길을 걸을 때 우리는 종종 낯선 이들과 마주쳐 길을 터주거나 양보 받는다. 제법 산을 타 본 사람들은 이런 상황에서 간단히 의례화된 인사를 건넬 줄 아는 여유를 보인다. 길을 양보해 주어서 고맙다는 이상의 복잡한 의미가 이 짧은 인사 속에 담겨 있다. '비록 우리는 서로에게 낯선 사람들이지만, 이 짧은 마주침이 누구에게든 불행한 결과로 이어지지 않길 바라오. 나는 당신에게 몹쓸 짓을 하지 않겠소, 그러니 행여나 당신도 내게 부적절한 행동을 하지는 마시오'라는 의사표현이 그 속에 응축되어 있다고 할 만하다. 고립된 조건에서 마주치는 낯선 이들에게는 어떤 종류의 불미스러운 일이든 일어날 수 있게 마련이다. 앞에 가던 사람이 순순히 길을 터주지 않을 수도 있고, 좁은 길을 사이에 두고 서로 노려보며 대치하는 상황이 발생할지도 모른다. 심지어 무장 강도로 돌변한 상대에 맞서 준비되지 않은 혈투를 벌이게 되는 경우마저 있다. 물론 문명화된 시공간에서는 그런 일들이 쉽게 일어나지는 않지만 그렇다고 불가능하지도 않다. 문명이 닿지 않은 원시림 속에서라면, 혹은 지금보다 훨씬 더 '자연적' 상태에서는 낯선 존재와 마주친 산길이 곧 서로의 생사

500

를 가르는 갈림길이 되기도 한다.

체계이론적 커뮤니케이션의 관점에서 보면 이런 상태는 전형적으로 상황의존적(contingent) 성격을 띠고 있다. 상황의존적이라는 것은 단지 그로부터 파생되는 미래 상태가 아직 불확정적일(uncertain) 뿐 아니라, 구체적 상황에 따라, 여기서는 특히 상대의 행위에 따라, 이럴 수도 있고 저럴 수도 있는 조건에 처한다는 뜻이다. 예컨대 상대가 칼을 빼들면 나는 내 목숨을 부지하기 위해서라도 몽둥이를 집어 들어야 할 수 있다. 그런데 어쩌면 그 상대가 칼을 빼든 이유는 내가 '몽둥이를 집어 들 것 같은 표정'을 하고 있기 때문이었을 수도 있다. '자연' 상태에서는 순간의 판단이 삶과 죽음을 결정할 수도 있기 때문에 한시라도 빨리 상대의 의사를 파악하고 나의 대응을 조직하는 일이 급선무이다. '공격이 최선의 방어'라는 말이 생겨난 이유가 여기에 있다. 상대가 공격하지 않으면 나도 공격하지 않을 의향이 있다. 하지만 상대가 공격하면 나는 어쩔 수 없이 방어해야 할 터인데, 자칫 선수를 빼앗기면 승부에서 지는 것은 물론 내 목숨마저 위험에 처할 공산이 크다. 반대로 내가 먼저 공격하면 상대가 방어할 터이지만 내가 선수를 잃는 것에 비해서는 그나마 이길 가능성이 조금이라도 더 높다. 따라서 이런 '죄수의 딜레마'적 상황에서는 어설픈 평화보다는 위험하지만 전투를 감행하는 것이 (상대적으로 높은 확률의) 합리성을 보장한다. 죄수의 딜레마를 호혜적으로 해결하는 (상대적으로 낮은 확률의) 합리성은 좀더 복잡한 산술을 필요로 한다. 우리가 '문명적'(civilized)이라고 부르는 조건은 이 딜레마를 다른 차원에서 해결할 수 있게 해주는 방식이다.

체계이론적 관점에서 이것은 '새로운 교호체계'의 형성, 즉 새로운 종류의 의미적 상호작용 차원의 부상(emergence)을 함의한다. 사회체계이론가 니클라스 루만(Niklas Luhmann, 1990b)은 이 잠정적 교호체계(*social system*)를 상호작용체계(*interaction system*)라고 지칭하며, 그것을 가능하게 하는 배후체계, 즉 일반적 용어로 문명 혹은 문화라고 일컬을 수 있는 고도로 안정화되고 질서 잡힌 교호체계를 '사회'(*the society*)라고 부른다(Luhmann, 2012a).

도심 지하철 속에서 마주치는 수많은 '낯선' 사람들은 굳이 서로에게 인사하지 않고서도 길을 나누고, 여간해서는 쓸데없는 분쟁에 휘말리는 일 없이 공간을 공유한다. 그들은 이미 사회라는 공통의 커뮤니케이션 체계 속에 들어가 있고, 그로써 상당히 많은 종류의 불확실성이 자동적으로 해소되기 때문이다. 그러나 고립된 길에서 마주친 낯선 이들의 경우에는 상황이 좀 다르다. 이들 사이에는 상호 간 언제든 불미스러운 일이 발생할 수 있는 이중의 불확실성(*double contingency*)이 해소되지 않은 채 남아 있다. 이와 같은 불확실성을 호혜적 방식으로 해결하는 한 마디의 인사는 이들을 묶어 주는 배후로서의 사회를 환기시키며, 그를 통해 새로운 종류의 상호작용체계의 형성으로 이끈다. 대개의 경우 이 체계는 서로에 대한 비적대성을 확인한 다음 소멸되는 방식으로 짧게 지속될 뿐이다.

그러나 만약 이들이 그냥 지나치기보다 잠시 멈추어 서서 서로의 안부를 묻고 한 잔의 물이라도 나눈다면 그 체계의 심도와 밀도는 그만큼 높아질 것이다. 또 만약 이들이 수시로 숲길에서 마주치고, 서로의 이름을 알게 되고, 산 아래에서 술잔을 기울이는 사이로 나아간다면 이 잠정적 상호작용체계는 우정(*friendship*)이라는 이름의 좀더 안정화된 상호작용체계, 혹은 그 이상의 사회적 체계(*societal systems*)로 편입되거나 진화할 것이다. 교호체계란 이렇게 커뮤니케이션을 작동시키는 관계 양식, 즉 의미처리(*meaning procesing*)라는 고유행태(*eigen-behavior*: 반복누적 혹은 전승을 거쳐 관습화된 행위 목록)를 중심으로 안정화된 교호적 관계 양상의 다른 이름이라 할 수 있다.

그렇다면, 관계, 커뮤니케이션, 사회라고 지칭되는 사회학적 범주를 체계라는 관점에서 접근할 때 어떤 유용성이 얻어질까? 우리가 이 글을 통해 살펴보고자 하는 내용이 바로 그것이다. 우리에게 익숙한 기존의 개념을 체계라는 새로운 개념과 이론틀로 포착할 경우 그것은 체계라 부를 수 있는 모종의 질서와 법칙성 안에서 작동해야만 의미가 있다. 예컨대 생물학적 체계이론의 견지에서 세포를 하나의 '생물체계'(*biological system*)라고 부를 경우, 이 세포는 사회체계이론적 견지에서 '교호체계'(*social system*)라고 호명할 수 있는 현상과 일정한 병행성을 갖추고 있어야 마땅하다. 이를테면 모든 체계는 시간 축에서의 변이(*variation*), 즉 진화적 과정에 종속된다고 가정할 경우, 교호체계 역시 생물체계의 진화 양상에 상응하는 모종의 적응과 변이의 궤적을 지닐 것이다. 또 세포가 자신을 구성하는 요소(= 세포질)를 외부로부터 수입하는 것이 아니라 오로지 자신의 작동(*operation*: 생명체에 고유한 대사활동 등)에 기초하여 스스로 생산해야만 하듯(*autopoiesis*), 교호체계 또한 자신의 체계로서의 작동(= 커뮤니케이션)을 자신의 외부에 근거하여 진행하는 것이 아니라 자신의 내부에서 생성하고 연속시켜야 할 것이다.

이것은 기성 커뮤니케이션 이론에 중대한 도전을 야기하는데, 커뮤니케이션은 제반의 교호체계가 자기 외부의 다른 교호체계에게 정보를 전달하고 그들과 의미를 공유하는 일련의 소통이나 대화 과정이 아니라, 한 교호체계 내부의 폐쇄적 작동, 요컨대 스스로 정보를 생성하여 발화하고 다시 그 과정을 지속하는 재귀적 과정(*self-referential process*)을 가리키게 된다. 이 관점에서 보면, 오해와 소통 부재에 원인을 돌리는 헤어진 연인들의 경우, 사실 한 애정 개체가 다른 애정 개체와 원활하게 대화하지 못해서 실패하는 것이 아니라, 연애라는 친밀성의 교호체계 (social system of intimacy)가 스스로를 재생산하지 못한 채 작동을 멈추고 결국 붕괴했기 때문에 실패하는 것이다(Luhmann, 1998).

체계이론적 접근(systems-theoretical approach)의 장점은 우리가 흔히 서로 다른 지식 분과의 사유 대상이라고 생각했던 것들이 체계라는 동일한 시각에서 유사한 방식으로 사유될 수 있음을 보여 준다는 데 있다. 물론 세포와 사회는 서로 동일한 차원에 속한 체계는 아니다. 생물학적 체계와 사회체계는 체계라는 형태적 동질성을 공유하되 서로 다른 차원에서 작동한다. 체계이론이 형성되기 시작하던 시대에 풍미한 나치식 사회생물학이나 사회진화론이 체계에 대한 낮은 이해와 그릇된 환원론에 근거해 있었다는 사실에 유의해야 할 이유가 여기에 있다.

따라서 일반 체계이론(General System Theory: GST)의 관점에서 체계로 간주될 수 있는 것들의 일반적 속성을 이해하고 난 다음, 각각의 특수한 체계가 고유의 차원에서 독자적 방식으로 작동하는 과정을 이론화하는 경로를 밟아 갈 때 사회라는 특수한 체계 형태를 관찰하고 적절히 기술하는 것이 가능해진다. 커뮤니케이션학의 관점에서 보자면 이는 3단계 구체화 과정을 밟게 될 것인데, 세상의 모든 체계를 다루는 가장 추상적인 수준에서의 일반 체계이론에서 시작하여, 우리가 사회 혹은 교호체계라고 부르는 체계의 생성과 변이를 다루는 사회학적 특수 체계 이론을 거쳐, 그 가운데 대중매체체계(system of mass media)로 개념화되는 사회적 하위체계(societal sub-system)에 관련된 이론에 다다를 것이다.

최종적으로 우리는 상이한 차원에 속한 체계들 사이의 교호 가능성,

좀더 정확히 말하자면 상이한 차원에 속하던 체계들 사이의 병합 혹은 새로운 차원의 교호체계가 부상할 가능성에 관해 살펴볼 수 있을 것이다. 근대적 정보이론과 커뮤니케이션 이론의 출발점을 구성했던 사이버네틱스(cybernetics) 정보공학의 관심이 '인간-동물-기계'의 커뮤니케이션과 통제에 놓여 있었다면, 우리는 사회-동물-기계가 새로운 종류의 교호체계를 구성하는 포스트휴머니즘적 공존의 가능성을 모색해 볼 수 있는 시대에 이르렀기 때문이다.

2. 체계 개념과 이론의 전개 과정

1) 체계에 관한 보편이론의 초기 시도: 일반 체계이론

적어도 (지적으로 살짝 자극받은) 일상적 용어 측면에서 '체계'라는 개념은 매우 광범위한 유용성을 지닌다. 우리가 체계라는 단어를 동원할 때에는 대체로 세 가지 화용론적 형태가 눈에 띄는데, 시계 등과 같이 인간이 만들어 낸 정밀한 무생물 기계 장치를 가리키거나, 생물체 혹은 생태계처럼 내적 구성요소가 조직적으로 맞물려 돌아가는 자율적이고 역동적인 단위, 혹은 물리, 화학, 생물학적 단위를 넘어 사고체계나 언어체계 등의 용어에서처럼, 추상적이면서 논리적으로 상호조직화된 인간 정신활동의 개인적·집단적 산물을 지칭하는 경우가 그것이다. 그리고 이들 특수한 대상에 연관된 명사보다 더 자주 쓰이는 형용사로서 '체계적'(*systematic*)이라는 단어가 있다. 대상 그 자체보다는 그 대상이 형성되고 작동하는 양식(*mode of organization and operation*) 혹은 대상의 메커니즘, 즉 짜임새와 움직임의 패턴화된 질서에 초점을 맞추는 용법이다.

일상 화용론을 넘어 조금 더 지적이고 학문화된 개념 영역으로 들어가면 상당히 다양한 학문 분야에서 매우 다채로운 의미로 체계 개념을 사용하고 있음을 확인하게 된다. 체계이론(*systems theory*), 체계론적 접근(*systems approach*), 혹은 체계론적 사고(*systems thinking*) 등은 물리학, 생물학, 화학 등의 물질세계를 다루는 기초과학 영역에서는 물론, 생명공학, 기계공학, 제어공학, 정보공학 등에서 시스템 공학(*system engineering*)을 발전시켰으며, 심지어 비물질적 정신 현상이나 사회문화적 현상에 주목하는 심리학, 정신의학, 사회학, 경제학, 경영학 등에서도 활발히 검토된 바 있다.

일반 체계이론의 초기 형성자 가운데 한 사람으로, 체계 개념의 보편적 가능성을 적극적으로 타진한 루드비히 폰 버탈란피(Ludwig von Bertalanffy, 1969)의 구분에 따르면, 체계 개념을 학문적으로 채택하는 패러다임은 크게 세 가지로 대별된다. 첫 번째는 보편적 수준에서의 체계 개념과 이론(즉, 일반 체계이론과 그에 입각한 개념)을 각자의 학문 분야에 적용하는 '시스템 과학'(systems science) 영역이고, 두 번째는 컴퓨터, 자동화기기, 자율규제 기계류의 하드웨어 및 소프트웨어를 개발하는 '시스템 테크놀로지'(systems technology) 부문, 그리고 세 번째는 새로운 패러다임, 요컨대 자연에 대한 기계론적 세계관을 넘어 좀더 유기적인 사고에 바탕을 둔 새로운 자연철학을 지향하는 메타과학적 접근으로서의 '시스템 철학'(systems philosophy)이다.

좀더 구체적으로 소개하자면, 우선 시스템 과학은 이른바 일반 체계이론에 기초를 두어 보편적 체계 개념을 각 학문 분야의 고유 대상에 적용하는 차원에 해당한다. 시스템 과학은 고전과학(classical science)을 극복 대상으로 삼는다. 세계를 관찰하고 분석할 때, 그것을 구성하는 가장 기본적이고 핵심적인 단위인 요소(elements)를 분리해 내고, 이들의 특정한 조합의 관점에서 대상의 본질을 파악해 낼 수 있다고 보는 것이 고전과학의 특성이자 한계라고 간주한다. 예를 들어, 물리적 대상은 원자, 화학적 대상은 화학 원소, 생물학적 대상은 세포, 사회과학적 대상은 사회를 구성하는 자유의지론적 개인, 심리학이나 정신과학적 대상은 개별 감각, 인지, 심리 등으로 분해할 수 있는데, 그 대상의 본질과 속성은 그렇게 분해된 기초 단위 혹은 요소로 환원될 수 있고, 그를 통해 온전히 파악될 수 있다는 사고가 고전과학의 기저에 흐르는 셈이다. 흔히 기계론적이고 환원론적이며 분석적인 접근법이라고 일컬어지는 이 경향은 전체(*the whole or system*)는 그것의 부분(*parts*)이나 요소로 분해 및 대체될 수 없는 독자적 차원을 가졌다고 보는 시스템적 사고에 의해 도전받게 되었다. 따라서 시스템 과학은 부분으로 환원될 수 없는 차원(즉, 전체)을 지닌 체계라는 독특한 대상의 내적 상호관계성 혹은 '전체성'(*wholeness*)을 과학적으로 탐구하는 제반 학문 분야를 포괄하는 경향이라 하겠다. 일반 체계이론은 이들 분과학문이 다루는 상이한 체계들 사이의 보편성을 추출하는 임무를 띠고 있었던 셈이다.

다음으로, 시스템 테크놀로지는 좀더 실물적이고 실용적인 영역을 다룬다. 기초과학과는 구별되는 응용과학으로서의 공학 부문에 주로 연관된 이 경향은, 근대과학이 다양한 문제해결을 위해 개발하고 도입한 기계, 무기, 설비 등이 치명적인 오류에 직면하거나 쉽게 해결할 수 없는 난제에 부딪혀서 통제불능 상태에 빠지는 경우에 대한 새로운 대응을 조직하는 과정에서 형성되었다. 예컨대 화학약품이나 핵발전소 등과 같이 생활의 편리를 위해 고안된 도구나 설비가 환경오염을 유발하고 생태계를 파괴함으로써 치유 불가능한 문제를 낳는다거나, 사회공학적 사고에 의해 도입된 관료제의 오작동, 교육공학적으로 설치된 교육제도의 오류, 빈곤이나 범죄 등 사회가 발전할수록 오히려 심각성을 더해 가는 각종 사회경제적 문제 등이 기존의 공학적 사고로는 극복할 수 없는 반작용과 장애를 유발한다는 점이 문제시되었다. 이를 해결하기 위해, 앞선 경우와 마찬가지로, 부분에만 집중하지 않고 전체론적인(*holistic*) 접근을 중시하면서 간학제적 협력을 통해 고차원의 복잡한 관계양상을 다룰 수 있는 제어공학이 발전하는 한편, 이를 뒷받침할 정보이론, 게임이론, 컴퓨터 시뮬레이션 기법 등이 개발되었다.

마지막으로, 시스템 철학은 말 그대로 가장 추상적이고 지적인 수준에서의 패러다임 전환, 요컨대 시대정신과 세계관의 교체에 연관되어 있다. 자연을 일종의 죽은 대상, 즉 고정적이고 불변하는 고립적 사물로서 간주하는 데카르트적 철학에서 벗어나 세계를 하나의 거대한 조직체(world as a great organization)로 바라보는 관점이 이와 같은 패러다임 전환의 기저를 이룬다. 애쉬비(Ashby, 1957, p. 21-22)는 이 시스템 철학을 다시 시스템 존재론, 시스템 인식론, 시스템 가치론으로 세분한다. 시스템 존재론(ontology)은 행성, 태양계, 고양이, 포유류, 분자, 원자, 세포, 효소 등 실존하는 체계(real systems)와 논리, 수리, 언어, 상징, 학문 등 개념적 체계(conceptual systems)를 구별한다. 대신 개념적 체계는 단순히 인간의 머릿속에서 상상된 허구의 것은 아니며, 실존 체계로 구성된 현실과 일정한 상응성을 지니고 있다. 이는 시스템 인식론과 필연적으로 연계되지 않을 수 없는데, 존재론적으로 실존하는 단위로만 과학과 지식의 대상을 한정했던 논리 실증주의와 속류 경험주의적 인식론의 물질주의, 환원주의, 원자론(atomism)을 극복하기 위해서는 새로운 종류의 인식론이 요구되는 까닭이다. 시스템 인식론은 실재하는 사물을 기계적으로 반영하는 것이 곧 지각(perception)일 수는 없고, 따라서 지식은 한편으로는 현실(reality) 그리고 다른 한편으로는 진리(truth)와 등가관계에 있지 않다는 입장을 견지한다.

논리 실증주의적 인식론의 요소주의나 선형적 인과성을 배격하자 그 자리에 상호작용, 조직화, 다중요인, 상호의존성 등의 새로운 개념이 들어서게 됐다. 나아가 과학은 절대적이고 객관적인 진리의 담지자가 아니라, 생물학적이고 문화적이며 언어적 가능성과 제약에 처한 (관찰 대상으로부터 완전히 분리된 외재적이고 독립적인 관찰자가 아니라 일종의 세계 내적 존재로서의) 한 인간이 역사적 조건에 면하여 창안해 낸 여러 가지 종류의 시각(perspectives) 가운데 하나가 되었다. 시스템 가치론은 이를 규범적으로 완성하는 차원에 해당한다. 이른바 과학과 인문학, 기술과 역사, 자연과학과 사회과학 등의 그릇된 대립을 벗어나거나 이들 사이에 가교를 놓는 것이 시스템 가치론의 지향이다.

2) 초기 일반 체계이론 형성에 영향을 끼친 개념과 이론

루만은 이렇게 초기 체계이론가들이 고전과학의 기계론적 단순함과 실증주의적 완고함을 넘어 새로이 시도한 유기적이고 관계론적인 유연성의 패러다임(이자, 체계로 간주되는 모든 대상에 대한 하나의 이론적 설명틀을 구축하려는 야심만만한 지적 실험)으로서의 일반 체계이론이 크게 세 가지 계기를 거쳐 발전했다고 본다(Luhmann, 2011).

그 첫 번째이자 가장 초기의 계기는 평형성(equilibrium)을 강조하는 관념이었다. 평형성은 안정적 상태를 대표하는 것이었는데, 체계의 특성인 이 평형성이 깨지면 체계는 그에 반응하여 평형성을 회복하고 유지하려는 경향, 즉 야기된 불안정에 대응하여 본원적 안정성으로 회귀하거나 전과 다른 종류의 새로운 평형 상태에 도달하려는 움직임을 나타낸다. 그러나 평형성이 반드시 모든 체계의 일상적이거나 지배적인 형태가 아닐 가능성이 높으며, 특히 평형성이 질서로서의 안정성과 등치되는 것은 문제가 있다.

평형 상태는 열역학 제2법칙의 엔트로피(Entropie), 즉 요소 간 모든 차이가 해소되어 더 이상 이동이 발생하지 않고 궁극적인 에너지 평형에 이른 상태를 가리킨다. 하지만 현실에서는 이와 같은 엔트로피와는 대비되는 네겐트로피(*Negentropie*), 즉 무질서도의 증가 법칙에 역행하는 조직화 경향을 자주 마주치게 된다. 예컨대 생물체는 대표적으로 네겐트로피적 현상이며, 생물체의 진화 결과 나타나는 체계 복잡성 증대 경향(요컨대 질서도의 증가)은 엔트로피에 위배되는 일이다. 이는 엔트로피가 폐쇄된 체계(*closed system*), 즉 해당 체계와 그를 둘러싼 환경 사이에 아무런 (에너지 등의) 교환도 발생하지 않는 조건을 전제하기 때문에 나서는 문제이다. 실제 세계의 체계들은 대개 이렇게 구조적으로 폐쇄된 체계가 아닌 개방된 체계(*open system*)로서, 환경과 체계 사이의 일정한 교환의 결과 체계 내부에 질서도와 복잡성이 증대하거나 새로운 종류의 체계가 부상(*emerge*)하는 사례를 자주 보인다. 사회적 체계처럼 문명이라 일컬어질 만한 조직적 질서의 등장, 그것의 바탕이 되었던 생물체계나 의식체계와는 구별되는 새로운 체계/차원의 형성 역시 개방된 체계가 갖는 네겐트로피적 경향의 실제 사례이다.

이로부터 유도된 일반 체계이론은 따라서 개방된 체계에 대한 이론적 탐색으로 이어졌다. 개방된 체계에 관련된 이론적 모형은 크게 투입-산출(*input-output*) 모형과 블랙박스(*blackbox*) 모형으로 대별되면서 발전했다.

투입-산출 모형은 개방된 체계와 환경 사이의 관계를 '환경으로부터 체계 내부로의 투입'과 그에 대한 반응으로 '체계로부터 환경으로의 산출'이 발생하는 교환적 관계로 표상한다. 여기서 체계는 일정한 전환 역량을 갖는 기계(*machine*)로 간주되는데, 그것은 실제의 변환을 수행하는 물리적 장치로서의 기계일 수도 있고, 수적 전환 공식으로 표현할 수 있는 수학적 함수(*function*)일 수도 있다. 기계의 전환 역량을 수학적 함수의 형태로 표현하는 것도 가능한데, 예를 들어 특정 체계가 ×2의 함수로 표현되는 기계라고 할 경우, 환경으로부터 1이 투입되면 2가 산출되고, 2가 투입되면 4가 산출될 것임을 예측할 수 있다. 거꾸로 1을 투입했을 때 2가 산출되고, 2를 투입했을 때 4가 산출되는 것을 보고 이 기계는 ×2의 함수로 표현되는 전환 역량을 가졌다고 판단하는 것 역시 가능하다. 이렇게 표현된 함수에는 각각의 체계가 보유하는 능동적인 전환 역량이 반영되어 있다고 할 때, 그 함수는 해당 체계가 다른 체계로부터 구별되는 고유성을 나타낸다고 할 수 있다.

그러나 문제는, (단순한 형태를 띠건 복잡한 형태를 띠건) 이처럼 함수로 표현될 수 있는 속성을 지닌 기계장치가 하나의 개방된 체계로서 현실 속에 존재하는 경우를 발견하기가 그리 쉽지 않다는 데 있다. 예컨대 행태주의 심리학을 이끈 이른바 자극-반응(S-R) 모형, 즉 커뮤니케이션 효과론 영역에서는 이른바 '탄환 이론'으로 통칭되었던 모형이 대표적이다. 일종의 투입-산출 체계로서 동물과 인간의 심리를 설명하고자 했던 이들 모형은 그것의 지나친 단순성에 대한 비판과 함께 다양한 경험적 반증 사례에 직면해야 했다. 동물이든, 어린아이든, 사회체계든 투입(=자극)이 동일하면 산출(= 반응)이 동일하다는 도식에 부응하지 않으며, 일정한 함수로 표현될 수 없을 만큼 복잡화된 양태를 나타낸다는 점은 굳이 강조하지 않아도 충분할 것이다.

투입-산출 모형의 문제를 부분적으로 수정한 대안이 블랙박스 모형이다. 블랙박스로서의 체계란 투입과 산출 메커니즘을 관찰한 후 그로부터 곧바로 함수를 추출하기 어려울 만큼 복잡한 전환 역량을 가진 체계를 가리킨다. 여기서 블랙박스의 '어두움'은 쉽게 밝혀지지 않는 고차원적 함수의 복잡성을 지칭하는 것이다. 그러나 블랙박스 모형 역시 결국은 투입-산출 모형의 변종일 따름이다. 블랙박스 개념은 결국 관찰되는 체계가 너무나 복잡해서 구체적인 전환함수를 도출하기 어렵다는 점을 고백하고 있을 뿐이다. 그 체계가 나타내는 작동적 안정성과 예측 가능성 그리고 신뢰성 등은 일정한 투입 대비 산출 관계에 의존하고 있다는 기존 관념은 그대로 유지되고 있는데, 제아무리 복잡한 수식을 가진 함수라고 하더라도 특정 투입에 대해 특정 산출이 '기계적으로' 처리된다는 전제에는 변함이 없기 때문이다.

일반적인 투입-산출 모형에 따른 체계란 초·중등학교에서 배우는 1~2차방정식 수준에서 파악될 수 있는 것이라 한다면, 블랙박스 모형에 따른 체계는 고등수학을 활용해야만 표현이 가능한 고차방정식 산술을 요구한다고 할까? 그러나 우리가 현실에서 경험하는 체계는 저차원의 함수는 말할 것도 없이 상당 수준의 고차원 함수로서도 쉽사리 특정하기 어려운 복잡성을 지니고 있다. 이 복잡성을 단지 암실의 흑막 뒤로 놓아 둔 채, 그것의 풀이 가능성에 대해서는 여전히 믿음과 낙관적 기대를 유지하는 블랙박스 모형은 사실상 광범위 투입-산출 모형에 멈춰 버린 지적 프로젝트가 되고 만 셈이다.

초기 일반 체계이론에 영향을 준 세 번째 계기이자 일반 체계이론의 현대적 전환을 위해 가장 중요한 돌파구를 제공한 지적 자원은 사이버네틱 이론(cybernetic theory)이다. 정보공학과 제어공학의 접합면에서 부상한 사이버네틱 이론은 '목표 상태'로 나아가거나 그것을 유지하기 위해 '현재 상태'를 제어하는 것을 가능하게 해주는 이론이다. 여기서 사이버네틱은 그리스 어원상으로 배의 키를 쥐고 '조종'(steering)하는 행위를 가리키는데, 이는 목표 상태를 단박에 달성하는 즉각적으로 효과적인 조종이 아니라, 목표 상태로부터의 이탈을 최소화하여 목표 상태와 현재 상태 사이의 차이를 줄여 가는 과정을 함의한다.

여기서 결정적으로 중요한 것이 피드백(*feedback*) 개념이다. 사이버네틱 이론은 그것의 선행 이론인 블랙박스 모형의 투입-산출 도식을 계승하는 대신, 체계로부터 환경으로 산출된 결과물이 체계와는 무관하게 존재하고 작용하는 것이 아니라 다시 체계 안으로 '재투입'된다는 점에 착안한다. 여기서 투입된 것에 비해 산출된 것의 수, 규모, 강도가 점차 줄어드는 경향이 관찰된다면(비록 그와 같은 과정을 유발하는 전환함수를 특정할 수는 없다고 해도) 재투입과 산출을 반복한 결과(즉, 피드백)는 결국 0에 수렴할 것이라는 예측이 가능하다. 사이버네틱스 이론에서는 이것을 부(負)의 피드백(*negative feedback*)이라 지칭한다. 반대로 투입 대비 산출의 함수가 교환물의 수, 규모, 강도를 증폭시키는 방향으로 작동한다면 그 결과는 무한대로 확산할 것이며, 이는 정(正)의 피드백(*positive feedback*)으로 개념화된다. 수학적으로 수렴과 확산의 대비에 해당할 수 있는 이 각각의 피드백 현상은 (부의 피드백의 경우) 목표 상태로부터의 이탈과 차이의 지속적 감축을 통해 (자동적으로) 목표 상태에 도달하여 그것을 유지할 수 있게 해주거나, (정의 피드백의 경우) 목표 상태로부터의 이탈과 차이를 늘려 나가게 함으로써 애초 의도했던 것과는 매우 다른 상태가 부상하도록 이끈다.

일반적인 제어공학이 의도하는 '조종'은 부의 피드백을 유발함으로써 확보된다. 그에 반해 정의 피드백은 의도하지 않았던 변이의 등장과 그 변이의 지속적 강화를 통한 진화를 유발한다. 우리가 일상생활에서 흔히 발견할 수 있는 수세식 변기의 수위조절장치라든가 사무실의 냉난방 온도제어장치는 기계적 방식으로든 전자/정보적 방식으로든 주로 부의 피드백을(부분적으로는 정의 피드백도) 활용한 매우 성공적인 조종 장치라 할 만하다. 반대로 정의 피드백은 일반적으로 차이의 반복 강화와 누적이 진화적 변이로 이어지는 과정, 그럼으로써 전과 구별되는 새로운 구조 혹은 체계가 부상하게 되는 과정을 가리킨다. 이는 개체 단위의 작은 변이가 누적된 결과가 어떻게 그렇게 큰 종적 차이와 다양성을 만들어 내는가를 설명해 주는 유효한 틀이다.

3. 현대적 체계이론:

정보, 관찰하는 체계, 자기생산, 작동상의 폐쇄성, 구조적 접속

초기 일반 체계이론의 성과와 한계에 입각하여 새로이 전개된 현대적 체계이론은, 여전히 하나로 일별할 수 없을 만큼 다양한 뿌리와 발전 방향을 가졌지만, 대체로 사이버네틱 체계에 관련된 이론으로부터 다시 출발한다. 여기서 토대가 되는 자원은 사이버네틱 패러다임의 제어, 재투입, 피드백 개념을 중심으로 발전한 정보이론(*information theory*)과 관찰하는 체계(*observing systems*)의 복잡성 및 자기조직화(*self-organization*)에 관련된 이론이다.

1) 정보

사이버네틱스 개념을 고안하고 현대 컴퓨터의 기틀을 창안한 노버트 위너(Norbert Wiener, 1961), 동세대 사이버네틱스 이론가로서 생명 유기체의 항상성(*homeostatis*) 메커니즘에 대한 관심으로부터 복잡계(*complex systems*)의 자기조직화 개념을 발전시켜 사이버네틱스에 접맥시킨 로스 애쉬비(Ross Ashby, 1957), 사이버네틱 정보이론에 기초를 두어 공학적 커뮤니케이션 모형을 이끌어 낸 섀넌과 위버(Shannon & Weaver, 1963) 등은 모두 '정보를 처리할 수 있고 그를 통해 스스로를 제어하고 조직화하는' 사이버네틱 체계에 대한 논의를 진전시킴으로써 체계이론의 현대적 전환을 이끌어 냈다.

  이들이 말하는 정보는 의미론적(*semantic*) 차원을 전략적으로 배제한 후, 디지털 시대의 우리에게는 어느 정도 익숙해진, (1과 0에 기초한) 수

량적 개념으로서 구축되었다(실제로 이들은 정보 개념의 단순화를 목표로 극도의 수학적 추상화를 적용하여 현재의 정보 개념에 이르렀다). 사이버네틱 이론이 개진하는 정보 개념은 잡음(*noise*)과는 구별되는 무언가를 가리킨다. 그리고 이는 "차이를 만들어 내는 차이"(*a difference that makes a difference*)로서의 정보 개념을 주창한 그레고리 베이트슨(Gregory Bateson, 1972)의 정신생태학적 접근과도 잘 연결된다. 지칭되는 대상과 지칭하는 언어 사이의 필연적이고도 자연스러운 연관관계를 의미의 실체이자 궁극적 준거로 삼고자 했던 기존 언어학적 전통에서 벗어나, 기표/기의 사이의 차이와 구별, 그리고 다른 기표/기의와의 차이와 구별에 근거하여 의미작용을 포착하고자 했던 소쉬르적 전환 역시 이와 일맥상통하는 바가 있다.

2) 관찰하는 체계

여기서 사회체계이론가 루만(Luhmann, 1990b, 2011)은 수학자 조지 스펜서-브라운(George Spencer-Brown, 1972)의 형식논리(*formal logic*)를 소환한다. 스펜서-브라운에 따르면, 형태(*form*)는 구별짓기(*draw a distinction*)에서 시작된다. 정보가 차이에서 시작된다면, 정보라는 형태는 바로 그 차이를 구획하는 구별짓기에 근거해 있다. 무언가를 구분하기 위한 선을 긋는 작동에 바로 이어서 그 구별선의 내부를 가리키는 일, 즉 형태를 지칭하는 작동(*indication*)이 후행한다. 이와 같은 특수한 종류의 작동(*operation*)을 일컬어 루만은 관찰(*observation*) 혹은 관찰하는 작동(*observing operation*)이라고 하는데, 이런 일련의 작동에 의해서만 〔구별짓는 선 외곽의 배경(*background*) 혹은 잡음(*noise*)과는 구별되는〕차이, 즉 전경(foreground)이자 형태(form)로서의 정보가 생성된다. 그렇다면 그런 구별짓기와 지칭하기를 통한 정보 생성 과정으로서의 관찰은 누구에 의한 작동인 것일까? 사이버네틱스 이론가들은 그것이 바로 체계, 좀더 구체적으로 말하면 사이버네틱 체계라고 지목한다. 사이버네틱 체계는 관찰하는 체계이며, 정보 형태를 드러나게 하는 특수한 작동으로서의 관찰, 즉 구별짓기(distinction) · 지칭하기(indication)를 수행하는 체계이다.

신경생리학적 체계이론가로서 관찰하는 체계 개념을 발전시킨 하인즈 폰 푀어스터(Heinz von Foerster, 1984)에 따르면, 모든 (사이버네틱) 체계는 관찰이라는 작동을 수행할 수 있으며, 그럼으로써 자기 자신을 하나의 체계로서 재생산한다. 체계는 관찰을 통해 자기 자신과 기타의 것[즉, 환경(environment/Umbelt)]을 구별하며, 반대로 기타의 것과는 다른 자기 자신(즉, 체계)을 구별하고 지칭한다. 그와 같은 작동은 체계(라는 형태) 스스로를 형성하고 유지하는 작동이다. 자기지시(self-reference, 자기준거)와 타자지시(other-reference, 타자준거)의 구별을 통해 체계와 환경 사이의 차이와 구별, 즉 체계-환경 경계를 유지한다(boundary management).

3) 자기생산

체계가 환경으로부터 스스로를 구분하고 그 경계를 유지함으로써 스스로를 재생산하는 과정을 가리키는 개념이 자기생산(autopoesis)이다. 이 자기생산 개념은 생물학적 체계이론가인 마투라나와 바렐라(Maturana & Varela, 1980)에게서 유래한 것으로, 자기 · 자동을 의미하는 그리스

518

어 auto-와 생산(*production*)을 뜻하는 그리스어 poesis를 조합한 단어이다. 이들은 생명체의 본질적 특징이 바로 자기 스스로를 생산 및 재생산하는 데 있다고 본다.

생명 유기체(*living organisms*)는 생명 유기체로부터만 만들어질 뿐 다른 무엇으로부터도 만들어질 수 없다. 생명 유기체의 가장 기초적 단위인 세포(*cell*) 역시 다른 세포로부터 생성될 수밖에 없으며, 세포 아닌 다른 것에 의해, 다른 무언가에 의거해 만들어지지(*allopoesis*: 창조주 등의 외부자에 의한 타자준거적 생산) 않는다. 마투라나와 바렐라는 구체적으로 '세포를 구성하는 요소(*elements*)'는 오로지 세포로부터, 세포에 의해서만 만들어질 수 있다고 말한다. 물론 세포질이나 미토콘드리아와 같은 구성요소의 물리화학적 재료는 세포 바깥, 생명체계의 외부, 즉 환경으로부터 얻어질 수 있으며, 그런 대사작용(*metabolism*)은 세포의 자기생산 활동과 생명체계로서의 작동을 위해 필수적인 것이다.

그런 의미에서 생명체계는 환경을 향해 열린, 즉 자신에게 필요한 에너지와 물질을 환경으로부터 얻고 그 부산물을 내보내는, 구조적으로 개방적인 체계이다. 하지만 그렇게 외부로부터 얻은 단백질이나 미네랄 같은 재료를 세포 구성요소로 전환하고, 스스로를 재생산하여, 생명작용을 지속하도록 이끄는 것은 세포 자신이며, 이는 철저히 생명체계 내부에서 자체의 고유 논리와 조직화 메커니즘에 의거해서 벌어지는 체계 내적 작동이다.

4) 작동상의 폐쇄성

그런 의미에서 생명체계는 작동상의 폐쇄성(*operational closure*) 이라는 특성을 가졌고, 그에 따라서만 자기생산을 이어갈 수 있다. 이것이 바로 작동상의 폐쇄성에 근거를 둔 자기조직화(*self-organization*) 의 원리이다. 단, 여기서 작동상의 폐쇄성과 자기조직화의 원리는 이들 자기생산적 체계가 환경으로부터 완전히 독립적이고, 자율적이며, 전적으로 자기충족적인 단위라는 것을 의미하지는 않는다. 체계는 환경의 압력을 못 견디고 붕괴할 수도 있고, 환경 속의 다른 체계에 의해 소멸될 수도 있다. 또, 체계는 명백히 환경 의존적이다. 환경으로부터 에너지와 재료, 혹은 정보를 얻지 못하면 체계의 자기조직화는 물론 자기생산과 재생산이 불가능해진다. 체계는 지속적으로 환경에 의존하고 그로부터 영향을 받는데, 특정한 종류의 외적 교란(*perturbation*) 이 지속되면 내적 구조의 변형이 발생하기도 한다(Luhmann, 2011).

하지만 환경은, 그리고 환경 속의 여타 체계는 특정 체계의 세세한 작동을 주관하거나 명령하고 조작할 수는 없다. 이는 마치 수술과 장기이식〔요컨대, 타자(*alien*)의 직접적인 체계 내 유입〕을 통해 대상 체계의 자기생산과 자기조직화 과정에 개입을 시도할 수는 있지만, 이식된 장기가 성공적으로 안착하느냐 아니면 염증이나 거부반응 때문에 실패하고 마느냐 하는 것은 그 장기를 이식받은 체계 고유의 작동에 의한 결과일 뿐인 것과 같다. 의사는 신이 아니고 다만 (그게 만에 하나라도 도움이 된다면) 기도할 수 있을 뿐이다. 수술 상처가 잘 아물게 하고, 장기가 체계 안에 타자가 아닌 내부자의 자격으로 자리 잡을 수 있도록 하는 것은 결국 체계의 몫이다. 심지어 체계 스스로도 '의식적으로' 그것을 조종할 수 없다. 체계는 자신 내부의 하위체계들 사이에서 벌어지는 체계 동학에 의존할 수밖에 없다. 이런 의미에서 체계의 구조적 개방성과 작동상의 폐쇄성, 환경으로부터의 독립성과 의존성은 상호대립적 속성이 아니라 서로가 서로를 필요로 하고 강화시키는 과정을 가리키는 양면적 특성이라 할 수 있다.

5) 구조적 접속

작동의 측면에서는 폐쇄적 체계가 구조적 차원에서는 환경에 개방적인 일견 모순적인 특성이 공존하는 현상을 마투라나와 바렐라(Maturana & Varela, 1980)는 구조적 접속(*structural coupling*)이라는 개념을 사용하여 포착해 낸다. 서로 다른 구조를 가진 (때문에 서로 다른 방식으로 자기생산을 수행하는) 생명체들, 혹은 생명체계와 환경이 각자의 차별성을 견지하면서 서로 영향을 주고받는 현상을 개념화하기 위해 이들이 처음 고안한 용어는 '상호침투'(*interpenetration*: 서로의 내부로 뚫고 들어가는 현상)였다. 하지만 상호침투 개념은 경계의 유지보다는 붕괴를, 체계 간 혹은 체계-환경 간 구별보다는 혼성적 상태를 연상시키는 문제가 있었기 때문에 이를 '구조적 접속'이라는 새로운 개념으로 대체했다.

초기 사회체계이론가 탈코트 파슨스(Talcott Parsons, 1991) 역시 사회체계들 사이의 특정한 접속 양상을 설명하기 위해 상호침투 개념을 사용한 바 있으며, 현대적 사회체계이론가 니클라스 루만은 이론 형성 초기(1990b)에는 상호침투 개념을 선호하다가 후기(2012a)에 이르러서는 구조적 접속 개념으로 완전히 이동했다. 구조적 접속이란 어떤 개체(*unity*)가 그것을 둘러싼 환경이나 환경 속의 다른 단위와 맞물릴 때

(*engagement*), 그러한 맞물림의 양상이 구조적으로 결정되어 있는 동시에 그를 통해 기성의 구조를 강화하거나 새로운 구조를 결정하는 상태를 가리킨다(Maturana & Varela, 1980). 프랑스 사회학자 피에르 부르디외 (Pierre Bourdieu, 1984)가 제기한 아비투스(*habitus*) 개념, 즉 "구조를 구조화하는 구조화된 구조"(*a structured structure structuring structure*)를 연상시키는 대목이다. 맞물리는 각각의 구조는 각 개체의 작동 양태를 규정할 뿐 아니라 그들이 서로 접속되는 방식을 제약한다. 그리고 그 접속의 결과는 각자의 구조에 (단기적이거나 장기적인) 영향을 미친다.

여기서 '접속'은 이들 상이한 체계가 실제로 경계면을 허무는 방식으로서가 아니라(즉, 상호침투와 같은 양식이 아니라), 각자의 체계 경계를 유지하면서 잠정적이거나 항상적인 인터페이스를 형성하여 각자의 작동이 교란되거나 자극되는 순간을 가리킨다. 그것이 '구조적'인 이유는, 이런 접속이 자유방임적으로 이뤄지는 것이 아니라 각자의 기성 구조의 제약 속에서 이뤄질 수밖에 없으며, 그러한 접속의 결과로 각자의 구조에 일정한 영향이 가해지기 때문이다. 이 과정이 시간축을 따라 과거에서 현재를 거쳐 미래로 배열된 결과가 '진화'(*evolution*)이다. 여기서 진화는 발전을 의미하지 않으며, 목적론적인 귀결점(*entelechy*)으로 나아가는 과정도 아니다. 필연적인 양상과는 거리가 멀고 모종의 인과율을 통해 포착될 수 있는 것도 아니지만, 그렇다고 (각각의 구조적 제약과 이들 사이에 빚어지는 동학을 고려할 때) 완전히 우연의 산물이라고 볼 수는 없다.

여기서 루만은 생물학적 특수 체계이론에 국한될 요소를 제어하기 위해 마투라나의 구조적 접속 개념을 조심스레 수용하는 한편, 그에 연관된 개념으로서 '구조적 변류'(*structural drift*)라는 용어를 제안한다. 구조적 접속이 진행되는 과정에서 그에 관련되었던 체계의 구조가 특정 방향으로 변동하는 진화적 성취를 부각시킬 목적에서다(Luhmann, 2011, 2012a). 그것이 변류(變流, *drift*)인 이유는 체계 내부의 구조 변형을 야기하는 모종의 흐름을 지목하되, 의도성보다는 압력성을, 고정된 방향성보다는 표류적 성격을 강조하기 위함으로 판단된다(정준희, 2016).

4. 사회체계이론과 커뮤니케이션

지금까지 되도록 간략히 소개한 일반 체계이론은 체계라고 지칭할 수 있는 대상 일반에 대한 보편적 적용 가능성을 지향한다. 그러나 이 일반 체계이론은 개별 체계들의 모든 특성을 추상하여 얻어진 귀납적 결과물은 아니며, 하나의 일관된 이론의 형태로 합의된 것도 물론 아니다. 특히 위에서 소개한 일반 체계이론은, 짐작할 수 있듯, 니클라스 루만이라는 사회학적 관찰자(혹은 사회적 관찰체계)에 의해 선별된(즉, 구별되고 지칭된) 이론 형태라고 할 수 있다.

굳이 루만이라는 창(窓)을 택한 것은 (이 역시 필자라는 커뮤니케이션학적 관찰자에 의한 선별의 결과이겠지만) 그의 체계이론이 이 글의 주요한 관찰 지점(*vantage point*)이라고 할 수 있을 커뮤니케이션과 사회를 가장 잘 반영하고 있으며, 이론과 개념의 혁신성과 내적 일관성, 그리고 현실 기술(*description*) 측면에서의 정합성을 보유하고 있다고 판단하기 때문이다. 최근의 일반 체계이론에서 지배적 조류로 수용되고 있는 진화론적 사이버네틱스의 몇 가지 핵심 원칙과 일정한 병행성을 띠고 있기도 하다. 예컨대, "맹목적 변이와 선택적 유지"(*Blind Variation and Selective Retention*: BVSR) 과정에 일반적으로 적용되는 원칙인 선택적 유지(*selective retention*: 불안정한 배열은 제거되는 한편, 안정적 배열은 지속된다), 자기촉매적 성장(*autocatalytic growth*: 자기자신과 유사한 배열을 촉진하는 안정적 배열은 그 수를 늘려 가는 경향이 있다), 비대칭적 이행(*asymmetric transitions*: 불안정한 배열에서 안정적인 배열로의 이행은 가능하나 그 역은 불가능하다), 맹목적 변이(*blind variation*: 변이 과정은 그로 인해 산출되는 변이체 가운데 어떤 것이 선택될지를 알지 못한다), 선택적 다양성

(*selective variety*: 한 체계의 배열 다양성이 클수록 그들 중 특정 배열이 선택적으로 유지될 확률이 높아진다), 재귀적 체계 구축(*recursive systems construction*: BVSR 적 과정은 안정적 체계 내부의 요소 결합에 의해 재귀적으로 구축된다), 필수적 다양성(*requisite variety*: 체계가 활용할 수 있는 행위 다양성이 높을수록 외적 교란을 상쇄할 수 있는 가능성도 커진다) 등의 기본 원칙(Heyligehn, 1992 참조)에 상응하는 이론적 틀이 루만에게서도 풍부하게 확인된다.

1970~1980년대 당시 사회학의 주류 이론이었던 행위이론(*action theory*)의 한계를 극복하는 대안적 틀을 모색한 루만은 파슨스(Parsons, 1991)의 행위체계에 관한 사회이론을 넘어, 생물학, 심리학, 형식논리학, 신경생리학, 후설 현상학, 사이버네틱스, 정보공학 등을 독특한 방식으로 결합하여 고유의 일반 체계이론적 틀을 구축했다. 이를 토대로, 아니 좀더 정확히 말하면 사회체계이론을 재구성하기 위한 목적에서의 일반 체계이론적 토대 구성에 기초를 두어, 사회적인 것(*the social*)을 다루는 일종의 특수 체계이론으로서 사회체계이론을 완성했다(Luhmann, 1990b). 그런 다음 그는 다양한 교호체계(*social systems*) 가운데 대단히 안정화된 형태랄 수 있는 법, 정치, 경제, 학문, 예술 등의 사회적 하위체계를 구체적으로 고찰한 후(각각의 저서는 〈사회 속의 법〉, 〈사회 속의 경제〉 등의 제목을 달고 있다), 이들을 포괄하는 교호체계이자 사회적 체계로서의 사회 그 자체(*die Gesellschaft der Gesellschaft*: 사회 속의 사회)에 대한 이론과 분석을 수행했다(Luhmann, 2012a, 2012b). 그의 작업이 마치 일반적인 것에서 특수한 것으로 나아가는 선형적 과정을 밟아 온 것처럼 묘사했지만, 실제로는 대단히 비선형적 방식으로 수행되었다고 보는 것이 타당하다.

사회적 체계에 대한 이후 분석 과정에 등장하는 주요한 개념도구인 권력(*power*), 상징적으로 일반화된 매체(*symbolically generalized media*), 부호(*code*) 등은 그가 기성 학계에 진입하는 시점인 1970~1980년대부터 이미 상당 부분 완성된 형태의 체계이론적 틀로 제시되었으며, 그의 저작 역시 일반에서 특수로 나아가는 단계적 방식이 아니라 구체적 차원에서부터 (거의 수학적이라고 말할 수 있을 만큼) 매우 형식적(*formal*)이고 추상적인 차원을 수시로 오고가면서 전체적 복잡성을 키워 가는, 그 자체로 학문적 복잡체계의 재귀적 진화 과정을 보여 준다고 할 만하다.

일반적으로 '사회체계'라고 번역되기는 하지만(루만, 2014; 김성재, 2011), 루만에게 교호체계(*social systems*)와 사회적 체계(*societal systems*; *gesellschaftliche Systeme*)는 서로 다른 차원의 개념이다. 일단, 기계, 유기체, 생명체, 심리, 교호체계 등은 모두 체계이다(Luhmann, 1990b: 루만은 생명체와 같은 자기조직적 체계와 기계와 같은 타율적 체계를 구분하는데, 자기조직성 혹은 자기생산과 같은 특성이 반드시 모든 체계의 일반 특성이어야 한다고 생각하지는 않는 입장에 서 있음을 보여 준다).

여기서 생명체, 심리, 교호체계가 서로 다른 체계 차원으로 간주되고 있다는 점이 중요하다. 의식을 가진 인간 생명체 집합으로 사회가 형성된다는 관습적 사고와는 명확히 단절하고 있다는 것이다. 물론 심리(혹은 의식체계)는 생명체라는 바탕을 필요로 하고 사회 역시 인간의 의식과 생명활동 차원에 의존하지만, 이들의 특성이 온전히 생명체계의 특성으로부터 파생된 것이라 볼 수는 없다. 마찬가지로 사회 역시 인간 생명체의 개별적·집합적 의식으로 환원될 수 없다. 약간의 단순화를 무릅쓰고 말하자면, 생명체는 유기체에, 심리는 생명체에, 그리고 사회는 심리에 바탕을 두어 창발된(*emergent*) 체계이며, 그 각각은 고유의 경계와 작동 원리를 갖는다. 이는 사회에 대한 분석을 인간 심리에 대한 분석으로 대체할 수 없고, 인간 심리에 대한 분석 역시 생명체에 대한 분석으로 대체할 수 없음을 의미한다.

다음으로 교호체계는 커뮤니케이션이라는 독특한 작동 양식에 기초를 두어 '의미'(*meaning*)를 처리하는 제반의 체계를 가리킨다. 심리체계역시 의미를 처리하는 체계이기는 하지만, 그 의미는 개별 심리체계의경계를 벗어나지 않으며(즉, 오로지 그 안에서만 의미가 있으며), 커뮤니케이션과는 구별되는 의식(*consciousness*)이라는 고유의 작동 양식을 지닌다(따라서 커뮤니케이션은 의식과는 구별되는 독자적 메커니즘이다).

정보(*information*)의 발화(*utterance*)와 이해(*understanding*)라는 3개차원의 결합으로 구성된 커뮤니케이션은 다시 서로 다른 형태의 교호체계에 따라 서로 다른 작동 양식을 보여 준다. 상호작용체계, 조직체계, 사회적 체계가 그것이다. 상호작용체계는 상대적으로 작은 규모에 잠정적으로 구성되는 커뮤니케이션 체계를 가리키며, 조직체계는 공통의 목표와 그것을 수행하는 '구성원'(*membership*)으로 제한되는 좀더 큰 규모의 상대적으로 안정화된 커뮤니케이션 체계를, 그리고 사회적 체계는상징적으로 일반화된 매체를 구축하여 독특한 부호화 양식(*coding*)을 가진 매우 넓은 포괄 범위의 대단히 안정화된 커뮤니케이션 체계를 지칭한다. 사회(*the society*)는 다양한 수준의 사회적 체계는 물론 제반의 교호체계가 커뮤니케이션을 수행할 수 있게 해주는 배경적 체계(*encompassing system*)라고 할 수 있다(Luhmann, 1990b, 2011, 2012a, 2012b). 예컨대 이 글의 서두에서 제시한 사례처럼, 낯선 두 개체가 마주쳐서 잠정적인 상호작용체계를 형성할 수 있게 되는 것은 그들이 사회라는 배후체계를 공유하기 때문이다. 같은 인간 개체라고 하더라도, 어른-어른의 대면, 어른-아이의 대면, 아이-아이의 대면이 서로 다른 상호작용체계의 성공/실패의 양태를 보여 주리라는 것, 예컨대 사회와의 접촉 없이 동물에 의해 길러진 〈정글북〉의 모글리와 사회화된 인간 아이가 마주쳤을 때 상호작용체계의 형성 가능성이 크게 낮아질 것임은 충분히 예측 가능한 일이다.

사회는 역사적 시기에 따라 상이한 자기조직화 양상을 나타냈는데, 루만(1990c)에 따르면 원시공동체처럼 지역적으로 분절화된(segmented) 사회, 고대 그리스 도시국가 체계처럼 중앙부와 주변부가 나뉜(center-periphery) 사회, 중세 유럽 봉건사회처럼 계층화된 사회, 그리고 현대와 같이 기능적으로 분화된(functionally differentiated) 사회 등이 확인된다. 분절화된 사회는 외적으로는 개별적이고 고립적인 형태로 분산되어 있지만 내적으로는 분화가 덜 된 사회라고 한다면, 중앙-주변부 사회나 계층화된 사회는 중앙-주변 혹은 상층-하층으로의 자기조직화 원리가 작동하여 내적으로 분화의 수준이 심화되는 양상을 보인다. 그에 반해 현대의 기능분화 사회는 외적으로는 분산되기보다 단일한 글로벌사회(global society)라 지칭할 수 있을 정도로 통합되어 있는 한편 내적으로는 과거의 어떤 사회보다도 더 세분화된 양상을 보인다. 다만 중앙-주변이나 상층-하층과 같은 위계적 분화가 아니라, 개별 기능에 기초를 둔 탈중심적이고 탈위계적인 분화로서 특징지어질 수 있다고 하겠다.

물론 여기서의 탈중심성이나 탈위계성은, 자유민주주의적 사회사상이 흔히 이야기하듯 다양성과 평등성을 함의하지는 않는다. 기능분화 사회는 다양성을 내포하기는 하지만 반드시 상호 균등한 형태로 배치되거나 작동하는 것은 아니다. 다만 마르크스주의와 같은 급진적 사상이 진단하고 비판하는 것처럼 중심에 의해 주변이 식민화된다거나, 상층의 조직화 원리에 의해 하층의 조직화 원리가 종속되는 양상과는 다른, 하나의 중심이나 하나의 상위 형태로 환원될 수 없는 복잡성을 강조할 따름이다.

기능분화 사회의 특성은 사회적 커뮤니케이션이 우리가 흔히 생각하는 것처럼 모든 사회적 개인과 개인, 개인과 집단, 집단과 집단, 그리고 무엇보다도 기능적 하위체계 '사이에서' 발생하는 것이 아니라는 점에 있다. 앞서도 지적했다시피 개별 체계는 작동상의 폐쇄성을 갖는다. 커뮤니케이션은 하나의 교호체계를 형성하는 단위 안에서만 발생한다. 개인과 개인이 커뮤니케이션하는 것이 아니라 개별 의식체계들이 특정 상호작용체계나 조직체계, 그리고 사회적 체계 형태의 교호체계를 잠정적으로든 안정적으로든 부상시킬 수 있을 따름이다. 따라서 사회적 체계가 기능체계의 형태로 분화된 현대사회에서는 개별 기능체계 내부의 커뮤니케이션은 엄청나게 성장하지만 이들 기능체계 사이의 커뮤니케이션은 발생하지 않는다. 비유하자면, 법관(좀더 정확히 말하자면 법체계)은 법률적으로만 커뮤니케이션하고, 학자는 학문적으로만 커뮤니케이션하며, 정치가는 정치적으로만 커뮤니케이션한다. 각 체계의 입장에서 다른 체계의 커뮤니케이션은 자신의 체계와 소통할 수 있는 커뮤니케이션이 아니라 단지 외적 교란이거나 자극(*irritation*)일 뿐이다(Luhmann, 2012a, 2012b). 예를 들어, 학문체계에서 커뮤니케이션되는 학문적 진실(*scientific truth*)은 정치체계의 관점에서는 권력의 향방과 작동에 영향을 미칠 수 있는 자극, 즉 정치적으로 유의미한 정보로 (정치체계에 의해) 받아들여지지 않는다면 아무런 의미 없는 잡음에 불과하다.

우리는 흔히 사회적 '소통'을 이야기하지만, 루만식 사회체계이론의 관점에서 보자면, 기능적으로 분화된 사회 '속에서' 전체와 부분을 아우르는 소통은 애당초 불가능한 일이다. 물론 정치가와 학자가 만나서 커뮤니케이션하는 것이 불가능하지는 않다. 우리가 경험적으로 알고 있다시피 그들은 현실 속에서 실제로 만나 수시로 대화를 나눈다. 그러나 그들이 나누는 대화는 사실상 사회적 의미를 갖는 커뮤니케이션이 아닐 가능성이 높다(즉, 겉보기에는 대화를 나누는 것 같지만 실상은 각자 자기 얘기만을 던지고 각자의 방식으로 알아듣는 자기충족적인 과정이기 일쑤이다).

서로 다른 사회적 체계는 이들 중 어느 하나를 다른 한 체계에 흡수시키지 않고서는 커뮤니케이션을 수행할 수 없다. 이를테면, 학자를 정치화하거나 정치가를 학문화하지 않고서는 서로 대화할 수 없다는 의미이다. 만약 그들이 각자의 체계로 상대를 끌어들이지 않고도 대화를 나눌 수 있다면 그것은 그들이 제3의 체계에 속하거나 새로운 교호체계를 형성하는 데 성공했기 때문이다. 알고 보니 형제 혹은 자매라든가(*family system*: 가문체계) 서로 사랑을 하게 된 것이다(*love system*). 이렇게 이뤄지는 커뮤니케이션은 정치체계와 학문체계 '사이의' 커뮤니케이션이 아니라, 기껏해야 각자의 정치 정보와 학문 정보를 재료로 삼을 수도 있을 가족 커뮤니케이션 혹은 연애 사담적 커뮤니케이션일 따름이다.

루만이 기능적 하위체계라고 개념화하는 사회적 체계는 파슨스 역시 사회분화의 측면에서 포착한 사회적 행위체계를 연상시킨다. 그러나 루만과 파슨스의 이론은 주목하는 대상의 유사성에도 불구하고 상당히 다른 접근법을 보인다(Luhmann, 2012a, 2012b, 1990a; Parsons, 1991). 예를 들어, 파슨스의 사회적 기능체계는 전체 사회의 유지를 위해 기능적으로 봉사하는 것에서 존재의 기원과 의미가 확보된다. 그러나 루만의 기능적 하위체계는 전체 사회를 위해 봉사하지 않으며, 각자의 방식으로 각자의 커뮤니케이션을 맹목적으로 진행할 따름이다. 그들의 기능은 배경체계로서의 전체 사회에 대한 각 하위체계의 관계성을 함의한다. 가령, 법체계는 사회 속에서 법적 커뮤니케이션을 독점하며, 그 기능은 다른 체계에 의해 쉽사리 대체될 수 없다. 그렇다고 해서 법체계가 전체 사회를 위해서, 전체 사회의 관점에서 법적 커뮤니케이션 기능을 '대행'하는 것은 아니다. 종종 법체계 스스로가 그런 가치를 표방하고, 그런 측면에서 스스로를 규범적으로 정당화하며, 여타 체계 역시 법체계에게 그런 가치를 요구하지만, 실제로 그들은 '오로지' 법적으로 커뮤니케이션할 수 있을 따름이다.

이는 마치 신체의 면역체계가 할 수 있는 것은 자기준거(우리 신체에 속하고, 우리 신체로부터 온 것)와 타자준거(우리 신체 바깥으로부터 온 것)를 구별함으로써 타자를 배제하거나 절멸시키는 일밖에 없는 것과 마찬가지이다. 면역체계는 전체 체계, 즉 우리 신체의 관점에서, 우리 신체를 위해 '의식적으로' 그런 기능을 행하지는 않는다. 만약 그랬다면, 우리 신체를 위해 외부로부터 이식된 장기를 그렇게도 맹렬하게 거부하는 반응을 일으키지는 않을 것이다. 반대로, 만약 면역체계가 그렇게 맹목적으로 작동하지 않고 상황에 따라 의식적으로 대처한다면, 이식된 장기에 대한 거부반응을 자제하는 대신 그 장기가 결국 우리 신체를 붕괴시키는 사태를 막아 낼 수는 없을 테다. 그렇기 때문에 파슨스가 개별 기능체계가 추구하는 '규범'이나 목적 상태에 기초를 두어 각각의 사회적 행위체계를 구분하고 분석하는 반면, 루만은 기능적 하위체계가 자신의 커뮤니케이션 작동을 안정화하는 고유의 매체와 부호화 방식에 초점을 맞춘다. 법체계는 '올바름'을 지향하는 체계가 아니라 사회적 현실의 합법성과 불법성을 가르는 커뮤니케이션 체계로서 법(law)이라는 매체를 지니며, 그에 기초하여 사회적 현실을 법(legal)/비법(non-legal) 그리고 합법(legal)/불법(illegal)으로 가르는 부호화 방식을 내보인다. 이를 위해 법체계가 활용하는 구체적 프로그램은 실정법(positive law)이다.

이와 유사하게 경제체계는 화폐라는 매체를 통해, 정치체계는 권력이라는 매체를 통해, 학문체계는 진실이라는 매체를 통해 사회적 현실을 가른다. 이 각각의 커뮤니케이션은 자기준거적이며 자기생산적이다. 정치는 경제적 현실을 인지하지 못하며, 다만 정치적으로 부호화된 형태로 경제적 현실을 처리할 수 있을 뿐이다. 마찬가지로 경제 역시 정치적 현실을 수용하고 정치와 커뮤니케이션하는 것이 아니라, 정치적 현실 가운데 경제적으로 유의미한 것에 대해 반응하고 경제적으로 커뮤니케이션(예컨대, 물적 교환에 대한 결정, 소유권 이전 행위에 관련된 결정)을 수행할 따름이다.

루만이 포착해 낸 현대사회의 다양한 기능적 하위체계 가운데 언론학과 커뮤니케이션학에 가장 연관성이 높은 것은 당연히 대중매체(mass media)이다. 루만(2000, 2012b)은 현대사회의 기능분화 과정에서 비교적 늦게 등장한 이 사회적 체계를 아주 자세히 이론화하고 분석하는 저술을 내지는 않았지만, 이것이 법, 경제, 정치, 학문, 의료, 가족 등과 같은 여타의 기능적 하위체계의 등가물(equivalent)로서 독자적으로 부상하고 작동하는 현실에 대해서 상당한 관심을 보였다. 대중매체는 정보라는 상징적으로 일반화된 매체에 기초를 두어, 사회 일반이 인식하고 대화해야 할 정보와 그럴 가치가 없는 비정보(non- information)로 사회적 현실을 구별하는 부호화 방식을 통해 커뮤니케이션을 수행한다. 그런데 이 부호화 과정은 두말할 것도 없이 자기준거적이다. 대중매체 체계가 정보/비정보로 부호화하는 방식은 철저히 자기 체계 내부에 근거한다는 것이다.

언론학에서 흔히 '뉴스가치'(*news value*)라고 부르는 뉴스 선별 원리〔루만은 이에 대해 선택자(*selectors*)라는 개념을 적용한다〕는 대중매체체계 고유의 부호화 방식과 그 기준을 엿보게 해주는 매우 중요한 사례이다. 예컨대, 신체 내의 지방 합성 원리에 관련된 새로운 발견은 학문체계가 유의미한 정보로서 생성해 내고 하나의 과학적 진리로서 제시하지만, 그 자체로 대중매체체계가 주목하고 대중적으로 확산시키는 정보가 되지는 못한다. 그것이 대중매체체계의 정보로 수용되어 (정확히 말하면 대중매체 정보로서 재가공 혹은 형성되어) 대중들이 주목하는 사회적 정보로서 확산되는 것은 다이어트 열풍이라는 사회적 배경 위에서 적절한 화제성(*topicality*)이 갖추어질 때이다. 대중매체에 인터뷰이로 등장하는 학자나 각 분야의 전문가들은 자신들이 대중매체에 제공한 정보가 대중매체에 의해 단순화되어 전달되는 것을 보고 분노하거나 실망하지만, 대중매체의 커뮤니케이션이란 애당초 그렇게 작동하는 것이다. 어쩌면 대중매체가 그렇게 단순화하지 않았다면 전문가들이 제공하는 정보는 대중들에게 유의미한 사회적 정보로 포착되지 못했을 가능성이 훨씬 높다고 할 만하다.

5. 인간-기계-동물을 포괄하는 포스트휴먼 사회체계의 부상

지금까지 짤막하게 다루어 본 일반 체계이론, 그리고 루만의 사회체계
이론은 언론학과 커뮤니케이션에 함의하는 바가 적지 않다.

첫째, 언론학과 커뮤니케이션학이 나름의 방식으로 개발하고 발전시
켜 온 각종 사회과학적 개념과 이론 장치를 정교화하고 정합성을 높이는
데 도움을 준다. 대표적으로 커뮤니케이션, 정보, 대중매체, 여론 등
언론학과 커뮤니케이션학이 풍부하게 발전시키고 활용한 기초적 개념
이 사실상 충분한 이론적 차원을 확보하지 못한 채 매우 분산적이고 현
상추수적 수준에 머무르는 경우가 많다는 점에서 더욱 그러하다.

둘째, 언론학과 커뮤니케이션학이 (다소간 경멸적이거나 자조적인 방식
으로) 부여받은 '학문의 십자로'라는 별칭을 새로운 차원의 (간) 학제성으
로 승화하는 방향에 대한 중요한 힌트를 제공한다. 이를테면, 일반 체계
이론은 기존 학문 분과의 차이를 넘어 체계로 간주될 수 있는 모든 대상
에 대한 일반적 검토 가능성을 제시한다. 루만의 사회체계이론은, 비록
사회학이라는 학제에 근거를 두지만, 이론적으로 잘못 설정되었거나 개
념적으로 불충분한 자기 학제를 전면적으로 재구성하기 위한 학문적 야
심에서 비롯된 거대한 지적 프로젝트이다. 이를 통해 현상학, 사이버네
틱스, 수학, 생물학, 뇌생리학, 복잡계 과학 등이 독자적 방식으로 새
로운 사회학적 고찰과 연결될 수 있음을 보여 주었다. 그런 면에서 커뮤
니케이션학은 '커뮤니케이션'이라는 개념이 사회의 본질에 연관되어 있
고, 그를 기초로 기존 사회과학을 재구성하는 것이 현대사회에 대한 좀
더 합당한 기술과 분석을 가능케 하는 길이라는 시각을 견지할 수 있다.

셋째, 언론학과 커뮤니케이션학이 그동안 매우 분산적인 방식으로 다

534

루어 온 다양한 주제 영역을 다양한 층위와 종차를 엮어 포괄할 수 있는 이론적이고 방법론적인 자원을 발견할 수 있다. 대중매체와 커뮤니케이션이 사회적 체계와 같은 거시적 사회구조와 밀접히 연관된 방식을 사회이론과 사회분석 차원에서 접근하는 한편, 조직체계나 상호작용체계와 같이 중범위적이거나 미시적인 차원에서도 (거시적 차원과의 형태적 동질성을 견지한 채) 구체적으로 재발견되고 분석될 수 있음을 보여 준다.

마지막으로, 현대의 인문학과 사회과학이 상당 부분 혹은 적어도 일부분에서라도 포박되었던 인간중심주의적(anthropocentric) 사고, 전제, 개념 등을 극복할 필요와 방향성을 확인하게 해준다. 현대 문명의 비인간화가 야기하는 위험과 문제를 인지하고 비판하며 대안을 모색하는 사고가 불필요하다는 이야기가 아니다. 아니, 어쩌면 자본과 기술 중심의 물신성이 극대화되고 있는 이 사회의 균형성과 건강성을 회복하기 위해서는 더 많은 인본주의가 필요하고 또 절실해지는지도 모른다. 인본주의(humanism)라는 것이 단순히 생물학적 종으로서의 인간존재(human beings)를 위주로 다른 존재를 타자화하는 데 동원되는 협애한 철학이 아니라면 말이다.

다만 캐서린 헤일스(Katherine Halyes, 2008)와 같은 학자들이 제안하듯, 기계, 정보, 사회, 인간이 복잡하게 섞이고 중첩되는 현실에 마주하여 적절한 학문적 기술과 분석을 제공하고 윤리적으로 우리 스스로를 재정비하기 위해서는 탈(脫) 인간중심주의로서의 포스트휴머니즘(post-humanism)적 접근이 필요해짐을 부인하기는 어렵다. 포스트휴머니즘은 인간보다 인간 아닌 것이 우선시되는 비인간적 사회를 정당화하는 어떤 사고나 유행이 아니라 인간과 인간 아닌 것들 사이의 경계가 흐려지는 현실에 적극적으로 대응하기 위한 전향적 사고로 이해하는 것이 바람직하다. 어떤 식으로든 인공지능(AI)이 현실화될 수밖에 없는 조건에서, 자율주행 자동차와 사물인터넷 등의 기술적 발전을 단지 경제적 풍요의 측면에서 접근하거나, 반대로 인간의 설 자리를 빼앗는 비인간적 적들에 대한 러다이트적 대응을 조장하거나 방치하는 작금의 현실은 어딘가 불안해 보인다. 이들은 모두 인간중심주의적 한계에 의해 발생하는 편협성이라는 점에서 포스트휴머니즘 차원의 성찰과 대응이 긴요해진다.

루만이 말하듯, 인간이 커뮤니케이션하는 것이 아니라 (책과 책이 상호인용을 통해 대화하듯) 커뮤니케이션만이 커뮤니케이션할 수 있다고 한다면, 그 체계의 커뮤니케이션 속에 오로지 (인간 생명체의 심리체계로부터 유래한) 의식이 관여되어 있다는 사고는 재고될 필요가 있다. 어쩌면 우리는 이미 사고하는 기계를 한쪽에 두고, 사회화된 동물을 다른 한쪽에 둔 채, 공동의 교호체계를 구성하는 사회적 진화 단계로 들어가 있을지도 모른다.

사이버네틱스 개념을 처음으로 고안한 위너(Wiener, 1961)의 저술은 "동물과 기계의 제어 혹은 커뮤니케이션"이라는 부제를, 포스트휴먼 개념을 본격화한 헤일스(Hayles, 2008)의 저작은 "사이버네틱스, 문학 그리고 정보공학(informatics)에서의 가상 신체(virtual bodies)"라는 부제를 달고 있다. 이 사이에서 언론학과 커뮤니케이션은 어떤 사유를 더할 수 있을까?

참고문헌

김성재 (2011). 〈체계이론과 커뮤니케이션: 루만의 커뮤니케이션 이론〉. 서울: 커뮤니케이션북스.

정준희 (2016). 종합편성채널의 부상과 오락적 정론장(政論場)의 형성: 정치-미디어 체계 간 구조적 접속의 새로운 양상. 〈한국언론정보학보〉, 통권 77호, 73-107.

Ashby, W. R. (1956). *An introduction to cybernetics*. London, England: Chapman & Hall Ltd.

Bateson, G. (1972). *Steps to an ecology of mind: Collected essays in anthropology, psychiatry, evolution, and epistemology*. Chicago, IL: University of Chicago Press.

Bourdieu, P. (2010). *Distinction: A social critique of the judgement of taste*. Trans. by R. Nice. Oxon, England: Routledge.

Easton, D. (1953). *The political system: An inquiry into the state of political science*. New York, NY: Knopf.

Hallin, D. C., & Mancini, P. (2004). *Comparing media systems: Three models of media and politics*. Cambridge, MA: Cambridge University Press. 김수정·정준희·송현주·백미숙 역 (2009). 〈미디어 시스템 형성과 진화: 미디어-정치 3모델〉. 서울: 한국언론재단.

Hayles, N. K. (2008). *How we became posthuman: Virtual bodies in cybernetics, literature, and informatics*. Chicago, IL & London, England: University of Chicago Press.

Heylighen, F. (1992). Principles of systems and cybernetics: An evolutionary perspective. In R. Trappl (Ed.), *Cybernetics and systems '92* (World Science, Singapore), 3-10.

Luhmann, N. (1990a). *Political theory in the welfare state*. Trans. and Intro. by J. Bednarz Jr.. Berlin & New York: Walter de Gruyter.

Luhmann, N. (1990b). *Social systems*. Trans. by J. Bednarz Jr. with D. Baecker. Forward by E. M. Knodt. Stanford, CA: Stanford University Press.

Luhmann, N. (1990c). The paradox of system differentiation and the evolution of society. *Differentiation theory and social change: Comparative and historical perspectives* (pp. 409-440).

Luhmann, N. (1998). *Love as passion: The codification of intimacy.* Trans. by J. Gaines & D. L. Jones. Stanford, CA: Stanford University Press.

Luhmann, N. (2000). *The reality of mass media.* Trans. by K. Cross. Cambridge, England: Polity Press.

Luhmann, N. (2011). *Einführung in die systemtheorie.* Carl-Auer-Systeme Verlag und Verlagsbuchhandlung GmbH, Heidelberg. 윤재왕 역 (2014). 〈체계이론 입문〉. 서울: 새물결.

Luhmann, N. (2012a). *Theory of society, vol. 1.* Trans. by R. Barrett. Stanford, CA: Stanford University Press.

Luhmann, N. (2012b). *Theory of society, vol. 2.* Trans. by R. Barrett. Stanford, CA: Stanford University Press.

Maturana, H. R., & Varela, F. (1980). *Autopoesis and cognition: The realization of the living.* Dordrecht: Reidel.

Parsons, T. (1991). *The social system.* Preface by B. S. Turner. London, England: Routledge.

Shannon, C. E., & Weaver, W. (1963). *The mathematical theory of communication.* Urbana, IL: Illinois University Press.

Spencer-Brown, G. (1972). *Laws of form.* New York, NY: Julian.

von Bertalanffy, L. (1969). *General system theory: Foundation, development, applications* (Revised Ed.). New York, NY: George Braziller Inc.

von Foerster, H. (1984). *Observing systems* (2nd Ed.). Seaside, CA: Inter-systems Publications.

von Foerster, H. (2003). *Understanding understanding: Essays on cybernetics and cognition.* New York, NY: Springer-Verlag.

Wiener, N. (1961). *Cybernetics: Or control and communication in the animal and the machine* (2nd Ed.). Cambridge, MA: MIT Press.

찾아보기 (용어)

544

찾아보기 (인명)

저자소개 (가나다순)

김미경

경기대 국어국문학과 학사

중앙대 신문방송학과 석사 및 박사

미국 노스텍사스대학교 RTVF학과 포스트닥터 펠로

한국언론학회 연구이사, 한국방송학회 연구이사

한국방송학회 방송과수용자연구회장,

한국여성커뮤니케이션학회 뉴미디어연구회장

〈미디어와 공연예술연구〉 편집위원장

현 청운대 미디어커뮤니케이션학과 부교수

김병선

연세대 신문방송학과 학사, 석사, 박사

〈한국언론학보〉, 〈커뮤니케이션 이론〉, 〈미디어경제와문화〉 편집위원

미국 워싱턴대 한국학연구소 방문학자 역임

〈언론과사회〉 편집위원

현 계명대 언론영상학과 부교수

김사승

서강대 사학과 학사

영국 레스터대 신문방송학과 석사 및 박사

〈문화일보〉 문화부 기자

현 숭실대 언론홍보학과 교수

김성재

연세대 독어독문학과 학사
독일 뮌스터대 언론학과 석사 및 박사
한국지역언론학회장, 한국미디어문화학회장,
한국지역사회학회장, 광주연구소장
독일 바이로이트대 객원교수 역임
현 조선대 신문방송학과 교수

김장현

연세대 경제학과 학사
연세대 신문방송학과 석사
미국 뉴욕주립대 커뮤니케이션학과 박사
하와이대 커뮤니칼러지학과 조교수
DGIST(대구경북과학기술원) 융복합대학 조교수 역임
세계인터넷전문가협회(AoIR) 선출직 이사
현 성균관대 인터랙션사이언스학과 부교수

손동영

한양대 사회학과 학사

미국 텍사스대(오스틴) 광고학과 석사, 커뮤니케이션학과 박사

남플로리다대(탬파) 조교수, 오하이오 주립대(콜럼버스) 조교수 역임

한국광고학회 뉴미디어 분과장, 한국광고홍보학회 소셜미디어 분과장

사이버커뮤니케이션학회 연구이사

International Journal of Advertising, 〈한국언론학보〉,

〈광고홍보학보〉 편집위원

현 한양대 미디어커뮤니케이션학과 부교수

안도현

서울대 동양사학과 학사

미국 콜로라도 주립대 저널리즘학과 석사

앨라배마대 커뮤니케이션대학 박사

제주언론학회 연구이사

〈한국방송학보〉, 〈의료커뮤니케이션〉 편집위원

현 제주대 언론홍보학과 조교수

이기형

연세대 영어영문학과 학사
미국 일리노이대 사회학 석사, 동 대학원 커뮤니케이션학 박사
〈언론과사회〉, 〈방송문화연구〉, 〈한국방송학보〉,
〈한국언론정보학보〉 편집위원 역임
한국언론재단 연구위원
현 경희대 언론정보학과 교수

이동후

서울대 종교학과 학사
미국 뉴 스쿨 포 소셜 리서치 미디어학과 석사
뉴욕대 미디어생태학과 박사
〈언론과사회〉 편집위원장
현 인천대 신문방송학과 교수

이두원

청주대 영어영문학과 학사

미국 일리노이대 커뮤니케이션학과 석사

남일리노이대 스피치커뮤니케이션학과 박사

국제 커뮤니케이션학 연구소(Intl. Communicology Institute)
　　동아시아 지역이사

한국커뮤니케이션학회장, 한국언론학회 휴먼커뮤니케이션분과
　　연구위원장 역임

〈커뮤니케이션학 연구〉, 〈홍보학 연구〉, 〈한국사회과학연구〉
　　편집위원장 역임

현 청주대 신문방송학과 교수

이상길

연세대 신문방송학과 학사 및 석사

프랑스 파리5대학 박사('문화와 커뮤니케이션' 전공)

한국언론학회 연구이사, 한국방송학회 연구이사

한국언론정보학회 총무이사

〈한국언론학보〉, 〈한국방송학보〉, 〈언론과사회〉 편집위원

〈한국언론정보학보〉 편집장 역임

현 연세대 커뮤니케이션대학원 교수

554

이재신

서울대 공업화학과 학사 및 석사

미국 미시간 주립대 텔레커뮤니케이션학과 석사

코넬대 커뮤니케이션학과 박사

싱가포르 난양대 커뮤니케이션 스쿨 교수 역임

노스캐롤라이나대 매스커뮤니케이션학과 방문교수

현 중앙대 미디어커뮤니케이션학부 교수, 문화예술경영학과 교수

정준희

서울대 언론정보학과 학사 및 석사

영국 런던대 골드스미스칼리지 문화연구센터 박사 수료

한국언론정보학회 총무이사, 연구이사

KBS 방송문화연구소 객원연구원 역임

〈언론정보연구〉 편집위원

현 중앙대 신문방송대학원 강사,
　　문화체육관광부 산하 여론집중도조사위원회 전문위원